POLARIS

AF150758

Maxine Mei-Fung Chung

What Women Want

Sieben Geschichten über
Begehren, Macht und Liebe

Aus dem Englischen von
Sabine Längsfeld

Rowohlt Polaris

Die englische Originalausgabe erschien 2023 unter dem Titel
«What Women Want» bei Hutchinson Heinemann,
einem Imprint von Penguin Books, London.

Deutsche Erstausgabe
Veröffentlicht im Rowohlt Taschenbuch Verlag,
Hamburg, Juni 2023
Copyright der deutschen Erstausgabe © 2023
by Rowohlt Verlag GmbH, Hamburg
«What Women Want» Copyright © 2022 by Maxine Mei-Fung Chung
Covergestaltung zero-media.net, München,
nach dem Original von Penguin Random House UK
Coverabbildung Shutterstock
Satz aus der Bely Regular
bei hanseatenSatz-bremen, Bremen
Druck und Bindung CPI books GmbH, Leck
ISBN 978-3-499-00840-5

Für jene Frauen
und alle Marginalisierten,
die sich nach *ihrem* Weg sehnen
und ihn gehen wollen.

Vorbemerkung zur deutschen Übersetzung

Sprache befindet sich immer im Wandel, und die Umbrüche in unserer Sprache sind derzeit besonders deutlich spürbar. Frauen vollständig sichtbar zu machen, ist ein Aspekt des Gendering – die Anwendung geschlechtergerechter Sprache. Viele der neuen Ansätze und Lösungsversuche funktionieren jedoch nur auf Kosten der Lesbarkeit. Dies ist ein Buch, das von Frauen und ihrem Weg erzählt. In Absprache mit der Autorin haben sich Übersetzerin und Lektorin deshalb dazu entschieden, anstelle des gewohnten und daher der Lesbarkeit unbestreitbar schmeichelnden generischen Maskulinums oder eines jener die Lesbarkeit herausfordernden neuen Ansätze konsequent die weibliche Form zu wählen, was sämtliche, über die binäre Geschlechterdefinition hinausgehende Geschlechtsidentitäten mit einschließt.

Wir wurden dazu erzogen, das Ja zu uns selbst zu
fürchten. Denn die Forderungen unserer befreiten
Erwartungen führen unweigerlich zu Handlungen,
die dazu beitragen, unser Leben in Übereinstimmung
mit unseren Bedürfnissen, unserem Wissen und
unseren Wünschen zu bringen. Und die Angst vor
unseren tiefsten Sehnsüchten macht sie verdächtig,
macht uns fügsam und ergeben und gehorsam und
lässt uns unsere Unterdrückung als Frauen in all ihren
Facetten hinnehmen.

Audre Lorde, *Die Erotik als Macht* (1978)

Einleitung

Das Streben danach,
auf *meine Weise*
zu begehren

Mai 1980

Ich entdeckte die Fische, ehe das Wort fiel. *Sensibel.*
Es gehörte in meiner Kindheit zu den Standardvokabeln, von meinem Vater benutzt, sobald ich zu weinen anfing, was oft geschah; nie vorhersehbar und, offensichtlich, immer peinlich. Ich war *zu sensibel, um überlebensfähig zu sein*, sagte er, um mich dann manchmal mit einem kräftigen Klaps zu verscheuchen. Ich war das zweite Kind meines Vaters und seine erste Tochter, die – anders als mein Bruder – Freude an den asiatischen Besonderheiten fand, die in den Restaurants von Chinatown geboten wurden.

Ich will die Fische sehen. Strahlend, aufgeregt, zeigte ich zu dem großen Becken in der Mitte des Raumes.

Mein Vater nahm mich bei der Hand, führte mich zu dem riesengroßen, zentral stehenden Aquarium und winkte einen Kellner zu sich. Ich versank im Anblick der kaleidoskopisch bunten Fische mit ihren wehenden, orange leuchtenden Schwanzflossen. Mein Vater war augenblicklich vergessen, ich hatte Gesellschaft. Sekunden später wurde ich aus meiner seligen Trance gerissen. Der Kellner, riesig über mir aufragend und nach

Zigarettenrauch stinkend, tippte mir auf die Schulter. Um es noch dramatischer zu machen, leckte er den Bleistift an und blätterte mit nikotingelben Fingern den Bestellblock um. Feixend beugten sich die zwei Männer zu mir runter.

Sie nimmt den, der sich da hinten versteckt. Mit extraviel Knoblauch, sagte mein Vater lächelnd und zeigte auf einen Fisch. Dabei fing er schallend an zu lachen.

Mich packte die Angst. War das sein Ernst? Bekam ich jetzt meine Strafe? War die Ungehörigkeit, meinen Wunsch, die Fische anzusehen und mich von ihnen verzaubern zu lassen, zu artikulieren, der Grund für diese Grausamkeit? Ich fing am ganzen Körper an zu zittern.

Ich wagte es nicht, den Scherz der Männer anzuzweifeln; dazu war meine Angst zu groß. Die Botschaft meines Vaters hätte kaum deutlicher sein können: Mein Begehren, solange er nicht darüber verfügte, es «genehmigte» und bewachte, wurde der Lächerlichkeit preisgegeben – wurde abgetötet.

Damals war mein Begehren ein fahles Gespenst, das ganz hinten in meiner Kehle gefangen saß und sich niemals laut zu äußern wagte. Inzwischen hat es seine Stimme gefunden, und es spricht von Befreiung, von Liebe und Wachstum. Ich will auf *meine* Weise begehren, sagt es.

Vielleicht war die permanente Betonung des Wortes *sensibel* durch meinen Vater ein Geschenk. Auch wenn mir dieses Wort gegen Ende meiner Jugend und in den frühen Zwanzigern vorübergehend verloren ging, kam es irgendwann wieder zum Vorschein, glücklicherweise. Viel später dann reklamierte ich das Wort selbst für mich und erkor es zu meiner wachsamen Begleiterin. Ich nahm es in Besitz und verankerte es tief in meinem Inneren, bis ich von seiner Bedeutung ganz durchdrungen war. Inzwischen ist mir klar, dass es gerade die Einengung, Inbesitznahme und Beschämung meiner Sehnsüchte in meiner

Kindheit waren, die mir schließlich die wahre Bedeutung meines Begehrens bewusst machten.

Dieses Begehren ist der Antrieb und die Inspiration hinter den Gesprächen in *What Women Want*. Ich arbeite seit fünfzehn Jahren als Psychotherapeutin und habe mich für einen Weg entschieden, der neben der Arbeit und der Liebe meiner Leidenschaft für gesellschaftliche Fragen und soziale Gerechtigkeit den ihr gebührenden Platz im Sprechzimmer einräumt. In dieser Zeit war es meine Aufgabe, zuzuhören, über Psychotherapie zu lernen, zu lehren und zu schreiben, und die Faszination für das, was Frauen wollen, stand dabei für mich immer im Mittelpunkt.

Sigmund Freud sagte einmal: «Die große Frage, die nie beantwortet worden ist und die ich trotz dreißig Jahre langem Forschen in der weiblichen Seele nicht habe beantworten können, ist die: *Was will das Weib?*»

Damals, während meiner Ausbildung zur Psychotherapeutin, irritierte mich Freuds Aussage. Weshalb der Gründervater der Psychoanalyse – ein Genie, das für mich trotzdem undurchschaubar geblieben ist – nicht in der Lage war, diese grundlegende Frage zu beantworten, war mir ein Rätsel. Vielleicht war Psychoanalyse doch nicht so, wie ich sie mir vorgestellt hatte, und beschäftigte sich stattdessen, wie Freud es getan hatte, mit dem Kleinklein von Detektivarbeit; die Lebensgeschichten von Klientinnen, verschnürt, verpackt und in ordentliche Theorien gezwängt. Wussten Freud und seine übellaunigen Wiener Jünger etwas, das ich nicht wusste? Ist die Frage, obwohl sie sich in erster Linie auf Frauen des viktorianischen Zeitalters bezog, ein Rätsel geblieben? Macht uns der Blick durch die Fenster, die sich bei der Erforschung weiblicher Sehnsüchte öffnen, immer noch sprachlos?

Seit ich von Freuds Eingeständnis erfuhr, habe ich mit jeder

Klientin, die jeweils ihren individuellen Ausdruck, ihre Essenz und ihre Energie in die Therapie einbrachte, Fenster zu neuen Welten aufgestoßen, zu neuen Theorien und einem neuen Verständnis von Psychotherapie. Vielleicht haben Freuds klassischer und distanzierter Ansatz der Analyse und sein männlicher, heteronormativer und von weißen Privilegien gefärbter Blick ihm den Zugang zu diesen Innenwelten nie erlaubt. Wie auch? Und hat er den Frauen überhaupt jemals zugehört? Vielleicht bringt Sie diese Kritik zum Schmunzeln, aber ich meine das ganz ernst. Wenn es uns gelingt, uns ganz auf die Hautfarbe, die Ethnie, die sexuelle Orientierung, die gesellschaftliche Zugehörigkeit und das Alter einer Frau auszurichten, sind wir in der Lage zu hören, wie sie ihr Wollen in ihrer einzigartigen, individuellen Sprache zum Ausdruck bringt.

Wir Frauen sind kein unergründliches Mysterium, genauso wenig wie unsere Wünsche und Bedürfnisse. Aber unser Begehren ist komplex. Was ich in diesem Zusammenhang immer noch tiefer verstehen will, sind die Mechanismen, die uns in der Verleugnung halten, in einem Mangel an Selbstliebe, in einem ständigen Zustand der Sehnsucht.

Im Zuge meiner therapeutischen Arbeit habe ich festgestellt, dass verbotene Sehnsüchte von Frauen Gefühle von Scham und Depression hervorrufen, zu selbstschädigendem Verhalten führen, dass ein geringes Selbstwertgefühl, emotionaler Hunger und anorektische Liebe die Folge sein können. Als Therapeutin wieder und wieder Zeugin der Verleugnung von Sehnsüchten zu werden, ist herzzerreißend und macht mich gleichzeitig ungeheuer wütend.

Wollen bedeutet, mit sich selbst und anderen in Verbindung zu treten. Wollen entfacht Hoffnung, macht unseren Wünschen den Weg frei und gibt in dunklen, schlimmen Zeiten Raum für Gesundung, in Zeiten, in denen die traditionelle Warnung lautet: *Du darfst nicht wollen. Wollen ist gefährlich.* Stellen Sie sich bitte die Frage, was in Ihrem Leben passieren wird, wenn Sie sich dazu entscheiden, Ihrer kreativen Sehnsucht zu folgen. Wie fühlt sich das an? Was verändert sich dadurch? Was ist dann möglich? Und dann fragen Sie sich, ob die durch Angst in Schach gehaltene Sehnsucht in Ihnen es nicht doch wert ist, herausgefordert zu werden.

What Women Want ist eine Sammlung authentischer Geschichten mit verschiedensten Schwerpunkten, die das Leben von Frauen und deren Verhältnis zur Sehnsucht beleuchten. Außerdem ist dieses Buch ein behutsam aufgestoßenes Fenster, durch das ein Blick auf die intime Beziehung zwischen Psychotherapeutin und Klientin möglich wird. Ein Blick, der dann seinen Zweck erfüllt hat, wenn Sie das nächste Mal, wenn Ihre Sehnsucht Ihnen wie eine fremde Insel vorkommt, kurz innehalten und mit neuem Bewusstsein darauf schauen.

What Women Want ist mein Liebesbrief an sieben Klientinnen, deren Identität anonym bleiben muss. Die Geschichten sind authentisch, doch habe ich zum Schutz der Privatsphäre ihrer Eigentümerinnen gewisse Veränderungen vorgenommen. Auch die Dialoge sind nicht wortgetreu wiedergegeben, doch sie tragen die Essenz dessen, was wir miteinander geteilt haben. Jede der sieben Frauen, die hier zu Wort kommen, hat den Entwurf ihrer Geschichte gelesen und einer Veröffentlichung zugestimmt. Auch die Maßnahmen zur Wahrung der Identität wurden abgesprochen. Manche Frauen haben redaktionelle Vorschläge gemacht, die ich mir zu Herzen genommen und in den meisten Fällen auch umgesetzt habe. In einigen Fallbeispielen fanden meine Klientinnen ihre Tarnung übertrieben und zu tiefgreifend, und sie ermutigten mich dazu, der Figur in ihrer Geschichte eine treffendere Beschreibung zu geben. Eine Klientin, ich habe sie Ruth genannt, schlug den Titel für ihr

Kapitel vor. Eine andere Klientin sagte mir, sie hätte nach der Lektüre ihrer Geschichte das Gefühl, mich jetzt noch besser zu kennen und deshalb in unserer gemeinsamen Arbeit noch mehr wagen zu dürfen. Eine andere Klientin reagierte verunsichert auf die rassistischen Angriffe, die ich als Kind erlebt habe.

Ich habe mit jeder der sieben Frauen, die in diesem Buch vorgestellt werden, viele Sitzungsstunden gearbeitet. Die Auswahl der Geschichten basierte auf der Kraft ihrer Sehnsucht, einer gewissen Allgemeingültigkeit ihrer Geschichten und darauf, wie tief der Abdruck der jeweiligen Beweggründe, sich therapeutische Unterstützung zu suchen, auch auf körperlicher Ebene eingebettet war. Eine Geschichte, «Liebe am Nachmittag», behandelt die relativ späte Entdeckung der Liebe, während «Mein Vater, der Vollidiot», sich mit der Frage beschäftigt, weshalb «Vaterthemen» in der modernen Psychotherapie noch immer so viel Raum einnehmen. In «Weißes Rauschen» beschäftigen wir uns mit der Thematik des strukturellen Rassismus, bei dem dringend ein sozialer psychotherapeutischer Ansatz vonnöten ist.

Die Psychotherapie führte über viele Jahre ein von wohlüberlegter und gut gemeinter Geheimniskrämerei geprägtes Schattendasein. Auch wenn ich die Motivation, Psychotherapie vor Fehlinterpretation, Verzerrung und Fehlrepräsentation zu schützen, nachvollziehen kann, bin ich der Meinung, dass archaische Tabus überholt sind, die dem Interesse eines Großteils der Gesellschaft an Wachstum und Veränderung, welche durch Psychotherapie bewirkt werden können, entgegenstehen.

Ich erhoffe mir, dass *What Women Want* zum Dialog über Frauen und Sehnsucht einlädt und ihn befeuert. Außerdem bin ich der festen Überzeugung, dass wir mit offenem Herzen und durch Respekt und Verständnis füreinander am meisten lernen. Gleichzeitig bin ich mir natürlich der Tatsache bewusst, dass nicht automatisch am Anfang jeder Therapie Offenheit oder Vertrauen stehen. Beides braucht Zeit, wie Sie in «Mein Körper, meine Regeln» lesen und hoffentlich auch spüren können.

Es sind dies die Geschichten moderner Frauen in modernen Zeiten. Wie bereits erwähnt, erfolgte die Tarnung gründlich. Wer glaubt, eine der sieben Frauen wiederzuerkennen, liegt höchstwahrscheinlich falsch. Trotzdem hoffe ich, dass Sie sich in einigen der universellen Kämpfe, die in diesen Geschichten geschildert werden, wiedererkennen. Die Erforschung dessen, *was Frauen wollen,* ist eine fortwährende Aufgabe für uns alle. Eines der großen Geschenke dieser Gespräche ist die Tatsache, dass sie die Frage *Was will das Weib?,* um noch mal mit Freud zu sprechen, in die Prämisse verwandeln, dass *Frauen wollen.* Punkt.

In diesem Sinne: Geben Sie sich Zeit, Ihrer Sehnsucht auf *Ihre* Weise auf die Spur zu kommen, seien Sie sich der Risiken bewusst, die mit Ihrem Wollen verbunden sind, und machen Sie das Wollen zu Ihrer Antwort, nicht zu Ihrer Frage. Und, ganz wichtig: Wenn Sie für sich die Freiheit errungen haben, ganz Sie selbst zu sein, wenden Sie sich anderen Frauen zu. Nehmen Sie eine andere Frau bei der Hand, drücken Sie sie sanft und laden Sie sie dazu ein, sich Ihnen anzuschließen: im bewussten Gespräch, in Freundschaft, im Leben. Durch unser Reden, unser Zuhören und unsere Verbindung zueinander ermächtigen wir uns gemeinsam und befreien uns aus den Fängen des Patriarchats.

Was will das Weib?

Ernest Jones, *The Life and Work of Sigmund Freud* **(1953)**
Sigmund Freud zu Marie Bonaparte

I'll tell you what I want, what I really, really want
So tell me what you want, what you really, really want
I wanna, (ha) I wanna, (ha) I wanna, (ha) I wanna (ha)
I wanna really, really, really wanna zigazig ah.

Spice Girls, «Wannabe» (1995)

Mütter und andere Geliebte

Sie fühlt sich wie elektrisiert von der Lebendigkeit der Frühlingsnacht. Sie betritt die Bar. Tief sitzende Jeans, eng anliegende Weste. Der Mund mit Konturenstift umrandet und mit pflaumenfarbenem Lippenstift ausgemalt. Der Träger des schwarzen BHs ist zu sehen – das ist Terri natürlich bewusst –, ein bisschen verrucht, gleichzeitig lässig und entspannt, Zeichen ihrer Sorglosigkeit und ihres Selbstbewusstseins.

Terri lässt sich von ihrem Begehren direkt zum schummrig beleuchteten Tresen tragen. Geduldig wartet sie auf den Bartender: *Jack Daniel's, pur.* Sie leert das Glas mit der bernsteinfarbenen Flüssigkeit in einem Zug.

Ihre langen, verhüllten Beine sind rasiert und eingecremt, nur den empfindsamen Bereich dazwischen hat sie mit Wachsstreifen behandelt, um die kostbare Stelle besonders zu ehren. *Sie* hat aufmerksame Zuwendung verdient, nicht das beiläufige Schaben einer Klinge beim hastigen Duschen.

Sie war unentschlossen gewesen – *Jeans oder Rock?* – und hat sich schließlich für die Hose entschieden, weil sie sich an diesem Abend groß fühlt, kantig, und durch coole Androgynität einen gewissen Kick mit ins Spiel bringen will. An einem anderen Abend hätte sie vielleicht ein Seidenkleid gewählt und Wildlederstiefeletten, dazu blassen Gloss auf den Lippen. Doch in dem Look hat sie sich erst letzte Woche präsentiert, an diesem Abend spürte sie das Verlangen nach etwas mehr Power, mehr Entschlossenheit – *mehr Wildfang, weniger Girlie.*

Und sie hat ihren Verlobungsring vom Finger gezogen; ein Diamant in Tropfenform, drei Karat. Hat ihn in die kleine Kristallschale im Bad gelegt, neben Zahnpasta und Rasierer. Es gelang ihr nicht, ein angemessenes Schuldgefühl aufkommen zu lassen, als sie den Ring in die Verbannung schickte – das kommt später. Stattdessen schenkte sie ihrem Spiegelbild ein Lächeln und sah sich beim Zurücklächeln zu.

Über den Tresen gebeugt, entdeckt Terri eine Frau mit glänzenden, glatten, schwarzen Haaren, hüftlang. Gebräunter Teint, zierliche Schultern und ausdrucksvolle Augen. Sie unterhält sich mit zwei Freundinnen, alle drei trinken Bier – Lager aus der Flasche. Terri fällt das offene Lachen der Frau auf und wie sie dabei die tintenschwarzen Haare hinter ein mit unzähligen Ringen geschmücktes Ohr schiebt. Terri lässt den Blick nicht von ihr, bis die Frau es bemerkt. Sie lächeln sich an.

Letzte Woche hat Terris Verlangen sie zu einem anderen Typ Frau geführt, burschikos, mit kurzem Bob, die zu ihr rüberkam, um ihr zu sagen, wie sehr Terri sie an *die junge Demi Moore aus Eine Frage der Ehre* erinnert, nur mit roten Haaren. Terri strahlte. *Ich finde, Demi Moore sieht toll aus*, sagte sie und senkte den lodernden Blick. Eine Stunde später tanzten sie in einem Club, kippten Tequila-Shots. Tauschten Zitronenküsse. Schließlich landeten sie zusammen im Bett: ausgelassenes Gelächter, Rangeleien und Rumgealbere. Terri genoss das Wirrwarr aus Armen und Beinen und das fast losgelöste Körpergefühl am Morgen danach. Doch das Gefühl durfte nicht bleiben, wurde ihr wieder genommen. Weil Richard, der übers Wochenende auf dem Junggesellenabschied eines Freundes gewesen war, zurückkam und sie sich zum Brunch verabredet hatten, um über Hochzeitspläne zu sprechen. Ihre Hochzeitspläne.

Richard bemerkte über die Frühstückseier hinweg – Spiegeleier für ihn, pochierte für sie – ihren abwesenden Blick und schob ihre Verfassung auf Nervosität und einen milden Anflug von Hysterie. Terri reagierte leicht genervt, empfand ihn als selbstgefällig und dünkelhaft. Spürte Befriedigung, als sie den Arm unter den Tisch schob und sich den Handballen zwischen die Beine presste. Die letzte Nacht war noch vorhanden, pulsierend und heiß ersehnt – wie ein Schuss in die Vene. *Und? Was hast du gestern Abend so gemacht?*, fragte er. *Nicht viel,* log Terri. *Nur noch kurz was trinken nach der Arbeit, um zehn war ich zu Hause.* Ein Lächeln. Ein Schluck frisch gepresster Orangensaft.

Terri fühlt sich nicht immer wohl damit, dass ihr die Lügen so leicht über die Lippen gehen. Meistens passiert es, wenn Richard – achtzehn Jahre älter als sie, seit vier Jahren ihr Lebensgefährte und seit zweien ihr Verlobter – geschäftlich verreist ist. Richard ist nett und zuverlässig. Aus gutem Hause und vermögend. Früher mal ein echter Hingucker und, soweit sie weiß, ohne wirklich ernst zu nehmende Macken. Außerdem ist er Fotograf: kommerziell, langweilig und unerfüllt.

Terri liebt Richard.

Um sieben Uhr morgens erscheint Terri zu ihrer Sitzung.

Ich bin ein schlechter Mensch, mit mir stimmt ernsthaft was nicht, sagt sie, noch ehe sie Platz genommen hat. *Sagen Sie mir, was ich tun soll.*

Ich bitte sie, innezuhalten, durchzuatmen, sich zu setzen. *Was ist passiert?*

Sie sieht mich unter ihrem roten, wie mit dem Lineal gezogenen Pony an. Sie ist blass, die Augen sind müde – der Preis für die vergangene Nacht. Vom Stress gehöhlte Wangen. Es ist noch früh am Morgen, und Terri trägt die vergangene Nacht wie eine frische Schnittwunde im Gesicht.

Ich habe es schon wieder getan, gesteht sie mit ganz leicht brüchiger Stimme. *Ich kann einfach nicht anders.*

Als Psychotherapeutin mit knapp zwanzigjähriger Berufserfahrung habe ich schon oft miterlebt, wie gefährlich, sogar existenzbedrohend Lügen in Beziehungen sind. Trotzdem kommen sie ständig vor. Eine Notlüge, um sich das Leben leichter zu machen oder das Gesicht zu wahren, mögen wir uns noch verzeihen, aber eine Lüge mit Vorsatz ist den meisten Menschen eher unangenehm. Lügen erheben sich über Gefühle und verletzen. Sie kratzen an der Psyche und zerreißen das zwischen zwei Menschen geknüpfte Sicherheitsnetz aus Vertrauen. Erkennen Therapeutinnen die Lügen ihrer Klientinnen, begeben sie sich, was den Umgang damit betrifft, auf eine manchmal heikle Gratwanderung. Aber der Grat jener Lügen, welche die Klientinnen sich selbst erzählen, und der damit verbundenen Selbstverleugnung ist entschieden schmaler. Diese Sorte Lügen besitzt eine ungleich größere Fallhöhe. Ich glaubte zu erkennen, dass Terris Sicherheitsnetz dabei war, sich aufzulösen, und ihr Drahtseil sich lockerte. Der Absturz, so spürte und fürchtete ich, stand unmittelbar bevor.

Terri erzählt von dem Gefühl des Verlangens, das am Vorabend ihren ganzen Körper durchtränkt hatte, während sie den Verlobungsring abstreifte, gleichgültig, ohne irgendeine Verbundenheit zu Richard zu spüren, dem Mann, den sie in weniger als einem halben Jahr heiraten wird. Sie sitzt vor mir und fragt sich laut, warum sie sich in letzter Zeit immer öfter Hals über Kopf in Sex mit verschiedenen, immer fremden Menschen gestürzt hat – mehr als zwei und weniger als sechs –, die sie in verschiedenen Bars der Stadt aufgerissen hat, ausschließlich Frauen. *Ich bin schockiert*, sagt sie. *Der Gedanke an die Hochzeit schnürt mir die Luft ab.*

Ich beuge mich nach vorn. *An diesem Punkt waren wir vergangene Woche schon einmal*, sage ich. *Ihre Angst vor dem, was Sie für das unheilvolle Schicksal der Romantik im Laufe der Zeit halten. Sie* sagten, *Liebe und Verlangen zusammenzubringen, würde sich gefähr-lich anfühlen, wissen Sie noch?*

Terri starrt auf ihre Füße. *Daran hat sich nichts geändert,* flüstert sie.

Es ist nicht das erste Mal, dass Terris Untreue als vorherrschen-des Thema die Sitzung bestimmt. Es ist inzwischen unangenehm vertraut, fast familiär. Tief in meiner Brust spüre ich eine Welle des Mitgefühls für ihre brodelnde, zunehmend stärker werdende Angst.

Sie erzählt mir von Richards kurzfristigem Flug zu einem Werbe-Shooting – *für Gesichtscreme.* Wie sie den Abend mit einer Frau und deren beiden Freundinnen in einer Bar verbrachte, dass die beiden anderen gegen dreiundzwanzig Uhr gegangen waren und Terri und die Frau allein zurückblieben. Sie erzählt, wie lebendig sie sich gefühlt hat und dass der Abend in der Wohnung der Frau in Chelsea endete. Clare war verführerisch und weich. Ihre zärtlichen Berührungen und der leidenschaft-liche Mund lebendig und köstlich. *Hast du eine Freundin, eine Frau?,* wollte Clare wissen, als Terri sie heute Morgen verließ. *Nein,* antwortete Terri, froh, ausnahmsweise mal nicht zu lügen.

Clare küsste Terri auf den Mund und schrieb ihre Telefon-nummer auf die Rückseite der braunen Papiertüte, an der Terri auf dem Weg zu mir in die Praxis immer wieder roch: süßer Marzipanduft, die Erinnerung an das gemeinsam genossene Mandel-Croissant zum Kaffee. Ein halbes Jahr später wird Terri auf die Wirkung einer Packung Schlaftabletten hoffen und ihre düsteren Selbstmordgedanken zum Glück überleben. Und ich werde sie fragen, ob sie sich an diesen Augenblick der Freude er-innern kann, an die Verbindung zu Clare, an den Duft und den Geschmack zuckersüßer Mandelpaste. Clares Mund auf ihrem Mund. *Vielleicht,* wird Terri achselzuckend antworten, *aber wenn ich ehrlich bin, fühlt sich diese ganze Phase an wie in Watte gepackt. Ich wünschte, ich könnte mich an der Verbindung zu Clare festhalten, aber sie geht verloren. Sie löst sich auf.*

Jetzt reibt Terri sich mit dem Handrücken über die großen, grauen Augen. Sie sehen traurig und angsterfüllt aus, tränenschimmernd und müde; ein drängender Appell zu reagieren. Ich tue es.

Wollen Sie sich selbst helfen?, frage ich.

Ja. Nein. Sie schaut weg, aus den Augenwinkeln lösen sich Tränen. *Ich bin total kaputt,* sagt sie.

In meinem Beruf gibt es REGELN. Niemals härter arbeiten als die Klientin. Wer vorschnell eingreift, kann nicht zuhören. Ich gebe trotzdem nach.

Kaputt vielleicht, sage ich. *Aber nicht machtlos.*

Sie beugt sich nach vorn, ihr Körper wie unter Strom, angespannt vor unnatürlicher Energie und Zielstrebigkeit. *Ich liebe Richard,* gesteht sie sich ein. *Aber ich will ihn nicht. Ich begehre ihn nicht.*

Haben Sie ihn jemals gewollt, begehrt?, frage ich.

Ich glaube schon. Am Anfang. Als es für uns beide noch neu war. Man sollte meinen, wir wären total heiß aufeinander, weil er ständig verreist ist. Aber es knistert so gut wie gar nicht mehr. Er kommt mir plötzlich so alt vor.

Terris forschender Blick mustert mich schweigend, während ich über fehlendes Knistern nachdenke und ein bisschen kopfrechne: Alter Mann plus Mangel an Knistern gleich endloser Sex mit vielen Frauen – und, mit hoher Wahrscheinlichkeit, eine Braut mit Fersengeld.

Sie lernten sich vor vier Jahren in einer Galerie im West End kennen. Eine Ausstellung mit provokanten Porträts von Menschen, die sich einer Schönheitsoperation unterzogen hatten. Terri starrte die riesengroßen monochromen Drucke an, mit

Fisheye-Objektiv fotografierte, ungeliebte Gesichter: Haut mit schwarzen Filzstiftmarkierungen, Blutergüsse und haardünne Narben. Sie verspürte das Bedürfnis, mit ihren Fingerspitzen die Gesichter zu streicheln, wünschte, die Porträtierten könnten die ihnen angeborenen Eigenheiten besser akzeptieren. Und als sie am nächsten Morgen zu ihrer Sitzung erschien, dachte Terri darüber nach, welche Botschaften, -ismen und möglicherweise Grausamkeiten diesen Menschen aufgezwungen worden waren.

Joel, der Kurator der Ausstellung, machte sie miteinander bekannt. *Hey, ihr zwei kennt euch doch, oder? Terri arbeitet für* Blaze. *Hattest du nicht auch mal mit denen zu tun, Richard?*

Richard hatte tatsächlich für die Produktionsfirma gearbeitet, aber vor Ewigkeiten, lange bevor Terri die Stelle als Producerin einer beliebten Serie von investigativen Dokumentarfilmen angetreten hatte. Terri und Richard gaben sich die Hand. Zwei Stunden später zwängten sie sich vögelnd in die Damentoilette. Richard hatte Terri grinsend die Bluse aufgeknöpft und sie beide in eine einzigartige Position befördert, seine Hand zum Schutz vor dem kalten Keramikwasserkasten um ihr Kinn gelegt. Es war viel zu schnell vorbei, dachte Terri, als sie ihre Gliedmaßen wieder sortierte und sich die Bluse zuknöpfte. Hinterher spazierten sie nach Chinatown und aßen Teigtaschen.

Terri hatte sich voller Verlangen und Enthusiasmus in die Beziehung gestürzt, dann aber schnell festgestellt, dass ihr sexuelles Interesse rasch abflaute. Sie bezeichnete die Beziehung als *kuschelig* und rollte übertrieben mit den Augen. Aus Wochenendtrips wurden bald Fernsehabende mit Essen vom Lieferservice, mittelprächtigem Wein und Fußmassagen. Flirts am Telefon verkürzten sich zu knappen Anrufen, nur noch ab und zu blitzte ein bisschen Abenteuer auf. Man gab einander Kosenamen: *Tezzi* für Terri, *Dimples*, Grübchen, für Richard. Terri vermisste den Kitzel, die Leidenschaft, das Unberechenbare. Das alles wollte sie zurück, sagte sie. Aber angesichts ihrer Affinität zu Frauen fragte sie sich auch, ob sie es tatsächlich mit Richard wollte. Ich vermutete, dass Terri Sex als Trostpflaster benutzte, als Antidepressivum, als Möglichkeit, ihre Leere und den Verlust an Nähe kurzfristig durch den Kitzel zu ersetzen, von anderen Frauen begehrt zu werden. Falls Terris Selbstmedikation der Versuch war, die Tatsache zu verdrängen, dass sie lesbisch war, stellte sich die Frage, wie lange sie diese Selbstverleugnung aufrechterhalten konnte, und zu welchem Preis. Ich spürte angesichts ihres Lebens im Zwiespalt und voll fauler Kompromisse eine gewisse Dringlichkeit.

Terri flüchtete sich seit einiger Zeit beim Sex mit Richard in Fantasien. Bilder halb nackter Frauen, die – kämpferisch oder auch zärtlich – hemmungslos übereinanderkrabbeln. Um zum Orgasmus zu kommen, schloss sie die Augen und konzentrierte sich auf diese Bilder, die oft darin gipfelten, dass eine Frau sie fest umschlungen hielt. Bei diesem Eingeständnis brach sie in Tränen aus. Außerdem hatte sie damit begonnen, der Frage nachzugehen, wie viel dessen, was sie von einer Liebhaberin zu bekommen hoffte, mit dem zu tun hatte, was sie von ihrer Mutter, einer funktionalen Alkoholikerin, gebraucht hätte. Diese schmerzhaften Erkenntnisse hatten sie tief verunsichert und weiter im Zickzack durch die Bars getrieben – auf der Suche nach Frauen, auf der Suche nach Antworten, auf der Suche nach Liebe. Die Art von Liebe, die ihre Mutter ihr nicht hatte geben können und noch immer nicht geben kann.

Richard kommt mir plötzlich total alt vor, wiederholt Terri, und ich frage mich, ob sie ahnt, dass ich mit den Gedanken kurz woanders war. Die Augenblicke der Ablenkung und der inneren Reflexion aufseiten der Therapeutin sind häufig kluge Ermahnungen, die uns daran erinnern, dass eine Klientin niemals allein zur Therapie kommt. Sie betritt das Sprechzimmer mit einer Blaupause sämtlicher zwischenmenschlichen Beziehungen – ein ganzes Universum aus Familie, Freundeskreis, Bekanntschaften, Feindschaften und geliebten Menschen aus Vergangenheit und Gegenwart.

Alt?, wiederhole ich. *Können Sie mehr dazu sagen?*

Er fühlt sich – eine Pause – *richtig alt an, und so weit weg. Wir wollen nicht dasselbe. Es ist, als würden wir auf zwei völlig verschiedenen Inseln leben.*

Und wo befindet sich Ihre Insel?

Da drüben, sie deutet mit der Hand, *am anderen Ufer.* Sie lächelt. Terri sieht mit abwesendem Blick zu dem Erkerfenster hinaus, auf das sie gezeigt hat, als würde sie aufs Meer schauen.

Ich warte, spüre, dass Terri Zeit braucht, um sich zu erinnern, um zu vergessen oder vielleicht auch, um einem Tagtraum nachzuhängen. Einen Moment, um das, was sie gerade gesagt hat, reflektiv zu erspüren.

Wo waren Sie gerade mit Ihren Gedanken?, frage ich schließlich.

Ich musste an Rebecca denken, an Becks. Sie spricht leise. *Sie erinnern sich doch noch, oder?*

Ja, antworte ich. *Sie haben mir schon öfter von Rebecca erzählt. Sie haben sich Ihre Insel vorgestellt, und Rebecca war bei Ihnen? Ist das eben passiert, Terri?*

Terri nickt. *Wieso konnte ich es damals nicht einfach akzeptieren – als ich Rebecca kennenlernte? Wieso habe ich so lange gebraucht, um zuzugeben, dass ich die Gesellschaft und die Berührung von Frauen bevorzuge?*

Schweigen.

Ich denke über jene Momente während unserer Arbeit nach, in denen Terri ihre Sehnsucht in Worte fasste, von ihrer Mutter geliebt und gesehen zu werden, von ihr gewollt zu sein. Von den Bestechungen erzählte, den Vorgaben und den Drohungen, mit denen ihre Mutter versuchte, sie von der Liebe und der Berührung anderer Frauen fernzuhalten. Von den Situationen, als sie Terri immer wieder hinterhältig ins Gesicht schlug. Ich denke an unsere Gespräche darüber, was aus einer Frau wird, die von ihrer Mutter nicht geliebt wird; deren Wünsche erstickt werden oder unsichtbar gemacht; der gesagt wird, dass ihr Leben falsch sei.

Na ja …, sage ich und lege eine Kunstpause ein. *Da war immerhin Ihre Mutter.*

Gemeinsam lassen Terri und ich eine Erinnerung aufleben.

Ein drückend heißer Septemberabend. Ein in den Boden gehämmertes Partyzelt. Terris Mutter gab eine Party – ein Haufen *heißer Single-Frauen und hauptsächlich verheirateter Männer.* Ihr neuester *Freund* war auch da, ein Typ namens Rick, diesmal nicht verheiratet, Außendienstler. Rick war viel unterwegs, fuhr kreuz und quer durchs Land, verkaufte Klimaanlagen und ernährte sich von Mikrowellen-Fast-Food in Styroporbechern. Terri beobachtete, wie ihre Mutter sich streckte, um mit den Fingerspitzen Ricks Arm zu berühren, und dabei ihr drittes Glas *Vino* runterstürzte. An das Schwanken ihrer Mutter kann sie sich noch gut erinnern, an das Kleid, das sie trug, nur vage.

Der ist einer zum Warmhalten, lallte Terris Mutter, *also sei nett zu ihm. Und jetzt geh gefälligst mit Rebecca spielen.*

Ich bin kein kleines Kind mehr, antwortete Terri wütend. *Und du bist betrunken – wieder mal.*

Rebecca war Ricks Tochter. Feuerrote Haare, goldene Creolen in den Ohren, Sommersprossen. Schmale Taille. Sie lag neben dem Zelt im Gras, knipste unzähligen Gänseblümchen den Kopf vom Stängel und sah zwischendurch immer wieder nach ihren Fingernägeln, als könnten sie versehentlich abfallen – Acryl, eckig gefeilt, French Manicure.

Los, rede mit ihr, sagte Terris Mutter und wedelte mit der Hand, als würde sie einen Hund verscheuchen.

Das würde sie bestimmt freuen, Herzchen, sagte Rick und schwenkte sein Weinglas.

Genervt ging Terri zu Rebecca und fragte, ob sie was trinken wolle.

Habt ihr Wodka?, fragte Rebecca.

Wie alt bist du?, fragte Terri.

Sechzehn. Warum?

Ich auch. Und dein Dad erlaubt dir, Alkohol zu trinken?

Terri und Rebecca – Becks – amüsierten sich im Laufe des Abends prächtig. Flirteten mit den eigenartig zuvorkommenden Männern; ließen lose Kleiderträger wie zufällig von Schultern gleiten; ließen flüchtig Zähne und Beine sehen. Die Männer sahen hin, versuchten, sich ihre Erregung nicht anmerken zu lassen, kamen näher, erkundigten sich nach der Schule. *Läuft super,* antworteten sie unisono und kicherten. Dann glotzten sie die Männer mit unverhohlenem Widerwillen an und füllten ihre Plastikbecher nach. *Ihr seid beide so hübsch,* sagte einer der Männer. Er hatte kleine Raubtierzähne und trug ein großes Hawaiihemd, aus dem ein grauer Flokati herausquoll. Irgendwann flohen Terri und Rebecca aus dem Garten ins Haus und stiegen die Teppichstufen zu Terris Zimmer hoch. Ein, zwei Stunden an der Xbox, Lipgloss-Tausch und betrunkenes Tanzen zu Justin Timberlake. Draußen dröhnten Phil Collins und Chris Rea aus einer altmodischen Stereoanlage. Alte-Leute-Musik. *Die Grauköpfe stehen auf den Mist,* spottete Rebecca.

Terri beugte sich zum Fenster raus, sah Ricks Hand unter dem Kleidersaum ihrer Mutter verschwinden und zuckte zusammen. Um Rebecca abzulenken, bat sie um den Rest Wodka. Warum sollten sie beide leiden, dachte sie.

Der Rest verschwamm in einer angenehmen, alkoholgeschwängerten Wattewolke: Rebeccas Hand, die nach ihrem BH-Verschluss tastete, der sofort nachgab. Rebeccas Finger, die sanft über ihren Rücken streiften, absichtsvoll, und Terri in Stille gehüllt, wie im Unterricht oder im Gottesdienst. Lustvolle Bewegungen. Hände, Zähne, Zungen. Das Aneinanderreiben ihrer empfindsamsten Stellen, bis ein Zittern aufstieg bis in ihre Kehlen. Danach, irgendwann, berauschte Wonne und Schlaf.

Der Morgen wurde von einem Schrei und einem heftigen Ruck aus seiner Stille gerissen. Terris Blick fiel auf den Haufen schwarzer Spitzenunterwäsche auf dem Boden. Sie wurde so brutal am Arm nach oben gezerrt, dass sie aufschrie. Becks – nein, eher *Rebecca, los, aufstehen! Sofort! Was fällt dir ein? Was treibst du da mit meiner Tochter!?* – versuchte, sich mit dem Baumwolllaken zu bedecken. Nackt kauerten die zwei Mädchen auf dem Bett, den Blicken einer rasenden Furie ausgeliefert. Terri sah, wie ihre Mutter ausholte, wie ihre Hand sich zur Faust ballte und schließlich wieder löste, ehe sie ihrer Tochter ins Gesicht schlug.

Du bist widerlich, schrie ihre Mutter. *Verschwinde!*

Beschämung. Terri und ich statten der Scham regelmäßig einen Besuch ab. Oft stellt sie mir dann eine Frage, immer wieder dieselbe: *Was ist das Gegenteil von Beschämung?* Und jedes Mal biete ich ihr nach einer kurzen Pause dieselbe Antwort an: *Geliebt sein.*

Ich erinnere sie daran, dass sie mir diese Frage schon häufig gestellt hat. Aber sie kann sich nicht erinnern, noch nicht einmal daran, die Frage auch nur in Gedanken formuliert zu haben.

Sie fasst in die Handtasche und zieht das vertraute rote Schreibheft und den Füller heraus, die sie für unsere Sitzungen benutzt. Ihr Gedächtnis ist bis heute unzuverlässig geblieben, lückenhaft und immer wieder fehlerhaft. Ich habe in meiner Supervision über Terris Schwierigkeiten reflektiert, unsere Gespräche zu verarbeiten und sich daran zu erinnern. Was hast du sonst noch vergessen, Terri? Welche anderen Ereignisse sind zu qualvoll, um erinnert zu werden?

Häufig werden Bestandteile unserer Erinnerung geleugnet, ignoriert, angezweifelt und abgetrennt, um unser Selbst zu schützen, um unter Verschluss zu halten, was zu schmerzhaft ist, um gefühlt zu werden. Die Rolle der Therapeutin besteht darin, eine sichere Basis zu schaffen, damit problematische Erinnerungen vorsichtig ins Bewusstsein zurückkehren dürfen. Dies erfordert besondere Sorgfalt und ein Höchstmaß an Einfühlung. Denn dieses Unterfangen hat die Erkenntnis zur Folge, dass kein Gefühl endgültig und deshalb davon auszugehen ist, dass weitere schwierige Gefühle folgen werden. Verdrängte Wahrheiten und Wirklichkeiten treten wieder ins Bewusstsein und werden mit einem Höchstmaß an Zuwendung und Umsicht behandelt.

Terri leckt sich den Zeigefinger an, blättert in ihrem kleinen Notizbuch und schreibt sich meinen Vorschlag noch einmal auf: *Geliebt sein.* Ich überlege, ob ich sie bitten soll, kurz innezuhalten und nachzusehen, ob sich das Begriffspaar womöglich bereits in ihrem Notizbuch befindet, entscheide dann aber sehr schnell, dass eine weitere Bloßstellung, eine weitere potentielle Beschämung, vielleicht besser noch warten sollte.

Als Kind wurde Terri als *widerlich* bezeichnet, als *wertlos, eine dicke fette Platzverschwendung.* Floss der *Vino* besonders reichlich, wurden die Beschimpfungen, falls überhaupt möglich, noch brutaler, sie hämmerten platt, meißelten weg und radierten aus, wer Terri war. Wer sie *ist.* Versuchten, Terri in ihrem innersten Wesenskern zu erschüttern. Wollten sie beschämen, nur weil sie die Berührungen eines Mädchens schön fand, eines ersten Mädchens, das Rebecca hieß, Becks. Später dann kamen andere junge Frauen dazu – zu viele, um sie namentlich zu nennen –, die alle zu schambeladenen Geheimnissen wurden, weil ihre Mutter sie enterbt, aus dem Haus geworfen und damit auch noch das letzte bisschen Selbstwertgefühl zerstört hätte, an das Terri sich so verzweifelt klammerte. Terri flüsterte Begriffe vor sich hin, *Mannsweib – Fotzenleckerin – Scheißlesbe.* Die Worte ihrer Mutter. Und ich versuchte, Ruhe zu bewahren, meine Wut über die Gewalt und die Ungerechtigkeit, die ihr angetan worden waren, unter Kontrolle zu halten. Die Wut ist immer noch da, kocht immer noch in mir hoch, *geliebte* Terri.

Es tut mir leid, dass Sie keine wenigstens einigermaßen gute Kindheit hatten. Der Wunsch, Ihr Verlangen zu begreifen, muss für Sie als junges Mädchen sehr schmerzvoll gewesen sein.

Sie zögert, schaut sich aus tränennassen Augen im Zimmer um und sieht mich schließlich direkt an. *Mir tut es auch leid.*

Nach der Sitzung ruft Terri Richard auf dem Mobiltelefon an. *Wir müssen reden*, sagt sie. Ihr versagt dabei beinahe die Stimme.

Richard merkt, dass etwas nicht stimmt, etwas zu laut fragt er widerstrebend: *Kommst du gerade aus der Therapie?*

Sie bejaht und sagt, das sei aber nicht der Grund, weshalb sie reden müssten, *es geht um was anderes, es ist wirklich wichtig.* Sie vereinbaren, nach der Arbeit gemeinsam zu Hause zu Abend zu essen, gegen zwanzig Uhr. *Soll ich von unterwegs was mitbringen?*

Nein, sagt Terri. *Ich koche uns was.* Sie findet, das ist das Mindeste, was sie tun kann.

Den Rest des Tages hat Terri immer wieder das Gefühl, nicht ganz bei sich zu sein. Als würde sie außerhalb ihres Körpers leben und existieren. Sie nimmt ihr kleines rotes Notizbuch heraus, blättert zu der Seite mit dem Wort *Dissoziation* und macht sich bewusst, was gerade geschieht: *Dissoziation ist eine Strategie des Verstandes, mit zu großer Überforderung umzugehen, zum Beispiel während eines traumatischen Ereignisses. Es ist ein mentaler Prozess, bei dem man sich von seinen Gedanken, Gefühlen, Erinnerungen oder dem Ichgefühl abspaltet.*

Terri beruhigt sich. Kocht eine Tasse süßen Tee. Zieht die Stiefel aus und gibt ihrem Körper Raum zu weinen. Im Büro ist heute wenig los, also weint sie, trinkt ihren Tee, presst die mit dicken Socken gepolsterten Fußsohlen fest gegen den harten Teppichboden. Später ruft sie ihre beste Freundin Kirsty an, die in alles eingeweiht ist. Die weiß, was Terri nachts den Schlaf raubt, warum aus ihrer Weintrinkerei im letzten halben Jahr eine Vorliebe für Hochprozentiges geworden ist. *Ich hab dich lieb,* sagt Kirsty, *du tust das Richtige.* Terri beendet das Telefonat mit einem zaghaften Lächeln und fühlt sich etwas besser.

Um 20:30 Uhr ruft Terri Richard an. Im Ofen wartet ein einfaches Abendessen, Hühnchen mit Lauch. Kein Wein. Nur Mineralwasser. Sie muss einen kühlen Kopf bewahren und ihre Nerven.

Ich brauche noch fünf Minuten, Tezzi, tut mir leid, keucht Richard. *Die U-Bahn ist wirklich die reinste Hölle.*

Terri zieht sich der Magen zusammen. Der Geruch von warm gehaltenem Essen ist nicht wirklich hilfreich. Sie sagt nicht: *Okay, Dimples,* weil das missverständlich wäre und gemein. Stattdessen sagt sie: *Okay, bis gleich. Es gibt Hühnchen mit Lauch. Ich liebe dich* lässt sie ebenfalls weg, auch das wäre gemein gewesen. Eine Erinnerung taucht auf, ihr drittes Date. Als sie zu Richard sagte: *Ich liebe deine Grübchen, die sind wirklich niedlich.* Er hatte sie angegrinst, was die Grübchen noch unwiderstehlicher machte. *Mir war nicht klar, dass du meinen Hintern sehen kannst,* hatte er feixend gesagt. Sie hatten gelacht. Die Erinnerung wirft Terri kurz aus dem Gleichgewicht. Ein Glas Wein hätte womöglich geholfen.

Die Haustür geht auf. Schlüssel klimpern. *Ich bin zu Hause,* ertönt sein Singsang. *Tut mir leid, dass ich zu spät komme, Tezzi. Hier riecht's aber gut.* Als Richard in die Küche kommt, steht Terri stocksteif da, ihr Gesicht, aschfahl und angsterfüllt, beunruhigt ihn offenbar, denn er setzt sich an den Tisch, ohne ihr einen Kuss auf die Wange zu geben wie sonst meistens, wenn er von der Arbeit kommt.

Sie nimmt all ihren Mut zusammen. *Das wird jetzt schwer, fürchte ich.*

Was denn, Terri? Was ist los?

Ich kann dich nicht heiraten. Ich will Schluss machen. Bitte verzeih mir.

Die nächste Sieben-Uhr-Sitzung. Draußen dämmert es. Terri zupft sich einen widerspenstigen Lederhandschuh zurecht. Trägt anstatt der Kontaktlinsen die Brille mit dem großen, schwarzen Gestell. Ich weiß, dass sie das tut, wenn sie viel geweint hat und ihre Augenlider zu wund und geschwollen sind, um Fremdkörper zu ertragen. Ich sehe ihr heute etwas an, ihren Augen, ihrem Gang – eine fast ungezähmte Wildheit –, das mich beunruhigt. *Wie geht es Ihnen?*, frage ich.

Sie lässt den Blick zum Erkerfenster schweifen. Ungeschminkt wirkt sie unscheinbar und entschieden jünger als zweiunddreißig. Den Sachen, die sie heute trägt – eine graue Jogginghose mit passendem Hoodie –, entströmt der zarte Duft frischer Seife.

Nicht gut, sagt Terri.

Die Sitzung verläuft fast wortlos. Ab und zu ein Satz, um Richards Verletztheit und Verstörtheit zu beschreiben; seinen Zorn, das Bedürfnis, sofort auszuziehen; angebranntes Hühnchen mit Lauch; die Hochzeitspläne – zunichtegemacht. Ich halte zwar den Blick gesenkt, aber der konzentrierte Fokus zeigt Terri, dass ich da bin. Dass ich ihr zuhöre.

Als ich Anfang der 2000er anfing, als Psychotherapeutin

zu arbeiten, verunsicherten mich Phasen von ausgedehntem Schweigen. Ich hatte das für Berufsanfängerinnen typische Bedürfnis, mich mit meinen Klientinnen verbunden zu fühlen, und versteckte die Angst, als Therapeutin nicht gut genug zu sein, hinter Worten. Effektivität wurde, zumindest in meiner Vorstellung, mit Handeln gleichgesetzt; und mit hörbarem Engagement, das in Unterhaltungen, Vorschlägen und manchmal auch – ich schäme mich fast, es hinzuschreiben – *Interpretationen* Ausdruck fand. Damals fragte mich der Therapeut, der mich während meiner Ausbildung betreute und bei dem ich selbst elf Jahre lang in Therapie war, was genau mich an Schweigephasen verunsicherte. Ich erwiderte, dass Schweigen mich an ein Gefühl von Getrenntsein erinnerte und Gefühle von Verlassenheit in mir weckte. Er legte nachdenklich die Stirn in Falten und tippte sich mit dem Finger gegen die Schläfe. *Können Sie mehr darüber sagen?* Ich rief mir Zeiten in meinem Leben in Erinnerung, als ich mich nach Verbindung durch respektvolle Gespräche gesehnt hatte anstatt durch die omnipräsente, mich überfordernde und gefürchtete Aufforderung, ich solle *bei Tisch gefälligst keine peinliche Stille verbreiten; uns unterhalten; bei Gott endlich etwas Interessantes beitragen oder gehen.* Aus Angst vor Vernichtung oder davor, hungrig weggeschickt zu werden, versteckte ich meine Glut und die Gefühle der Sehnsucht tief in mir, bis sie später wieder zum Vorschein kamen, als ich mit der Ausbildung zur Therapeutin begann.

Im Laufe der Jahre ist mir das Schweigen zunehmend leichter gefallen, vielleicht auch, weil ich das Alleinsein inzwischen mit offenen Armen willkommen heiße. In der Therapie bieten Phasen der Stille sowohl für die Therapeutin als auch für die Klientin wertvolle Zeit zur Reflexion, in der sich Gefühle zeigen dürfen, die womöglich verdrängt bleiben würden, wenn überflüssige oder sinnlose Worte den Raum fluten. Inzwischen betrachte ich Situationen mit geschäftiger Geräuschkulisse als «Wall aus Worten», der Intimität und echte Verbindung verhindert. Der redseligen Therapeutin entgeht vieles.

Terri rutscht auf ihrem Sessel hin und her. Wir schweigen seit fünf Minuten.

Ich vermisse ihn, sagt Terri schließlich und verlagert erneut das Gewicht. *Ich komme mir vor wie ein Kind. Es ist genau wie damals, als ich meine Mum brauchte und sie nicht für mich da war – jedenfalls nicht so, wie ich sie wollte und gebraucht hätte.*

Sie wischt sich die Tränen von der Wange. *Verschiedene Inseln,* sagt sie.

Wer einen Verlust erlitten hat, dem kann nur die Rückkehr des verlorenen Menschen – oder in Terris Fall die Mutter, nach der sie sich sehnte – jemals wahren Trost bringen. Diese Erwartung kann ich genauso wenig erfüllen wie irgendwer, und ich befürchte, ich werde sie mit ziemlicher Sicherheit verletzen. Stattdessen entscheide ich mich, ihr zu sagen, dass der Schmerz vorübergehen wird, dass kein Gefühl jemals endgültig ist, dass Verlust ein Prozess ist, dass sie da nicht alleine durchmuss.

Wir müssen uns gemeinsam in den notwendigen, schmerzvollen und komplizierten Prozess des Trauerns begeben.

Ich glaube, der Schrecken der Trennung von Richard ist eng mit meiner Sehnsucht verbunden, mich meiner Mutter gegenüber richtig zu verhalten, sagt sie. *Mein Verlangen hat nichts damit zu tun. Ich bin bereit für das, was vor mir liegt, aber gleichzeitig lähmt es mich.*

Dieser Augenblick der Selbstreflexion und Anerkennung ist von großer Bedeutung. *Und der Wunsch, es zu tun, ist ein großes Geschenk an Sie selbst,* sage ich.

Und wie geht es jetzt weiter?, fragt sie.

Jetzt machen wir uns an die Arbeit.

Terri vergisst, die Torte abzubestellen. *Ausgerechnet,* und am Vorabend der annullierten Hochzeit wird eine riesengroße, gigantische Hochzeitstorte zu ihr nach Hause geliefert. Richard hatte sich Vanilla Sponge mit Zitronencreme gewünscht, aber sie hatte ihn stattdessen zu Red Velvet überredet, ihre – und Kirstys – Lieblingssorte. Als die Torte geliefert wird, zieht Terris Brust sich vor Schreck zusammen; die schiere Schönheit trifft sie ins Mark und hinterlässt einen bleiernen Geschmack in ihrem Mund. Sie ist allein. Das federleichte Ticken der Uhr im Flur klingt plötzlich sehr laut und sehr beängstigend. In dem dringenden Bedürfnis nach Verbundenheit und Sicherheit ruft sie Kirsty an. *Komm vorbei,* bittet sie, *die Hochzeitstorte wurde geliefert. Du musst mir helfen, sie zu essen.*

In den unruhigen Nächten ohne Richard träumt Terri immer wieder denselben Traum. Die Bilder bleiben noch tagelang präsent. Sie sind gestochen scharf. In halbbewusstem Zustand erscheinen Terri ihr Vater, ihre Mutter und das Haustier aus Kindertagen, Barbara, das Kaninchen.

Barbara war ein weißes Wesen mit weichen Schlappohren, das Terri an dem Tag von ihrem Vater geschenkt bekam, als der beschloss, die Familie zu verlassen. Dazu einen Kaninchenstall, am Ende des Gartens aufgestellt, zwischen Pampasgras und den rankenden Lampionblumen, gegenüber einem winzigen Apfelbaumsetzling.

In ihrem Traum spürt Terri den Schrecken, mit ansehen zu müssen, wie ihr Vater flieht. Den dunklen Kunststoffkoffer fest umklammert, in dem, vermutet sie, nichts als Erleichterung steckt. Terri war zehn, als er fortging, und sie würde ihn bis zum Vorabend ihres achtzehnten Geburtstags nicht mehr wiedersehen. In der Zeit, die ein Apfelbaumsetzling braucht, um Früchte hervorzubringen, kann einer Tochter vieles passieren: ein gebrochener Ellbogen, neue Frisuren, die Entdeckung ihrer

Sexualität, ein Sieg im Hockey, ein gestohlenes Fahrrad, ein kurzes Intermezzo mit der Polizei, die brennenden Ohrfeigen einer Mutter mitten ins Gesicht – immer und immer wieder.

In dem Traum sagt er zu Terri, er verlässt London, um mit seiner neuen Freundin ein neues Leben anzufangen. *Das Häschen wird dir Gesellschaft leisten.*

Ich werde sie Barbara nennen, antwortet sie und kämpft mit den Tränen. Terri drückt Barbara an sich, schneidet eine Karotte, hält dem Kaninchen die Stücke vor das schnuppernde Näschen.

Ihr Vater küsst sie auf den Scheitel. *Das schaffst du schon.*

Bitte verlass mich nicht, fleht sie ihn an.

Ich muss, Terri, sagt er zärtlich, *eines Tages wirst du verstehen, warum.*

Nimm uns mit. Wir machen dir auch bestimmt keinen Ärger, nicht wahr, Barbara? Versprochen.

In ihrem Traum weiß Terri, dass er weint, als er sich von ihr wegdreht. *Wie auch nicht?* Doch bis er den Kofferraumdeckel zugemacht und den Zündschlüssel umgedreht hat, sind seine Tränen schon wieder getrocknet, und in dem Moment wird Terri klar, dass sie und Barbara bereits vergessen sind. Wie das verblassende Nachglühen des Bildes auf einem ausgeschalteten Fernsehbildschirm.

In ihrem Traum sammelt Terri Gänseblümchen von den wild wuchernden Wiesenflächen, die entlang des Flussufers nahe ihrem Zuhause wachsen. Sie sieht Barbara dabei zu, wie sie die saftigen Stängel mümmelt, und es beruhigt sie, die unschuldigen Kaninchensamtohren durch die Finger gleiten zu lassen. Barbara ist dick und rund geworden, und Terri verspürt eine gewisse Freude dabei, sie hochzunehmen und in das Spielgehege zu setzen, das sie aus alten Gemüsekisten und Hasendraht für sie gebaut hat. Manchmal, wenn niemand hinsieht, wickelt sie Barbara in einen alten Pullover, einen ausgeblichenen

Kissenbezug und nimmt sie heimlich mit in ihr Zimmer. Terri achtet immer gut darauf, sämtliche Hasenkötel vom Teppich zu sammeln, weil sie dem Hass ihrer Mutter nicht noch mehr Grund liefern will.

Terris Mutter konnte Barbara nicht ausstehen. *Sie stinkt und scheißt überall hin. Typisch von deinem Vater, mir noch ein Ding aufzuhalsen, um das ich mich kümmern muss.*

Ding. Das war es. Terri nahm das Wort und machte es zu ihrem Lehrmeister. Das ein ganzes Leben lang antrainierte Gefühl, gehasst und ungewollt zu sein, lässt sich nur schwer wieder verlernen.

Die Trinkerei ihrer Mutter im Traum ist aggressiv. Entgleitet immer wieder. Terri bekommt zu hören, dass der Wodka im Haus niemals ihre Lippen berühren darf und morgens vor der Schule in den Frühstückssaft ihrer Mutter geschenkt zu werden hat. Terri erinnert sich an Gefühle von Hunger und Durst, an den Diebstahl labbriger Sandwiches und Lebkuchen aus einem Supermarkt, obwohl Geld nicht das Thema war – an die geniale Idee eines in ihre teure Daunenjacke eingenähten Kissenbezugs, um das geklaute Essen zu verstecken. *Zu stehlen war eine Möglichkeit, ein gewisses Maß von Kontrolle zu haben, mir etwas zurückzuholen, das mir rechtmäßig zustand. Mein Leben. Es war mein Leben.*

In dem Wunsch, ihrerseits zu fliehen, bleibt Terri in ihrem Traum eines Abends lange bei einer Klassenkameradin. Als sie schließlich nach Hause kommt, sieht sie, dass die Stalltür offen steht. Barbara ist verschwunden. Terri sucht ihr Kaninchen überall: in den Nachbargärten, im dichtesten Gestrüpp, in der öffentlichen Grünanlage auf der anderen Straßenseite. Grinsend wie eine Irre klopft sie bei den Nachbarn und fordert sie zur Mithilfe auf. Ein Suchtrupp für Barbara. Doch der Erfolg bleibt ihr verwehrt, schließlich kehrt sie erschöpft und allein nach Hause zurück.

In ihrem Traum steht ihre Mutter auf der Veranda, die Arme um die Taille eines fremden Mannes geschlungen, lachend. Die Wodkaflasche leer. Sie wischt sich mit dem Handrücken über den Mund. *Barbara lässt schön grüßen*, höhnt sie. *Hat sich offensichtlich aufgemacht, um deinen nutzlosen Vater zu suchen.*

In ihrem Traum will Terri der Mutter unbedingt furchtbar wehtun. Ihr die Augen auskratzen. Ihr die dünnen wasserstoffblonden Haare ausreißen. Aber sie behält ihren Schmerz für sich. Eine riesengroße, schartige Glasscherbe, die in ihrem kleinen, gequälten Körper in unzählige scharfe Splitter zerspringt.

Ein Traum?, frage ich. *Sind Sie sich sicher, dass das alles geträumt ist?*

Terri seufzt in ihr kleines rotes Notizbuch hinein, sie wirkt gequält und niedergeschlagen. *Nein*, gesteht sie, *das ist kein Traum, das weiß ich jetzt. Es ist wirklich passiert. Sie hat Barbara entkommen lassen. Mich nicht.*

Die erste Phase der Trauer: Schock und Verleugnung.

Die Phasen von Schmerz, Schuld, Wut und Verhandeln durchläuft Terri mit relativer Leichtigkeit. Die Trauerphase, vor der ich Angst habe: Depression. Ich habe Angst vor einem Zusammenbruch. Und verliere für einen Augenblick meine Zuversicht.

Ich artikuliere einen Gedanken: *Depression ist der Ausdruck von unbewältigtem Verlust*, und sie erzählt mir, sie hätte sich zu kaltem Entzug entschlossen, zu einem radikalen Bruch mit ihrer wöchentlichen Dosis Sex mit Frauen aus Bars.

Ich schlage eine Pause vor, keinen Bruch. *Ein Bruch verleitet dazu, dagegen aufzubegehren, sich danebenzubenehmen, auf altbekannte Muster zurückzugreifen*, sage ich.

Sie beugt sich vor und durchkämmt mit den Fingern den roten, herauswachsenden Pony. Ihre Körperhaltung erinnert mich an einen kleinen, verletzten Spatzen. Die Augen weit und schreckhaft, dunkle Ringe, hohle Wangen.

Eine Pause, fahre ich fort, *verschafft Ihnen Zeit, herauszufinden, was Sie wollen, ohne Ihre Sehnsüchte zu stillen, und Ihre Einsamkeit.*

Das verstehe ich nicht, sagt sie.

Vielleicht verschafft Ihnen der Verzicht auf Ablenkung Raum für die Trauer, sage ich.

Kapiert. Sie lächelt schief.

Dann, über Tage, völliger Blackout. Der Kollaps. Sie schneidet sich die Haare raspelkurz. *Ich will meine Trauer sichtbar tragen,* sagt sie. Terri erzählt niemandem, nicht einmal Kirsty, dass sie nicht mehr isst, nicht mehr arbeitet, sich nicht mehr wäscht. Stattdessen verbringt sie ihre Zeit mit Prinz Valium, haltlos treibend. Träume – echte diesmal – galoppieren mit ihr in wilden Streitwagen in Richtung Trauer. Sie fühlt sich völlig ausgeliefert. Nachtschweiß. Delirium. Halluzinationen.

Träume, so viele Träume ...

Ihre Mutter weigert sich zu sterben. Verdrießlich und schön nimmt sie die Zügel des Streitwagens in die Hand. Aus ihren Augen läuft Wein, und sie lenkt den Wagen mitten hinein in lodernde Feuer, eisbedeckte Städte und Dörfer. Mit ihren kräftigen Händen peitscht sie auf galoppierende Pferdemuskeln ein. Sie allein hat die Herrschaft, und sie hält Terris Handgelenk so eisern umklammert, dass es blutet. Weit unter ihnen Richard und die Frauen, an schummrig beleuchtete Tresen gelehnt. Die Liebe wartet darauf, dass Terri die schmerzerfüllten Wanderjahre hinter sich lässt.

Rebecca, Becks, liegt im nassen Gras und zählt die dahinziehenden Zuckerwattewolken. Orangerote Dahlien am Ufer des Flusses, eine kühle, duftende Brise. Terri und Rebecca sehen sich an. Eine sanfte Berührung, ein Kuss. *Bitte, verlass mich nie,* fleht Terri. Nichts Finsteres wird ihre gemeinsame Sternstunde vernichten.

Richard in seiner Alltagskleidung. *Dimples,* sagt sie, *hier riecht es aber gut.* Er serviert Hühnchen-Lauch-Pastete, fügt einen kleinen Klecks Soße hinzu. Hat sich zum Spaß das karierte Baumwolltischtuch in den Hemdkragen gesteckt. Er bietet Terri an, Wein nachzuschenken, und sie stimmt zu, doch als er sich wieder zu ihr umdreht, verwandelt sich die Weinflasche in ein großes Tranchiermesser, das sie mitten ins Herz trifft. *Friss deine Scheißpastete, du Schlampe*, brüllt er.

Clare, die Frau mit den ausdrucksvollen Augen und dem hüftlangen, glatten, schwarz glänzenden Haar, sitzt am Steuer eines schnellen Sportwagens, Terri sitzt neben ihr. Das Verdeck ist geöffnet. Sie kommen an eine Kreuzung. *Wohin jetzt?*, fragt Terri. *Zum Mond*, sagt Clare. *Kommst du mit?*

Wieder ihre Mutter. Diesmal kein Streitwagen. Sie steht im Garten von Terris Kindheit, neben dem Pampasgras, dem überladenen Apfelbaum. Ihr Gesicht eine Mischung aus Verstörung und Manie. Terri streckt ihr die Handflächen entgegen wie die Jungfrau Maria, spürt die Sehnsucht nach der fehlgeleiteten Liebe ihrer Mutter. Terri sieht, wie sich der wilde Gesichtsausdruck ihrer Mutter in Niederlage verwandelt. Ihre Mutter lächelt, legt Terri das Kaninchen in die geöffneten Hände und geht davon. *Ich will doch nur, dass du mich liebst,* ruft Terri dem Rücken ihrer Mutter zu. Und weiß die ganze Zeit, dass ihre Worte, ihre erstickende Einsamkeit und Sehnsucht nicht nur auf taube Ohren, sondern auf ein taubes Herz gestoßen sind.

Als Erstes fällt mir der rasante Gewichtsverlust auf. Dann das stumpf gewordene Haar – früher leuchtend, jetzt eher weinrot. Sie denkt über zusätzliche medikamentöse Unterstützung nach, ein Sabbatjahr, noch mehr Therapiesitzungen. Spricht von Selbstmord.

Manche unserer Sitzungen erfordern von mir nur Zuhören und Verständnis. Meine Präsenz. Dann wieder ist Intervention gefragt, wie in der Situation, als sie mich auf meinem Handy anrief, nachdem eine Flut an E-Mails unbeantwortet geblieben war. Es klingelte um vier Uhr früh. Aber in dem Stadium hatten sie und Prinz Valium bereits jedes Zeitgefühl verloren – Tage und Nächte und Tage verschwammen ineinander. Es wurde vereinbart, dass Kirsty für eine Weile zu ihr zieht, und es ist Kirstys Anwesenheit und ihrer Fürsorge, unseren zusätzlichen Sitzungen und dem endgültigen Eingeständnis, dass sie Frauen liebt, zu verdanken, dass Terri es überstand – gerade eben so. Jetzt greift die Depression.

Ihr Körper fühlt sich zentnerschwer an, *als würde man den Kadaver einer Kuh durch zähen Sirup zerren,* sagt sie. Auch ihr Verstand fühlt sich matschig und unkooperativ an. Wir besprechen, was es für sie heißen könnte, zu pausieren, sich eine Auszeit zu nehmen, um herauszufinden, wie sie ihre Gefühle annehmen und akzeptieren kann, um den Bedürfnissen ihres Körpers Rechnung zu tragen und über ihr vergangenes Leben nachzudenken. *Das will ich, und ich brauche es auch,* sagt sie. Aber sie hat Angst, dass sie schon zu viel Zeit dafür gebraucht hat, die Vernachlässigung durch ihre Eltern zu akzeptieren und sich ihre Sehnsucht nach einer Liebesbeziehung zu einer Frau einzugestehen, dass die Außenwelt eine weitere Auszeit nicht akzeptieren wird, dass längst alles zu spät ist. *Die Leute werden nicht glauben, mir nicht vertrauen,* sagt sie.

Ich glaube Ihnen, ich vertraue Ihnen, sage ich.

Sie weint viel, mindestens die halbe Sitzung lang, jedes Mal. Aber das ist gut. Die Tränen sind heilender Balsam. Es gilt, die ungeweinten Tränen eines ganzen Lebens zu betrauern und zu fühlen. Als wir etwa zwei Jahren miteinander arbeiten, stelle ich ihre Kapazität auf die Probe, dem Wunsch nach Heilung grünes Licht zu geben. Ein Entschuldigungsbrief an Richard, in dem sie ihm erklärt, dass sie sich momentan in einem sehr schmerzhaften Erinnerungsprozess befindet. Außerdem artikuliert sie darin die Hoffnung, dass sie eines Tages wieder miteinander reden, vielleicht sogar wieder Freunde sein können. Richard antwortet nicht auf den Brief, aber das ist in Ordnung. *Was habe ich erwartet*, sagt sie, *eine Scheiß-Brieffreundschaft? Ich habe dem armen Kerl das Herz gebrochen.*

Das stimmt, sage ich, *und Handlungen haben Konsequenzen. Aber das ist kein Grund zur Selbstbestrafung. Es ist wichtig, sich weiter zu bewegen.*

Widerstrebend nimmt Terri meinen Rat an und beginnt, Sport zu treiben: Ausdauertraining, Speed-Walking, Mannschaftssport. Aber das Durcheinander ist ihr zu groß: zu viele Menschen, zu viele Stimmen und zu viel Körperkontakt. Sie weicht auf Yoga aus – schafft sich eine gelbe Matte an, *weil Gelb Mut macht und fröhlich ist. Wussten Sie, dass mit gelben Autos die wenigsten Verkehrsunfälle verursacht werden?*, erklärt sie mir. *Nein, das wusste ich nicht*, antworte ich. Das bizarre Detail als Gradmesser für ihren in Unordnung geratenen, unruhigen Verstand.

Vielleicht, überlege ich, betrachtet Terri ihr Leben momentan wie einen Autounfall. Stellt sich die Frage: Wer sitzt am Steuer? Vor meinem inneren Auge tauchen «Anfänger»-Aufkleber auf.

Außerdem bezahlt Terri andere Menschen dafür, sie zu berühren: einen Chiropraktiker, der ihre Wirbelsäule neu ausrichtet und mit schnellen, sehr genauen Bewegungen schmerzhaft verdrehte Körperteile zum Knacken bringt; eine Masseurin, die ihrem Rücken und ihrem Gesäß wohltuende Schmerzen zufügt. Terri ist wieder in der Lage, Berührungen zuzulassen und auch zu genießen, und hat nichts dagegen, dafür zu bezahlen, weil sie sich die anderen Berührungen noch nicht wieder zutraut. Bald werden auch ihre körperlichen Sehnsüchte neu erwachen, aber noch ist es nicht so weit. Im Augenblick ist es immer noch nötig, zu pausieren und ihr Begehren mit einem «A»-Aufkleber auf der Heckscheibe zu erforschen.

Kirsty zieht schließlich wieder bei ihr aus, und Terri fühlt sich, als würde sie auf Glas laufen, sich auf Zehenspitzen durch ein Zuhause bewegen, das sie kaum wiedererkennt. Sie holt Kisten mit alten Fotos aus dem Schrank und betrachtet die Bilder, als würde sie darauf warten, dass ihre ehemaligen Ichs den Mund öffneten und zu sprechen anfingen. Was würden sie sagen, wenn sie Terri so sehen könnten, ungepflegt und voller Angst? Keine Spur mehr von der sorglosen Frau, die ihre Arbeit liebte und Partys und Tanzen und Reisen – die das Leben liebte? Der äußere Schein war Terri immer sehr wichtig, er hielt sie in Schach und lenkte sie von ihrem wahren Selbst ab. *Das falsche Selbst,* sage ich.

Ein viel beschäftigtes falsches Selbst, erwidert sie und nickt.

Terris vielschichtiger und gleichzeitig lindernder Schmerz – lindernd im Sinne kathartischer Tränen oder eines Muskelkaters – hat womöglich auch mit einem unangekündigten Besuch ihrer Mutter zu tun, die, als sie schließlich von der annullierten Hochzeit ihrer Tochter erfährt, mit nur dürftig verhohlener Wut vor ihrer Tür steht. Zwei Flaschen Wein schwingend, eine in jeder Hand. Terri ist zu traurig und zu wund, ihr fehlt die Kraft, um ihrer Mutter den Zutritt zu verwehren. Stattdessen stellt sie zwei notdürftig abgewischte Gläser auf den Küchentisch. Terri ist im Schlafanzug; weich, warm und müffelnd. Ein Bündchen ist vollgesogen mit drei Tage alter Dosensuppe. Ihre Mutter trägt ein hübsches dunkelblaues Plisseekleid. Sie erinnert Terri an einen Lampenschirm, einen, den sie am liebsten ausknipsen würde, um nicht sehen zu müssen, was ihre Mutter umtreibt: ihre unendliche Wut und Enttäuschung.

In Terris Ohren klingt das, was ihre Mutter von sich gibt, wie weißes Rauschen. Ihr Sehvermögen ist getrübt, vernebelt, wie in einem verblassenden Traum. Sie registriert die Hände ihrer Mutter – schmale türkisfarbene Adern und Leberflecke. Wie schnell und hinterhältig diese Hände früher waren, ständig darauf aus, Terri zu überrumpeln. Ein kleiner Körper, der oft genug geschlagen wurde, reagiert anfangs mit Schock, dann mit Angst und Verleugnung, dann mit Kampf oder Flucht und schließlich mit Dissoziation. Wir nennen diese Mechanismen amnestische Barrieren. Doch mithilfe von Therapie, Entschlossenheit und dem Willen zur Offenheit beginnt der Körper allmählich, sich zu erinnern – gibt preis, was er abgespeichert hatte. Der Körper erinnert sich an den erlittenen Schmerz, an das überlebte Leid. Das Körpergedächtnis hält fest, was der Verstand verdrängt hat. Terri stürzt das erste Glas Wein in einem Schluck hinunter und schenkt sich sofort nach, das Glas ihrer Mutter bleibt leer.

Reiß dich zusammen und entschuldige dich bei ihm!, keift ihre Mutter. *Ich habe keine Ahnung, was passiert ist; Richard war am Telefon sehr wortkarg. Du musst die Sache wieder in Ordnung bringen!*

In Ordnung bringen?, wiederholt Terri. Um sie herum erhebt sich roter Dunst.

Ja, und zwar sofort!

Ich kann nicht in Ordnung bringen, wer ich bin. Ich weigere mich, etwas in Ordnung zu bringen, das weder in Unordnung ist noch falsch. Du bist eine schreckliche Mutter. Bring du das in Ordnung.

Der Anblick ihrer Mutter – der verkniffene, rosarote Mund, die sich unter sichtlicher Erregung hebende Brust – erschüttert Terri in den Grundfesten. Sie krallt sich mit beiden Händen an die Tischkante. Sie ist froh, dass ihre Hände dort zu tun haben, weil sie nicht weiß, was sie sonst tun würden.

Du wirst alleine sterben!, keift ihre Mutter mit krächzender Stimme. Ihr letzter Schuss. Eine Verbeugung zum Abschied. Ein Schlag in die Magengrube. *Eine grausame, strafende Mutter ist keine Mutter.* Terri spricht es laut aus, ihre Mutter steht schließlich auf und geht. In Terris Brust wird es plötzlich sehr eng, Tränen laufen ihr übers Gesicht, und sie wiederholt: *Eine grausame, strafende Mutter ist keine Mutter,* sagt es nur zu sich selbst allein. Terri bricht am Küchentisch zusammen, den Blick auf ihre Fingernägel gerichtet, die sich so gerne irgendwo hineingraben wollen, in ihr eigenes Fleisch. Sie reißt sich zusammen und zerrt stattdessen an ihrem Schlafanzugärmel. Der Suppenfleck ist immer noch da, wie Besuch, der länger bleibt, als er willkommen ist.

Die lange Nacht, die sich vor ihr erstreckt – weil ihre Mutter ihr den letzten Frieden geraubt hat –, ist für Terri plötzlich unerträglich. Sie legt die zwei Weingläser in ein Waschbecken voll Spülwasser und rettet dann eilig das Glas mit den Lippenstiftspuren ihrer Mutter. Mit den Fingerspitzen berührt Terri den Abdruck, rosarot und klein. Schmerz. Verzweifelt bringt sie sich dem Universum als Opfergabe dar, wie Staub, das winzigste Sandkorn der Welt. *Hilf mir, das zu überleben,* weint sie.

Eine Nacht voll wirrer Träume. Terri, lebendig begraben. Die Hand ihrer Mutter schießt plötzlich aus dem Dunkeln wie das Eiskalte Händchen aus der *Addams Family* und geht ihr an die Kehle, ihr Gesicht taucht auf, mit mahlendem Kiefer, der zusammengepresste, rosarote Mund sieht aus wie ein Katzenafter und sagt in Endlosschleife: *Bring das in Ordnung, bring das in Ordnung, bring das in Ordnung –*

Wieder Nachtschweiß; Delirium; nächtlicher Schrecken – bis endlich, endlich der Morgen kommt.

Terri erwacht erstaunlich ruhig. Der gestrige Besuch ihrer Mutter verblasst im Hintergrund. Sie schaut auf die Nachttischuhr – 9:17 Uhr – und merkt, dass ihr Appetit langsam zurückkehrt. Sie hat Rührei vor Augen, knusprigen Speck, eine Kanne duftenden Kaffees. Fast gelassen geht sie unter die Dusche und zieht sich an. Holt die Wildlederstiefel aus dem Schrank und saubere Jeans. Sie verbringt noch ein bisschen mehr Zeit im Bad, nimmt sich vor, sich die Haare schneiden und färben zu lassen, zur Maniküre zu gehen. Sie gurgelt mit einem großen Schluck Pfefferminzmundwasser. Das Brennen fühlt sich gut an und sauber. Sie beschließt, das Mundwasser hinunterzuschlucken, anstatt es auszuspucken, stellt sich vor, wie die Flüssigkeit ihre Kehle von den Worten reinwäscht, die sie ihrer Mutter entgegengespien hat. Sie wirft einen Blick in ihren Terminkalender und ruft Kirsty an, um sich mit ihr zu verabreden. Terri spürt Erleichterung; ihr Brustkorb und ihre Hände sind ein bisschen zittrig, aber sie hat ihrer Mutter die Wahrheit gesagt, endlich, mutig und tapfer, und das verschafft ihr ein Gefühl von Stolz, Mut und Autonomie. Es ist ein Gefühl, das sie von dem Glauben befreit, *sie sei verkehrt*. Das lichtdurchflutete Zuhause unter ihren zunehmend sicherer stehenden Füßen kommt ihr heute weniger fremd und gefährlich vor. Heute ist sie traurig, aber nicht depressiv.

Kein Gefühl ist endgültig, sagt sie laut. Es geht bergauf.

Kennen Sie die Szene aus Dirty Dancing? *Die, wo Baby und Penny zusammen tanzen, Auge in Auge, in Strumpfhosen und silbernen Tanzschuhen?*, fragt Terri.

Die Szene, wo «Hungry Eyes» läuft?, hake ich nach.

Genau! Sie freut sich sichtlich, dass ich weiß, welche Szene sie meint. *Huuungry Eyes*, singt sie.

Wir lachen zusammen. Es geht bergauf.

Das war der Moment, als ich es wusste. So wie sie sich ansahen, wie sie sich bewegten. Ich wusste es einfach, sagt sie.

Eine willkommene Erinnerung?

Absolut. Sie lächelt.

Dirty Dancing gehört zu Terris Lieblingsfilmen. Freud war der Ansicht, unsere Gedanken, Gefühle und unser Verhalten – im Grunde alle menschlichen Erfahrungen – würden von zwei Grundtrieben bestimmt, und zwar, vereinfacht gesprochen, von Sex und von Aggression.

Während seine Klientinnen sich auf die berühmte Samtcouch legten, saß Freud vor ihrem Blick verborgen dahinter. Dieses Arrangement erlaubte den Klientinnen, frei zu assoziieren, wozu auch der unzensierte Ausdruck des eigenen Bewusstseins gehört. Ab und zu frage ich mich, wie Momente der Vertrautheit zwischen Freud und seinen Klientinnen wohl abgelaufen sein mochten. Ob Momente der Verbindung und kreativer Leichtigkeit wie Terris «Huuungry Eyes» überhaupt aufblitzen konnten, wenn er immer außer Sichtweite war. Vielleicht ist die moderne Psychotherapie nicht so simpel, nicht schwarz-weiß, genau wie Leben und Tod. Und vielleicht gibt es im Sprechzimmer von heute keinen Platz mehr für die Dramatik von Freuds knisternden Interpretationen und Einsichten. Die therapeutischen Ansätze von heute tendieren eher dazu, auf umwerfende Einsichten oder Erkenntnisse zu verzichten. Mein Ziel als relationale Psychotherapeutin besteht im Aufbau einer sicheren, bedeutungsvollen Beziehung, damit meine Klientinnen sich verstanden fühlen. Darin, Intimität zu entwickeln, um tiefgreifenden Fragen auf den Grund zu gehen, Fragen, die damit zu tun haben, was es bedeutet, ein Mensch zu sein. Die Psychoanalyse ist eine Möglichkeit, klar über das nachzudenken, was wir wollen. Für mich als Therapeutin ergibt sich daraus die Verpflichtung, Frauen mit unterschiedlichem Hintergrund, unterschiedlichem Alter und unterschiedlichen sozioökonomischen Erfahrungen zu verstehen, die ihre Bedürfnisse auf jeweils ganz andere, für sie notwendige Weise artikulieren: voller Bedauern, mit Leidenschaft, nachtragend, unbeschwert, intellektuell und, manchmal, rechtfertigend. Jede Frau hat in Bezug auf ihr Frausein eigene Wünsche und Erfahrungen, ob schmerzhaft oder befreiend. Wir wissen, was Frauen wollen.

Terri weiß, was sie will.

Ich weiß, was Terri will.

Terri fragt sich, wann sie gefahrlos wieder in Bars gehen kann. Sie vermisst es. Sie vermisst den Spaß, die Verbindung zu anderen Frauen, die Freiheit und das Körpergefühl beim losgelösten Tanzen.

Sie könnten Kirsty mitnehmen, sage ich.

Vielleicht, antwortet sie, und ihre Stimme wird noch leiser.

Terri hat wieder begonnen zu arbeiten und braucht etwas, worauf sie sich am Abend freuen kann. Sie erforscht ihr Begehren, seit sie nichts mehr verheimlicht, auf veränderte Weise. Der Nervenkitzel ist zwar weniger drängend, aber trotzdem willkommen. Sie hat wieder angefangen zu lesen, zu schwimmen, zu malen, zu lachen und zu atmen. Ihre Arbeit als Producerin fängt wieder an, ihr Spaß zu machen – eine mögliche Dienstreise zu Dreharbeiten, die für sie vor einem Jahr unmöglich gewesen wäre. Außerdem steht eine neue Dokumentarfilmreihe im Raum, die sich mit dem weltweiten Phänomen Frauenhass beschäftigen soll. So engagiert und begeistert, wie Terri darüber spricht, habe ich sie seit Monaten nicht erlebt.

Außerdem denkt sie darüber nach, ihrer Mutter einen Brief zu schreiben; dies ist eine weitere Phase im Trauerprozess: Überlegungen hinsichtlich Aufarbeitung und Neuanfang kommen ins Spiel. Aber sie hat Angst, dadurch zurückgeworfen zu werden. *Zwischen uns hat sich nichts geändert,* sagt sie. *Wenn es zwischen uns in Zukunft irgendeine Form von Beziehung geben soll, muss ich ich selbst sein und darf mich nicht mehr verstecken.*

Ich verspüre strahlenden Stolz. Terri, der Nordstern – leuchtend. In ihrer Ganzheit sichtbar.

Kurz vor Weihnachten beschließt sie, es noch mal mit Sport zu versuchen. Der abrupte Jahreszeitenwechsel hat etwas damit zu tun, die Kälte und das Bedürfnis, ihren Körper wieder in Bewegung zu bringen. *Yoga ist toll,* sagt sie strahlend, *aber mich* zu einer Brezel zu verknoten, reicht mir irgendwie nicht mehr. Ich will die Kraft meines Körpers wieder spüren, den Zug, den Druck. Das Brennen.

Sie nimmt Radfahren ins Visier. Ein neues Fahrrad soll her: *Pashley, Bobbin, Roubaix Sport, Hybrid, Cannondale?* Wir verbringen beträchtliche Zeit damit, Möglichkeiten auszuloten. Irgendwann bekommt Terri mit, wie mein Blick kurz ins Leere geht. *Okay, schon kapiert, los jetzt, such dir eins aus,* ermahnt sie sich streng, als wäre ich vor ihren Augen umgekippt und in Ohnmacht gefallen.

Sie entscheidet sich für Geschwindigkeit: ein *Roubaix Sport.* Und ich gestehe, dass ich angesichts ihrer früheren Risikobereitschaft ein bisschen besorgt bin. Ich stelle mir vor, wie ich ihr eine Warnweste schenke, einen Helm, jede Menge Fahrradlampen, registriere meine Fürsorge und das Bedürfnis, sie zu beschützen.

Haben Sie einen Helm?, frage ich.

Logo, ich habe alles. Wäre schön blöd, so hart an mir zu arbeiten, nur um Ihnen jetzt wegzusterben, oder?

Ich registriere die Flapsigkeit ihrer Antwort und bitte sie, kurz innezuhalten. *Ich frage mich, ob es schmerzhaft für Sie ist, sich einzugestehen, wie hart Sie gearbeitet haben und immer noch arbeiten. Oder meine Sorge um Sie. Scherzhafte Bemerkungen sind eine einfache Möglichkeit, das Eingeständnis wohlverdienter Veränderung oder Intimität abzuwehren,* sage ich.

Am liebsten ist sie abends mit dem Fahrrad unterwegs. Winterwolken; frische, klare Luft. Sie mag die Lichter und die Kälte und den eisigen Wind, wenn sie über die Waterloo Bridge fliegt, über die Westminster und die Southwark Bridge. An einem guten Abend schafft sie es bis rüber nach Battersea, das T-Shirt saugt sich voll mit dem Schweiß ihres genesenden Körpers. Sie steigt unter der Woche mindestens zweimal aufs Rad, dazu jedes Wochenende. Und sie trägt Warnweste und Helm. Ich bin beruhigt.

Das Fahrradfahren lindert die Depression, es geht weiter bergauf, der Aufwind nimmt Terri mit sich und trägt sie wie einen Vogel über unbelebte Straßen, menschenleere Plätze. Sie beginnt, die Schönheit Londons mit anderen Augen zu sehen, schaut nach oben – zu nie bemerkten Balkonen und Mauerbrüstungen und Kuppeln und Traufen. Das Gefühl, die Kontrolle wiedererlangt zu haben, ist berauschend, dazu der Fahrtwind, die Freude, ihre Figur zu formen, ihren Körper durch Bewegung zu läutern, sich der Erregung hinzugeben. Eine Figur, die sie begehrt und will.

Sie tritt in die Pedale, strampelt und strampelt und strampelt, bis auf den Innenseiten ihrer Oberschenkel ein Gefühl brennt, auf das Terri, verspricht sie sich, nie wieder verzichten wird.

Ihr Name ist Beth. Nicht Elizabeth, nicht Bethany, einfach nur Beth.

Beth ist eine Frau, die Terri beim Wort nehmen und für ihre Gefühle zur Rechenschaft ziehen wird. Beth lernt sie nicht in einer der Bars kennen, in denen sie inzwischen wieder verkehrt, mal mit Kirsty, mal allein. Beth kommt angeflogen wie ein majestätischer Mauersegler, am Anfang unter Terris Radar, engagiert als Freelance-Redakteurin für die neue Dokumentationsfilmreihe über Frauen und ihre Körper.

Das Erste, was Terri an Beth auffällt, sind ihre Stiefel, das Geräusch ihrer Schritte. Es klingt anders als die üblichen, teppichgedämpften Trippelschritte ihrer anderen Kolleginnen. Beth betritt den Raum und wendet Terri zunächst den Rücken zu. Terri bleibt sitzen und schreibt an einer E-Mail weiter, um den Produktionsdesigner rundzumachen für den verzapften *Riesenmist, der den Schnitt um mindestens eine Woche verzögern wird*. Dabei taxiert sie gleichzeitig aus dem Augenwinkel Beths Figur. Aufrecht wie eine Statue, selbstbewusst und attraktiv. Die Kollegin am Nebentisch sagt ihr, die Frau sei Beth, die neue Redakteurin. Beth kommt gerade richtig, denkt Terri.

Als Beth sich zu ihr umdreht, sieht Terri sich einer groß gewachsenen, schönen Frau gegenüber. Hellwacher Blick, geradezu lachhaft hohe Wangenknochen, attraktive Kinnpartie. Die kastanienbraunen langen Haare sind lässig aufgetürmt. Mitten im Knoten steckt zur Befestigung ein Bleistift. Sie gibt Terri die Hand und schenkt ihr ein breites Lächeln. *Ich bin Beth,* sagt sie mit melodischer Stimme.

Ich bin Terri.

Dann werden wir zusammenarbeiten – fantastisch! Beth lächelt wieder.

Über ein paar Monate entwickelt sich zwischen Terri und Beth einfach nur eine Freundschaft. Ab und zu gehen sie nach der Arbeit noch was trinken, und langsam nimmt Beth für Terri Gestalt an: dreiundvierzig Jahre alt, die Mutter Irin, ohne Vater aufgewachsen. Beth mag Hunde lieber als Katzen, ist lieber Herrin als Dienerin. Notiert, denkt Terri. Sie steht auf Radio 4 und Jazz, hat Flugangst und liest ausnahmslos alle Titel auf der jährlichen Booker Shortlist. Im Vorjahr sogar alles von der Longlist. Sie liest den *New Yorker,* linksgerichtete Tageszeitungen und *Gardener's World.* Sie hat drei Jahre als freiberufliche Investigativjournalistin in L. A. gearbeitet und zwei Jahre in Budapest an einer Reihe unkonventioneller Kulturdokumentarfilme. Beth ist ein Einzelkind mit großem Freundeskreis, hauptsächlich Frauen. Sie hat ein Faible für ausgefallene Papeterie, gegenständliche Kunst, Hitchcock und Obama. An einem Abend erzählt sie Terri nach ein paar Runden Karaoke etwas beschwipst, dass Männer und Jungs eher nicht auf vaterlose Mädchen und Frauen stünden, doch das würde sie nicht weiter jucken, sagt sie. *Ich bevorzuge Frauen.* Terri spitzt die Ohren wie ein Luchs. Sie versucht, sich zu beruhigen und cool zu bleiben. *Ich auch*, sagt sie, voller Sehnsucht und Hoffnung, und scrollt auf der Suche nach Amy Winehouse in der Karaoke-Titelliste.

Am nächsten Morgen erscheint sie voller Elan und mit glänzenden Augen zu unserer Sitzung. Ihre Gliedmaßen weigern sich, zur Ruhe zu kommen, sie kann unmöglich Platz nehmen. *Kann ich einfach noch etwas stehen bleiben?*, fragt sie und dehnt die Hand- und Fußgelenke wie vor einem Hundertmeterlauf.

Natürlich, antworte ich.

Wir sprechen über ihre Gefühle und darüber, dass sie Beth sagen möchte, wie sie empfindet. *Glücklich, sehnsüchtig, ein Wunsch nach mehr als Freundschaft*, und: *Wenn ich dich sehe, will ich dich in den Arm nehmen und auf den Mund küssen.*

Was hält Sie davon ab, diese Dinge auszusprechen?, frage ich sie.

Ich habe Angst, erwidert sie, die Hände sind still geworden, ruhen in ihrem Schoß.

Können Sie das noch genauer sagen?

Ich fürchte mich aus offensichtlichen Gründen vor Zurückweisung, aber ich glaube, eigentlich habe ich Angst, weil sie der erste Mensch ist, bei dem ich mir vorstellen kann, sie zu lieben und zu begehren.

Ich halte einen Moment inne, um Terris Wachstum und die Veränderung zu würdigen und zu ehren. Ihre Verbindung zu ihren inneren Anteilen – angstbesetzt, verschlossen und bedürftig –, die es ihr in der Vergangenheit unmöglich machten, Liebe und Begehren zu vereinen. Ich rufe mir ins Gedächtnis, wie sie ihre Liebe zu Richard abspaltete und ihr Begehren nach den wechselnden Frauen bewahrte. Frauen, die sie zwar begehrte, aber nicht lieben und nicht von ihnen geliebt werden durfte. Jetzt, mit Beth, ist sie, vielleicht zum ersten Mal seit ihrer Jugend und der Begegnung mit Rebecca, in der Lage, Liebe und Begehren ineinanderfließen zu lassen. Hinter ihr liegen Jahre

der Einsamkeit, in denen wir uns gemeinsam an aus einem Bedürfnis nach Sicherheit abgespaltete, verleugnete, eingefrorene
Gefühle der Sehnsucht herantasteten und die Eiswürfel langsam zum Schmelzen brachten. Wir sehen uns an. Dann ein Lächeln. Terris Arme und Beine entspannen sich, und sie lässt sich
in den Sessel sinken.

Geben Sie Ihrem Begehren grünes Licht, schlage ich vor. *Es ist das
Risiko wert. Es geht um viel mehr als darum, dass Sie Beth begehren.
Zum ersten Mal besteht für Sie die Möglichkeit, gleichzeitig zu lieben.
Das ist eine gewaltige Veränderung – beides fühlen zu können.*

Es bleibt nur noch ein Monat, bis Beths Honorarvertrag
endet und sie die Firma wieder verlässt. Terri wusste, dass der
Tag kommen würde, an dem Beth wieder gehen würde, doch sie
hatte beschlossen, es zu verdrängen. Verleugnung als Schutz vor
drohendem Schmerz.

Ganz klein und zwanglos, sagt Beth strahlend und drückt allen
im Büro fotokopierte Einladungen zu einer Party in die Hand.
Drinks & Disco, Save the Date. Sie lächelt.

Terri sagt zu, natürlich, und verbringt die folgende Woche
damit, sich zu überlegen, wann und wo und wie sie Beth gleicher-
maßen schonend wie nervös ihre Gefühle offenbaren wird. Ihr
von dem klaren Bild erzählen wird, sie beide zusammen, das sie,
jedes Mal, wenn sie Beth während der Arbeit im Büro ansieht,
deutlich vor Augen hat. Sie wird ihr sagen, wie stark und ruhig
sie sich in ihrer Gegenwart fühlt und dass ein Raum, egal welcher Raum, nur dann ein guter ist, wenn Beth auch da ist. Als
hätte Beth alles im Griff, als gäbe es in ihrer Gegenwart kein
Drama, nur gut verwurzelte Leichtigkeit. An diesem Ort will sie
bleiben, mit Beth, einfach nur *bei* Beth. Terri will sie.

Sie haben recht, sagt Terri strahlend. *Es ist das Risiko wert. Und es
könnte ja rein theoretisch sein, dass es Beth genauso geht. Was meinen
Sie?*

Es ist naheliegend, dass Beth bereits eine recht klare Vorstellung von ihren Gefühlen hat, sage ich, *angesichts der Tatsache, wie vertraut Sie inzwischen miteinander sind.*

Während unserer letzten Sitzung hatte Terri erzählt, sie und Beth hätten sich beim Mittagessen über ihre Kindheit unterhalten. Schule, Kirche, Hobbys, Freundschaften; Terri hatte die Sache mit den Läusen erzählt, als sie von der Schule nach Hause geschickt worden war und ihre Mutter ihr einfach nur einen Zehner gegen die Brust gedrückt und ihr befohlen hatte, das *wieder geradezubiegen.* Wie Kirsty mit einer Engelsgeduld Terris krabbelnde Haare mit dem kleinen weißen Läusekamm durchkämmt hatte, während Terri immer wieder zusammenzuckte und schrie, sie hätte überhaupt nichts gegen die kleinen Tierchen in ihren langen roten Haaren, die würden ihr wenigstens Gesellschaft leisten und sie nur verlassen, weil sie sie mit Gewalt vertrieb, durch Waschen, Vergiften und Auskämmen. *Ich hatte die Läuse schon wochenlang,* sagt sie, *aber das fand ich nicht schlimm, weil es bedeutete, dass es tatsächlich etwas gab, das freiwillig bei mir blieb, auch wenn es juckte.*

Als Terri ihr die Geschichte erzählte, hatte Beth ihre Hand genommen, gestreichelt und sie angelächelt. Und Terri hätte am liebsten gesagt: *Ich glaube, ich liebe dich gerade ganz unglaublich,* doch sie hatte nur zurückgelächelt und gesagt: *Wollen wir Kaffee bestellen?*

Noch eine Kindheitserinnerung: Terri, zum ersten Mal verknallt. Nicht in Penny oder Baby aus *Dirty Dancing,* sondern in Miss Appleby, ihre Englischlehrerin aus der elften Klasse. Terri wusste nicht, ob Miss Appleby verheiratet, geschieden, single oder einfach nur eine Miss war, weil es Vorurteile aus dem Weg räumte und sie so ihre Ruhe hatte.

Miss Appleby, die Terri heimlich nur *Miss Apple Pie* nannte, weil sie in ihr jedes Mal genau dieses Gefühl entfachte – das Gefühl, das sie beim Apfelkuchenessen hatte, lieber mit Vanillepudding oder Vanilleeis als mit Schlagsahne. Manchmal auch alles drei zusammen, vor allem wenn sie Sehnsucht nach dem Zuckerhoch hatte und der damit verbundenen Lust.

Miss Appleby beauftragte Terri damit, sich um die Schulbücherei zu kümmern, und Terri verstand dies als Hinweis darauf, dass sie Miss Applebys Lieblingsschülerin war. An jenen Tagen – dienstags und donnerstags nach dem Unterricht – machte Terri sich eine andere Frisur, meistens einen mit einem hübschen Schal gebundenen Dutt. Sie besaß viele hübsche Schals. Terri wusste nicht, ob Miss Appleby ihre sorgfältig frisierten, mit Haarspray fixierten und duftenden Haare bemerkte, aber sie hoffte es. *Denn dass sie ausgerechnet mich erwählt hatte, bedeutete mir alles.*

Akzeptanz und neue Hoffnung: Terri wagt es, sich Raum dafür zu geben, sich aktiv in die letzte Trauerphase hinein- und durch sie hindurchzubewegen.

Schließlich ist der Abend der Abschiedsparty gekommen. Behutsam, zögernd rasiert sich Terri die Beine, schäumt sich Haut und Haare ein, nimmt sich Zeit, ihren neuen Körper in Augenschein zu nehmen. Neu insofern, als sie die Vielfalt an Gefühlen kaum benennen kann, die sie in sich wahrnimmt. Ihre Kurven, die schon immer da waren, sind geblieben. Die kleine Wölbung ihres Bauchs voll akzeptiert. Die großen, schmalen Füße gut genug und vertraut. Aber die Beine fühlen sich viel kräftiger an, athletischer, was mit Sicherheit mit dem vielen Fahrradfahren in den letzten anderthalb Jahren zu tun hat. Ihr Blick fällt auf die kleine Kristallschale neben der Zahnpasta und dem Rasierer – längst nicht mehr Aufbewahrungsgefäß für den teuren Verlobungsring, sondern für kleine weiche Wattebäusche, die sich aneinanderschmiegen wie Küken.

Sie schlüpft in eine schwarze Jeans, eine cremefarbene

Seidenbluse. Ob Schuhe oder Stiefeletten, wird sie abhängig vom Wetter entscheiden – der Frühling ist launisch –, ehe sie aufbricht. Das Bett lässt sie ungemacht, ein Zeichen dafür, dass sie ihre Erwartungen im Griff hat. Terris Hoffnungen sind nicht mehr als das – einfach Hoffnungen.

Sie betritt die Bar mit einem leichten Kribbeln im Körper. Wie unbedeutend sich der frühere Drang nach Sex im Vergleich zum Besuch dieser Party heute Abend anfühlt. Sie ist mehr schreitende Löwin als streunende Katze. Terri entdeckt ihre Arbeitskolleginnen und -kollegen und geht auf die Gruppe zu. Beth ist der unbestrittene Mittelpunkt, sie albert mit den Produktionsdesignern herum, die ihr zum Abschied ein Schreibtischnamensschild überreichen:

Hier sitzt die einzig Wahre! Ganz meine Meinung, denkt Terri und lächelt innerlich.

Im Laufe des Abends finden sich ihre kleinen Finger, haken sich ein, bleiben so. Kollegen fragen: *Was machst du als Nächstes?*, und Beth antwortet: *Ich habe ein paar ziemlich tolle Aufträge in der Pipeline. Jetzt nehme ich mir eine kleine Auszeit, und dann geht's weiter.* Sie wirft Terri einen Seitenblick zu, und Terri sagt: *Klingt gut.*

Als die Party vorbei ist, begleitet Beth Terri zu Fuß nach Hause. Sie gehen Hand in Hand. Ab und an werfen sie einander Seitenblicke zu, drehen die Hälse wie Eulen, zwei strahlende Gesichter. Terri verlangsamt den Schritt, um eine Nacht in die Länge zu ziehen, von der sie wünschte, sie würde niemals enden. Über ihnen ein grünes, nachtdunkles Blätterdach; oranges Laternenlicht; kalte Erde unter ihren Füßen; Hitze in ihren Körpern. Ein Weg von etwa einer Stunde dauert zwei. Schließlich stehen sie vor Terris gelber Haustür. Etwas hält sie, während sie einander halten: Es ist eine zärtliche Umarmung.

Und dann der Kuss.

Terri küsst Beth stellvertretend für jedes Mädchen und jede

Frau, die sie jemals nicht auf den Mund, auf den Hals, auf die weiche Stelle hinter dem Ohr geküsst hat.

Mein Bett ist nicht gemacht, sagt Terri.

Dann sage ich dir jetzt Gute Nacht und warte auf eine Einladung, sagt Beth, *aber lass dir nicht zu lange Zeit.*

Ihre Beziehung ist alles andere als perfekt. Und Terri mag es genau so. Sie mag das Gefühl, Beth zu vermissen, wenn sie geschäftlich verreist – für eine Woche, manchmal sogar für einen Monat –, ohne den Drang, deshalb anderweitig aktiv werden zu müssen. Sie mag Beths Geruch am frühen Morgen, ihr verhaltenes Schmunzeln, wenn sie fragt: *Wie sieht dein Tag heute aus?,* und dann zu Terri unter die Dusche kommt, ihr die Seife klaut und sich mit ihr das Handtuch teilt. Einfache Freuden. Sie mag Beths Freundinnen, manche mehr und manche weniger, und empfindet die Ex-Freundinnen, die sich noch im Dunstkreis bewegen, als Belastung. Aber Terri weiß, dass sie von Beth geliebt und geschätzt wird, und sie ergreift jede Gelegenheit, sich das ins Gedächtnis zu rufen, wenn die Stimme ihrer Mutter ihr etwas anderes einreden will. Sie genießt die *kleinen, ganz normalen Alltagsdinge. Das Schicksal der Romantik im Laufe der Zeit,* sagt sie, *ist nicht Unheil, sondern Beständigkeit, und damit kann ich leben.*

Womit Terri hadert, ist die Tatsache, dass sie so lange gebraucht hat, um Liebe zu finden, dass sie so viele Jahre in Co-Abhängigkeit damit verbracht hat, anderen zu gefallen, sich dafür zu entschuldigen, wer sie war, und sich vor der Welt und deren Ecken zu verstecken. Ihr missfällt, dass sie ihrer Mutter den Platz ihrer höheren Macht eingeräumt hat; dass das Risiko, ihre Mutter zu verärgern, größer war, als ihr eigenes Begehren zu honorieren.

Weil «besser spät als nie» als Aussage oberflächlich und respektlos wäre, finde ich stattdessen folgende Worte: *Es ist mir*

eine Freude, Sie kennen zu dürfen, Sie sehen zu dürfen, Ihr Begehren be-
zeugen zu dürfen.

Einen Augenblick lang ist Terri in einen Zustand versunken, der aussieht und sich anfühlt wie friedvolle Stille. *Es ist schön, hier zu sein*, sagt sie schließlich lächelnd.

Terri hat ihr Begehren verleugnet, weil sie Angst hatte. Zu Beginn unseres therapeutischen Prozesses glaubte sie, ihre Gefühle abzuschotten, würde sie vor der unausweichlichen Herausforderung und Akzeptanz dessen bewahren, was sie wirklich wollte und wer sie war. Ihr Coming-out, die Ehrung ihres wahren Selbst und die Aufgabe unterdrückender und schädlicher Verhaltensmuster, die dazu dienten, ihre Identität zu demontieren, mussten nicht zwangsweise in Zurückweisung münden, weil sie lernte, dass jemandem tatsächlich etwas an ihr lag. Terri brauchte eine Therapie, die einen sicheren Rahmen bot und auf Mitgefühl gründete – eine verbindende, sichere Basis –, um sich besser verstanden und akzeptiert zu fühlen, während sie erkundete, was sie wollte und brauchte. In den fünf Jahren unserer gemeinsamen Arbeit lehrte Terri mich, dass Dissoziation und Verleugnung notwendige Strategien waren, um den Missbrauch und die Zurückweisung durch ihre Mutter zu überstehen, aber zum Preis von großem Leid und einer fragmentierten Identität. Jahre des Versteckens, der Selbstmedikation, der Geheimnisse und Lügen hatten ihren Preis.

Was mir wiederholt und voller Bewunderung auffiel, war Terris Bereitschaft, sich immer noch besser und tiefer verstehen zu wollen, und ihr liebevoller Umgang mit sich selbst in diesem Prozess. Terri war davon überzeugt gewesen, dass sie *alles falsch machte*, *nicht liebenswert* wäre und dass sie sich zuerst *in Ordnung* bringen müsste, um jemals geliebt und gefeiert zu werden. Sie offenbarte mir das Ausmaß und die Komplexität ihres Schmerzes; eine unmittelbare Folge der Vernachlässigung durch ihre

Eltern und ihrer Unfähigkeit, ihr Begehren anzuerkennen. Ihr Begehren zuzulassen, brachte Terri auf vielerlei Weise in tiefgreifende Konflikte und große Gefahr, weil es bedeutete, zuerst ihre Mutter und später Richard zu verlieren, weshalb sie Gefühle in Hinblick auf ihre Sexualität absplitterte.

Leugnen, Dissoziation und Erinnerungsverlust sind wirkmächtige Verteidigungsmechanismen. Wir alle tun es. Diese Mechanismen und ihre Ursprünge zu erkennen und zu verstehen, ist lediglich der halbe Kampf. Zu wissen, wie wir diese Verteidigungsmechanismen benutzen, hat Einfluss auf die Entscheidung, wie wir unser Leben leben.

Terri befähigte sich schließlich dazu, ihr Begehren und ihre Liebe zu sich selbst und zu Beth zu fühlen, diesen Gefühlen Ausdruck zu geben und sie zu leben. Es war herzzerreißend offensichtlich, dass die Liebe ihrer Mutter das war, wonach Terri sich mehr als alles sehnte. Nach einer Mutter, die sie bedingungslos liebte. Doch Terris Erfahrung war eine andere. Die Geschichte ihrer Trauer um eine Mutter, nach der sie sich so lange vergeblich gesehnt hatte, bedeutete, dass Wachstum und Veränderung in dem Moment möglich wurden, als sie in der Lage war, die Vernachlässigung, die sie als Kind überlebte, voll und ganz zu akzeptieren.

Begehren ist eine Handlung. Wenn wir unsere emotionalen Erfahrungen respektieren und uns darauf einlassen, wird das Begehren befriedigt und wir werden mit unserer Angst und den selbstzerstörerischen Anstrengungen konfrontiert, uns vor den mit unserem Begehren verbundenen Risiken zu beschützen. Und was dann? Was fangen wir damit an? Was geschieht, wenn wir die unsichtbare Barriere unseres Begehrens durchschreiten, die uns Angst vor dem Wollen macht? Was und wie werden wir uns fühlen, wenn wir uns selbst ermächtigen und Selbstliebe verinnerlichen, ehe wir das, was wir wollen, artikulieren und erleben? In diesem Sinne ist womöglich nicht unser Wunsch selbst gefährlich, sondern die Möglichkeit, dass unser Wunsch sich erfüllen *kann* und *wird*. Die Möglichkeiten sind überwältigend, und sie sind endlos. Wenn wir die Perspektive wechseln und uns die Möglichkeiten unserer Wünsche vorstellen, bewegen wir uns auf radikale Selbstliebe zu und kommen der Einforderung unserer eigenen Macht ein Stück näher. Wir radikalisieren unsere Politik, bereiten unseren Kindern den Weg, und wir verbinden uns, wachsen und verändern uns mit- und füreinander. Mich schmerzt es, wenn ich an das junge Mädchen denke, das verhöhnt, geohrfeigt und zurückgewiesen wurde, weil es sich der Welt in seinem eigenen Ausdruck zeigte, als Mädchen, das andere Mädchen liebt. Als Frau, die andere Frauen liebt. Die lieblosen Räume, in denen Terri einst war, dürfen allmählich dahinschmelzen, und währenddessen versuche ich, den Lichtstrahl auf jene Orte in ihr zu richten, wo Heilung geschieht, wo sie heute steht. *Geliebte* Terri.

Was ist das für ein Impuls in mir,
jeden anzubeten und zu kreuzigen,
der mich verlässt –

Emily Skaja, *Brute: Poems* **(2018)**

Mein Vater,
der Vollidiot

In ihrer Magengrube wird die Enttäuschung wach. Die Hoffnung, der Schlaf hätte die Gefühle des Vortages ausgelöscht, ist in dem Moment vernichtet, als sie die Augen aufschlägt, einen Blick auf die Uhr auf ihrem Nachttisch wirft – *6:00 Uhr* – und geschmeidig die Beine zur Seite schwenkt, um aufzustehen.

Sie lässt sich eine Wanne mit kaltem Wasser ein, wirft händeweise Eiswürfel hinterher und lässt den hellen Baumwollbademantel von den Schultern gleiten. Vor vier Wochen hat sie Preise für Eiswürfelmaschinen recherchiert und schnell erkannt, dass die Dinger den Zweck nicht erfüllen würden, es sei denn, sie würde sich für ein professionelles Gastronomiemodell entscheiden. Ihr bleibt nichts anderes übrig, als weiter jede Woche beutelweise Eiswürfel aus der Tiefkühltheke nach Hause zu schleppen, zumindest, bis sie *dieses Beklemmungsding endlich in den Griff* bekommt. An der Stelle komme ich ins Spiel – *die Seelenklempnerin. So läuft das doch, oder? Wir bezahlen andere dafür, die Scheiße wieder zum Laufen zu bringen,* hatte Kitty bei unserer ersten Sitzung höhnisch gesagt.

Nackt lässt sie sich in die altmodische Emaillebadewanne gleiten – die Finger um den abgerundeten Rand geklammert – und wartet darauf, dass die betäubende Kälte sich ausbreitet. Die lähmende Beklemmung ist nach dem gestrigen Telefonat mit ihrem Vater und einem anstrengenden Fotoshooting für ein Hochglanzmagazin immer noch lebendig, hält ihr Inneres besetzt. Die Beklemmung verhindert jeden klaren Gedanken.

Angst schwebt in ihr wie ein riesiger Luftballon und führt zu nasskalten Schweißausbrüchen. Sie wartet darauf, dass das kalte Wasser den Schmerz betäubt, und ist gleichzeitig erleichtert und empört darüber, dass sie in wenigen Stunden mit einer Therapie beginnen wird.

Der Laufsteg ist Kitty lieber. Sie fühlt sich wohler damit, vor einem atemlosen Publikum von Fashionistas mit übergroßen Sonnenbrillen hin und her zu stolzieren. Doch da die Fashion Week nur zweimal im Jahr in einer Handvoll Hauptstädte stattfindet, muss Kitty den Rest des Jahres mit Werbe-Shootings, Modestrecken und dem ein oder anderen DJane-Gig auf Privatpartys überbrücken. Das gestrige Shooting hatte ihrem Gesicht und ihrem Körper einen ganzen Tag lang Wohlverhalten abverlangt. *Mehr Blick; Schultern zu mir nach vorn; streck den Hals; beug dich zur Kamera – lange Beine, spann die Muskeln an; Kopf zurück,* lauteten die Anweisungen des Fotografen. Kittys Körper leistete alles Verlangte, doch sie selbst war weit weg, ihre Gedanken trieben irgendwo. Ein winziges Segelboot weit draußen. Die Erkenntnis, wie unfassbar einsam und abgetrennt sie sich auf dem Weg zu ihrem Horizont fühlte. Während sie der Kamera ihre Smoky Eyes und die vollen Lippen schenkte, wünschte Kitty, sie hätte Vincents – *mein nerviger Bruder* – Angebot angenommen, ihn auf ein Yoga-Retreat nach Kalifornien zu begleiten, *ein paar Wochen ausspannen und die Seele baumeln lassen, Sis.* Und jetzt war sie wieder hier, *das dumme, fleißige Bienchen, das weiter seine Unsicherheit befeuert und trotzdem immer noch glaubt, mit Arbeit und gutem Aussehen ließen sich sämtliche Probleme lösen.*

Kitty stopft Nächte und Tage mit Shopping voll, mit Stunden an der Spielkonsole, mit endlosen Partys und Sex, lässt sich hemmungslos gehen, alles nur, um zu vergessen, wie schrecklich deprimiert sie sich fühlt. Sie glaubt, eine Auszeit würde zum völligen Zusammenbruch führen. Sie hat Angst vor den

Gefühlen, die sich zeigen, sobald sie sich entspannt, still wird, atmet.

Eine Tatsache: Kittys Körper braucht ungefähr vier Minuten, um im eiskalten Badewasser taub zu werden. Sie schließt die Augen und wartet darauf, dass der Knoten in ihrem Magen sich löst, der Klumpen in ihrem Hals verschwindet, das Hämmern in ihrer Brust aufhört. *Hör auf zu hämmern. Bitte hör auf zu hämmern.* Und auch ihr panisches Gehirn fährt herunter, während sie sich die Bilder von kuscheligen, schlafenden Tieren vor ihr inneres Auge ruft und die Strickanleitungen, die sie in einem Album mit dem Titel «Happy» auf ihrem Mobiltelefon gespeichert hat. *Gefühle von Einsamkeit zerstören Sie nicht, Kitty,* werde ich schon bald zu ihr sagen. *Kein Gefühl ist endgültig,* und sie wird antworten: *Sind Sie sicher? Wissen Sie das wirklich? Ich habe Angst.*

8 Uhr morgens. Vor mir stehen knallrote Lippen und endlos lange Beine. Ein Lächeln, das so ansteckend ist, dass ich es unwillkürlich erwidere. Ein übergroßes weißes Baumwollhemd umschmeichelt lose ihre schmale, eins fünfundachtzig große Figur, dazu massenweise punkige Gliederketten und ein winziger Lederrock. Der perfekte Grad Abnutzung der knöchelhohen Boots – schwarzes Leder mit drei Schnallen und winzigen, goldenen Nieten – suggeriert Lässigkeit und Rock 'n' Roll. *Chloé,* denke ich, ich habe die Stiefel erst vor Kurzem in diversen Modezeitschriften gesehen. *Hallo, ich bin Katherine.* Sie reicht mir lächelnd die sonnengebräunte Hand. Ihr Griff ist fest und selbstsicher, *aber Kitty ist mir lieber.*

Kittys Offenheit macht mir Mut, ihr *ist mir lieber* zeugt von der Fähigkeit, gegenüber einer Fremden ihre Wünsche zu artikulieren. Kitty, denke ich, ist definitiv angemessener als Katherine. Es passt zu ihrem katzenhaften Gang und dem selbstbewussten Auftreten. Ein Auftreten, das man von einem Laufsteg-Model mit Privatschulhintergrund und der Erfahrung jahrelanger Auslandsreisen auch nicht anders erwarten würde.

Bitte, kommen Sie doch rein, sage ich. *Nehmen Sie Platz.*

Sie sieht sich um, lässt den Rucksack auf den Boden plumpsen und drückt die lederne Armlehne des ihr angebotenen Sessels. Dann lässt sie sich ganz vorne auf der Kante nieder. Kitty ist eine beeindruckende junge Frau. Ich kann mir vorstellen, meinen Blick lange auf ihr ruhen zu lassen, ohne das Interesse zu verlieren. Sie holt tief Luft, scannt mit wachem Blick ein zweites Mal den Raum und kämmt sich mit den Fingern durchs Haar: blond, glatt, taillenlang.

Draußen haben sich die Winterwolken entladen; frische, klare Luft. *Und wir starten,* denke ich unwillkürlich und frage mich, woher diese unfreiwillige Assoziation mit einem Flugzeug kommt, oder mit einem Wettrennen. Mit einer Startschusspistole. In der mit der üblichen Erwartung eines Erstgesprächs aufgeladenen Atmosphäre warte ich ab. Ich möchte wissen, wie Kitty anfängt. Welche Worte sie wählt, um ihre Therapie einzuläuten.

Mein Vater, der Vollidiot. Seinetwegen bin ich hier, sagt sie, *und ganz ehrlich? Das nehme ich ihm übel. Die Kohle. Die Zeit. Also scheiß auf ihn.*

Ich spüre, wie sich mein Nacken anspannt wie so oft, wenn ich mit unverdauter Wut konfrontiert werde.

Manchmal hasse ich die Scheißmänner, sagt sie. *Darf ich hier rauchen?*

Ehe ich antworten kann, greift sie in den Lederrucksack zu ihren Füßen, holt eine Schachtel Marlboro Gold heraus und klopft damit auf die Armlehne. Ich starre Kitty an. Glühende Kohlen in ihrem Mund. Der Wunsch, das Patriarchat und das Haus ihres Vaters niederzubrennen, um in ihrem eigenen Ordnung zu schaffen.

Leider nein, antworte ich.

Kitty verdreht die Augen und wirft das Päckchen in den Rucksack zurück. Sie sieht mich beleidigt an, denkt kurz über das, was ich gesagt habe, nach, und zuckt schließlich resigniert mit den Schultern. *Ihre Regeln.*

Sie lehnt sich zurück, die Arme an den Ellbogen abgewinkelt, und streicht sich die hellen Haare über die Schultern. Ihre Gestalt strahlt das Selbstverständnis und die Ungezwungenheit einer Königin aus: majestätisch, fokussiert, hochwohlgeboren. Sie schlägt die Beine übereinander, tut, als würde sie eine Zigarette rauchen, und lacht. Strahlend weiße Zähne blitzen auf. «Ich rauche trotzdem», denkt sie in meiner Vorstellung.

Eine Schauspielerin, sage ich und frage mich, ob ich ihr einen imaginären Aschenbecher hinstellen soll.

Mit einem verhaltenen Lächeln beugt sie sich zu mir vor. *Also, wie läuft das hier? Sie? Ich? Die Therapie?*

Eine berechtigte Frage, denke ich, eine, die mir im Laufe meines Arbeitslebens schon viele Klientinnen gestellt haben. *Wie machen wir das? Wie lange dauert so was? Können Sie mir helfen? Woher weiß ich, dass es funktioniert? Tut es weh?*

Dass ein Mensch sich in mein kleines Sprechzimmer begibt, um seine intimsten und verstörendsten Gedanken und Gefühle vor mir auszubreiten, ist, gelinde gesagt, konfrontierend und herausfordernd. Der erste entscheidende Schritt in der Psychotherapie besteht darin, dass die Klientinnen Verantwortung für ihre missliche Lebenssituation übernehmen und erkennen, dass sie im Verlauf des therapeutischen Prozesses zu bewussten Gestalterinnen ihrer Handlungen und Entscheidungen werden. Es geschieht manchmal, dass Klientinnen sich weigern, Verantwortung zu übernehmen, und eine meiner Herausforderungen als ihre Therapeutin besteht darin, sie zum Nachdenken und zur Analyse zu ermutigen. Unsere

Sitzungen sind der Raum, wo sie auf ihre Probleme reagieren und diese verarbeiten können. Das braucht Zeit, vor allem auch, weil im Vorfeld Vertrauen aufgebaut werden muss und weil die Gründe aufgedeckt werden müssen, die eine Klientin dazu bewegen, sich therapeutische Unterstützung zu holen. Andererseits ist Unsicherheit, vor allem zu Beginn eines Prozesses, eine Grundvoraussetzung für die Psychotherapie. Therapeutin und Klientin begeben sich gemeinsam auf eine Reise mit ungewissem Ausgang. Aufgabe der Therapeutin ist es, sich nicht abschrecken oder erschüttern zu lassen, sondern die Nerven zu bewahren und Trost in dem Unbehagen zu finden, nicht immer alles zu wissen.

Als Antwort auf Kittys Frage biete ich ihr das Einzige an, was ich über den unbekannten Prozess, der vor uns liegt, weiß: *Es erfordert von Ihnen, sich jede Woche auf eine fünfzigminütige Sitzung einzulassen, in der wir über das sprechen, was Sie bewegt. Ich habe zwar eine Couch, aber ich möchte Sie dazu ermutigen, sich mir gegenüberzusetzen, so wie jetzt. Und wenn wir dann anfangen, miteinander zu reden, kann ich abschätzen, auf welche Weise ich Sie unterstützen kann.*

Sie lehnt sich zurück. Nickt. Lässt die Hand mit der imaginären Zigarette in den Schoß sinken.

Ich fühle mich oft beklommen und nervös, beginnt sie. *Dann tue ich alles, was geht, um das Gefühl loszuwerden. Hinterher habe ich Schuldgefühle, schäme mich, manchmal fühle ich mich auch innerlich tot, je nachdem, was ich gemacht habe, um die Beklommenheit abzuschütteln. Meistens über die Stränge schlagen oder was mit Sex. Ich bringe meinen Körper mit Tricks dazu, bestimmte Dinge zu fühlen. Ich lege mich in eiskaltes Wasser und bringe meinen Körper dazu, sich taub zu fühlen.*

Hilft das?, frage ich.

Sie nickt.

Wie lange machen Sie das schon?

Seit dem Internat, sagt sie.

Kitty war elf, als sie aufs Internat geschickt wurde, während ihre Eltern nach Asien umzogen.

Ihr Vater, der als Ingenieur in der Gas- und Öl-Gewinnung tätig war, hatte darauf bestanden, dass *Katherine in England bleibt*, während ihre Mutter *sich die Augen ausheulte*. Vincent, Kittys um ein Jahr älterer Bruder, begleitete die Eltern. Kitty fand sich plötzlich ohne Familie wieder und war mit schrecklichem Heimweh konfrontiert. *Ich bin immer noch beleidigt und stocksauer, dass sie Vincent mitnahmen und mich hierließen.*

Die Trennung von ihrer Familie war für Kitty ein fürchterlicher Schock. Sie war verständlicherweise verzweifelt, und als bindungsorientierte Psychotherapeutin kenne ich ähnliche Gefühle von anderen Klientinnen mit Internatserfahrung.

Fast jedes Wochenende schrieb Kitty an ihre Mutter: *Komm mich bitte holen, ich bin so traurig und allein. Ich passe hier nicht her, die anderen Mädchen hassen mich.* Zur Antwort kamen Geschenke: verschwenderische Körbe voll köstlichem Kuchen und Süßigkeiten, von denen das meiste nie gegessen wurde; neue Kleider, Schals, Puppen und Teddybären. Manchmal war auch eine handgeschriebene Notiz dabei: *Du musst stark sein, Schätzchen, wir lieben dich, Küsschen, Mummy.*

Ich wollte keine Süßigkeiten und keine Puppen, sagt Kitty.

Ich nicke ihr zu, ermuntere sie mit einem Blick weiterzusprechen.

Ich wollte nach Hause, fährt Kitty fort. *Sie tut immer das, was Daddy will.*

Ihre Mutter hatte nicht mitzureden, als es darum ging, ob Sie mit dem Rest der Familie nach Asien gehen würden?

Kitty starrt zum Fenster hinaus. *Meine Mutter hatte nicht mitzureden, als es darum ging, ob ich mit dem Rest der Familie nach Asien gehen würde*, wiederholt sie monoton, wie von weit weg.

Ich bemerke Kittys Abwesenheit und die roboterhafte Antwort. Akzeptanz, dass ihre Mutter gegen die Wünsche des Vaters machtlos war, ganz gleich, dass ihre Tochter Heimweh hatte.

Haben Sie mit Ihren Eltern je darüber gesprochen, wie schmerzhaft das für Sie war?

So was machen wir in unserer Familie nicht, sagt sie. *Wir sprechen nicht über Gefühle.*

Verstehe. Das klingt sehr schmerzhaft, bekunde ich.

Im Ernst. Gefühle werden als schwach betrachtet, darüber rümpft man die Nase. Auf dem Internat habe ich gelernt, dass man am besten fährt, wenn man die Ohren steifhält.

Ich war nie in einem Internat, sage ich, *ich kann nur erahnen, wie schrecklich einsam das gewesen sein muss. Sie sagten, Ihre Mutter weinte sich die Augen aus. War ihr Zwiespalt größer, Sie wegzuschicken?,* frage ich.

Kann schon sein, ja. Ich hatte gehofft, sie würde mich beschützen. Mich holen kommen. Hat sie aber nicht gemacht. Aber ich glaube, noch schlimmer ist der Gedanke, dass eine Mutter, meine Mutter, das eine Kind mitnimmt, das andere aber nicht.

Das fühlte sich an wie ...

... wie Verrat, beendet sie meinen Satz.

Verrat, wiederhole ich.

Genau. Der Verrat durch meine Mutter fühlt sich größer an. Auf meinen Vater wütend zu sein, ist leicht. Von ihm hätte ich vielleicht nichts anderes erwartet, aber als Mutter? Ich werde meine Kinder niemals aufs Internat schicken.

Jeden Morgen betete Kitty, ihre Mutter würde es sich anders überlegen, die mütterliche Kavallerie würde geritten kommen und sie aus der *Internatshölle* erretten. Wie benebelt lief Kitty auf dem Schulgelände herum. Ihre Familie sah sie in ihrem ersten Jahr weg von zu Hause, soweit sie sich erinnern kann, nur ein einziges Mal, zu Weihnachten. Aber was genau war eigentlich inzwischen ihr Zuhause?, hatte sie sich gefragt.

Und was ist mit Rapunzel?, hatte Kitty ihre Mutter eine Woche vor der Abreise ins Internat mit zitternder Unterlippe gefragt.

Rapunzel, so hatte ihre Mutter ihr versichert, würde nach Asien fliegen und dort auf Kittys Besuch warten. Doch als Weihnachten dann kam, erfuhr Kitty, dass ihr geliebter Rapunzel im *Kaninchenhimmel ist. Sei dankbar, dass er nicht leiden musste, Katherine*, sagte ihr Vater. Kitty war nicht dankbar. Sie war untröstlich. Sie vermutete, dass ihre Eltern sie von Anfang an belogen hatten. Vincent wandte den Blick ab und hielt den Mund.

Ich war nicht dankbar, ich war wütend und fühlte mich betrogen, sagt Kitty.

Über Herzschmerz sollte man besser nicht sprechen, hatte Kittys Hausmutter zu ihr gesagt. *Mach ein fröhliches Gesicht*, lautete ihr Rat. *Na komm, am besten, man redet gar nicht über solche Dinge. Das wühlt dich nur auf.*

Kitty hatte Schlafprobleme, wie viele Mädchen in ihrem Schlafsaal, nachts lag sie wach und lauschte dem weinenden Tränenchor. Die Albträume dauern bis heute an – ungewollte Bilder von sich als kleinem Mädchen im Stockdunkeln, frierend und voller Angst vor den nächtlichen Schatten und den seltsamen Geräuschen in dem uralten Gebäude, wenn sie sich nachts mal aufs Klo wagte. Auch das Essen war ein Kampf. Die Atmosphäre in der Schulmensa glich einem Mausoleum, die Mädchen behielten einander im Auge und standen im Wettbewerb hinsichtlich der Mengen, die gegessen bzw. nicht gegessen wurden. Kitty kann sich erinnern, dass ihre Hausmutter, eine strenge, dicke Frau mit verbissenem Gesicht, sie irgendwann, nachdem sie beträchtlich an Gewicht verloren hatte, dazu zwang, trockenes Toastbrot mit Honig zu essen. *Jetzt komm schon, Katherine, iss das auf.* Kitty tat, wie ihr befohlen wurde. Das angebrannte Toastbrot durch das Wissen erträglich gemacht, dass es schon bald in der Kloschüssel landen würde.

Während eines Kurzaufenthalts bei ihren Eltern – dank ihrer inzwischen besorgniserregend dünnen Figur – hörte Kitty ihren Vater sagen: *Sobald sie zugenommen hat, muss sie wieder zurück. Das Internat formt den Charakter.* Ihre Mutter sagte nichts.

Kitty räuspert sich.

Tja, er hatte recht, sagt sie, *genau so war es, das Internat hat den Charakter geformt.*

Wie meinen Sie das?

Ich lernte zu überleben und meine Gefühle herunterzuschlucken. Und ich beschloss, mich nie wieder an jemanden zu binden.

Wir schweigen. In meinem Magen ist tiefe Traurigkeit lebendig. Der Gedanke, dass ein zwölf Jahre altes Mädchen beschließt, sich in dem Augenblick, wo sie Bindung am dringendsten bräuchte, von jeder Art von Bindung zu distanzieren, ist herzzerreißend.

Ich lächle Kitty an. *Überlebensstrategien, um uns gegen die Welt abzuhärten,* sage ich; *manchmal beinhaltet das auch unsere Bindung an andere Menschen und unsere Gefühle. Ihre Gefühle herunterzuschlucken, war Ihre Art, sich vor Schmerz und Enttäuschung zu schützen. Sie haben gelernt, Trennung zu bewältigen, anstatt sie zu betrauern. Und möglicherweise vermieden Sie künftig Bindungen, indem Sie generell vermieden oder dissoziierten?*

Ich tat, was notwendig war, um zu überleben, sagt sie.

Ich stimme Ihnen zu, und ich habe Verständnis dafür. Aber möglicherweise zu einem emotional sehr hohen Preis.

Sie streicht zärtlich über ihren Lederrock.

Tja, im Augenblick bin ich jedenfalls pleite, absolut abgebrannt, sagt sie und lächelt schüchtern.

Ich erwidere das Lächeln. Metaphern und Wortspiele helfen dabei, Vertrauen aufzubauen, und ich bin sofort hoffnungsfroh. Froh darüber, dass hier ein therapeutischer Tanz möglich wird. Ein Augenblick, in dem ein Gefühl der Verbundenheit, Verständnis, Empathie und Humor zusammenkommen und Kitty und ich die Tanzfläche betreten. Ein spielerischer Jive. Ich registriere ihre Kreativität, ihre Bereitschaft, sich mithilfe von Humor auf unser gemeinsames Tun einzulassen – nicht als Verteidigungsstrategie, sondern als Möglichkeit der Verbindung. Manche Konstellationen erweisen sich, was das Einstimmen aufeinander und eine gewisse spielerische Leichtigkeit betrifft, als Herausforderung. Ich weiß noch, als einmal eine Klientin zu einem Erstgespräch zu mir kam und mir von ihrem Wunsch nach einem Partner erzählte. *Die verstecken sich alle,* sagte sie. Als ich daraufhin antwortete, dass ich zwar keinen Partner für sie aus meinem Schrank zaubern könne, wir uns aber gemeinsam ihren Wunsch näher ansehen könnten, sah sie mich an und sagte ernst: *Machen Sie sich doch nicht lächerlich. Wie sollte mein neuer Partner denn in Ihren Schrank gekommen sein?*

Wir waren uns schnell einig, dass die gemeinsame Arbeit in einem analytischen Prozess eher weniger fruchtbar wäre.

Eine Sache gab es, für die Kitty dankbar war, und das war ihre Größe.

Mit dreizehn veränderte sich etwas hinsichtlich ihrer Überlebensstrategien, um im Internat dazuzugehören, und Kitty führte das auf ihre Körpergröße zurück. *Etwas wurde anders; die anderen sahen mich plötzlich mit anderen Augen. Was bedeutete, dass sie mich auch anders behandelten. Die ersten zwei Jahre waren die absolute Hölle. Ich war schrecklich einsam, doch dann entdeckte ich, dass ich trotzdem ein gewisses Maß an Kontrolle hatte – Kontrolle über das, was ich aß, über meine Lernerfolge, die eher versehentlich zwanghaft wurden, und über meine sportlichen Leistungen. Ich war eine gute Hockeyspielerin und schrieb gute Noten. Ich entdeckte, dass ich mir mit Konkurrenzverhalten den Respekt der anderen Mädchen verdienen konnte, und auf den Hockeyball einzudreschen, machte mir wirklich Spaß. Morgens wartete ich immer, bis alle anderen mit dem Duschen fer-*

*tig waren, weil ich so flattrig war. Meistens war das Wasser dann längst
kalt. Aber unter der kalten Dusche wurde ich sofort ruhiger.*

Sie entdeckten eine Möglichkeit, Ihre Gefühle einzufrieren, sage
ich, und weil ich meine Bemerkung sofort als ziemlich offensichtlich, als klobig, zu interpretativ und zu prosaisch empfinde,
setze ich neu an: *War die kalte Dusche vielleicht ein Bewältigungs-
mechanismus gegen Ihre Enttäuschung und die Einsamkeit?*

*Ganz genau; aber das wurde im Laufe der Jahre immer extremer.
Denn je älter wir werden, desto stärker werden auch die Gefühle, oder?*

*Vielleicht entfalten sich Gefühle. Deshalb die Eiswürfel in der
Wanne?*, entgegne ich.

Sie nickt. Schweigen breitet sich aus.

Sie haben vorhin Ihren Vater als Vollidioten bezeichnet, sage ich
schließlich.

Kitty schlägt sich kichernd die Hand vor den Mund. *Klingt
das krass, wenn Sie das sagen.* Sie lächelt. Sie wirkt in ihrer Reaktion plötzlich viel jünger als dreiundzwanzig.

Warum ist er ein Vollidiot?, frage ich.

*Er sagt, er dreht mir den Geldhahn zu, weil ich jetzt arbeite. Ich meine,
nach allem, was er mir angetan hat, ist Geld das Mindeste, was er mir
geben kann.*

Ich fordere sie mit einer Geste auf, genauer zu werden.

Zum Beispiel gestern, fängt sie an und erzählt.

Der Tag hatte mit einer kalten Dusche begonnen. Danach ein
Anruf ihres Vaters aus den USA – der an Schlaflosigkeit leidet –,
um sie über die Geburtstagsfeier in Kenntnis zu setzen, die er
für Kittys Mutter plante. *Du fliegst Samstag nach Sarasota*, sagte er.
*Der Flug ist schon gebucht. Bring was Angemessenes zum Anziehen mit,
nicht zu eng, nicht zu kurz.*

Sofort sprang ihr ein enges, kurzes Kleid in ihrem maßge-
schreinerten Einbauschrank in den Sinn, und sie spürte ein
«Fick dich, du Kontroll-Freak» in sich aufflackern.

Natürlich, Daddy, hatte sie lächelnd ins Telefon geflötet.

Kittys Eltern, inzwischen pensioniert, verbringen den Großteil des Jahres in Florida, der *sonnigen Gegend für düstere Menschen, und sind die größten Spießer, die man sich vorstellen kann,* sagt Kitty. Die Zensur ihres Outfits auf der Geburtstagsfeier ihrer Mutter war zu erwarten gewesen, die Neuigkeit, dass ihr Unterhalt massiv zurückgefahren werden sollte, weil *ihr inzwischen beide gut verdient, du und Vincent, und in der Lage seid, auf eigenen Beinen zu stehen,* dafür nicht. Kitty sah rot.

Ich muss Schluss machen, sagte sie, und eine innere Hitzewelle zwang ihren Brustkorb, sich hektisch zu heben und zu senken; *ich habe in einer Stunde ein Shooting.* Als sie das schnurlose Telefon in die Ladestation zurückstellte, überlegte sie, sich noch schnell ein kaltes Bad einzulassen, doch weil sie nur noch eine Stunde hatte, ehe sie in Southwest London sein musste, schenkte sie sich stattdessen zwei Finger breit Wodka ein. Von unterwegs rief sie Vincent an, den die Neuigkeiten weniger tangierten. *Er hat nicht ganz unrecht,* sagte er verschlafen, in Kalifornien war es Nacht. Kitty sah wieder rot und legte auf.

Weichei, sagt sie mit Verachtung im Blick.

Während des Fotoshootings war Kitty unkonzentriert und zutiefst empört. Was bildete ihr Vater sich ein, ihr ohne Vorwarnung einfach den Unterhalt zu kürzen? *Dieser Vollidiot.* Sie hasste die Kontrolle, die er noch immer über sie hatte. Dass er ihr und Vincent ohne Vorlauf einfach so den Unterhalt verweigern konnte, *den ich brauche, auf den ich mich verlasse.* Stumm brodelte sie vor sich hin, während sie auf Anweisungen für das Shooting wartete und am Catering herumnörgelte. Das Studio hatte Joghurt bereitgestellt und winzige, hübsch arrangierte Portionen frischer Früchte. Ihr aber war nach dicken, fetten, süßen Teilchen. *Gibt es kein Gebäck? Croissants? Irgendwelche Kohlehydrate?,* hatte sie in forderndem Tonfall gefragt und von der Assistentin des Fotografen dafür schlecht verhohlene Ver-ärgerung geerntet. Später dann brauchten die Stylistinnen nach ihrem Geschmack für Haare und Make-up viel zu lange, und sie reagierte sichtlich genervt auf deren Anweisungen. *Kannst du bitte still halten? Jetzt dreh dich zu mir. Augen zu.* Kitty verschlang ihr Pain au Chocolat und schob mit der Zunge die Blätterteig-brösel in ihrem Mund hin und her. Plötzlich wurde ihr bewusst, wie klein und machtlos sie sich fühlte, *als wäre ich wieder elf Jahre alt*, sagt sie. *Allein und hilflos.*

Verärgert über den Befehlston, legte Kitty eine Klopause ein, in Gedanken immer noch bei dem Telefonat mit ihrem Vater.

Warum sagen mir ständig andere Leute, was ich zu tun habe?, fragt sie.

Sie sind Model, richtig?

Ja.

Übersehe ich da irgendetwas?

Nein. Touché.

Ich trinke einen Schluck Wasser.

Sie hatte sich auf den Klodeckel gesetzt und in ihrem Smart-phone gescrollt, sich mit Bildern von Bichon-Frisé-Welpen und flauschigen kleinen Kätzchen besänftigt. In ihrem «Hap-py»-Album sind mehr als zweitausend Fotos und Videos von niedlichen, kleinen Tieren gespeichert. Nach einem Blick auf die Uhr hatte sie beschlossen, dass die Stylistinnen sicher nichts dagegen hätten, wenn sie noch ein bisschen sitzen blieb und sich ein kurzes Strick-Tutorial zu einem Winterschal mit passender Mütze, beides mit riesengroßen Bommeln, ansah. *Ich habe Bauchschmerzen*, hatte sie gelogen, was die anderen mit Sicherheit als Chiffre für *Ich habe ein süßes Teilchen gegessen, und jetzt muss ich mich übergeben* interpretierten. Doch sie irrten sich. Kitty wollte einfach nur allein sein, um das Klackern von Stricknadeln zu hören, das Schnurren kleiner Kätzchen. Die

Geräusche helfen ihr dabei, ihr trauriges, einsames Herz zu beruhigen.

Ich registriere meinen Wunsch, Kittys Schmerz zu lindern, ihre lähmende Einsamkeit. Plötzlich verstehe ich die prahlerische Geste von vorhin – das gespielte Rauchen, die Kraftausdrücke – auf psychologischer Ebene als Verteidigungsmechanismen gegen ihre Angst. Ich stelle mir vor, wie sie sich in der kleinen WC-Kabine versteckt und versucht, mithilfe ihres Smartphones ihr System zu regulieren. Ich frage mich, welche anderen Überlebensmechanismen sie entwickelt und immer weiter verfeinert hat, um ihre Lebensangst in den Griff zu bekommen.

Während des Shootings selbst hatte Kitty das Gefühl, außerhalb ihres Körpers zu sein. *Es war, als würde ich schweben, als wäre ich auf Autopilot. Ich tat alles, was der Fotograf von mir verlangte.* Sie hatte sich plötzlich an einem ruhigen Strand gesehen und eine überwältigende Woge von Einsamkeit und Bedauern darüber gespürt, dass sie Vincents Angebot einer Reise ins Warme ausgeschlagen hatte.

Ihr Körper tat, was von ihm verlangt wurde?, hake ich nach.

Genau. Aber ich fühlte nichts dabei.

Bis zu einem gewissen Grad dissoziieren wir alle. Nehmen wir zum Beispiel die Situation, in der wir uns mit einer Freundin zum Mittagessen treffen, obwohl wir genau dann einen Zahnarzttermin haben. Ein weiteres Beispiel für milde Dissoziation ist, ein Zimmer zu betreten und nicht mehr zu wissen, was man dort will. Am anderen Ende des Spektrums rangieren komplexe, traumainduzierte Störungen, charakterisiert durch eine Aufspaltung der Persönlichkeit in verschiedene «Anteile», jeder mit seiner eigenen Reaktion auf das überlebte Trauma. Dieses Bild wird inzwischen als dissoziative Identitätsstörung bezeichnet, früher wurde dafür der Begriff multiple Persönlichkeitsstörung verwendet. Menschen, die Dissoziation erleben, fühlen sich häufig von ihrem Körper und/oder ihren Gefühlen losgelöst oder abgekoppelt. Das wird manchmal als Taubheit beschrieben, als unwirklich, oder als wäre man außenstehende Beobachterin seines eigenen Lebens, was sich in außerkörperlichen Erfahrungen manifestieren kann. Auch «unwirkliche» Erfahrungen, von Klientinnen oft als *wie im Nebel* oder *wie in Watte* beschrieben, sind möglich. Ich war interessiert, Kittys mögliche Dissoziation weiter zu erforschen, und wollte herausfinden, ob es sich dabei um ein regelmäßig wiederkehrendes Ereignis handelte.

Ich glaube, Sie beschreiben da möglicherweise etwas, das als Dissoziation bezeichnet wird, sage ich.

Das passiert mir ziemlich oft.

Während ihr Körper *auf Autopilot, wie eine Marionette* funktionierte, wurde Kittys Geist verschwommen, fast leer. Der Fotograf gab die Kommandos, Kittys Körper tat, was für die gewünschte Pose nötig war, während sie mit den Gedanken weit weg war und sich einredete, sie hätte den einfachsten, glamourösesten Job der Welt. *Wer würde sich nicht so ein Leben wünschen,* dachte sie und stellte sich dabei Bichon Frisés, flauschige weiße Kätzchen und gestrickte Bommelmützen vor.

Unterwerfung gehört zu meinem Leben, sagt sie, und ich höre zu.

Als Kitty das erste Mal mit einem Mann schlief, der Handschellen ohne Schlüssel vorschlug, hatte sie das Gefühl, in ihrem Inneren hätte sich eine kleine Dachluke geöffnet. Sie war sich nicht sicher, ob seine Erektion der Art und Weise geschuldet war, wie sie ihn aufs Sofa gezwungen hatte, oder dem Anblick ihrer Absätze, jedenfalls hatten das Angebot und die Möglichkeit auch sie erregt.

Er lag auf dem Sofa, die Hände über den Kopf erhoben und die Handgelenke in die Samtkissen gedrückt, um ihr zu demonstrieren, was er wollte. *Da drüben, in der obersten Schublade,* hatte er gesagt und ihr mit dem Kinn die Richtung gedeutet. Kitty warf einen Blick über die Schulter und sah eine elegante Lackkommode. *Du bleibst, wo du bist.*

Binnen fünf Sekunden hatte sie den winzigen Schlüssel entdeckt, der ihn hinterher von seinen Lederhandschellen befreien würde, entschied aber sehr schnell, dass dies nicht ihr Problem war. Sie fesselte ihn und machte sich eine Tasse Tee. Trotz beinahe leerer Küchenschränke war seine Auswahl exquisiter Tees verschwenderisch, geradezu grandios. Sie mochte den Anblick der vielen Schachteln, die wie zum Tetris arrangiert waren, und entschied sich für Süßholz-Fenchel. *Halt still!*, befahl sie ihm durch die Küchentür, während sie aus einer fast durchscheinenden Porzellantasse ihren Tee genoss. Sie erlebte sich zum ersten Mal in der Rolle einer *potentiellen Dom*, einer Domina, und es kam ihr ganz natürlich vor. Die kleine Dachluke öffnete den Blick auf unzählige Möglichkeiten, auf Selbsterforschung und, noch wichtiger, *Freiheit.*

Später verlagerte sich das Geschehen ins Schlafzimmer. Ein makelloser, japanisch anmutender Showroom mit niedrigem Holzbett, Gummibäumen und jeder Menge strahlendem Weiß in Form von Kissen, Bettwäsche, Vorhängen. Kitty registrierte, wie sauber das Zimmer war, den frischen Duft, und verspürte den Drang, die Ordnung zu zerstören. *Das Verlangen, alles zu zerreißen und Chaos zu stiften.*

Der Mann legte sich aufs Bett. Die Arme über den Kopf gehoben, steif vor Lust. Kitty sah seine Erregung und spürte ihre eigene zwischen den Beinen pochen. Ein Flattern in der Brust, das noch lebendiger wurde, als sie die Luft anhielt, um die Wonne zu verstärken. Sie wollte, dass er sie wollte. Sie wollte seine völlige Unterwerfung, bis zu dem Punkt, an dem sie die Herrin über sein Verlangen war, die ihn in- und auswendig kannte, damit er keine einzige Bitte äußern musste. Sie setzte sich rittlings auf ihn, drückte einhändig seine Handgelenke tiefer in die Matratze unter den makellosen Laken und packte ihn mit der freien Hand an der Kehle.

Sag mir, was du willst, forderte sie.

Er stöhnte. *Ich will ...*

Schnell glitt ihre Hand von seiner Kehle hoch zu seinem Mund, und sie flüsterte: *Pst, was du willst, interessiert mich nicht.*

Der Mann verdrehte die Augen. *Was willst du?,* presste er unter ihrer Handfläche heraus.

Sie sah ihn an und schloss die Augen. *Ich will,* begann sie und verstummte. Sie wusste, was er hören wollte, und verweigerte es ihm. Schmutzige Worte, geraunte, für heiße Ohren sorgende Sauereien, damit er sich begehrt fühlen konnte. In Wirklichkeit wollte sie ihn brechen, wollte seine vollkommene Unterwerfung, mit Körper und Geist, sie wollte seinen innersten Kern sehen und spüren wie bei einem überreifen Pfirsich.

Du mysteriöses, wunderschönes Ding, sagte der Mann durch zusammengebissene Zähne.

Kitty gefiel die Assoziation nicht. *Ein Ding, ein Etwas. Ein Objekt.*

Ihr nächster Schritt kam unerwartet.

Ich gehe jetzt, sagte sie und hob im Hinausgehen ihren dünnen Ledergürtel auf. Dunkelrote Striemen auf seiner Haut.

Auf dem Nachhauseweg machte sie auf ein Stück Pizza halt und konnte nicht aufhören zu grinsen.

Kitty sieht mich an. *Mir ist klar, dass sich das für jemanden wie Sie vielleicht merkwürdig anhört,* sagt sie, *aber so nah habe ich mich seitdem keinem anderen Menschen mehr gefühlt.*

Für jemanden wie mich?, hake ich nach.

Wen Normales, sagt sie.

Als das Shooting vorbei war, bedankte Kitty sich bei dem

Fotografen und entschuldigte sich beim Team für ihre schlechte Laune. Sie bedankte sich bei der Assistentin für das Gebäck und bei den Haar- und Make-up-Leuten für deren Geduld. *Lasst uns irgendwann mal was trinken gehen,* schlug sie vor, wissend, dass sowieso nichts dabei rauskommen würde.

Ich frage mich, warum Sie ein Treffen vorschlugen, obwohl Sie wussten, dass es nicht dazu kommen würde.

Sie zuckt mit den Schultern. *Reine Gewohnheit,* sagt sie. *Aus Höflichkeit.*

Kitty nahm sich ein Taxi und fuhr ans andere Ende der Stadt zu ihrer Freundin Lavinia, perfekt geschminkt, die Haare zu einem strengen französischen Zopf nach hinten frisiert. Dort wartete Ethan schon auf sie, ihr *nervtötend* beflissener Freund. Er hatte bereits ein paar Mal angerufen, um zu fragen, wo Kitty war. *Ich arbeite, Ethan,* hatte sie ins Telefon geblafft. *Ich komme, wenn ich fertig bin.*

Der Taxifahrer musterte sie im Rückspiegel.

Haben Sie noch was Schönes vor?

Ich besuche eine Freundin.

Anstrengenden Tag gehabt?

Jepp, ich habe gearbeitet, antwortete sie mit einem Lächeln.

Was machen Sie?

Ich bin Hundesitterin.

Meine Tochter liebt Tiere, sie will Tierärztin werden. Wollten Sie je Tierärztin werden?

Nö.

Mit Haustieren ist man nie allein.

Kitty stöpselte die Kopfhörer ein. Sie hatte diverse Sprachnachrichten auf der Mailbox. Eine von Ethan, der wissen wollte, ob sie das Studio inzwischen verlassen hätte, und eine von ihrem Vater mit Vorschlägen für ein Geburtstagsgeschenk für ihre Mutter: *Eine Uhr, neues Reisegepäck, etwas von Hermès, viel-*

leicht. Kitty hörte zu, löschte die Nachricht und schrieb zurück: *Ich habe schon ein Geschenk für Mummy, aber danke für die Tipps. Bis bald, Kuss.* Die Antwort kam Sekunden später. *Was für ein Geschenk?*

In Wirklichkeit hatte Kitty noch nichts für ihre Mutter, aber seine Vorschläge interessierten sie nicht. Sie schrieb: *Das ist eine Überraschung! Küsschen*

Deine Mutter mag keine Überraschungen, schrieb er zurück.

FICK DICH, schrieb sie und löschte es wieder. Stattdessen schrieb sie: *Melde mich später, Daddy.*

Was hindert Sie daran, die Wahrheit zu sagen?, frage ich und habe dabei auch die Konkurrenznatur dieser Vater-Tochter-Unterhaltung im Sinn, mit fast greifbarer Aggression auf beiden Seiten des Großen Teichs.

So ist es eben einfacher.

Einfacher?

Kitty wendet den Blick ab.

Fühlen Sie sich mit potentiellen Konflikten unwohl?, frage ich.

Vielleicht. Nein, eigentlich nicht. Wahrscheinlich nur bei meinem Vater.

Was glauben Sie? Woran liegt das?

Eine Pause.

Wenn ich ehrlich bin, sagt sie leise, und ich merke, dass sie das, was sie sagen will, quält, *will ich einfach nur, dass er mich liebt. Mich sieht. Vincent sieht er, aber mich nicht. Er hat mich weggeschickt und Vincent behalten.*

Sie weint. Ihre Schultern beben. Ich fange ihren Blick auf. Kittys Arbeit als Model ergibt plötzlich absolut Sinn.

Vincent behalten, denke ich, ist eine merkwürdige Formulierung, besser geeignet, um ein Haustier zu beschreiben. Ich erinnere mich an Kittys Enttäuschung und daran, dass ihr geliebtes Kaninchen wahrscheinlich einfach ausgesetzt wurde.

Kittys Schmerz verortet sich in meinem Magen und kollabiert in mir. Kittys Verlust und Gefühl der Isolation manifestieren sich als Schmerz in meinem Körper. Ich honoriere ihre Wut gegen ihren Vater, *den Vollidioten,* als Verteidigung gegen die seelischen Schmerzen und frage mich, welches Ausmaß an kindlichem Leid Kitty in ihrem Körper abgespeichert hat.

Ich spüre, dass es Gefühle gibt, die Kitty vermeiden will, Gefühle, die womöglich zu schmerzhaft sind, um auch nur daran zu denken. Es kommt mir vor, als würde ich diese Gefühle an ihrer Stelle spüren. Meine Gegenübertragung als Indikator für das, was sie sich nicht zu fühlen erlaubt. Ich gebe diesen Gefühlen stellvertretend für Kitty Raum.

Meine Gegenübertragung ist stark und beharrlich. Während der Begriff Übertragung jene Gefühle beschreibt, die die Klientin an die Therapeutin richtet und die oft auf früheren Beziehungen basieren, ist es bei der Gegenübertragung andersherum: Sprich, auch ich als Therapeutin empfinde manchmal irrationale Gefühle meiner Klientin gegenüber. Gegenübertragung kann die Arbeit mitunter höchst unangenehm machen, manchmal sogar unmöglich. Stellen Sie sich beispielsweise eine schwarze Psychotherapeutin vor, die eine Klientin begleitet, der rassistische Übergriffe vorgeworfen werden, oder ein Opfer häuslicher Gewalt, das mit einem zwanghaften Missbrauchstäter arbeitet; Fälle also, in denen die Therapeutin in eine Wiederholung des Erlebens von Rassismus und Gewalt hineingezogen wird, die sie einst überstand und für dessen Heilung sie vermutlich selbst beträchtliche Zeit in psychotherapeutische Prozesse investierte. Das, wenn auch unter anderen Umständen, neu Erlebte wird als sekundäre Traumatisierung empfunden. Es ist nachvollziehbar, dass die Therapeutin den Schmerz als zu groß empfinden mag. Die Wut als zu überwältigend – vor allem, wenn die Klientin bzw. der Klient nicht dazu in der Lage ist,

Reue zu empfinden, oder unfähig, für die Taten Verantwortung zu übernehmen. Mir kommt das Beratungsgespräch mit einer Frau Anfang vierzig während des ersten Jahres meiner Praxistätigkeit in den Sinn. Sie hatte Kontakt zu mir aufgenommen, weil sie *ständig in irgendwelche Meinungsverschiedenheiten mit der Polizei geriet. Haben Sie Kapazitäten frei?* Während des Beratungsgesprächs kam heraus, dass diese *Meinungsverschiedenheiten* damit zu tun hatten, dass sie in Bars und Nachtclubs immer wieder Männer und Frauen rassistisch angriff. Eines ihrer Opfer musste ins Krankenhaus. Ein weiteres Detail, das die potentielle Klientin sich preiszugeben entschied, war, dass ihre Lebensgefährtin sie vor ein Ultimatum gestellt hatte. *Wenn du dir keine Hilfe holst, ist es aus zwischen uns.* Sich aufgrund eines Ultimatums anstatt aus eigenem Antrieb in Therapie zu begeben, ist für mich ein deutliches Warnsignal. Ich lehnte ab. Das deutlichste Warnsignal für mich war jedoch ihre Aussage: *Chinesen sind schon okay, die bleiben wenigstens unter sich. Ich hatte sogar schon ein eine chinesische Freundin.* Als Berufsanfängerin hatte ich damals große Schwierigkeiten, mir meine Verletztheit und Empörung nicht anmerken zu lassen. Ich glaube, ich geriet während dieser gefühlt endlosen Sitzung sogar zwischenzeitlich ins Stottern. Mein gesunder Menschenverstand und die Gegenübertragung waren die Warnsignale, die mich beschützten und dazu brachten, die ärztliche Überweisung an eine Kollegin mit mehr Erfahrung weiterzureichen. Würde ich jetzt, zwanzig Jahre später, anders damit umgehen? Vielleicht. Eins steht allerdings fest – das Stottern ist inzwischen verschwunden.

In milderer Form jedoch gehört die Gegenübertragung zu den zuverlässigsten Werkzeugen, über die eine Therapeutin verfügt, und mit Sicherheit zu den wirksamsten. Wenn eine Klientin keinen Zugang zu ihren Gefühlen hat – in Bezug auf gewisse Ereignisse vielleicht dissoziiert ist, sich in der Verleugnung befindet oder sich schlicht davor beschützt –, bin ich oft in der Lage, diese Gefühle zu spüren und daran festzuhalten, während ich versuche, den besten Zeitpunkt zu bestimmen, um sie ihr zurückzuspiegeln. *Wenn ich Sie das sagen höre, nehme ich ein (trauriges, wütendes, verstörendes, enttäuschtes und viele Adjektive mehr) Gefühl wahr. Ich frage mich, wo Sie stehen und wie Sie sich fühlen.*

Das Beben in Kittys Schultern lässt allmählich nach. Ihre Atmung wird wieder regelmäßiger. Sie lächelt verzagt und wischt sich mit dem Handrücken über die Augen. Die schweren Gliederarmbänder rasseln wie Schlüsselbunde.

Es tut mir leid, dass Ihre Eltern Sie weggeschickt haben, sage ich.

Danke. Sie spricht leise. *Ich fühle mich so verlassen.*

Erstgespräche sind wichtig, um zu verstehen, was im Kern des Wunsches einer Klientin nach therapeutischer Heilung steckt. Am Ende der ersten Sitzung beurteilen die Klientin und ich, ob wir zusammenarbeiten können und wollen – ob es eine Begegnung im Geist, im Herzen und in der Intention gegeben hat. Meistens erfühle ich mir meinen Weg durch unser Gespräch, indem ich mich frage, ob ich die Klientin mag und mir eine Zusammenarbeit vorstellen kann. Ich stelle mir die Frage, ob ich sie wirksam unterstützen kann und ausreichend Interesse an den Themen besteht, die sie angesprochen hat und angehen möchte. Normalerweise habe ich ein recht gutes Gespür dafür, ob wir ausreichend gut zusammenpassen. Auch wenn ich hinsichtlich der Rahmenbedingungen einer Psychotherapie über bestimmte Einsichten, Kenntnisse und Erfahrung verfüge, versuche ich darüber hinaus abzuschätzen, ob wir partnerschaftlich zusammenarbeiten können und ob die Anregung zu Wachstum, das Formulieren einer Zielsetzung und Nachfragen möglich sind. Kam während dieser ersten Sitzung ein gewisses Maß an Verbindung zustande und sind die Rahmenbedingungen in Bezug auf Termine und Kosten akzeptabel, kann die Zusammenarbeit beginnen. Was hatte Kitty gesagt? *Denn so läuft das schließlich. Leute dafür bezahlen, die Scheiße wieder zum Laufen zu bringen.*

Ich wünsche Ihnen einen angenehmen Flug, sagt die Flugbegleiterin lächelnd. Sie begleitet Kitty zu ihrem Platz in der Business-class. Die Sitze sind breit und bequem. Die Frau ist schlank und hochgewachsen, wie Kitty. Kitty gefällt es nicht, dass die gut aussehende Flugbegleiterin so fröhlich, frisch und makellos rüberkommt, und spürt, wie ihr Körper von Konkurrenzgefühl durchflutet wird. *Es gibt keine angenehmen Flüge,* antwortet Kitty. *Ich hätte gerne eine Decke, bitte.*

Die Stewardess registriert Kittys unfreundliche Art. *Kann ich Ihnen sonst noch etwas bringen?,* fragt sie und holt eine Decke aus dem Gepäckfach.

Einen großen Gin Tonic, danke.

Kitty hasst Fliegen. *Angenehmer Flug, ts!,* höhnt sie noch mal. Im Augenblick wäre sie schon mit einem erträglichen Flug zufrieden, erträglicher gemacht durch Alkohol, ein ablenkendes Bordprogramm und ein paar Schlaftabletten.

Sie lässt die pediküurten Füße in ihre Kaschmirslipper gleiten und gönnt sich noch schnell eine Dröhnung Tierfotos, weil sie weiß, dass sie gleich gebeten wird, *während des Starts alle elektronischen Geräte auszuschalten.* Seit Neuestem findet sie Gefallen an Dackeln mit Fliege und Anzug. *Fashonista Dogs.* Sie steht auf die großen schokobraunen Augen und die den zarten, kleinen Gesichtern innewohnende Sanftheit. Kitty fragt sich, ob sie sich glücklicher fühlen würde, wenn sie einen Dackel hätte. Die Flugbegleiterin kommt mit Kittys Drink zurück.

Danke sehr, sagt Kitty lächelnd, von den Dackelbildern besänftigt. *Ich überlege, mir einen Hund anzuschaffen.* Sie hält der Stewardess den Bildschirm hin.

Wie niedlich, sagt die Frau und zeigt beim Lächeln ihre perfekten Zähne.

Kitty stürzt den Drink runter. *Sorgen Sie bitte für Nachschub,* sagt sie.

Plötzlich muss sie an Rapunzel denken und das suspekte Verhalten ihrer Familie. Die drohenden Tränen werden mit der Einnahme von zwei Schlaftabletten aufgehalten, ohne Flüssigkeit, runtergezwungen mit einem Ruck in den Nacken. Mit geschlossenen Augen denkt sie über ihre erste Therapiesitzung nach und öffnet den Kalender auf ihrem Smartphone, um unsere nächste Sitzung einzutragen. Via Skype. Nur eine einzige Sitzung vor ihrer Reise war nicht optimal, das mussten wir beide zugeben, aber trotzdem wichtig. Kitty fragt sich, wie alt ich bin. Wo ich wohne. Ob ich glücklich verheiratet bin, single, vielleicht Mutter. Sie fragt sich, ob sie mich mag.

Als Kitty seit etwa einem Jahr zu mir kommt, wird sie mir diese Fragen stellen, und ich werde ihre Neugierde – mit der gebotenen Vorsicht – teilweise befriedigen.

Kitty schließt den Sicherheitsgurt und stellt sich vor, sie säße im Cockpit, die Hand am Lenkrad. Reiseziel: Sarasota, zur Spezialgeburtstagsparty ihrer Mutter. Schnell schaut sie nach, wie das Lenkrad eines Flugzeugs richtig heißt, und lernt, dass es als Steuerhorn bezeichnet wird, alternativ auch als Steuerknüppel. Kitty ist bewusst, dass sie sich von ihren Gefühlen ablenkt. Vor ein paar Sekunden war sie plötzlich wieder in Kontakt damit, wie *emotionslos und abweisend* ihre Familie ist, dass sie damals, *als sie mich verließen, so viel Zurückweisung spürte, als würde es mich nicht mehr geben. Als wäre ich einfach verschwunden.*

Ihr Brustkorb zieht sich zusammen, und sie fragt sich, ob sie gleich eine Panikattacke bekommt. Sie sucht vorsichtshalber nach der Spucktüte, um hineinzuatmen. Die Flugbegleiterin kommt mit dem zweiten Gin Tonic zurück. *Ich leide unter Flug-*

angst, gesteht Kitty. Die Stewardess geht neben ihr in die Hocke und legt die Hand auf Kittys Armlehne. *Möchten Sie, dass ich mich für einen Moment zu Ihnen setze?*

Nein, es geht schon. Die professionelle Freundlichkeit der Frau ist Kitty unerträglich. Die Flugbegleiterin steht auf und geht.

Bitte schalten Sie jetzt sämtliche elektronischen Geräte aus, ertönt es durch die Lautsprecheranlage der Kabine. Kitty macht wieder die Augen zu, von den Anweisungen der Purserin getröstet, aber auch deprimiert. Sie wünschte, die Anordnungen anderer Menschen würden sie nicht derart trösten und besänftigen.

Ein Teil unseres therapeutischen Prozesses wird sich mit Kittys Abwehr von Zuwendung und Freundlichkeit beschäftigen. Sie hat Schwierigkeiten damit, anderen Leuten ihre Liebe und Unterstützung zu glauben und ihnen zu vertrauen. Sie vermutet dahinter eher Mitleid oder Dominanz als Freundschaft oder Freude am Unterstützen anderer Menschen. Wir werden erforschen, inwiefern diese Lieblosigkeit sie an den erlebten Mangel auf dem Internat erinnert, wo sie aus Angst vor dem völligen Zusammenbruch ihre Gefühle verdrängte. Dort entdeckte sie den Mechanismus «Überleben durch Konkurrenz», der bis zu einem gewissen Grad auch funktionierte. Ihr Verhalten diente ihrem Schutz, schürte in Kitty aber gleichzeitig die Furcht vor den Banden der Liebe, vereitelte und durchkreuzte mögliche Intimität.

Mithilfe mehrerer kleiner Dosen Tonic Water und Gin trinkt Kitty sich in den Schlaf und träumt, in einer großen Hängematte zu liegen, eine laue Brise im Gesicht. Aber dann verändert sich der Traum, wird bedrohlich: Plötzlich ist sie ins Gepäckfach eines Flugzeugs eingesperrt. Unter ihr ist es feucht. Sie spürt, wie sich das klaustrophobisch enge Fach mit eiskaltem Wasser füllt. Sie drischt mit der Faust gegen die Klappe. Angst schnürt ihr die Brust zu. Sie kann nicht atmen. Sie schreit. Als

Kitty endlich aufwacht, ist sie atemlos, desorientiert und verängstigt. Sie versucht, die Bilder von der Hängematte zurückzuholen, aber ihr Verstand verweigert ihr diesen Trost.

Als Kitty aussteigt, verabschiedet sich die Flugbegleiterin mit einem Lächeln.

Danke sehr, sagt Kitty höflich.

Im Ankunftsbereich wartet ihr Vater. Er trägt ein schreiend buntes Hemd und eine helle Hose. Als er winkt, erlebt Kitty einen inneren Widerstreit aus Liebe und Hass. Wohlgebräunt und lächelnd steht er da, die Hände in den Hosentaschen. Seine entspannte Ausstrahlung reizt Kitty. Sie ist müde und groggy von dem Flug und wünschte, sie hätte ein Pfefferminzbonbon im Mund.

Hallo, Daddy, sagt sie und schmiegt sich an das weiche, geblümte Hemd.

Du siehst dünn aus, sagt er, *und blass.*

Er schlingt seine dicken Arme um sie, und in dem Augenblick, wo Kittys Körper der Umarmung nachgibt, entfährt ihr ein unkontrollierbares Schluchzen. Einen Moment lang ist sie wieder das kleine Mädchen, das zu seiner Familie zurückkehrt, krank vor Heimweh und erschöpft von einem Jahr im Internat. Sie gönnt ihrem Körper seine Wärme.

Kitty nimmt ihren Skype-Termin nicht wahr. Stattdessen hinterlässt sie eine Entschuldigung auf meiner Mailbox, sagt, sie hätte keinen Ort gefunden, wo sie ungestört reden könne. Die Nachricht ist verwirrend und abgehackt. Ihr Tonfall klingt viel jünger, als ich ihn von unserer ersten Sitzung in Erinnerung habe. Ich frage mich, ob sie wiederkommen wird.

Ich nutze die Stunde, um über unsere erste Begegnung zu reflektieren. Ich bin neugierig, ob Kitty ihre Meinung geändert hat; ob sie das Gefühl hatte, dass zwischen uns ausreichend

Verbindung bestand. Vielleicht ist das Risiko, sich einer Therapeutin anzuvertrauen, zu groß für sie, ihre Gedanken und Gefühle mit einem neuen, ihr unbekannten Menschen zu teilen. Vielleicht ist sie aber auch zu dem Schluss gekommen, dass eine Therapie ihr nicht helfen kann. Ihre Sprachnachricht und meine Erfahrung in der direkten Begegnung mit ihr fühlen sich widersprüchlich und verwirrend an. *Eventuell Regression*, schreibe ich auf meinen Notizblock. Außerdem: *Verlassenheitsängste, Geschwisterrivalität, Dissoziation, Unterwerfung, Wut auf den Vater (den Vollidioten?), die Mutter? Intimität?*

Ich frage mich, ob ich mir zu viele Gedanken mache, und registriere mein Unbehagen. Vielleicht ist diese Beklemmung ein Fenster zu den Gefühlen, die Kitty empfand, als ihre Eltern sie verließen, um nach Asien zu gehen. Ich bleibe noch eine Weile mit meiner Verwirrtheit sitzen und lese die E-Mail, die Kitty mir kurz nach unserer ersten Sitzung geschrieben hat. Dort steht: *Bitte verreisen Sie nie, ohne mir rechtzeitig Bescheid zu geben.*

Ich gieße eine Kanne Tee auf und sehe, während in mir Gedanken von Trennung lebendig sind, den kleinen Pfefferminzblättern beim Setzen zu. Nach dem zweiten, dritten Schluck materialisiert sich ein Bild von Kitty vor meinem inneren Auge: das verlorene Mädchen, zurückgekehrt zur Geburtstagsfeier seiner Mutter.

Draußen schüttet es, als ich ihr öffne.

Es tut mir leid, dass ich es letzte Woche nicht geschafft habe, fängt sie an. *Es war unmöglich, einen ungestörten Platz zu finden. Im Haus waren jede Menge Leute, und es fühlte sich nirgendwo sicher an.*

Wie waren die Feierlichkeiten?, will ich wissen und registriere, dass ich erfreut, sogar erleichtert darüber bin, dass Kitty wiedergekommen ist.

Der Geburtstag hatte mit einem Frühstück auf der Terrasse begonnen.

Champagner und frisches Obst, sagt Kitty. Sie gab ihrer Mutter einen Kuss auf die Wange, *Alles Gute zum Geburtstag, Mummy,* und drückte ihr einen Strauß blassrosa Rosen an die Brust. Eine Lektion, die sie letztes Jahr gelernt hatte, nachdem ihr riesiger Strauß blauer Hortensien die Reaktion *Ach, Liebling, die passen nun wirklich zu gar nichts!* geerntet hatte.

Vincent, bereits beim zweiten Glas, hatte seine neue Freundin mitgebracht, die er in der Vorwoche in Kalifornien auf seinem Yoga-Retreat kennengelernt hatte. Kitty mochte sie sofort. *Sie ist definitiv entspannter als die Letzte.*

Später dann die Geschenke – Kitty schenkte ihrer Mutter eine neue Handtasche und ein sorgfältig zusammengestelltes Fotoalbum, in dem sie selbst auf den ersten Seiten fehlte. Ihre Mutter war begeistert.

Meine Güte, wie niedlich ihr beide wart, hatte ihre Mutter lachend gesagt und auf eine verblasste, quadratische Erinnerung gedeutet, Kitty und Vincent an einem Sommertag in England beim Eisessen, aber wo das Foto entstanden war, wusste sie nicht mehr. Cornwall? St. Ives? Sie erinnerte sich nicht. Gedächtnisverlust: Das Gegenmittel gegen alle schlimmen Dinge, denke ich.

Ihr Vater schenkte seiner Ehefrau eine neue Uhr, und Vincent hatte einen Hermès-Schal aufgetan. Kittys Mutter war überglücklich.

Später, auf der Party, ließ Kitty sich von Zimmer zu Zimmer treiben, stippte Wachteleier in Selleriesalz und unterhielt sich mit alten und neuen Freunden ihrer Eltern. Sie beobachtete ihre Mutter, glanzvoll, lebhaft und strahlend vor Geburtstagsglück. Ihr Vater ganz der bewundernde Beobachter. Kittys Kleid war schwarz und knielang, nicht zu eng, und ihr Vater hatte ihr ein Kompliment gemacht. *Hübsch siehst du aus*, sagte er, *sehr elegant*. Kitty bedankte sich und spürte einen Anflug von Anerkennung, obschon das Kleid sein Geschmack war und nicht ihrer. *Können wir das mit meinem Unterhalt besprechen?*, fragte sie. *Nicht heute Abend, Katherine, wir feiern eine Party. Na los, geh und hilf deiner Mutter mit den Krabben.*

Er hat mich weggescheucht wie ein Haustier, sagt Kitty.

Später hatte Kitty Sex am Strand. Der Akt glich dem gleichnamigen Getränk: köstlich, fruchtig, ein angenehmer Kick. Kitty genoss die Verbindung, die sie zu dem Mann und seinem Körper empfand. Seine Arme waren stark, die Hände nicht so kundig, wie sie gehofft hatte, aber wenigstens fest, die Brust roch nach Limetten. Ein paar Leute hatten sich um ein Lagerfeuer versammelt, und als Kitty barfuß durch den hellen Sand gelaufen war, hatte er sich ihr auf lässige Weise genähert und sie eingeladen, sich der kleinen Gruppe anzuschließen. Hinterher tranken sie Wodka pur und unterhielten sich über Kittys erfundenes Leben und die neusten Netflix-Serien. Sie erzählte ihm, ihr Name sei Deborah und sie sei für ein paar Tage rübergeflogen, um Freunde zu besuchen. Er bat sie um ihre Telefonnummer. *Klar*, antwortete sie, schrieb ihm ihre Nummer auf die Hand und vergaß mit Absicht die letzte Ziffer. Sie wollte wissen, ob er sich die Mühe machen würde, sie rauszufinden. Wie entschlossen er war, sie zu finden und zu erreichen. Sie mochte den Mann vom Strand.

Ich kann mein Herz nur Fremden öffnen, erzählt sie mir niedergeschlagen.

Als Kitty ins Haus ihrer Eltern zurückkehrte, verriet ein sehr betrunkener Vincent ihr ein schmerzhaftes Geheimnis: *Rapunzel ist nie bis Asien gekommen*. Er keuchte und schlug sich die Hand vor den Mund. *Bitte! Sag ihnen nicht, dass ich dir das verraten habe. Ich habe geschworen, es nie zu erzählen.* Er grinste gemein. Die neue Frau an seiner Seite musterte ihren neuen Freund argwöhnisch, fragte sich womöglich, was es mit diesem Geständnis auf sich haben mochte. Kitty wartete ab, darauf bedacht, nicht rachsüchtig zu wirken, aber als der richtige Moment gekommen war, wurde ihre Verletztheit zur Bombe, und sie sagte: *Weißt du eigentlich, dass Mummy und Daddy dich nur deshalb mit nach Asien genommen haben, weil sie wussten, dass du es ohne sie nicht aushalten würdest?* Sie keuchte und schlug sich die Hand vor den Mund. *Bitte! Sag ihnen nicht, dass ich dir das verraten habe. Ich habe geschworen, es nie zu erzählen.* Kitty lächelte. *Wie war dein Spitzname gleich wieder?* Sie machte eine Kunstpause. *Weichei.*

Am nächsten Abend chauffierte Kitty sie zu fünft auf der Suche nach einem guten Fischrestaurant die Westküste entlang. *Das da*, sagte ihre Mutter mit entsprechender Geste.

Vincent bat um einen Tisch mit Strandblick. *Es tut mir leid, aber wir sind ausgebucht*, sagte der Oberkellner.

Keine Tische mehr. Vincent drehte sich achselzuckend zu seiner Familie um.

Ach! Das Weichei wieder, höhnte Kitty, schob ihren Bruder beiseite und warf ihrem Vater dabei einen anerkennungsheischenden Blick zu. *Lass mich das machen.*

Fünf Minuten später wurden sie zu einem Tisch mit Strandblick geführt. *Das ist wirklich nett von Ihnen*, sagte Kitty lächelnd zu dem Oberkellner. Ihre Eltern waren sichtlich beeindruckt.

Mit Beharrlichkeit kommt man weiter, Vinci, sagte Kitty.

Weder ihre Mutter noch ihr Vater bekundeten während ihres Aufenthaltes echtes Interesse an ihrem Leben. Sie gingen weiter ihrem Alltag nach, der hauptsächlich aus Golfspielen und Shopping bestand. Ihre Mutter beharrte darauf, dass Kitty sich entspannte und in die Sonne legte. *Du bist so blass, Liebling. Ruh dich ein wenig aus.*

Am letzten Tag beschloss Kitty, Bilder von ihren letzten Fotoshootings runterzuladen. Ihr Lieblingsfoto war ein Close-up für einen Beauty-Artikel. Sie mochte den Schwung ihrer Wimpern und die Art, wie das Blau ihrer Augen verstärkt worden war, sodass sie aussahen wie weite blaue Seen.

Wieso gibt es hier eigentlich überhaupt keine Fotos von mir?, fragte Kitty ihre Mutter und ließ den Blick durchs Zimmer schweifen. Sie sagte nicht, dass sie nicht weniger als fünf gerahmte Porträts ihres Bruders in verschiedenen Räumen des Hauses gezählt hatte. *Was redest du denn da, Liebling? Sei nicht albern.* Kittys Mutter führte sie in den Eingangsbereich und die Toilette im Erdgeschoss. *Bitte sehr!* Ihre Mutter zeigte auf das Titelblatt einer Zeitschrift, das neben ein paar Jacken und Mänteln hing. *Und hier!* Sie deutete auf ein Foto von Kitty als Jugendliche, in hellblauem Kleid und mit breitem Lächeln, das neben dem Waschbecken und der parfümierten Seife hing. *Ich liebe dieses Foto von dir*, sagte sie. *Und dein Daddy auch.*

Kitty beugt sich zu mir. *Wirklich nett, wenn deine Bilder da hängen, wo die Leute hinpinkeln oder ihre nassen Sachen loswerden.* Sie lehnt sich wieder zurück. Schweigt. Denkt nach, vermute ich.

Ich kann erkennen, wie verletzend das für Sie war, sage ich.

Nein, nicht wirklich. Sie zuckt die Achseln. *Ich bin es gewohnt.*

Ich registriere, wie schnell sie mein Mitgefühl und meine Fürsorge vom Tisch wischt.

Ich bin nicht ganz überzeugt, provoziere ich sie. *Ich würde eher nicht dazu raten, sich an das Gefühl zu gewöhnen, verletzt zu werden.*

Aber so ist es nun mal, fährt sie mich an.

Klingt etwas resigniert, füge ich hinzu.

Sie ringt um ein Gegenargument, kann aber keines finden.

Hier müssen Sie nichts unterdrücken, nichts leugnen, sich nicht schämen, sage ich zu ihr. *Wir können Ihre Emotionen untersuchen. Wir können ihnen im Rahmen des Prozesses auf den Grund gehen.*

Sie nickt verhalten.

Danke, sagt sie.

Kitty erzählt davon, wie fehl am Platz sie sich während der Reise zu ihren Eltern gefühlt hat. Dass sie sich auf einmal viel jünger vorkam, wie ein kleines Mädchen, ein Teenager. Als hätte sie ihr erwachsenes Ich in London zurückgelassen. *Ich flog als Frau hier weg und kam als kleines Mädchen drüben an,* lacht sie. Grinst breit.

Es gibt ein Problem mit Ihren Witzeleien, sage ich. *Wir haben uns zwar über die Themen unterhalten, die schwierig für Sie waren, zum Beispiel die Fotografie von Ihnen auf der Toilette, die fünf Porträts von Vincent, das Bild, als Frau wegzufahren und als kleines Mädchen anzukommen, aber wir haben uns nicht mit Ihrem Schmerz beschäftigt. Sie benutzen Humor als Abwehrmechanismus, um dem Schmerz auszuweichen.*

Kitty mustert den Fußboden vor ihren Füßen. *Wenn ich es nicht ins Lächerliche ziehen würde, wäre ich die ganze Zeit traurig. Oder rasend vor Wut.*

Aber es wäre gut zu verstehen, dass Sie sich, indem Sie Ihre Traurigkeit oder Wut nicht spüren, um die Möglichkeit bringen, sich und die Situation besser zu begreifen. Humor mag kurzfristig hilfreich sein, aber er hilft nicht, das verletzte Mädchen in Ihrem Inneren zu heilen, oder das, was das Verhalten Ihrer Eltern heute, Ihnen als Frau gegenüber, bei Ihnen auslöst.

Ich verstehe, sagt sie.

Schweigen.

Der Mann vom Strand rief nicht an. Ob er versucht hat, die fehlende Ziffer herauszufinden, werden wir niemals erfahren. *Sein Pech, aber echt,* sagt Kitty. In ihrer Stimme schwingt Enttäuschung.

Und über meinen Unterhalt haben wir auch nicht gesprochen, sagt sie. Ihre Stimmung kippt in Niedergeschlagenheit. *Wenn Daddy erst mal eine Entscheidung gefällt hat, rückt er nicht wieder davon ab.*

Das stelle ich mir sehr frustrierend vor, sage ich.

Als wäre ich ein kleines Kind.

Sie meinen bevormundend?

Ja. Außerdem kann Geld nicht ersetzen, was ich als Kind verloren habe. Das ist mir klar.

Ich bin froh, dass Sie das sagen.

Echt? Ich nicht, erwidert sie. *Das tut höllisch weh.*

Ich hole tief Luft und räuspere mich.

Oft müssen wir, ehe wir heilen, den Schmerz spüren.

Die therapeutische Begegnung ist in ihrer Essenz ein zwischenmenschliches Ereignis. Ein Moment der Intimität zwischen zwei Menschen, in dem einige der tiefgründigsten Fragen darüber untersucht werden, was es bedeutet, Mensch zu sein: *Wer bin ich?,* fragt sich eine Klientin beispielsweise, und: *Was will ich wirklich? Wer wird mich lieben? Bin ich liebenswert? Und kann ich diese Liebe erwidern? Halte ich an etwas fest, das ich loslassen muss? Wann habe ich die Wahl? Wie reagiere ich auf jemanden in einer Machtposition? Gibt es einen Gott? Was ist Zuhause? Was ist der Sinn des Lebens? Wie kann ich am besten einen Beitrag zu meiner Gemeinschaft leisten und dabei meine eigenen Interessen und Wünsche erfüllen? Wie geht das? Wird es wehtun? Werde ich jemals frei sein?*

Und die Frage vonseiten der Therapeutin könnte lauten: *Was wollen Sie?* Und: *Was brauchen Sie? Sind Sie in Sicherheit? Was passiert, wenn Sie innehalten? Was würden Sie anders machen, wenn niemand da wäre, um über Sie zu urteilen? Tun Sie genug dafür, sich selbst zu lieben? Wie können Sie in Verbindung gehen und gleichzeitig bei sich bleiben? An welche kleinen Gesten des Wohlwollens können Sie sich erinnern? Wie schmeckt Verlangen, wie sieht es aus, wie fühlt es sich an? Was würde sich für Sie selbstermächtigend anfühlen, in diesem Augenblick? Wie könnten Sie sich befreien? Wenn nicht jetzt, wann dann?*

In den nächsten drei Monaten erscheint Kitty hoch motiviert und voller Forschungsdrang zu ihren Sitzungen. Sie hat ein Schreibheft und einen Stift dabei, bittet um Empfehlungen zur Unterstützung unserer Arbeit – Bücher, Texte und Podcasts – und gibt dem Wunsch Ausdruck, die Frequenz der Sitzungen von ein- auf zweimal pro Woche zu erhöhen. Sie erzählt von Ethan, ihrem *On-off-Freund*. Ein Schreiner, der mit riesigen Holzklötzen arbeitet und wunderschöne Stühle schreinert – *Kunstwerke –*, die Sitzflächen in stundenlanger, hingebungsvoller Kleinarbeit herausgeschliffen. *Probier ihn aus. Ist er bequem?,* fragt Ethan. Ethans Stühle sind immer bequem.

Kitty sagt, seine Zuverlässigkeit und Gelassenheit geben ihr ein Gefühl der Sicherheit. Was sie anfangs als *nervtötend beflissen* beschrieb, hat sich zu einer lustvollen, zärtlichen Beziehung gewandelt. Kitty, die in nächtlicher Intimität schwelgt; süße, leidenschaftliche Vereinigung. Dieser Wandel in ihrer Haltung nährt meine Seele. Dass Ethan nicht zu besitzergreifend ist, wirkt auf Kitty anziehend und ermöglicht ihr leidenschaftliche, aber kurzzeitige Bindungen an andere Männer. *Wir haben uns vor einiger Zeit auf eine offene Beziehung geeinigt,* sagt sie, türmt die Haare auf dem Kopf auf und schiebt zur Befestigung einen Stift durch den Knoten.

Funktioniert das für Sie beide?, hake ich nach.

Klar. Na ja ... Sie hält inne und sieht zur Decke. *Ethan wäre es wahrscheinlich lieber, wenn wir ein festes Paar wären, also exklusiv, aber das kann ich nicht.*

Können Sie nicht?

Will ich nicht, korrigiert sie sich schnell.

Können Sie noch etwas mehr dazu sagen?

Ich fürchte, von ihm verlassen zu werden, sagt sie. *Das macht mir große Angst.*

Worte sind keine Ereignisse. Sie repräsentieren Ereignisse. Wenn man immer wieder zulässt, dass ein Wort Entscheidungen im Leben beeinflusst und Angst auslöst, fühlt man sich wie in einer Zeitschleife, in der sich die Vergangenheit ständig wiederholt und man immer wieder mit der Ursprungswunde konfrontiert wird, in Kittys Fall das Verlassenwerden in ihrer Kindheit.

Ich verstehe, sage ich, *aber wenn Sie zulassen, dass das Verlassenwerden Ihnen weiter Angst macht, wird es sich immer so anfühlen, als hätten Sie sich nicht weiterentwickelt, als wären Sie immer noch das elfjährige Mädchen, das zurückgelassen wurde, während seine Familie sich in einem anderen Land ein neues Zuhause schuf. Verstehen Sie das?*

Ja. Sie nickt.

Die Anstrengung, die notwendig ist, um sich abzulenken oder zu verdrängen, sei es durch Arbeit, Sex oder eiskalte Bäder, ist kraftraubend. Sie und ich, wir müssen gemeinsam umdeuten, was Trennung und Verlassenwerden für Sie bedeuten. Anderenfalls besteht die Gefahr, dass Sie sich auch in Zukunft von Ihren Vermeidungsstrategien gefangen und eingesperrt fühlen.

Wie geht das?, will sie wissen.

Sie können Ihren mit einem bestimmten Gefühl in Verbindung stehenden Schmerz gewissermaßen «neutralisieren», indem Sie möglichst versuchen, dabei zu bleiben, dem Schmerz Raum zu geben, sich ganz hineinzugeben, in dem Wissen, dass er nur so lange Macht über Sie besitzt, wie Sie versuchen, sich dagegen zu schützen. Ich bin der Überzeugung, dass kein Gefühl, wie zum Beispiel Ihre Angst vor dem Verlassenwerden oder auch die Angst vor der Vorstellung, verlassen zu werden, Sie mehr verletzen kann als der Akt der Vermeidung.

Schweigen.

Kapiert, flüstert sie.

Außerdem erforscht Kitty spielerisch und mit großem Vergnügen Berufsalternativen:

Boutiquenbesitzerin, Schriftstellerin, Designerin, Floristin, Fotografin, Ernährungsberaterin, Hundesitterin bzw. -trainerin, Köchin.

Wie sind Sie Model geworden?, frage ich.

Da bin ich so reingerutscht. Sie mustert ihre Fingernägel. *Eines Samstags beim Jeansprobieren bei Top Shop hat mich ein Scout angesprochen. Ich war siebzehn. Ich konnte Skilaufen, Reiten und Snowboarden, das war sicher hilfreich. Die Agenturen mögen sportliche Models, die noch was anderes können als nur hübsch sein.*

Sie beschließt, ihrer Liebe zum Kochen und zu gesunder Ernährung mehr Raum zu geben, und spricht derart leidenschaftlich über Kombucha, dass ich mich in der darauffolgenden Woche dabei ertappe, in der Mittagspause im Biomarkt gleich mehrere Flaschen zu kaufen. *Wofür steht SCOBY?*, frage ich sie in dem Wunsch, ihren Enthusiasmus zu spiegeln.

Das ist der Kombucha-Pilz. SCOBY steht für «symbiotic culture of bacteria and yeast», eine Symbiose verschiedener Bakterien und Hefen.

Ich bin immer noch nicht schlauer und bitte sie, mich aufzuklären, was sie mit Elan und großer Leidenschaft tut.

In der darauffolgenden Woche bringt Kitty mir eine Flasche selbst gemachten Erdbeer-Kombucha mit. Die Flasche trägt ein charmantes Etikett, von ihr eigenhändig mit winzigen Erdbeer-Stickern verziert.

Ich weiß überhaupt nicht, ob ich Ihnen eigentlich was schenken darf, sagt sie, den Blick schüchtern zu Boden gerichtet, *aber ich dachte, Sie würden es vielleicht gerne mal probieren. Ich habe ihn selbst angesetzt.*

Es gibt unter Psychotherapeutinnen viele Diskussionen, was die Geschenke von Klientinnen betrifft. Einige Therapeutinnen sind der Auffassung, das Schenken sei wegen der Verbindung zur Libido von Bedeutung; ein Geschenk würde oft die Liebe und Zuneigung repräsentieren, die im Sprechzimmer nicht immer verbalisiert wird. Im Laufe der Jahre haben mir Klientinnen immer wieder Geschenke gemacht. Einige habe ich dankend abgelehnt, andere dankend angenommen. Anerkennung basiert auf Gefühlen, Verständnis und Verbindung, und mir ist es lieber, meine Klientinnen finden Worte, um ihrer Anerkennung und ihren Gefühlen Ausdruck zu verleihen, anstatt mir Geschenke zu machen.

Danke, sage ich und nehme Kittys Kombucha entgegen. *Ich liebe Erdbeeren. Und Sie haben sich auch noch die Zeit genommen, ein so niedliches Etikett zu gestalten.*

Ich hoffe, es schmeckt Ihnen. Kitty lächelt, und kurz bin ich mit ihrem jüngeren Selbst konfrontiert. Begierig nach Intimität, kühn in ihrem Versuch, in Verbindung zu gehen.

Außerdem unterhalten wir uns über mögliche Bewältigungsstrategien für ihre Beklommenheit, und ich ermutige Kitty dazu, über ihre Probleme nachzudenken, im Alltag präsent zu bleiben, *im Hier und Jetzt.* Ich erkläre ihr, dass die ständige Beschäftigung mit der Zukunft durch andauerndes Planen, extreme Geschäftigkeit und die Vermeidung von Gefühlen die Wahrscheinlichkeit erhöht, dass ihre Ängste anhalten. Und wir reden auch über das andere Ende des Kontinuums, die permanente Beschäftigung mit der Vergangenheit. Dort lauert die Depression. *Diese Erklärung ist ziemlich vereinfacht*, gebe ich zu, aber ich hoffe, dass Kitty sich durch die Ermutigung, zunehmend präsent zu bleiben, in die Lage versetzt, sich ihrer Angst vor den Gefühlen zu stellen.

Kitty zieht ihr Smartphone aus der Halterung wie einen Revolver aus dem Holster und lädt sich eine der zahlreichen Meditations- und Achtsamkeits-Apps runter. Die Dringlichkeit ihres Wunsches ist eine lebendige und kraftvolle Unterstützerin, und das gefällt mir.

Sobald die App heruntergeladen ist, dreht sie mir den Bildschirm zu. *So. Erledigt*, sagt sie stolz.

Sehr gut, antworte ich, weil ich spüre, dass Bestätigung und

Anerkennung wichtig für sie sind. Kitty ist eine aufgeschlossene und empfängliche Klientin, aber ich frage mich, ob ich mich, indem ich ihre Bereitwilligkeit und ihren therapeutischen Fortschritt anerkennend würdige, zu einer Art Komplizin mache. Wiederhole ich, was andere vor mir taten, indem ich die «gute Schülerin» lobe? Das bleibt abzuwarten.

In unseren Sitzungen hat Kitty von ihrem Wunsch und der Sehnsucht nach Bestätigung von außen erzählt, das, was sie als *den warmen Blick* bezeichnet. Ein Blick, der ihr das Gefühl gibt, gewollt, akzeptiert und gesehen zu sein. Das fing zu Hause bei ihren Eltern an und setzte sich bei der Hausmutter und den anderen Mädchen im Internat fort, wenn die sie für ihr Hockeytalent feierten. Später dann waren es Lehrer, Professorinnen, Partner, Liebhaber, Agentinnen und Fotografen. Kitty schwelgte in ihrer Aufmerksamkeit, ihrem Blick, weil ihr inneres Kind sich danach sehnte, dazuzugehören und gesehen zu werden. Und obwohl mir sehr am Herzen liegt, dass Kitty diese Bestätigung und Anerkennung in sich selbst findet, anstatt sich von außen bestimmen zu lassen, ist mir bewusst, dass die Entwicklung von Selbstliebe und Akzeptanz Zeit und Disziplin erfordert.

Kitty wischt wieder über ihr Telefon und starrt den Bildschirm an. Sie ist still. Der Blick ist starr.

Wissen Sie noch? Ich habe Ihnen doch von meinem «Happy»-Album erzählt, sagt sie leise.

Ich erinnere mich.

Ich habe noch andere Alben.

Aha?

Bilder, die witzig sind, die mich erregen, traurig machen, schockieren, stimulieren. Manchmal, wenn ich abdrifte, was ich inzwischen als Dissoziation erkenne, zum Beispiel bei einem Model-Job, wo ich Gefühle performen muss, schaue ich mir auf meinem Telefon diese Bilder an. Weil ich manchmal vergesse, wie sich lustig, aufgeregt, sexy oder ge-

lassen anfühlt. Wenn ich eine als Superheld verkleidete Katze sehe oder einen kleinen Fisch im riesigen Ozean, hilft mir das dabei, in Kontakt mit meinen Emotionen zu kommen.

Verstehe. Als Bezugspunkt gewissermaßen? Die Bilder ermöglichen den Zugang zu Gefühlen, der ohne den Blick darauf nicht möglich wäre?

Genau, sagt sie.

Eine Pause entsteht.

Unsere Blicke treffen sich. Ihre Augen schimmern feucht.

Es gibt noch ein Album, sagt sie zögerlich, durch einen Schleier stummer Tränen. *Hauptsächlich Bilder von mir.*

Von Ihnen?, hake ich neugierig nach.

Sie nickt. *Dieses Album heißt «Einsam».*

Erkenntnis bedeutet Befreiung. Selbsterkenntnis bedeutet emotionale Befreiung. Mit dem Einblick in diese visuelle Bilanz und der damit verbundenen Selbsterkenntnis hat Kitty mir gestattet, Zeugin ihrer Verletzbarkeit zu werden.

Die Voraussetzungen für Vertrauen, die Erkenntnis, wie Verrat zu Angst vor Nähe führt, die Bedeutung von Begehren und Sexualität, der Einfluss von Verlassenwerden und Enttäuschung auf unser Selbstwertgefühl und die Erkenntnis, wie wir schließlich, wenn wir heilen, wagen können, uns wieder zu öffnen, all diese Themen sind Bestandteil des psychotherapeutischen Prozesses. Die intime Beziehung im Sprechzimmer wird zur Zeugin, zur Advokatin und zur Beteiligten eines einzigartigen Augenblicks emotionaler Befreiung.

Danke, dass Sie das mit mir geteilt haben, sage ich.

Ich bin im Zwiespalt, antwortet sie. *Ein Teil von mir fühlt sich gesehen und will Ihnen vertrauen, aber es gibt auch einen Teil, der darüber nachdenkt, wann ich endlich die Therapie beenden kann. Weil Sie mich verlassen könnten, wenn ich mich emotional an Sie binde.*

Ich vermute, jemand zu vertrauen, ist sehr riskant, sage ich, *aber vielleicht ist es das Risiko wert?*

Ich fühle mich ambivalent, sagt sie. *Ich will von meiner Familie gesehen werden, vor allem von meinem Vater. Aber zu welchem Preis?*

Gute Frage, sage ich. *Vielleicht wäre es ein guter Anfang, als «Sie selbst» gesehen zu werden anstatt für Ihre Leistungen. Ich nenne das Prinzip gerne «Von innen nach außen».*

Von innen nach außen?

Wenn wir uns zuerst hier, im Rahmen Ihrer Therapie, mit schwierigen Gefühlen beschäftigen, fühlen Sie sich möglicherweise bestärkt und sicherer im Umgang mit den schwierigen Gefühlen draußen in der Welt. Mir ist bewusst geworden, dass Sie während Ihrer Zeit im Internat kein Zuhause hatten, in dem Sie Ihre Emotionen gefahrlos hätten erforschen können. Stattdessen haben Sie auf kalte Duschen, Konkurrenzverhalten und Kontrolle Ihres Essverhaltens zurückgegriffen. Ich würde gerne etwas anderes versuchen, hier, in diesem Raum: dieses Zimmer als potentiell sichere Basis.

Das fände ich schön, wagt sie.

Wir schweigen.

Ich frage mich, ob auf Ihrem Telefon vielleicht noch Platz für ein weiteres Album wäre.

Sie beugt sich vor. *Ja?*

«Verbundensein», sage ich lächelnd.

Nach einem halben Jahr der Zusammenarbeit kommt es zwischen Kitty und mir zu unserer ersten Verwerfung. In dem Bemühen, ihrer Bitte nachzukommen, vor einer Reise *rechtzeitig Bescheid zu geben,* informiere ich sie drei Wochen vor meinem geplanten Urlaub und ernte dafür Feindseligkeit und Abwehr.

Kitty kommt zu spät zu ihren Sitzungen, sagt zwei ganz ab, greift auf alte Überlebensstrategien wie Zurückweisung, Leugnen und Konkurrenzdenken zurück.

Ich glaube, eine Therapiepause tut mir gut, blafft sie. *Aus den Augen, aus dem Sinn. Wenn Sie wiederkommen, bin ich zwei Wochen weg;* und *Ich habe ganz vergessen, dass Sie nächste Woche im Urlaub sind.*

Vielleicht fällt es Ihnen schwer, mir eine Urlaubspause zuzugestehen, sage ich.

Ich kann mich jedenfalls nicht erinnern, schon mal urlaubsreif gewesen zu sein, spottet sie. *Aber wahrscheinlich ist das, was Sie tun, eben sehr ermüdend.*

Ich nehme den Seitenhieb hin und sage: *Ist Urlaub nichts für Sie?*

Bis vor Kurzem war Urlaub immer nur die Gelegenheit, dort zu sein, wo ich immer hätte sein sollen: bei meiner Familie. Immer, wenn ich gerade anfing, mich einzugewöhnen, musste ich wieder weg. Ferien waren also nie was Schönes. Nur die Erinnerung daran, dass ich allein war.

Ich nutze die Gelegenheit, um ihr zu demonstrieren, wie Ereignisse aus der Vergangenheit aktuelle Gefühle formen, und sage: *Ich frage mich gerade, ob der Umstand, dass ich Urlaub mache, bei Ihnen dasselbe Gefühl triggert. Dass Sie wieder allein sind, wenn ich verreise.*

Sie schaut weg. Ihr steigen Tränen in die Augen.

Es fühlt sich an wie ein kleiner Tod, sagt sie.

Kitty erinnert sich an eine Gelegenheit, als sie mit ihrer Familie Urlaub in Cornwall machte. *Ich muss damals neun gewesen sein, vielleicht zehn,* sagt sie und ist selbst überrascht von dieser Erinnerung, die sie bis jetzt verdrängt, von der sie dissoziiert hatte – verständlicherweise.

Ich erinnere mich, dass Sie ein Foto erwähnten, als Sie mir von der Reise zum Geburtstag Ihrer Mutter erzählten, sage ich. *Ein Bild von Ihnen und Vincent beim Eisessen. Ich meine mich zu erinnern, dass Ihre Mutter gesagt hätte, wie niedlich Sie beide gewesen seien.*

Das hab ich gesagt? Kitty wirkt verwirrt. Eine Pause, dann sagt sie: *Oh, ja, stimmt, richtig, das habe ich gesagt,* mit zusammengekniffenen Augen und nickend. *Das hatte ich schon wieder völlig vergessen.*

Gedächtnisverlust, sage ich. *Das Gegenmittel gegen alle schlimmen Dinge.*

Es waren die letzten Ferien als Familie, bevor ich aufs Internat geschickt wurde, erinnert sie sich. *Ich weiß noch, dass wir nach dem Eisessen runter an den Strand gelaufen sind. Vincent und ich beschlossen, im Meer zu schwimmen. Aber dann hat Vincent Panik bekommen. Ich dachte, er macht Spaß, und ignorierte seine Versuche, mir klarzumachen, dass er nicht mehr stehen konnte. Als ich mich wieder umdrehte, um zurück zum Strand zu schwimmen, war er weg. Man rief sofort die Rettungsschwimmer. Meine Eltern waren total wütend auf mich. Er war abgetrieben worden, und als er wieder auf uns zutorkelte, war er total hysterisch. Es war offensichtlich meine Schuld. Als bessere Schwimmerin wurde von mir erwartet, dass ich auf ihn aufpasse. Am nächsten Tag eröffneten sie mir, dass ich aufs Internat muss. Natürlich empfand ich das als Strafe für das, was mit Vincent passiert war.*

Vielleicht klingt die Frage zu offensichtlich, sage ich, *aber ist es möglich, dass Sie Trennung und Verlassenwerden damit assoziieren, etwas «falsch» gemacht zu haben, wie beispielsweise die Erwartung enttäuscht zu haben, dass Sie auf Vincent aufpassen?*

Ja. Deshalb versuche ich immer, alles richtig zu machen, höflich zu sein, mich zu entschuldigen. Ich habe schreckliche Angst davor, zurückgewiesen zu werden.

Wie damals bei dem Fotoshooting?

Sie nickt.

Von mir wird immer erwartet, dass ich die Starke bin, fügt sie hinzu. *Das ist anstrengend.*

Natürlich ist das anstrengend, sage ich. *Das geht gar nicht anders. Es ist eine eindeutige Schwarz-Weiß-Position. Sie sind stark, und Vincent ist verletzlich – so lautet zumindest die Geschichte. Sie haben erwähnt, Ihre Eltern hätten geglaubt, Vincent käme ohne sie nicht zurecht. Danach kam die einigermaßen schwierige Bezeichnung als Weichei*, sage ich.

Auf wessen Seite stehen Sie eigentlich?, fährt sie mich an.

Ich glaube nicht an Seiten, entgegne ich ruhig. Ihre Aggression baut sich blitzschnell auf, und sie gewährt mir damit einen kurzen Blick darauf, wie angegriffen und verängstigt sie sich fühlt. *Aber ich glaube daran, dass die Erforschung der eigenen Vergangenheit zukünftiges Verhalten und Überzeugungen formt. Unsere Vergangenheit definiert uns zwar nicht, aber sie hat die Tendenz, sich so lange zu wiederholen, bis wir sie verstanden haben. Ich denke, ein Teil von Ihnen möchte glauben, dass Vincent ein Weichei ist, weil die Vorstellung Sie vor dem Schmerz bewahrt, dass Ihre Eltern ihn mitgenommen und Sie zurückgelassen haben.*

Ja, gesteht sie. *Ich will nicht gemein sein. Er war verletzlich, kein Weichei.*

Kitty bezeichnet unsere Phasen der Trennung auch weiter als *kleine Tode*.

Aber ich weiß jetzt, dass Sie wiederkommen, sagt sie lächelnd.

Als wir etwa ein Jahr lang zusammenarbeiten, folgt eine Phase schwerer Depression, während Kitty sich auf ihre Gefühle des Alleinseins einlässt. *Die Drogen wirken nicht mehr*, sagt sie zu mir und meint damit, dass die einstigen Überlebensstrategien wie Sex, Shopping, exzessives Arbeiten und ganze Tage an der Playstation keine wirksamen Strategien mehr sind, der lähmenden Einsamkeit zu entfliehen. Die Bäder, die sie nimmt, sind dagegen nicht mehr kalt. Statt morgens wird die Wanne abends eingelassen, vor dem Schlafengehen, und sie wird genossen, nicht mehr erduldet – süß duftende Bäder voller Wärme. Im Laufe des letzten Jahres hat sie sich sogar diverse Zusätze gegönnt: Schaumbad, Lavendelöl, Badesalz. Sie genießt den wärmenden Trost, den sie bieten. Sie sitzt oft stundenlang in der Wanne, lässt, sobald das Wasser abkühlt, heißes nachlaufen und erlebt dies als *warme Umarmung*. Hier liest sie, hört ihre Podcasts, spielt mit Ethan Schach und denkt sogar darüber nach, sich einen Fernseher an die Wanne zu stellen, bis ihr klar wird, dass das *wahrscheinlich eher nicht so klug wäre*.

Manchmal glaube ich, ich werde mich immer allein fühlen, sagt sie.

Es gibt einen Unterschied zwischen dem Gefühl, allein zu sein, und realer Einsamkeit, sage ich.

Ethan möchte, dass wir zusammenziehen, entgegnet sie.

Aha?

Finden Sie, ich sollte?, will sie von mir wissen.

Wollen Sie mit Ethan zusammenziehen?

Ein Teil von mir will das. Aber es gibt auch einen Teil, der Angst hat. Wenn er erst einzieht und mich dann wieder verlässt, bin ich noch einsamer.

Gefühle der Einsamkeit werden Sie nicht zerstören, Kitty, sage ich, *und kein Gefühl ist endgültig. Wenn wir unser Leben in ständiger Angst vor den «Was-wäre-wenns» verbrächten, gäbe es keine Veränderung. Verstehen Sie das?*

Kitty sieht mir fest in die Augen. *Sind Sie sicher? Ganz sicher? Ich habe Angst.*

Nähe und Bindung können sich erschreckend anfühlen, sage ich, *aber wenn Sie diese Gefühle vermeiden, treffen Sie Ihre weichenstellenden Entscheidungen vielleicht auf der Basis von Angst und nicht aus Befreiung heraus.*

Worte sind keine Ereignisse, sagt sie.

Exakt.

Drei Monate später zieht Ethan bei ihr ein. Sie beschließen, die Wände in einem neuen Farbton zu streichen – *Elephant's Breath* –, und möblieren die Wohnung in sanften, hellen Farben. Kunst wird ausgesucht, gekauft und aufgehängt. Außerdem schreinert Ethan zwei Stühle, und Kitty genießt es, sich abends an seine Seite zu setzen, ehe sie schließlich auf seinen Schoß klettert und sich dort zusammenrollt, zufrieden wie *ein schlafendes Kätzchen.*

Endlich; ich habe das Gefühl, ein Zuhause zu haben.

Zuhause ist keine Wohnung, sondern die Menschen, die sie bewohnen, biete ich ihr an.

Das stimmt.

In den drei Jahren unserer Arbeit haben Kitty und ich die Macht und den Schmerz ihrer Angst erforscht und wertvolle Einsichten gewonnen. *Zuhause ist dort, wo wir beginnen,* hat der Kinderarzt und Psychoanalytiker Donald Winnicott mir einmal gesagt, und mit diesem Satz im Kopf war ich entschlossen, gemeinsam mit Kitty voller Neugier der Wut und der Ohnmacht auf den Grund zu gehen, die sie gegenüber ihrem Vater, nicht länger *der Vollidiot,* empfand, und zu dem sie – wie auch zu ihrer Mutter – eine neue Form von Beziehung entwickelt hat: weniger als fügsame, pflichtbewusste und erfolgreiche Tochter und mehr als starke, sensible und auch verletzbare erwachsene Frau, die sich nicht von ihrer Vergangenheit definieren lässt, sondern daran gesundet.

Eingewoben in das archaische Kulturgeflecht der britischen oberen Mittelschicht ist die Erfahrung und Akzeptanz der frühzeitigen Trennung von den Eltern durch das Internat. Eine Blaupause leidvoller Trennung. Kitty erlebte diese Trennung als *Verlassenwerden,* zusätzlich verstärkt durch das Gefühl der Zurückweisung, weil ihre Eltern beschlossen, den Bruder mit nach Asien zu nehmen. Kitty verbrachte einen Großteil ihres Lebens damit, ihren Schmerz zu beherrschen, anstatt ihn zu betrauern. Kinder, die ihr Zuhause in so jungen Jahren verlassen müssen, werden dazu angehalten, *tapfer zu sein,* und manchmal sogar dazu, dafür dankbar zu sein. Außerdem werden sie dazu aufgefordert, ihren Verlust in die Überzeugung zu verwandeln, *es sei zu ihrem Besten,* die Überzeugung, dass *das Internat den Cha-*

rakter formt. Für Kitty war die Trennung von ihren Eltern auf vielen Ebenen traumatisch. Sie verinnerlichte und durchlebte Gefühle von «weniger wert als». In ihr bildete sich ein Narrativ, das besagte, dass sie ungeliebt, ungewollt war und um jeden Preis erfolgreich und leistungsstark sein musste, um gesehen zu werden. Doch Kitty fühlte sich nicht gesehen, schon gar nicht in ihrer Arbeit als Model.

In völlig fremder Umgebung zu sein, nur mit einem Foto und einem Teddybären zum Trost, erlebte Kitty als beängstigend und verstörend. Umso mehr, weil sie wusste, dass ihr Bruder zu Hause war, sie ihre Familie jedoch nur einmal, höchstens zweimal im Jahr besuchen durfte und dass ihr geliebtes Kaninchen gestorben war. Die Behauptung ihrer Eltern, das Internat sei in Kittys allerbestem Interesse, blieb für sie unverständlich. Es bleibt herzzerreißend.

Während der Fokus von Kittys Eltern auf ihrer Ausbildung und ihrer Unabhängigkeit lag, gab es von ihrer Seite kaum Versuche, Kitty in ihrer Einsamkeit, ihrem Verlust, ihrem Trauma und Schrecken zu trösten, zu heilen oder auch nur darüber zu sprechen. Also feilte Kitty an ihren Überlebenskünsten. Sie wurde eine ehrgeizige Hockeyspielerin, eine Einserschülerin, die kaum jemals krank war, eine tapfere junge Frau, die ihren Eltern als strebsam und entschlossen erschien, sie wurde mutige Globetrotterin und Reisegefährtin, leidenschaftliche Liebhaberin, die *Matratzenakrobatik auf Goldmedaillenniveau vollführte,* ein viel beschäftigtes Modemodel und dann: hochengagierte und hart arbeitende Klientin.

Als Erwachsene hielt Kittys Wut den Schmerz lebendig, und während sie weiter existierte, indem sie ihn verdrängte, blieben die Möglichkeiten zur Heilung begrenzt, weil sie immer wieder alte Muster wiederholte. Inzwischen konzentriert sich ihr Wunsch darauf, ihr Selbst zu stärken, jenen Ort, wo Gefühle nicht mit Eiswasser betäubt, sondern anerkannt, eingeladen und gefühlt werden. Sie weiß inzwischen, dass ihre Gefühle sie nicht zerstören werden.

Nach einer etwa anderthalb Jahre dauernden Phase der Depression war Kitty in der Lage, den Verlust der ersehnten Kindheit in einem Zuhause zu betrauern. Dass ihre Eltern sie ins Internat schickten, bleibt die leidvolle Realität. Dieser Tatsache kann sie nicht entrinnen, aber indem sie das dadurch entstandene Leid und die dadurch hervorgerufene Geschwisterrivalität anerkennt, hat Kitty sich dazu entschieden, ihre Identität und die Weichenstellungen ihres Lebens nicht mehr davon definieren zu lassen.

Ein Jahr nachdem ihr Vater ihr den Unterhalt gekürzt hatte, schrieb sie ihm, um ihm mitzuteilen, dass sie künftig überhaupt keine monatliche Unterstützung mehr von ihm wolle – der Wunsch, die Kontrolle zu erlangen, indem sie sich dem stellte, was sie am meisten fürchtete: *Kontrolliertwerden und Zurückweisung*. Diese – als expansive Freiheit, als radikale Befreiung erlebte – Entscheidung hatte auf Kitty unmittelbare Auswirkungen. Sie fühlte sich nicht länger verpflichtet und hatte der Angst, ihr könnte etwas vorenthalten oder weggenommen werden, den Boden entzogen. Und während die Therapie zu Ende ging, blieb Kittys Beziehung zu Ethan bestehen. Obwohl sie sich zunehmend in Richtung Monogamie bewegten, hatte Kitty weiter mit ambivalenten Gefühlen von Anziehung und Abstoßung zu kämpfen, die mit dem exklusiven «Nur wir beide» in Zusammenhang standen. Gleichzeitig erlebte sie seine Zuneigung und seine Hingabe an ihre Beziehung auch nicht mehr als *nervtötend beflissen*.

Im Gegenteil, sagte sie. *Er liebt mich, und ich liebe ihn – und das ist echt.*

Ein Ärger kaum genährt ist tot –
Erst Hungern macht ihn reich.

Emily Dickinson (1890)

Mein Körper,
meine Regeln

Sie war mal ein Mädchen, das am liebsten mit plüschigen Glücksbärchis spielte. Ein Mädchen in Rüschenrock, das mit Leidenschaft Radiergummis, Monchhichi-Äffchen und Duran-Duran-Poster sammelte und davon träumte, Friseurin zu werden. Doch kurz nach ihrem neunten Geburtstag zerplatzte diese Seifenblase, und ihre Kindheit fiel auf Treibsand; ein Stiefvater kam und blieb, der, sagt sie mir, *mir wehtat und Spaß daran hatte, mich weinen zu sehen.*

Sie suchte Trost im Essen. Ein Seil aus Scham zog sie zum lindernden Kühlschrank hin, zu Küchenschränken und in die Speisekammer. Am meisten liebte sie Süßigkeiten. Süß und klein genug, um sie sich ganz in den Mund zu stopfen, kurz zu kauen und dann schnell hinunterzuschlucken, um den Schmerz zu betäuben. Der Fokus auf Beißen, Kauen, Schlucken lenkte sie von ihren Gefühlen und seiner Gehässigkeit ab. Gab ihrem Gehirn die Möglichkeit, in einen anderen Gang zu schalten, wo sie das Elend ausblenden konnte, indem sie den Schmerz verleugnete. Doch gleichzeitig misstraute ein Teil in ihr den essbaren Freuden. *Finger*, entdeckte sie, *Finger sind noch bessere Freunde.* Zwei davon – Zeige- und Mittelfinger – in die Kehle gezwungen, befreiten sie von der Drangsal, die sich, wäre sie verdaut worden, unweigerlich in einen sichtbaren Beweis ihrer grauenhaften Realität verwandelt hätte.

Nennen wir ihn Nick, weil sie darum bat, einen Namen zu wählen, der mit «N» anfängt, wie seiner. *Andererseits, was küm-*

mert es mich?, sagt sie. *Er ist inzwischen sowieso tot.* Ein Herzinfarkt, als sie siebzehn war und er zweiundfünfzig. *Sein Tod ging viel zu schnell,* faucht sie. Und erzählt, dass sie sich gewünscht hatte, er wäre langsamer gestorben, qualvoller, es wäre für ihn psychisch bedrohlicher gewesen. Eine Krankheit, die ihn so hätte leiden lassen, wie sie gelitten hatte. Wir werden später noch einmal auf ihren Wunsch nach Rache zurückkommen, jetzt aber stelle ich sie erst einmal vor: Ruth.

Als sie mich anrief, um ein Erstgespräch zu vereinbaren, klang sie reserviert und befangen. Ich hatte zu dem Zeitpunkt eine Warteliste und keine regulären Termine frei, doch etwas an ihrer langsamen, leisen und zögerlichen Art zu sprechen nahm mich sofort für sie ein. Ich schrieb eine Textnachricht an Ruths Mobilfunknummer mit einem Terminvorschlag für die folgende Woche. *Geben Sie mir Bescheid, ob der Termin für Sie passt ...*

Meine Nachricht erreicht Ruth an der Kasse. Sie scannt gerade die Einkäufe eines Kunden. In dem Supermarkt, in dem sie arbeitet, ist der Gebrauch privater Mobiltelefone im Kundenkontakt verboten, aber sie spürt das sanfte Vibrieren an ihrem Oberschenkel und denkt, Eve, ihre kleine Schwester, oder Aaron, der Mann, mit dem sie seit knapp einem Jahr zusammen ist, hätte ihr eine Nachricht hinterlassen. Erst als Ruth den Kunden bittet, seine PIN in das Lesegerät einzutippen, kommt ihr der Gedanke, es könnte auch der Rückruf dieser Therapeutin sein, der sie erst am Vortag aufs Band gesprochen hatte. Ruth ist es nicht gewohnt, dass Menschen sie zurückrufen oder überhaupt von ihrer Existenz Notiz nehmen. Manchmal denkt sie, wenn sie völlig verschwinden würde, würde es auch niemand merken.

Der Anblick der Kolleginnen und Kollegen, die alle in den gleichen unförmigen Baumwollkitteln in einer Reihe sitzen, gibt Ruth ein Gefühl der Ruhe. Sie mag es, dass alle gleich aussehen, wenn auch mit verschiedenen Frisuren. Der Platz an der Kasse gibt Ruth Anonymität. Außerdem kann sie hier ihren Körper verstecken, ein Körper, der sich vor dem Spiegel verwandelt und ausdehnt und anschwillt.

Ruth mag das vertraute Ritual, an der Kasse die Ware zu scannen. Es birgt Gewissheit – eine sich ständig wiederholende Systematik mit Anfang, Mitte und Ende. Ab und zu unterhält sie sich mit ihren Kundinnen über das Wetter oder ein bestimmtes Lebensmittel, das sie nicht kennt, oder über die diversen Feiertage mit ihren speziellen und ganz spezifischen Anforderungen an den Einkaufskorb. Die Kundinnen neigen dazu, Ruth nicht anzusehen, jedenfalls nicht richtig. Schließlich ist sie eine *Frau mittleren Alters, die weder gut aussieht noch Charme hat,* wie sie es in einer ihrer Sitzungen schüchtern beschreiben wird. Sie sind viel zu sehr damit beschäftigt, ihre Einkäufe aufs Band zu räumen, und Ruth mag diesen nicht vorhandenen Blick auf sie. *Mir gefällt es so,* wird sie achselzuckend sagen.

Manchmal, werde ich bald schon erfahren, ist Ruth neidisch auf die Kundschaft, die es sich leisten kann, Körbe und Einkaufswagen voll mit teuren Lebensmitteln, Kosmetikartikeln und Wein aufs Band zu türmen – und dem auf dem Display angezeigten Preis keine Beachtung zu schenken. Sie sieht den Leuten dabei zu, wie sie zwei, drei, manchmal noch mehr Exemplare von Dingen übereinanderstapeln, die sie sich *nur einmal im Monat leisten kann, höchstens.* Sie wünschte, sie besäße deren finanzielle Freiheit und müsste nicht kurz vor Ladenschluss auf die Kühltheke mit der preisreduzierten Ware zurückgreifen, in merkwürdigen und ungewollten Lebensmitteln wühlen, während ihr die Scham bis in die Fingerspitzen rinnt.

Oft, wenn sie nichts gegessen hat, fühlt sie sich wie magisch von den Süßwaren angezogen, die auf dem Kassenband auf sie zugleiten. Dann scannt sie die Artikel besonders schnell und versucht, ihnen keine weitere Aufmerksamkeit zu schenken, während sie sanft in Richtung Packbereich weitergleiten. Sie arbeitet oft mit leerem Magen, aus Respekt für und im Gedenken an ihre inneren Kämpfe. *Wenn ich mir den Bauch vollschlage, werde ich fett und vergesse, wie wütend ich bin,* wird sie mir später erklären. Diese Einsicht berührt mich tief und macht mich unglaublich traurig.

In der Mittagspause schaut Ruth auf ihr Mobiltelefon und liest meine Nachricht. Es dauert ein paar Minuten, dann ist sie mit einem ganzen Bündel Gefühle konfrontiert: Erleichterung, Angst und Fassungslosigkeit darüber, dass eine Unbekannte sich tatsächlich die Mühe macht, auf ihren Anruf zu reagieren. Sie greift in die Tasche ihres Kittels und zieht einen Schokoriegel heraus, dick und dunkel, reißt die knisternde Verpackung auf und stopft sich die Schokolade fast gewaltsam in den Mund. Nicht mal eine Minute später landet der Zuckerbrei in der Kloschüssel. Nachdem sie ihren Magen *erleichtert* hat, nimmt sie das Telefon aus der Tasche, während ihr eine innere Stimme einflüstert, sie wäre schwach, und eine andere akzeptiert, dass sie Hilfe braucht. *Hallo, Maxine,* schreibt sie. *Vielen Dank für Ihre Nachricht, ich freue mich auf nächsten Freitag, 7:30 h. XXX, Ruth.* Und dann, kurz darauf, noch eine Nachricht: *PS ... Entschuldigung für die X-Küsschen. Das ist bestimmt unangebracht. Ruth.*

7:30 Uhr.

Sie kommt – eine zierliche, verloren wirkende Frau in den Vierzigern mit einem vollgestopften Rucksack, die großen braunen Augen auf den Boden gerichtet. Ich fordere sie auf, doch ihr Gepäck abzulegen, das schwer sein muss, und biete ihr einen Platz an. Es ist fast, als würde man den Rucksack sehen, ehe man sie bemerkt, aber vielleicht ist genau das ihre Absicht. Ruth setzt den Rucksack nicht, wie ich mir vorgestellt hatte, ab, und ich registriere in mir Unbehagen und Gereiztheit. *Warum tut sie das?*, frage ich mich. *Unnötigen Ballast mitschleppen und selbst beim Sitzen nicht ablegen?* Diese Frage ist, wie ich schon bald entdecken werde, für die Arbeit, die vor uns liegt, wesentlich, aber im Augenblick bin ich lediglich beeindruckt von Ruths seltsamer Körperhaltung, während sie sich nach vorne auf die Sesselkante schiebt.

Vielen Dank, dass Sie Zeit gefunden haben, mich zu empfangen, eröffnet sie das Gespräch.

Ich registriere die zueinander gedrehten Fußspitzen. Die sackartige, leblose Kleidung, wie eine Verkleidung oder vielleicht ein Versteck vor der Welt. Mit einer eiligen Bewegung zieht Ruth ihre Geldbörse aus der Tasche – klein, dunkel, mit goldener Schnalle – und hält sie mit beiden Händen fest. *Soll ich sofort bezahlen?*, fragt sie. *Ich war bisher nur einmal in Therapie, über das NHS, und das war kostenlos. Zehn Wochen.*

Was Ihnen lieber ist, antworte ich und erkläre, dass ich mit gestaffelten Stundensätzen arbeite und das Honorar an die Gegebenheiten anpasse. Wir einigen uns auf einen bestimmten Betrag.

Okay. Danke. Sie lächelt, erlaubt ihrem schüchternen Körper, sich von dem schweren Rucksack zu befreien, und lehnt sich zurück.

Ich würde gerne noch mehr über Ihre Beweggründe erfahren, sich wieder in Therapie zu begeben, sage ich.

Sie lässt die Hände mit der Geldbörse auf den Schoß sinken. *Ich brauche Hilfe.* Ruth sagt, dass sie sich besser fühlen möchte, wohler mit sich und in ihrem Körper, weil sie einen Mann kennengelernt hat, den *ich wirklich, wirklich mag und vielleicht sogar liebe, und das will ich auf keinen Fall vermasseln, auf keinen Fall. Ich habe ihn vor etwa einem Jahr im Pub an der Ecke kennengelernt, er heißt Aaron.*

Und Sie sagen, es ist vielleicht Liebe, sage ich.

Sie nickt. *Ja,* antwortet sie leise, den Blick auf den Rucksack gerichtet. *Aber, wie schon gesagt, ich habe Angst, dass ich etwas tun werde, es ...*

Sie schaut mich an.

Vermassle?, beende ich den Satz und gebe ihr damit zu verstehen, dass ich ihr zuhöre.

Ja.

Wie das?

Sie seufzt. *Ich habe so viele Probleme, ich weiß gar nicht, wo ich anfangen soll.*

Ruth glaubt, vom Dünnsein hinge alles ab: Gemochtwerden, Geliebtsein, die Fähigkeit, dazuzugehören. Sie glaubt, *Spiegel sind Verräter. Sie lügen ständig. Ich traue ihnen kein bisschen über den Weg;* dass man von sozialen Medien depressiv wird. Und sie fragt sich, warum sie gerade jetzt, wo sie endlich ihr Wunschgewicht erreicht hat, *so unglücklich* ist *wie noch nie.* Sie erzählt mir, ihre Unsicherheit ließe sie *plötzlich aus der Haut fahren,* dass sie *total ausflippt,* wenn Aaron nicht auf ihre Anrufe reagiert. *Ich benehme mich immer schlimmer,* sagt sie weinend. *Ich will doch nur normal sein.*

Mir fällt auf, wie jung Ruth auf mich wirkt, ihr Alter passt in meiner Vorstellung nicht zu der Frau, die da vor mir sitzt. Wieder fällt mein Blick auf ihre Kleidung, nachlässig und viel zu groß für ihre zierliche Figur. Eine Kombination aus abgewetzten Jeans, Turnschuhen und einem Batik-Hoodie, wie sie eher zu einer Jugendlichen passen würde.

Was ist für Sie normal?, will ich wissen.

Eine Frau, die nicht gleich ausflippt, wenn ihr Freund neue Leute kennenlernt oder nicht sofort zurückruft. Eine, die sie selbst sein kann.

Sie erzählt, dass sie bei der Arbeit eine andere Maske trägt, als wenn sie mit Aaron zusammen ist. Im Zusammensein mit ihrer Schwester trägt Ruth wieder eine andere Maske, und noch eine, wenn sie abends im Dunkeln online geht und Kontakt zu Fremden mit speziellen Interessen aufnimmt.

Und hier?, frage ich. Aber vielleicht ist es noch zu früh, um das sagen zu können.

Ja. Sie kneift die Augen zusammen und fixiert mich. *Ich bin noch dabei, Ihnen auf die Spur zu kommen.*

Ich nehme mir einen Augenblick Zeit, um mir die zögerliche Frau in Erinnerung zu rufen, die mir letzte Woche auf den Anrufbeantworter gesprochen hat, die Textnachricht mit der Entschuldigung und die schüchterne Frau, die vorhin mein Sprechzimmer betrat – die Frau, die jetzt vor mir sitzt, hat jedenfalls Biss.

Das interessiert mich, sage ich. *Gibt es Ihnen Sicherheit, mir auf die Spur zu kommen?*

Wahrscheinlich.

Was glauben Sie, wovor schützen Sie sich?

Sie tut die Frage mit einem Achselzucken ab. *Keine Ahnung, ich vertraue anderen Menschen eben nicht so schnell.*

Vertrauen braucht Zeit. Da sind wir uns einig.

Sie fängt an zu erzählen. *Ich schließe nicht leicht Freundschaften. Ich habe mir ein paar Mal die Finger verbrannt. Außerdem habe ich große Essprobleme. Ich bin also, wie Sie sich denken können, eher verschlossen. Und ich glaube, Aaron wird mich verlassen. Ich kann nicht schlafen. Meine einzige noch lebende Verwandte – Eve, meine jüngere Schwester – und ich verstehen uns nicht besonders gut. Ich fühle mich oft paranoid, und mein Nachbar ist ein Arschloch.*

Ich bin erstaunt über diese Auflistung. Sie ist interessant. Und ich bin fasziniert von Ruths Offenheit und der Klarheit, mit der sie ihren Wunsch nach Therapie formuliert, und wie sie, obwohl sie anderen Menschen nicht leicht vertraut, mir gegenüber ihre Probleme artikuliert und ihre Fähigkeit zur Verschlossenheit benannt hat.

Sie sieht sich im Zimmer um. *Aber ich glaube, worüber ich wirklich sprechen will, ist mein Essverhalten ...*

Sie hält inne.

Ich war deswegen nie beim Arzt, und bei mir wurde auch nie eine Essstörung diagnostiziert. Aber ich hatte schon immer ein Thema mit Essen.

Können Sie das etwas näher ausführen?

Bei mir heißt es entweder alles oder nichts.

Sie essen und dann übergeben Sie sich?

Sie nickt. *Manchmal esse ich auch gar nicht.*

Seit wann geht das schon so?, frage ich.

Schon sehr lange.

Seit Ihrer Kindheit?

Seit ich ein junges Mädchen war, sagt sie. *Also, alles in allem so –* wieder hält sie inne – *vielleicht dreißig Jahre, in etwa?*

Das erste Mal steckte Ruth sich an ihrem dreizehnten Geburtstag den Finger in den Hals, im Frühling 1986; *aber etwas in mir hat es schon vorher geahnt.* Sie war vertraut mit dem Trost von Süßigkeiten, von lang anhaltenden Geschmackserlebnissen im Mund beim Verzehr von Bonbons, Eis und Kuchen, während ihr Körper, wie sie es ausdrückt, *anfing, erwachsen zu werden, sich immer mehr rundete. Das gefiel mir nicht.* Ihre Mutter hatte sie gefragt, welchen Kuchen sie sich zum Geburtstag wünschte. Ruth hatte geantwortet: *Schokolade! Mit Schokostückchen und Schokoglasur.* Ihre Mutter hatte sie auf den Scheitel geküsst. *Also Schokoladenkuchen,* hatte sie lächelnd gesagt.

An dunklen Tagen unterstellt Ruth ihrer Mutter, sie hätte versucht, sie zu mästen, um sie weniger begehrenswert zu machen, und an helleren Tagen, wenn ihr unsteter Verstand ausnahmsweise etwas zur Ruhe kommt, langsamer und stabiler ist, lässt sie zu, dass dieser Gedanke eher Frage als Tatsache ist. Es gibt auch Tage, an denen Ruth sich fragt, ob ihre Mutter Nicks neugierige Augen und seine unheimlichen Blicke überhaupt je bemerkt hat. Wusste sie, wie lüstern er war, wusste sie von seinen permanenten Drohungen und der finsteren Grausamkeit und beschloss, all das zu ignorieren? *Wie konnte ihr Bedürfnis nach ihm wichtiger sein als meine Sicherheit und meine geistige Gesundheit? Wieso hat sie mich nicht beschützt? Habe ich ihr überhaupt irgendwas bedeutet?* Ruths Fragen werden von vielen ungewollten Bildern begleitet: heimliche, bizarre frühmorgendliche Rituale und Quälereien; ein in kochendes Wasser getauchter Teelöffel, auf ihre Haut gepresst; ein Stück Seife, in ihren Mund gezwungen; Fäuste, die sich in ihre Taille pressen, die allgegenwärtige Androhung sexueller Gewalt, die glücklicherweise nie zur Tat wurde; seine Hand, die sich durchs Treppengeländer zwängte und ihre Knöchel packte; ihre Hand, auf den Küchentisch gepresst und festgehalten, während er zum Messer griff und es schnell und heftig zwischen ihren kleinen, zitternden Fingern ins Holz stieß.

Atmen, flüstere ich innerlich.

An ihrem dreizehnten Geburtstag fragte Ruth sich, ob Nick all das tat, weil sie nicht sein Kind war und ihn ständig an seinen Vorgänger erinnerte, ihren Vater – den Nick kannte. Sie hatte Angst, sein Hass würde *noch schlimmer werden, weil er vielleicht dachte, mit dreizehn wäre ich ein Teenager* und deshalb imstande und *endlich Frau genug,* um seiner Boshaftigkeit und Gefühllosigkeit zu widerstehen. Ruth sah keinen Ausweg. Ihr Vater war weg, wieder verheiratet, hatte eine neue Frau und eine neue Familie, ein neues Leben irgendwo im Norden, Hunderte Meilen entfernt. Wie Nick ihr immer wieder ins Gedächtnis rief: *Du bist ganz allein, dein Vater ist weg, hat dich und deine Mutter sitzen gelassen, um eine andere Familie zu gründen. Deine Mum liebt jetzt mich. Versuch du, mir Ärger zu machen, oder sag nur einen Ton zu deiner Mum, und ich …*

Der Satz wurde nie vollendet. *Kein einziges Mal. Und in gewisser*

Weise, erzählt mir Ruth, *war das schlimmer, als zu wissen, was er mit mir machen würde. Meine Fantasie ging mit mir durch. Sah meine Mutter nicht, wie er war, wie brutal, dass er mich kontrollierte und quälte? War sie für seine abscheuliche, sadistische Art wirklich blind?*

Indem Ruth diese Fragen formuliert, versucht sie, ihre Vergangenheit und das erlittene Leid zu begreifen. Die Fragestellung zeigt, dass sie nicht vergessen hat, was er ihr antat. *Ich verstehe es einfach nicht,* sagt sie und forscht weiter: *War er so grausam, weil er mich hasste? Oder einfach nur, weil er es konnte?* Und Ruth fragt sich auch, was er als Kind, als Junge wohl erlebt hatte. *Hat er je Reue empfunden für das, was er tat? Schuld? Scham? Verachtung für den Mann, der aus ihm geworden war?*

Ruth weiß, dass sie auf diese Fragen nie eine Antwort bekommen wird – *nicht jetzt, und niemals –,* denn ihre Mutter und Nick sind beide schon lange tot. Sie stellt ihn sich in der Hölle vor, oder in der Vorhölle, falls er je Verantwortung für sein zerstörerisches Werk übernommen hat. Als sie mit siebzehn von seinem schnellen Tod erfuhr, war sie froh, wollte unbedingt sichergehen, dass es stimmte, und verspürte gleichzeitig Wut, weil er nie mit ihr gesprochen, nie zu ihr gesagt hatte: Was ich getan habe, tut mir sehr leid, Ruthie. Es tut mir so leid. Kannst du mir verzeihen?

Und sie fragt sich: *Hätte er über seine Taten nachgedacht, wenn er einen langsamen Tod gestorben wäre?* Wenn er Krebs gehabt hätte, Nierenversagen oder Parkinson – *hätte er sich bei mir entschuldigt, während ich an seinem Bett auf seinen Tod gewartet hätte?*

Nach Ruths erster Sitzung mache ich mir Notizen und reflektiere unsere Begegnung. Ich beobachte mein schweres Herz und schließe die Augen. In meinem Ausatmen spiegelt sich das Ausmaß ihrer inneren Kämpfe. Ich vermute, ihr Anliegen – *Aber ich glaube, worüber ich wirklich sprechen will, ist mein Essverhalten* – wird unser Ausgangspunkt, ein mit Entschlossenheit entgegenge-brachter Vertrauensvorschuss und nur eines von vielen Symptomen, die Folge der von der Hand ihres inzwischen verstorbenen Stiefvaters verübten abscheulichen Grausamkeiten und Gewalttaten, die Ruth durchlebte.

Tief in mir verspüre ich den Wunsch, Ruth zu unterstützen, ich nehme meine Gegenübertragung unter die Lupe und höre, was sie zu sagen hat. In meinem Magen spüre ich ein Hungergefühl und wilde Bewegungen, empfänglich für ihre Kindheitstraumata und deren fortgesetzten Einfluss auf ihr Leben. Ich mache mir Notizen. *Regulierung, Containment, Beständigkeit, Fürsorge,* schreibe ich, und dann: *Was braucht Ruth sonst noch?* Ich bin mir ziemlich sicher, dass die gegen sich selbst gerichtete Wut und das Leiden auf den Ursprung ihrer Qualen umgelenkt werden muss: auf Nick.

Außerdem wird mir klar, wie wichtig die Errichtung einer sicheren Basis ist, damit Ruth die Möglichkeit hat, klar zu reflektieren und über die ihr zugefügten Grausamkeiten nachzudenken. Die Tatsache, dass sie das Opfer war und überlebte, muss benannt, gefühlt und anerkannt werden. Muss verkörpert werden. Muss zu fassen bekommen und befreit werden, sage ich mir. Und das, so viel steht fest, braucht Zeit.

Sechs Monate später überlegen Ruth und ich, wie eine Entschuldigung von dem Mann, der ihr so viel Schmerz, Angst und Leid zufügte, aussehen könnte, und Ruth schreibt in der Hoffnung, damit die Macht, die er immer noch über sie hat, brechen zu können, einen Brief an ihr jüngeres Ich. *Ich habe ein paar Artikel und Bücher über Leute gelesen, die das gemacht haben,* sagt sie, *wie sie mit ihrem inneren Kind sprechen und sich darum kümmern. Das hörte sich gut an.*

Sie hält den Brief mit der Faust umklammert. *Ich wünschte, meine Mutter könnte den lesen*, sagt sie und fragt, ob sie den Brief laut vorlesen darf, in der Hoffnung, ihre Mutter würde irgendwo im Äther Ruths Worte vernehmen, ihre Wahrheit.

In den Jahren nach Nicks Tod wollte Ruth oft verzweifelt mit ihrer Mutter über die erlittenen Grausamkeiten sprechen. Sie hatte sich, nachdem er gestorben war, sogar ein Tagebuch gekauft, darin geschrieben und es absichtlich offen auf dem Nachttisch liegen lassen, darauf hoffend, dass ihre Mutter eines Tages neugierig genug wäre, um heimlich darin zu lesen. *Wie kann es sein, dass eine Mutter nicht im Tagebuch ihrer Tochter lesen will?*, sagt Ruth. *Wie?*

Vielleicht aus Respekt für Ihre Privatsphäre?, schlage ich vor.

Ts! Eher, weil sie es nicht wissen wollte. Wenn man etwas erst mal gesehen hat und davon weiß, kann man es nicht mehr ungesehen machen, oder?

Stimmt, sage ich. *Sie sagten, Ihre Mutter sei zehn Jahre nach Nicks Herzinfarkt ebenfalls gestorben?*

Ja, an Krebs. Sie war erst sechsundfünfzig.

Und Sie haben nie mit ihr über Nick geredet und darüber, wie er Sie gequält hat?

Nein, eigentlich nicht. Nach seinem Tod hat sie ihn total glorifiziert. Sankt Nick haben Eve und ich ihn immer genannt. Sobald wir versuchten, mit ihr darüber zu sprechen, wie widerlich er war, wechselte Mum einfach das Thema und erzählte uns, was für ein Glück wir gehabt hätten, weil er bei uns blieb, was man, wie sie immer betonte, von meinem Vater nicht behaupten konnte.

Es muss sehr schmerzhaft für Sie sein, nie eine Gelegenheit bekommen zu haben, zum Ausdruck zu bringen, wie grausam Nick war. Ist das der Grund, warum Sie Nicks Taten jetzt laut vorlesen wollen? Weil Sie hoffen, Ihre Mutter wird sie irgendwie hören?

Ja. Ich wollte ihr Luftschloss nicht zerstören, ihr das nehmen, was sie für Liebe gehalten hatte. Wir haben so gut wie nie Zeit zu zweit verbracht, immer waren Nick oder Eve oder irgendwelche Freunde von ihnen in der Nähe, hingen bei uns rum, und als er dann starb, brach sie völlig zusammen. Ein paar Jahre später erhielt sie die Krebsdiagnose, und mir kam es plötzlich zu brutal vor, zu egoistisch, ihr zu erzählen, was er gemacht hatte. Es ergab sich irgendwie nie die richtige Gelegenheit, mit ihr zu sprechen.

Schweigen.

Ich würde jetzt gern meinen Brief vorlesen, sagt sie. Sie müssen nichts dazu sagen – nur zuhören. Bitte.

Als sie etwa acht Monate in Therapie ist, sagt Ruth, sie müsse mir von einer Erinnerung erzählen. *Können Sie mir zuhören?*, sagt sie. *Es hat mit dem Brief zu tun, den ich an mein jüngeres Ich geschrieben habe.*

Wieder höre ich zu. Berücksichtige Ruths dringenden Wunsch, gehört, bezeugt, verstanden zu werden. Ihr Heilungsprozess strotzt vor Kraft und Transformation, und ihr Schweigen hat sich in Worte und Taten verwandelt; ihre Erinnerungen und Reaktionen sind absolut präsent.

Frühling 1986.

Zum Geburtstag viel Glück, liebste Ruthie, singt ihre Mutter und hält ihr einen Schokoladenkuchen hin, auf dem dreizehn schmale Kerzen einen warmen Schimmer verbreiten.

Nick steht an die Küchentür gelehnt, sieht zu, wartet ab. Plötzlich kommt Ruths dreijährige Schwester Eve mit ihrem Puppenwagen angerannt, fährt ihm gegen die Beine und lacht. *Äffchen!* Er nimmt sie auf den Arm und fängt an, ihren Bauch zu kitzeln. Eve kichert und lacht und windet sich, froh, hochgehoben zu werden, froh, auf dem Arm zu sein. Sie fangen an, *Happy Birthday* zu singen, *happy birthday to you*, ihre Mutter geht zum Küchentisch, *happy birthday to you*, setzt den Kuchen ab, *happy birthday, liebe Ruthie*, steht da und lächelt, *happy birthday to you.* Sie klatschen. Ruth beugt sich vor und will die Kerzen ausblasen. Doch im selben Moment macht Nick einen großen Schritt, bläst die Kerzen aus und lacht.

Nick!, ruft ihre Mutter.

Gib nicht mir die Schuld! Das war sie. Er zeigt lachend auf Eve.

Der feierliche Augenblick ist ruiniert. Ruth fängt an zu weinen.

Ach, Schätzchen, jetzt komm. Ich mach sie wieder an, sagt ihre Mutter und sucht hektisch nach den Streichhölzern.

Mach dir keine Mühe, sagt Ruth pampig.

He! Nick zeigt mit der freien Hand auf sie. *In diesem Tonfall sprichst du nicht mit deiner Mutter.* Er setzt Eve auf dem Küchentisch ab, die, fasziniert von dem Rauch, der von den erloschenen Kerzen aufsteigt wie ein Flaschengeist, mitten in den Kuchen fasst und sich ihre Beute in den Mund stopft.

Ach, Eve, hör auf damit, sagt ihre Mutter flehend und versucht, die durch Eves Fingerchen verursachte Zerstörung wieder glatt zu streichen. *Nick, warum hast du das getan? Wo sind die Streichhölzer?*

Keine Ahnung, sagt er. *Wo hast du sie denn hingelegt?*

Direkt hierhin. Die können sich doch nicht in Luft aufgelöst haben …

Ruth weiß genau, wo die Streichhölzer sind. In seiner Hosentasche. Sie wischt sich die Tränen weg und stellt sich vor, wie sie ihm das Kuchenmesser, das sie in der Hand hält, in die Brust rammt. Sie hat so was schon mal in einem Film gesehen, in einem der Horrorfilme, die Nick sich abends gern anschaut, mit einem Sixpack Bier und einer Tüte Chips.

Ich muss dann mal los, sonst komme ich zu spät zur Arbeit, sagt Nick und schaut Ruth fest in die Augen. *Dein Geschenk bekommst du später, Ruthie. Viel Spaß!*

Blanker Terror löscht das Bild von dem Messer aus.

Nick setzt sich die Mütze auf. *Wir sehen uns später!,* ruft er.

Kann es kaum erwarten!, ruft Ruths Mutter in neckischem Tonfall.

Jetzt mach nicht so ein Gesicht, Schätzchen. Komm, gib mir das Messer, sagt ihre Mutter und hebt Eve vom Küchentisch. *Ich koche uns jetzt eine schöne Tasse Tee. Na komm, es ist doch dein Lieblingskuchen – Schokolade.*

Ruth geht nach nebenan ins Wohnzimmer, schiebt den Vorhang beiseite und schaut nach, ob Nick tatsächlich weg ist. Als sie seinen Streifenwagen losfahren sieht, wird sie vorübergehend ruhiger. Auch die Bauchschmerzen sind vorübergehend weg. Bis ihr einfällt, dass sie heute dreizehn geworden ist – *Dein Geschenk bekommst du später, Ruthie.* Sofort kommt der Horror wieder. Sofort bekommt sie Krämpfe. Ruth geht in die Küche zurück, schneidet sich ein großes Stück Schokoladenkuchen ab, nimmt riesige Bissen und kaut hektisch. Der beruhigende, besänftigende Effekt der köstlich süßen Schokolade ist Balsam für ihren die Angst fühlenden Bauch. *Na, immer langsam,* sagt ihre Mutter, als sie sieht, wie Ruth schlingt. *Es nimmt dir niemand was weg.*

Das ist längst passiert, denkt Ruth; er hat ihr was weggenommen. Nick hat mir unser glückliches Zuhause weggenommen und meine Mutter, und jetzt denkt seine Tochter, sie könnte mir einfach so meinen Geburtstagskuchen kaputt machen. Ich hasse ihn, ich hasse es, hier zu wohnen, ich hasse es, ständig Angst zu haben, ich hasse, dass du ihn geheiratet und eine Tochter bekommen hast – von ihm; ich hasse es, ich hasse es, ich hasse es. An diesem Tag hat Ruth sich zum ersten Mal freiwillig übergeben. *Aber etwas in mir hat es schon vorher geahnt.*

Sie dreht die Musik auf. Schnell eine Dröhnung Queen, dann türkisfarbenen Lidschatten und Wimperntusche. Zum Schluss den Lipgloss. Ruth trinkt einen großen Schluck Wein und gleich darauf noch einen. Sie bindet die langen Haare zu einem Pferdeschwanz zusammen, beugt sich zum Spiegel vor, mustert kritisch den rausgewachsenen Ansatz und macht eine Schnute. Letzten Monat hat sie sich aus dem Drogeriemarkt ein Selbstfärbeset mitgenommen, aber die Farbe hatte nichts mit dem Bild auf der Packung zu tun, und sie hat die Haare nur noch zum Knoten hochgebunden getragen und gehofft, dass niemand den *Fehler* bemerkte, den sie gemacht hatte. *Ich fühlte mich nackt, das Gesicht nicht mehr hinter einem Vorhang aus Haaren vor der Welt versteckt – ich weiß, es klingt komisch, aber ich kam mir vor wie eine Zielscheibe. Ständig hielt ich den Blick gesenkt. Ich konnte niemandem in die Augen schauen.*

Noch ein großer Schluck Wein. Ruth merkt, dass schon wieder eine Topfpflanze verwelkt ist. Die Blätter des Gummibaums sind eingerollt und braun. Sie wirken traurig. Bei ihr überlebt kaum eine Zimmerpflanze, entweder weil sie zu viel gießt oder völlig vergisst, dass sie existieren. Wie damals, als Teenager, als sie in der Tombola einen Beutel Goldfische gewann, die später alle starben, weil sie zu viel zu fressen bekamen oder gar nichts. Diese Extreme von «alles oder nichts» erstrecken sich auch auf den beruflichen Kontext, auf Freundschaften und Partner. Der Zwang zum Dualen, das Prinzip von Vollstopfen und Übergeben, wenn sie sich erst Hals über Kopf bis zur Erschöpfung in Arbeit stürzte, um es dann zu bereuen und schließlich ganz aufzugeben. Mit ihren Freundschaften war es dasselbe. Ruth erkor einen Menschen im Grunde sofort zur besten Freundin und reagierte erschrocken und enttäuscht, wenn ihr in der Folge vorgeworfen wurde, *übergriffig und kontrollierend zu sein,* weil sie versuchte, so viel Erleben wie möglich in die gemeinsame Zeit zu stopfen, ehe die andere wieder weg war und jeden weiteren Kontakt mied. *Ich wollte einfach nur, dass wir zusammen Spaß haben, aber inzwischen glaube ich, es liegt daran, dass ich einsam war. Wenn ich wie verrückt abendliche Events organisierte, fühlte ich mich nicht mehr so allein und ungeliebt.*

Auch ihre Partner blieben immer nur kurz. So lange, bis die *anfängliche Leidenschaft abklang* und etwas anderem Platz machte, etwas, nach dem Ruth sich eigentlich sehnte, liebevoller und mit mehr Verbindung. Doch dann wurde ihr schnell der Vorwurf gemacht, *frigide zu sein, kein Interesse mehr zu haben, eine Schwindlerin zu sein, sich keine Mühe mehr zu geben.* Ruth begegnete diesen brutalen Abfuhren mit Systematik. Sie zählte alles Mögliche, um ihre Angst und ihre Enttäuschung in Schach zu halten. Indem sie Dinge zählte, erlangte sie eine Art sedierende Kontrolle zurück, die sie weder in der Arbeit noch mit Freundinnen oder Partnern erreichen konnte. Dabei waren bestimmte Zahlen unbedingt zu vermeiden, vor allem die ungeraden – *es war die einzige Möglichkeit, die Lage zu meistern.* Stand nur noch eine Dose gebackene Bohnen im Vorratsschrank, kaufte sie sofort eine neue – oder drei. Ihre Küche war für Ruth jahrelang ein schwieriger Ort. Der Zwang, ständig die Herdknöpfe und den Backofen überprüfen zu müssen, war anstrengend und ließ sich nur einigermaßen in den Griff bekommen, indem sie laut vor sich hin sagte: *Der Backofen ist abgestellt, der Backofen ist abgestellt, es ist elf Uhr.* Sie fing an, Fotos zu machen, ehe sie das Haus verließ, um sich vom Anblick der Bilder beruhigen zu lassen, wenn sie unterwegs war. Das ging jahrelang so, Symptome einer anstrengenden Zwangsstörung, die ihr das Gefühl gab, gefangen zu sein, die sie frustrierte und gleichzeitig beruhigte. Die Zwickmühle, reflektierte sie, *lässt sich mit den Gefühlen für meine Schwester Eve vergleichen. Es ist kompliziert, denn ich liebe meine Schwester, aber sie ist gleichzeitig die Tochter des Mannes, der mir wehgetan hat.*

Ruth schaut auf die Uhr. Gleich kommt Aaron, denkt sie und sprüht sich einen Spritzer Parfüm in die Halskuhle – es ist sein Lieblingsduft. Sie hofft, dass er genauso aufgeregt ist wie sie, und spürt Stolz in sich aufwallen, weil sie ein Jahr Beziehung geschafft hat, *und das bei meinem Ballast*. Schon vor zwei Wochen hat sie im *Ciao, Ciao*, dem Italiener um die Ecke, einen Tisch reserviert. Sie weiß, dass es dort am Wochenende immer hoch hergeht, weil dann ein Pianist *Klavier spielt wie ein Verrückter und Liederwünsche erfüllt*, ein Magnet für Leute aus dem Viertel und dem Rest der Stadt. Aaron liebt das Tiramisu. Und die Spaghetti Vongole, das Vitello al Limone, die Gnocchi, die Scaloppa milanese. Seine Spontanität fasziniert sie, seine Fähigkeit, sich einfach zu bestellen, worauf er gerade Lust hat, ein Gericht, das zu seiner Laune oder zu seinem Hunger passt. Ruth bestellt immer Spaghetti carbonara. Sie hat die ganze Woche gefastet, um sich an diesem Abend die Nudeln mit dem herrlichen Geschmack nach *Eiern, Sahne, Speck und Käse* zu gönnen. Sie wird es genießen und sich beim Kauen Zeit lassen. Jeder einzelne Bissen wird ihr vorkommen, als würden kleine Feen auf ihrer Zungenspitze tanzen, und wenn sie auf die Nachspeise verzichtet, muss sie sich danach nicht mal übergeben. Sie will sich an diesem Abend auf keinen Fall übergeben, schließlich ist es eine Feier. *Warum willst du nicht mal was anderes probieren, was Neues?*, wird Aaron sie fragen, und Ruth wird ihm antworten, was sie immer antwortet: *Aber warum denn? Wenn ich Spaghetti carbonara doch so liebe?* Wahrscheinlich wird er bald aufhören zu fragen. So wie all die anderen vor ihm.

Sie betreten das Restaurant, und Aaron legt ihr den Arm um die Taille. *Ruth! Aaron!*, ruft der Kellner, und die fröhliche, familiäre Begrüßung löst in Ruth ein warmes, weiches Gefühl aus. Außerdem freut sie sich, dass er sie zuerst begrüßt hat, vor Aaron, aber dann schiebt sie den Anflug von Konkurrenzgebaren beiseite, schließlich ist heute ihr Jahrestag.

Der Kellner bringt sie zu ihrem Tisch.

Ich habe gehört, heute gibt es was zu feiern, sagt er.

Aaron lächelt. *Heute ist unser erster Jahrestag.*

Auf Ruths Lippen tanzt ein Lächeln.

Aaron bestellt Scaloppa milanese. *Für mich bitte die Spaghetti carbonara,* sagt Ruth fröhlich, glücklich, munter. Sie trinken Rotwein, plaudern, halten Händchen und reden über damals, als sie sich im Pub kennenlernten und Aaron sie *den ganzen Abend immerzu ansehen musste.* Er lacht, fasst unter den Tisch, streicht die weiche Innenseite von Ruths Schenkel und zwinkert ihr zu.

Ach?, sagt sie kokett.

Als die Teller abgeräumt werden, entschuldigt sich Aaron und geht auf die Toilette. Ihr fällt auf, dass er außergewöhnlich lange wegbleibt, und sie beschäftigt sich damit, die anderen Gäste zu beobachten und einigen sogar zuzulächeln. Sie bestellt Wein nach.

Bitte entschuldige, sagt Aaron, *ich habe gerade jemanden von früher getroffen.*

Wen denn?, fragt Ruth.

Ach, eine alte Bekannte, Cassie. Sie sitzt da drüben, mit ihrem Freund und ihrer Familie.

Ruth kann Cassie auf Anhieb nicht ausstehen. Es gibt keinen Grund, aber aus ihren braunen Augen sprühen grüne Funken. Eifersucht senkt sich auf sie nieder und schlängelt sich um ihre Schultern.

Wollen wir Nachtisch bestellen?, fragt Aaron.

Für mich nicht, danke, aber bestell du.

Aaron schaut noch einmal kurz in die Karte, und als er sich suchend nach dem Kellner umblickt, tritt Cassie zu ihnen an den Tisch. *Oh, hi,* sagt Aaron. *Ruth, das ist Cassie.*

Hallo, schön, dich kennenzulernen, sagt Cassie strahlend. Ruth unterstellt ihr insgeheim, ihr Lächeln als Waffe einzusetzen. *Wir sitzen da drüben. Ich wollte nur kurz mal Hallo sagen.*

Hast du, denkt Ruth, und jetzt zieh Leine.

Hallo, sagt Ruth lächelnd und mustert Cassie, ihre perfekte Figur, die blonden Haare, die kleinen, gleichmäßigen Zähne.

Wir lieben diesen Laden, und ihr?, strahlt Cassie. *Unser Lieblings-restaurant,* sie wirft die Haare in den Nacken. *Wir warten auf den Pianisten. Meine Eltern feiern heute Hochzeitstag.*

Oh, wir haben heute auch Jahrestag, sagt Ruth und nimmt sich vor, für die Zukunft ein neues Lokal zu finden.

Alles Gute, lächelt Cassie. *Darf ich euch zur Feier des Tages auf was einladen?*

Nicht nötig, aber danke, sagt Ruth.

Also dann, wieder lächelt sie, diesmal noch strahlender, zeigt noch mehr Zähne. *War schön, dich kennenzulernen. Bis bald mal wieder, Aaron.*

Aaron lächelt.

Schweigen.

Im Ernst? Eine alte Bekannte?, fragt Ruth und starrt das Weinglas an.

Wir waren mal zusammen, aber nur kurz.

Und warum hast du dann gesagt, sie wäre eine Bekannte?

Ich wollte nicht, dass du dich aufregst. Heute ist unser Jahrestag.

Sie sieht ihn nicht an.

Jetzt komm schon, Ruthie …

Nenn mich nicht Ruthie!

Ruth, komm schon …

Lügner. Sie sagt es nicht, aber die Wut, die unter ihrem Schweigen lauert, steht kurz vor der Explosion.

Der Kellner erscheint. *Nachspeise?,* fragt er.

Ich nehme das Tiramisu, sagt Aaron.

Für mich auch, blafft Ruth.

Später versucht sie, sich zu beruhigen, aber alle Versuche Aarons, sie zu besänftigen, zu beschwichtigen, verpuffen. Ruth will um sich schlagen. Sie will kreischen, toben, schreien. Vor ihrer Haustür sucht sie in ihrer Handtasche nach dem Hausschlüssel, während eine Stimme in ihrem Kopf sagt, entspann dich, alles ist gut, beruhige dich. Doch die kreischende Furie lässt sich nicht beruhigen, wiederholt das Wort: Lügner! Warum hat er mich angelogen? Man lügt nur, wenn man was zu verbergen hat. Und die andere Stimme: Man kann ihm keinen Vorwurf machen, dass er an unserem Jahrestag nicht erzählt hat, dass sie eine Ex-Freundin von ihm ist. Er wollte sicher nur rücksichtsvoll sein, fürsorglich. Sei still. Sie will, dass die Stimme den Mund hält. Sie will weinen.

Vielleicht sollte ich lieber nach Hause fahren, sagt Aaron. *Ich will dich nicht noch mehr verärgern. Es tut mir leid, dass ich gelogen habe. Ich dachte, es wäre das Richtige. Ich habe einen Fehler gemacht. Es wird nicht wieder vorkommen.*

Ruth weiß nicht, ob es an seiner Entschuldigung liegt oder ob ihre Angst, er könnte gehen, sie besänftigt, jedenfalls verstummt die kreischende Furie in ihr für einen Moment.

Sie steckt den Schlüssel ins Schloss, sperrt auf, holt tief Luft und öffnet die Tür. *Mir tut es auch leid,* sagt sie, froh, es nicht komplett *vermasselt zu haben.* Aaron hilft ihr aus dem Mantel, küsst sie zärtlich, und sie feiern weiter, mit mehr Wein, mehr Berührungen, Küssen, wenn auch leicht gedämpft von ihrer *eifersüchtigen Unsicherheit.* Ruth ist, während der Abend fortschreitet, nicht in der Lage, die störenden Gedanken abzuschütteln, und befreit sich schließlich aus Aarons Umarmung. Sie geht ins Badezimmer, steckt die Finger in den Hals und übergibt sich. Die Stimme in ihrem Kopf ist zurück: Man lügt nur, wenn man was zu verbergen hat. Auf das Erbrechen folgt eine Welle des Zorns, und plötzlich erinnert sie sich wieder an ihren dreizehnten Geburtstag. Sie vermutet, es liegt an der Therapie. Sie ist enttäuscht, weil die Paranoia an diesem Abend so aktiv ist, auch darüber, dass sie sich übergeben hat, es sollte doch eine Feier sein.

Ans Waschbecken gelehnt steht Ruth da und erinnert sich daran, wie sie den ganzen Tag mit zugeschnürtem Magen unruhig darauf wartete, dass Nick irgendwann zwischendurch von der Arbeit nach Hause kam. Nicht zu wissen, wann er kommen würde und welche Grausamkeit er ihr wieder antun und als Geburtstagsgeschenk präsentieren würde, machte sie noch nervöser. Die Tatsache, dass Nick bei der Polizei war, ein angeblicher Freund und Helfer, machte seine abscheulichen Misshandlungen noch abartiger. Wir glauben fest daran, dass uns die Polizei vor Unheil beschützt, er aber nutzte, wie Ruth mir in einer unserer Sitzungen erzählte, *seine Position und Macht als Polizist aus, um mich zu terrorisieren.*

Wie genau?, fragte ich.

Er drohte mir damit, dass niemand mir glauben würde. Dass alle mich für dumm halten würden, für dämlich. Dass ich nur eifersüchtig wäre wegen meiner Mum. Er sagte, alle würden ihm glauben, schließlich wäre er bei der Polizei.

Und Ihre Mum?, fragte ich.

Ruth zuckte die Achseln. *Ich glaube schon, dass sie sich sicher fühlte, beschützt von seiner sogenannten Macht. Sie sagte immer, wie hart er arbeiten würde, dass er so viel Gutes täte. Völlig verblendet. Andererseits hat er eben seine ganze Wut auf mich gerichtet, die Tochter des anderen Mannes. Er hatte sein Ventil, er musste ihr nicht wehtun.*

Erst kürzlich wurde publik, dass seit 2009 in England 16 Frauen von Männern getötet wurden, die im Polizeidienst waren oder sind, wie zum Beispiel der jüngste Fall von 2021: Sarah Everard, dreiunddreißig Jahre alt, auf dem Nachhauseweg vom Besuch bei einer Freundin in South London ermordet. Ich kann mich noch gut an meine markerschütternde Wut und den Schmerz erinnern, als ich von diesen Verbrechen erfuhr. Auch diese mit Vorsatz begangenen grausamen Akte von Gewalt und Quälerei wurden an Opfern begangen, die wie Ruth zu viel

Angst hatten, um den Mund aufzumachen, oder ihrem Mörder gar blind vertrauten. Ich ließ die Vorstellung an mich heran, wie unfassbar verängstigt diese Frauen gewesen sein mussten. Sarah Everard und die anderen: Claire Howarth, 27 (2009); Josephine Lamb, 58 (2009); Samantha Day, 38 (2011); Heather Cooper, 33 (2011); Janet Methven, 80 (2012); Natalie Esack, 33 (2012); Victoria Rose, 58 (2013); Emma Siswick, 37 (2014); Jill Goldsmith, 49 (2015); Leanne McKie, 39 (2017); Avis Addison, 88 (2017); Bernadette Green, 88 (2017); Alice Farquharson, 56 (2019); Luz Margory Isaza Villegas, 50 (2019); Claire Parry, 41 (2020). Wie abgrundtief allein. Im Gegensatz zu den sechzehn hier erwähnten Frauen hat Ruth den Missbrauch überlebt. Diese Frauen wurden von ehemaligen oder im Dienst stehenden Polizisten ermordet. Ich weinte, mir war schlecht. Ich rief Freundinnen und Kolleginnen an. Wir waren schockiert und konnten nur mit Mühe akzeptieren, was W. Couzens, der Mörder von Sarah Everard, und die anderen Polizisten getan hatten, auch wenn wir nicht wirklich überrascht waren, weil es sich nur um ein paar wenige Beispiele für die vielen, vielen Morde, Misshandlungen und Fälle von Machtmissbrauch durch jene handelte, die einen Diensteid darauf geschworen hatten, uns zu beschützen und zu helfen.

Was ist los mit dir, Ruthie?, hatte ihre Mutter sie gefragt, weil ihr Ruths Unruhe und ihre zappelige Art nicht entgangen waren. *Hast du zu viel Zucker gegessen?* Nein, hab ich alles wieder ausgekotzt, sagte Ruth nicht. Ich hasse den Mann, den du liebst, und habe Angst vor ihm, sagte sie nicht. Er hasst mich, und wenn du nicht hinschaust, tut er mir weh, sagte sie nicht.

Er holte aber nicht an ihrem Geburtstag zum Schlag aus, wie sie erwartet hatte, sondern erst viel später, ein halbes Jahr, um genau zu sein, als Ruth gerade nicht aufpasste und am wenigsten damit rechnete. Stattdessen schenkte Nick ihr zum Geburtstag einen goldenen Schreibstift und ein hübsches Tagebuch mit Butterblumen auf dem Umschlag. Vielleicht tut es ihm leid, wie er zu mir war, hatte Ruth hoffnungsfroh gedacht. Vielleicht hat er sich verändert, vielleicht hat Mum mit ihm gesprochen. Ruth konnte nicht wissen, dass Nick sein Geschenk später gegen sie verwenden würde und damit erreichte, dass alle in der Familie ihr misstrauten und sich gegen sie wendeten. Das Tagebuch war eine Falle.

3 Uhr morgens. Ruth wacht auf und hat sofort ein Bild von Cassie vor Augen – strahlend, selbstbewusst, schön. Ruth ist augenblicklich hellwach und greift zu ihrem Mobiltelefon, um *meine Erzfeindin aufzuspüren*. Twitter, Facebook, Instagram; sie sucht überall nach Beweisen für Aarons Affäre. Ist inzwischen fest davon überzeugt, dass die beiden sich geküsst haben, als er auf die Toilette verschwand. Ruth hat Herzklopfen, ihr Atem beschleunigt sich, ihre Brust hebt und senkt sich heftig. Worüber haben sie geredet? *Dafür, dass er ihr «zufällig» über den Weg gelaufen ist, war er ganz schön lange weg.* Und war er nicht ziemlich nervös, als Cassie plötzlich rüberkam, um Hallo zu sagen, oder bildet sie sich das ein? War er beim Nachtisch nicht ungewöhnlich still gewesen? Oder bildet sie sich das ein? Und wie er sie angesehen hat. *So schaut er mich doch sonst nie an.* Oder bildet sie sich das ein? Ruth muss aufs Klo.

Benommen und aufgewühlt tastet Ruth sich ins Bad und zieht an der Lampenschnur. Die grelle Deckenbeleuchtung erwacht zum Leben, und Ruth muss die Augen zukneifen. Sie starrt ihr Spiegelbild an, hebt das Oberteil und kann zusehen, wie ihr Bauch sich vorwölbt und die Brüste schrumpfen. Sie krallt die Hände ins Fleisch ihrer Oberschenkel, ist sich sicher, dass sie in den letzten vierundzwanzig Stunden signifikant zugenommen hat. Als sie sich vom Spiegel wegdreht, weint sie, und ein schmerzhafter Stich aus Einsamkeit durchzuckt sie.

Zurück ins Bett, befiehlt sie sich und greift eilig zur Lampenschnur.

Sie schlüpft zurück unter die Decke und scrollt sich durch Cassies Instagram-Account. 1 287 Follower. Die meisten Fotos zeigen sie mit Freunden, Familie und ihrem Freund – im Urlaub, beim Spazierengehen, in Restaurants und Bars. Letzten Monat nahm sie an einem Marathonlauf für die britische Krebshilfe teil. Im Monat davor unterstützte sie eine Sammelaktion für die örtliche Grundschule. *Gutmensch!,* flüstert Ruth und vergewissert sich mit einem hektischen Blick, dass Aaron noch schläft. Weiter: Cassie arbeitet als Event-Managerin. Sie hat einen Cockerspaniel namens Rufus. Sie steht auf Kuchen. Immer wieder schaut Ruth sich den letzten Post an, einen erst wenige Stunden alten Clip, Cassie auf der Feier ihrer Eltern im *Ciao, Ciao,* ihr Freund sitzt neben ihr. Ruth will wissen, ob Aaron den Post gelikt oder kommentiert hat. Hat er nicht. Und als Ruth sieht, wie glücklich Cassie und ihr Freund wirken, wird sie etwas ruhiger – er hat zärtlich den Arm um ihre gebräunte Schulter gelegt und küsst sie auf die Wange. Beruhige dich, sagt die eine Stimme in ihrem Kopf. Die kreischende Furie legt sich schlafen.

Ich kann nichts dagegen tun, sagt sie weinend. *Ich werde immer so wahnsinnig paranoid.*

Ruth brauchte noch lange, *um wieder einzuschlafen. Ich hatte sie immer noch zusammen vor Augen, obwohl ich wusste, dass ich mir das alles nur einbildete, eine völlig durchgeknallte Verrückte,* sagt sie zu mir. *Obwohl ich mir immer wieder vorsagte, sie hat einen Freund und Aaron liebt mich, war ich felsenfest davon überzeugt, dass er mich belog, dass er eine Affäre hatte oder nur auf die richtige Gelegenheit warten würde, um mich endlich zu verlassen.*

Ruths Wortwahl interessiert mich: *wahnsinnig paranoid, eine völlig durchgeknallte Verrückte.* Ich möchte nicht nur noch besser verstehen, wie sich das anfühlt, sondern auch, ob sie diese Worte wählt, weil sie ihr vertraut sind. Ich vermute, Ruths Worte haben das Potential, sie herabzusetzen, zu beschämen und ein negatives Selbstbild zu zementieren, aber sie öffnen auch den Blick auf ihre Unterdrückung. Ich frage mich, wie lange sie diese wenig hilfreichen Etiketten schon im Kopf hat. Wann und wo hat sie die gehört und davon gelernt? Welchem Zweck dienten sie? Ich rief mir ins Gedächtnis, dass Ruth von einem Ex-Freund als wahnsinnig und paranoid bezeichnet worden war, als sie hatte wissen wollen, wo er am Vorabend gewesen war, als sie spontan versuchte, ihn zu Hause anzurufen. Zwei Monate später hatte sie ihn beim Lügen erwischt, und einen Monat darauf mit einer anderen Frau im Bett. Als Ruth voller Zorn von ihm verlangte, ihr zu sagen, wie lange die Affäre schon lief, hatte er sie genauso wütend angeschrien: *Raus hier, wie kannst du es wagen, du durchgeknallte Kuh!*

Zum Glück noch mal davongekommen, sagte Ruth.

Zum Glück, aber es war trotzdem schmerzhaft, entgegnete ich.

Oder die Situation, als Ruth als junges Mädchen versucht hatte, ihrer Mutter klarzumachen, dass jemand in ihrem Zimmer gewesen war, ihre Sachen umgeräumt und versteckt hatte: ein Lippenstift ganz unten im Wäschekorb, Ohrringe unter einem Kissen, Unterwäsche hinter die Kommode gestopft. *Die Sachen sind bestimmt dahinter gerutscht oder versehentlich da gelandet,* sagte ihre Mutter. *Nein, sind sie nicht,* widersprach Ruth, *jemand ist in meinem Zimmer gewesen.* Ihre Mutter schüttelte den Kopf. *Das ist doch albern. Du benimmst dich paranoid. Wer sollte denn in dein Zimmer gehen, Ruthie?*

Nick war das, sagte Ruth in einer Sitzung, *er versuchte, mich um den Verstand zu bringen. Er hat mir unmissverständlich zu verstehen gegeben, dass er jederzeit in mein Zimmer kommen konnte.*

Ruth fasst in den Rucksack, holt eine Wasserflasche heraus. Trinkt einen Schluck.

Mich interessiert diese wahnsinnig paranoide Verrückte, die Sie erlebt haben, sage ich. *Obwohl ein Teil von Ihnen wusste und weiß, dass Aaron Sie liebt, stand dieser Anteil offenbar im Rampenlicht und sabotierte das, was Sie als wahr erkannten. Die Verrückte in Ihnen hat Sie davon überzeugt, dass er nur auf eine Gelegenheit wartet, Sie zu verlassen oder eine Affäre anzufangen.*

Genau so hat es sich angefühlt. Als würde ich mich in eine Verrückte verwandeln. Mein Verstand verabschiedet sich, und ehe ich mich's versehe, bilde ich mir alle möglichen verletzenden Dinge und Katastrophen ein.

Halten Sie sich für verrückt, weil Sie sich vorstellen können, wie leidvoll es wäre, wenn die Beziehung mit Aaron vorbei wäre? Sind Sie wahnsinnig, weil Ihre Wahrnehmung sich verschärft? Ich glaube nicht, sage ich. *Ich glaube vielmehr, dass Sie einen sehr feinen Zugang zu Ihren Gefühlen haben, zu Ihren Ängsten.*

Nein. Ich bin eine Verrückte, sagt sie abfällig.

Eine Verrückte oder eine Frau mit feinen Antennen?, versuche ich es noch einmal.

Sie antwortet nicht.

Ich erkenne, dass wir noch alle Hände voll zu tun haben, und mache mir eine Notiz, um später darauf zurückzukommen. Weil ich den Schwung nicht verlieren möchte, mache ich ihr ein anderes Angebot: *Ich würde gedanklich gerne noch einmal zu gestern Abend zurückkommen.*

Okay.

Als Sie im Bett lagen, tauchte Cassies Gesicht vor Ihnen auf ...

Ja ...

... und Sie griffen zum Telefon, in der Hoffnung, Hinweise zu finden, die Ihren Verdacht bestätigen würden ...

Ja ...

Wenn Sie sich jetzt vorstellen, Sie hätten nicht zum Telefon gegriffen, sondern innegehalten, was glauben Sie, hätten Sie dann gefühlt?

Ruth denkt nach. *Angst*, sagt sie. *Angst, dass sie mir Aaron wegnehmen könnte.*

Gut, sage ich. *Bleiben wir noch einen Moment bei Ihren Gefühlen. Was ist da noch?*

Ruth schließt die Augen. *Immer noch Angst. Ich habe das Gefühl, er wird mich verlassen, weil Cassie schöner ist und witziger und netter. Alles, was ich nicht bin.*

Noch etwas?

Unsicherheit. Wut, weil er gelogen hat. Und Eifersucht auf Cassie. Sie war so locker und lustig und fröhlich. Bla, bla, bla ...

Okay, sage ich. *Bleiben Sie hier, was fühlen Sie jetzt?*

Ich bin durcheinander. Ich möchte weinen. Sie fängt an zu weinen. Wir schweigen.

Also, sage ich, *Sie fühlten Angst, Unsicherheit, Wut, Eifersucht, Verwirrung. Ich möchte gerne würdigen, wie viele Gefühle Sie gerade gefühlt haben. Der Griff zum Telefon war eine Ablenkung von diesen Gefühlen. Es ist verständlich, dass Sie diese Emotionen vermeiden wollten, aber es ist wichtig, dass Sie sich die Möglichkeit geben, sie zu fühlen. Teil unserer Arbeit wird sein, Ihre Gefühle anzuerkennen und zu verarbeiten, damit Sie sich in die Lage versetzen können, frei zu entscheiden, wie Sie auf bestimmte Situationen reagieren möchten, bewusst, nicht impulsiv. Gefühle sind vergänglich. Kein Gefühl ist endgültig.*

Aber genau darum geht es doch, sagt sie. *Ich weiß, dass ich wahnsinnig werde und total ausflippe. Deshalb suche ich nach Ablenkungen, um nicht zu tun, was ich aller Wahrscheinlichkeit nach sonst tun würde.*

Da ist es wieder, dieses Wort: *wahnsinnig*.

Und was würden Sie tun?

Ruth schaut mich an und nickt.

Macht es Ihnen Angst, es auszusprechen?

Sie nickt wieder.

Ich warte.

Ich habe Angst, ich könnte gewalttätig werden. Jemanden schlagen. Etwas kaputt machen. Etwas Kostbares zerstören, sagt sie weinend.

Also richten Sie die Gewalt gegen sich selbst?

Kann sein, ja, sagt sie. *Es fühlt sich ungefährlicher an. Ich kann es kontrollieren und verletze niemand anderen. Ich kann selbst entscheiden, was und wie viel ich esse, und dann kann ich entscheiden, ob ich es wieder erbreche oder nicht. Vielleicht sollte ich mit Aaron Schluss machen, ehe er es tut. Dann bleibt mir wenigstens noch ein bisschen Selbstachtung. Nicht so wie damals als Kind.*

Das Ausmaß von Ruths internalisierter Wut macht mich sprachlos. Die Entscheidung, eine Nachspeise zu bestellen – Nahrung als flüchtiger Trost – in dem Wissen, dass sie sich übergeben würde, war ein Weg für sie, sich die Kontrolle wieder zurückzuholen, nachdem sie sie verloren hatte. Genau wie damals als Kind und Jugendliche.

Ist das der Versuch, es anders zu machen als damals in Ihrer Kindheit, wo Sie nicht weggehen konnten?

Wahrscheinlich. Verrückt, oder?

Ich glaube nicht, dass das verrückt ist, sage ich. *Ich glaube eher, es ist ein Symptom Ihrer Vergangenheit. Selbst etwas tun, ehe Ihnen etwas angetan wird, sozusagen. Gleichzeitig besteht jedoch die Gefahr, dass Ihre innere Saboteurin am Werk ist.*

Klingt einleuchtend, sagt sie bitter. *Scheiß auf ihn!*

Auf Aaron?

Nein, Nick – scheiß auf Nick! Er ist schuld, dass ich so bin.

Das ist es. Das Anerkennen ihrer Ursprungswunde. Die Quelle ihres Leidens. Der Pfeil ihrer Wut auf den Bogen gespannt, abgeschossen und ins Schwarze getroffen, nämlich Nicks Versuche, ihre Seele zu zerstören.

Er ist schuld daran, dass ich verrückt und böse bin, sagt sie.

Sie sind weder böse, noch sind Sie verrückt, Ruth. Ihnen wurden böse

Dinge angetan, schreckliche Dinge. Und anstatt Ihren Schmerz und Ihre Wut zu spüren, aus Angst, was Sie dann tun könnten, haben Sie das Leiden nach innen gerichtet, und das sorgt verständlicherweise dafür, dass Sie sich sehr alleine und verängstigt fühlen.

Ich beobachte Ruth, während sie verdaut, was wir gerade besprochen haben. Sie räuspert sich. Wischt sich mit den Händen über das Gesicht. *Danke*, sagt sie. *So hat das noch nie jemand gesehen. Niemand hat sich je die Zeit genommen, zu verstehen.*

Und als Sie jünger waren?, frage ich. *Hat Sie damals jemand verstanden?*

In gewisser Weise, sagt Ruth. *Ich habe früher Tagebuch geführt, in dem Versuch, die Dinge irgendwie zu begreifen, aber dann hat er es in die Finger bekommen, und das war's dann. Die anderen, na ja, hauptsächlich meine Mum, haben aufgehört zu versuchen, mich zu verstehen. Sie hat sich auf seine Seite gestellt, genau das, was er von Anfang an wollte.*

Ich bin sprachlos über die weitsichtige Orchestrierung von Nicks Hass. Ruth ein Tagebuch zum Geburtstag zu schenken, um es später als Waffe gegen ihre Freunde und ihre Familie zu verwenden. Ein Schauder durchläuft mich. Ich schüttle mich unwillkürlich. Ich besitze genug Erfahrung und Menschenkenntnis, um zu erkennen, dass dieser Mann Experte darin war, andere Menschen zu brechen, und mir liegt der Begriff «Sadist» auf der Zunge.

Er hatte sich ein halbes Jahr lang Zeit genommen, um Beweise zu sammeln, Seiten mit Eselsohren zu markieren und dann Ruths intimste Gedanken laut vorzulesen. Worte, die von der Gleichgültigkeit ihrer Mutter erzählten, von *ihrer Schwäche, mit so einem Monster zusammen zu sein*, dass Ruth wünschte, er und Eve würden nicht existieren, ohne den Teil zu erwähnen, in dem Ruth darüber schrieb, wie sehr sie ihr liebevolles, sicheres Zuhause vermisste – ihre Mum und ihren Dad. Mit gespielt betroffenem Tonfall las er vor, Ruth wünschte sich, er wäre tot.

Dass sie ihm an dem Tag, als er ihr einen goldenen Stift und ein hübsches Tagebuch geschenkt hatte, am liebsten ein Messer in die Brust gerammt hätte, nur weil er sich einen albernen Scherz erlaubt und die Kerzen auf ihrem Geburtstagskuchen ausgeblasen hatte. Die Schilderung der Situation, als er ihre Hand auf dem Küchentisch festgehalten und mit ihren kleinen, zitternden Fingern das Messerspiel gespielt hatte, bezeichnete er als erfunden. *Lügen, nichts als Lügen!*, brüllte er. Er las weiter, blätterte zu der Seite, wo er ihr gewaltsam ein Stück Seife in den Mund geschoben hatte. *Noch mehr Lügen,* sagte er, *du bist ja paranoid. Bei der Arbeit haben wir ständig mit Leuten wie dir zu tun,* sagte er und wedelte mit dem Tagebuch vor Ruths Gesicht herum. Dann wandte er sich an ihre Mutter. *Wahrscheinlich meint sie den Morgen, als ich ihr gesagt habe, sie soll sich waschen gehen, weil sie in voller Kriegsbemalung zur Schule wollte. Erinnerst du dich?*

Ruths Mutter sah zu Boden. *Ja,* sagte sie.

Ich frage mich, ob wir das Jugendamt einschalten müssen, sagte Nick, das Unschuldslamm. *Ich meine, was, wenn sie Eve etwas antut? Was wäre ich für ein Vater? Und was für ein Ehemann, wenn ich mir keine Sorgen um die Sicherheit meiner Frau machen würde – und um meine eigene?*

Er war wirklich gut. Er war raffiniert. Und sie fielen auf seine Lügen rein. Ungläubig und voller Angst und Schrecken musste Ruth ohnmächtig die Wirkung seiner Überzeugungskünste mit ansehen. Seine Entschlossenheit, sie fertigzumachen. Und wie hätten sie ihm auch nicht glauben sollen. Er war der Vater, er war der Ehemann – *das Schwein, das die Brötchen verdiente.* Sie brauchten Nick. Nick war ein guter Mensch, er hatte das Kind eines anderen Mannes angenommen. Ruth war die Quelle für schlechte Stimmung im Haus und für Gefahr. Ruth war die mit der mörderischen Wut. Eine Paranoide. Ruth war eifersüchtig und verbittert und gemein, ein Störenfried, und hatte Schande und Ärger über diese friedliche, liebevolle Familie gebracht. Ruth war eine durchgeknallte Verrückte. Ruth war wahnsinnig.

Liebste Ruth, du warst erst dreizehn.

Was hast du zu deiner Verteidigung zu sagen?, blaffte Nick.

Nichts, ich habe nichts zu sagen, antwortete Ruth, und ihre Mutter brach in Tränen aus, und erst viele Jahre nach Nicks Tod sollte Ruth endlich in der Lage sein, zu erklären, weshalb sie die Dinge gedacht hatte, die sie dachte, und die Dinge geschrieben hatte, die sie schrieb. Viele Jahre, ehe sie ihre Wahrheit über das Tagebuch erzählen konnte, das Küchenmesser, die Seife ... sich die Zeit ins Gedächtnis rief, als er ihre Worte gestohlen und manipuliert hatte. Die Zeit, als er versuchte, ihre Seele zu zerstören.

Ruth sucht überall. Wo ist es? Wieder und wieder hebt sie die Matratze hoch. *Es ist weg*, sagt sie laut. Sie sieht auf dem Bücherregal nach, im Schrank, im Wäschekorb, obwohl sie weiß, dass es dort nicht ist, aber das Suchen hilft, ihr wie wild hämmerndes Herz zu beruhigen. Sie schiebt die Schulbücher beiseite, durchwühlt den Papierkorb unter dem Schreibtisch. Dann wieder Bücherregal, Schrank, Wäschekorb, und zurück zur Matratze. Es ist weg.

Ruth packt die Angst. Wo ist es? Wer hat es genommen? Dabei weiß ein Teil von ihr die Antwort längst. Sie hat das Gefühl, zu ertrinken. Ruth zählt die Poster an der Wand, die Kuscheltiere, die aufgereiht auf dem Bett sitzen; die Armreifen auf ihrer Frisierkommode. *Auf meiner Frisierkommode liegen elf Armreifen.*

Hm-hm.

Jemand steht hinter ihr und räuspert sich.

Als sie sich umdreht, steht Nick lässig gegen den Türrahmen gelehnt. *O weh, o weh,* sagt er und schüttelt den Kopf. Grinsend hält er das hübsche Tagebuch mit den Butterblümchen auf dem Einband hoch. *Suchst du das hier?*

Ruth ertrinkt. Ist in Schockstarre. Kann weder kämpfen noch fliehen.

Sieben Poster hängen an meiner Wand. Elf Kuscheltiere sitzen auf meinem Bett, sagt sie sich stumm.

Nick schiebt sich das Tagebuch in die hintere Hosentasche, dreht sich um. Verlässt das Zimmer.

Ruth greift zu der Kleenex-Box auf dem Beistelltisch. *Sagen Sie mir bitte, dass die Stunde für heute vorbei ist,* sagt sie. *Ich möchte jetzt gehen. Ich bin so müde.*

Auf dem Weg zur Arbeit kauft Ruth sich einen XL-Kaffee to go und vier Schokoriegel und geht sehr langsam zur Bushaltestelle. Sie leert den Becher fast in einem Zug, in der Hoffnung, dass der Kaffee sie wieder wach macht. Sie weiß nicht, wie sie den Tag überstehen soll, und beschließt, Aaron eine Nachricht zu schicken. *Die Therapie war hart heute. Ruf mich später an, bitte. XXX*

Jetzt, wo der Deckel von der Büchse ist, fragt sie sich, ob sie ihn je wieder zubekommt. Die Würmer wieder reinzwängen kann. Wie kam sie nur auf die Idee, es könnte ihr helfen, all diese alten Erinnerungen auszugraben, all den Schmerz? Wo doch jeder weiß, dass es erst schlimmer wird, ehe es besser wird, wenn man mit seiner Therapeutin über Missbrauch spricht. Doch es gibt eine leise Stimme in ihr, die sie bestätigt, ihr sagt, wie tapfer sie ist und dass *Maxine eine nette, hilfsbereite Frau ist.* Sie trinkt den letzten Schluck Kaffee und wirft den Styroporbecher in den überquellenden Abfalleimer an der Bushaltestelle. Sie greift in die Jackentasche und zieht den ersten Schokoriegel heraus. Dann wird ihr klar, dass damit eine ungerade Zahl übrig bliebe, und sie wickelt stattdessen gleich zwei aus.

In dem Augenblick kommt eine Textnachricht von Aaron. *Hey, Baby, es tut mir leid, dass die Sitzung schwierig für dich war – ich bin so stolz auf dich. Falls du reden willst, ich habe noch bis neun Uhr Zeit. Ich liebe dich XXX*

Ruth nimmt sich einen Augenblick Zeit, um Aarons Liebe zu fühlen, und starrt die beiden schmelzenden Schokoriegel in ihrer Hand an. Ich habe die Wahl, denkt sie und liest Aarons Nachricht noch einmal. Sie wirft die beiden Schokoriegel in den Abfalleimer. Sie leckt sich die Schokolade von der Hand und schaut sich verstohlen um, ob jemand sie beobachtet, nur für den Fall, dass sie doch noch beschließt, die beiden Schokoriegel wieder aus dem Müll zu holen. Stattdessen drückt Ruth sie noch tiefer in den Eimer hinein. Jetzt kommt die Beklommenheit. Ruth wird klar, dass sie gerade ihre Schokoladendröhnung weggeworfen hat. *Kein Gefühl ist endgültig,* flüstert sie sich zu und zählt die vorbeifahrenden Autos. Als sie bei zweiundzwanzig angekommen ist, stellt sie erleichtert fest, dass die Beklommenheit nachlässt. Sie holt das Telefon aus der Tasche. *Danke,* schreibt sie. *Ich liebe dich auch. XXX*

War Nick *ein Monster.* Ein herzloser, unbarmherziger, teuflischer Täter, ein Seelenzerstörer. Ich habe die Sätze wohlgemerkt nicht mit Fragezeichen versehen. Sollten wir hier auch dem Mann mit dem kaputten, schmerzenden, rachsüchtigen Herzen Raum geben? Sollten wir uns mit ihm beschäftigen, ist das überhaupt wichtig? Sicher nicht in Bezug auf den Schmerz und die Grausamkeiten und das Leid, die er Ruths Geist und Körper zufügte. Trotzdem fürchte ich, dass meine Wut die Oberhand gewinnt. Ich halte inne, ich warte. Bleib bei deiner Wut, denke ich. Lass sie nicht im Stich. Bleib da.

Wieder überlege ich, was Ruth in ihrer Therapie noch braucht. Wachstum und Veränderung können durch eine akute Katastrophe, durch Sehnsucht oder Angst angestoßen werden – durch ein Ereignis oder eine Reihe von Ereignissen, die uns in eine Krise stürzen oder gar in den Zusammenbruch. Befand sich Ruth in einer Krise? Stand sie kurz vor dem Zusammenbruch? *Warum bin ich gerade jetzt, wo ich endlich mein Wunschgewicht erreicht habe, so unglücklich wie noch nie?*, hatte sie gefragt. Ich frage mich, ob ihre Sehnsucht nach einem bestimmten Gewicht als Ablenkung von einem Kindheitstrauma diente. Ein Ziel, das sie von den schmerzhaften Erinnerungen fernhielt, und ein Ausweg inmitten von Schmerz, der, aber das kann ich nur ahnen, zu groß war, oder ist, um ihn zu ertragen. Im Zustand der Unzufriedenheit zu verharren, hat das Leid womöglich noch gesteigert, weil ihr kontrolliertes Essverhalten und das Dinge-Zählen theoretisch nicht mehr dem Ausmaß dessen entspricht, was sie überlebte.

Schutzbefohlene, die beschuldigt werden, über ihr Leiden zu lügen, die von einer Bezugsperson, deren Narzissmus über die Fürsorge triumphiert, immer wieder geschlagen, manipuliert, bestraft und in Angst und Schrecken versetzt werden und das Gefühl vermittelt bekommen, wertlos, «wahnsinnig» und «durchgeknallte Verrückte» zu sein, klammern sich verständlicherweise an jede Bewältigungsstrategie, die dabei hilft zu überleben. Nick hatte Tag für Tag daran gearbeitet, Ruths Selbstwertgefühl zu schmälern, ihren Willen zu brechen und ihre Überlebensfähigkeit zu zerstören. Er hatte erkannt, dass sie ein sensibles und aufmerksames Mädchen war, das am liebsten mit seinen Kuscheltieren spielte, Radiergummis sammelte und Popmusik hörte. Vielleicht hatte er Ruths unschuldige Verletzlichkeit gespürt und das Gefühl gehasst, das diese bei ihm auslöste. Vielleicht hasste er den Umstand, dass Ruth nicht sein Kind war. Vielleicht war sein Bestreben, Ruth dazu zu bringen, sich *falsch* zu fühlen, *wahnsinnig* und *böse,* sie *als Lügnerin* abzustempeln, der Versuch, sich mit seinem eigenen teuflischen Verhalten, mit seinen Lügen nicht allein zu fühlen. Eigentlich sah Ruth sich immer als Menschen, dem Lügen zuwider waren. Sie hatte nie zu Lügen gegriffen und war auch nicht dazu in der Lage. Doch es reichte, diesen Vorwurf oft genug zu hören zu bekommen, um sich zu fragen, ob sie vielleicht tatsächlich eine Lügnerin war und ob sie in Wirklichkeit tatsächlich *bis ins Mark böse und verdorben war*. Nicks in der Fachsprache als «Gaslighting» bezeichneter psychischer Missbrauch erstickte Ruths Wahrheit. Dies ist, denke ich, die ungerechte Geschichte vieler überlebender Klientinnen; dies ist die ungerechtfertigte Geschichte so vieler Schicksale, die ich in meinem Sprechzimmer zu hören bekomme und bezeuge. Täter und Täterinnen in Machtpositionen, die Lügengebäude errichten, tun dies zu einem bestimmten Zweck, und der ist meistens eigennützig. Nick verwendete minutiös geplante Stunden, Monate, sogar Jahre seiner Zeit und Grausamkeit darauf, Ruths Seele zu brechen. Was mich daran am meisten erschreckt, ist die Tatsache, dass es ihm gelang, allen dreien, Ruths Mutter, ihrer Schwester und Ruth selbst, so lange einzureden, dass Ruth *falsch* und *wahnsinnig* sei, bis sie es schließlich für die Wahrheit hielten.

Heute möchte Ruth über *Rache sprechen, und über meine Schwester Eve*. Sie kommt inzwischen seit acht Monaten zu mir.

Sie erzählt, wie ungerecht sie es empfindet, Nick heute als erwachsene Frau nicht mehr gegenübertreten zu können und ihm ins Gesicht zu sagen, was für ein Monster er ist, was für ein abscheulicher Mensch, der keinen Funken Respekt oder Mitgefühl verdient hat. *Du hast meine Kindheit zur Hölle gemacht*, möchte sie ihm ins Gesicht schreien. *Ich hasse dich dafür, dass es für mich immer noch so schmerzhaft ist, Eve zu lieben. Ich hasse dich dafür, dass du einen Keil zwischen Mum und mich getrieben hast. Ich hasse alles an dir, und wenn du nicht schon tot wärst, würde ich dir den Tod wünschen.*

Ruths Wut ist wirkungsvoll. Ich richte mich in meinem Sessel auf und höre ihr zu. Sie fährt fort: *Ich will meinen Körper zurück, geheilt. Und du sollst wissen, dass du, falls es ein Leben nach dem Tod* und irgendeine Form von Gerechtigkeit gibt, genauso von Liebe und Fürsorge und Respekt verstoßen sein wirst, wie ich es war. Ich will, dass du dich bei mir entschuldigst, du widerliche, absolute Drecksau.

Ruth kollabiert.

Wir schweigen, nur ab und an entfährt ihr ein beinahe animalisches Schluchzen.

Innerlich handle ich mit mir selbst aus, wie lange ich Ruth in diesem Zustand der Trauer belassen soll. Ich möchte ihre Gefühle nicht negieren, will ihr aber auch nicht das Gefühl geben, mit ihrem Leiden allein zu sein. Ich warte noch etwas ab.

Kein Gefühl ist endgültig, sagt sie schließlich. *Stimmt's?*

Ja, sage ich. *Kleine Schritte.*

Ich hätte gerne Ihre Hilfe mit Eve, sagt sie und wischt sich mit beiden Händen über das tränennasse Gesicht.

Ich nicke. *Wie kann ich Ihnen helfen?*

Ich glaube, meine Unsicherheit hat viel mit unserer Beziehung zu tun. Ich bin immer noch so eifersüchtig auf sie. Ich habe sie schon beneidet, als sie noch ein kleines Baby war. Ich war nie so liebevoll zu ihr, wie ich hätte sein sollen.

Was hat Eve für Sie repräsentiert?, frage ich.

Meinen Weg aufs Abstellgleis. Dass sie mir meine Mum weggenommen hat. Ich fühlte mich sehr einsam. Dad war weg. Mum hatte einen neuen Partner und eine neue Tochter. Ich hatte das Gefühl, nicht zur Familie zu gehören. Dafür hat Nick gesorgt.

Ich mache ein Angebot: *Die Konfrontation mit so viel Verlust und Veränderung muss verstörend gewesen sein,* sage ich. *Und es war sicher sehr schwer, ausgerechnet zu Ihrer kleinen Schwester liebevoll zu sein, der Sie so viel Macht zugesprochen haben – noch dazu, da Eves Vater fest entschlossen war, Sie auszustoßen und Sie beide gegeneinander auszuspielen.*

Ja. Das stimmt. Und ich wollte ja lieb zu ihr sein, sagt sie, *das wollte ich wirklich.*

Ein kleiner Vorort am südöstlichen Stadtrand, die Wintersonne stand tief am Himmel. Ruth zog sich den Anorak an, sie wusste, dass ein kleines Geschwisterchen unterwegs war. Es war Weihnachten, hinter geschlossenen Fenstern hingen Lichterketten und Kugeln, Garagentore waren mit Kunstschnee besprüht. Der Weihnachtsmann war an jedem Haus am Brenfield Drive präsent, als Silhouette, hell erleuchtet oder auf dem Weg nach oben zum Kamin. Ruths Mutter nahm die kleine Kliniktasche und wartete darauf, dass ihr neuer Lebensgefährte den Wagen aufheizte und den Sitz zurückschob. *Hol mir meine Zigaretten, Ruthie,* hatte ihre Mutter gesagt, und Ruth folgte. Sie überprüfte, wie sie es gelernt hatte, die Funktion des Feuerzeugs und schob es sich dann in die hintere Hosentasche ihrer Jeans.

Als ihre Mutter mit schmerzverzerrtem Gesicht vor ihr herwatschelte, wurde Ruth auf einmal klar, dass sie schon bald kein Einzelkind mehr sein würde, und sie beschloss, das Beste aus der Situation zu machen, indem sie sich möglichst fest an den starren Körper ihrer Mutter schmiegte wie an einen Kühlschrank. *Ich hab dich lieb, Mum,* sagte sie. Sie war zehn Jahre alt.

Ruth nahm ihre Mutter fest an die Hand, beschützend, und passte auf, dass sie auf dem vom eisigen Dezemberwind überfrorenen, teils tückisch glatten Weg vor der Haustür nicht stürzte. Vorsichtig führte Ruth ihre Mutter zur Beifahrerseite des Ford Cortina und sah, wie die Nachbarn sich versammelten: Kinder in Anoraks wie ihrem, erschöpfte Mütter. *Alles Gute!,* riefen sie.

Eve kam am nächsten Abend zur Welt – *an Heiligabend.* Sie wog 3345 Gramm und hatte ein winziges Stupsnäschen. Hellblonde Löckchen auf dem Kopf und türkisfarbene Augen, die leuchteten wie ein polierter Edelstein. Ruth starrte in das Bettchen, lächelte ihre kleine Schwester an, streichelte die pfirsichweiche Wange und sagte: *Sie ist vollkommen, oder?*

Ja, sagte Nick, *und jetzt geh da weg, Ruthie, rück ihr nicht so auf die Pelle. Jetzt brauchen wir nur noch einen kleinen Jungen, dann sind wir komplett.* Ruths Mutter warf ihm einen finsteren Blick zu, packte ihn am Kragen und zerrte heftig daran: *Träum weiter, du Bohrer.* Sie lachten, aber Ruth hatte den Witz nicht verstanden. Sie kannte nur den Bohrer beim Zahnarzt, also konzentrierte sie sich lieber auf das Gesicht ihrer Mutter, entzückt, gebannt und hingerissen vor Liebe.

Sie ist das vollkommenste kleine Baby, das ich je gesehen habe, strahlte ihre Mutter.

Schnell wurde Ruth zu *Klein Mami,* die auf jede von Eves Launen reagierte. Sie lernte in unglaublicher Geschwindigkeit, ihre kleine Schwester zu wickeln, Wundcreme aufzutragen, ein Fläschchen aufzuwärmen und sie zu wiegen und zu trösten und anzuziehen wie ein *Zirkuspony, eine flauschige Prinzessin mit weißblonden Löckchen. Bei uns in der Nachbarschaft fanden auch alle, dass sie vollkommen war. Alle wollten sie auf dem Arm halten, sie berühren, ihr ein Küsschen geben – die Leute konnten einfach nicht anders.*

Damals, in jenem ersten Jahr spürte Ruth in sich ein bis dahin ungekanntes, zunehmendes Grauen, für das sie keinen Namen hatte. Doch es breitete sich immer weiter aus und wurde stärker, wie ein brodelnder Vulkan. Sie wusste nur, dass ihr nicht gefiel, was dieses Gefühl mit ihr machte. Es ließ sie gemeine Grimassen schneiden, *mein Durchschnittsgesicht wurde noch unansehnlicher,* und gemeine Gedanken denken. Sie fing an, sich alle möglichen gemeinen Dinge vorzustellen, die sie ihrer kostbaren, vollkommenen und angebeteten kleinen Schwester gerne angetan hätte. *Einmal, als Mum mir auftrug, sie zu wickeln, stellte ich mir vor, wie ich sie einen ganzen Tag in der nassen Windel liegen ließ, aber das konnte ich nicht, auch wenn ein Teil von mir es wirklich gern getan hätte.*

Was bist du mir doch für eine große Hilfe, verkündete ihre Mutter. *Passt du bitte auf sie auf, während ich mir die Haare föhne?* Ruth fürchtete sich vor diesen Bitten. Sie traute sich selbst nicht über den Weg, hatte Angst, etwas *Schlimmes zu tun. Etwas, das falsch war.* In solchen Augenblicken legte sie Eve zwischen die Ritzen der beigefarbenen Kissen aufs Sofa. Damit sie, wenn sie sich drehte, nicht runterfiel. *Ich wollte ihr nicht wehtun, wirklich nicht,* sagt sie.

Nick, vermutet sie, erspürte ihre, wie sie inzwischen weiß und klar benannt hat, Eifersucht. Er befeuerte sie weiter, indem er *meine Mum und Eve noch näher an sich zog. Und wenn ich versuchte, mitzumachen bei dieser Zurschaustellung der glücklichen Familie, wurde ich weggestoßen, aufgefordert, gefälligst nicht so eifersüchtig zu sein, mit meinen Sachen spielen zu gehen.*

Kurz bevor ihre Mutter mit getrockneten Haaren zurückkam, nahm Ruth Eve auf den Arm und präsentierte sich als stolze, große Schwester, wiegte sie, sang ihr etwas vor, streichelte ihr über die Locken. *Braves Mädchen, Ruthie,* lobte ihre Mutter sie.

An ihrem elften Geburtstag bekam Ruth eine blasse Plastikpuppe und einen Kinderwagen aus zweiter Hand. Ihre Mutter klatschte in die Hände. *Jetzt hat Klein Mami ihr eigenes Baby.*

Ich wollte doch ein Fahrrad, wagte Ruth sich vor.

Nick machte einen Schritt auf sie zu. *Undankbares kleines ...*

... Fahrräder sind teuer, fiel ihre Mutter ihm ins Wort, *und außerdem magst du Babys doch viel lieber,* sagte sie und zog die Wegwerfkamera auf. *Lächeln!*

Ruth lächelte. Verbannte den Wunsch nach einem Fahrrad und setzte stattdessen Eve in den Kinderwagen. Als ihre Mutter nicht hinsah, verpasste Ruth ihrer Schwester *die Fahrt ihres Lebens.* Eve, so redete Ruth sich ein, hatte Spaß daran, von ihrer Schwester den Hügel runtergerollt zu werden. Das heftige Ruckeln, als sie am Laden unten an der Ecke eine Kehrtwende hinlegte und das Netz des Kinderwagens mit Chips, Brausebonbons, Schleckmuscheln und Butterkeksen vollstopfte.

Ich lief nach Hause, stopfte mich voll und vergaß für einen Moment,
dass ich dabei war zu verschwinden.

Ruth bückt sich und holt ein Foto von sich und Eve aus dem
Rucksack. *Das wollte ich Ihnen zeigen,* sagt sie.

Beim Betrachten des Bildes denke ich, wie unglaublich zärtlich Ruth Eve trotz all ihres Schmerzes im Arm hält. Sie reicht
mir zwei weitere Fotos, eines, auf dem Eve etwa drei oder vier
ist, und noch eines, zu Halloween aufgenommen, auf dem Ruth
eine Jugendliche ist. Beide Bilder zeugen eindeutig von Ruths
Not, ihr Gesicht ist angespannt, aus den großen Augen spricht
Entsetzen. *Auf dem hier sehe ich ganz deutlich, wie zutiefst unglück-*
lich Sie waren, sage ich und deute auf das Foto von Ruth und Eve
in ihren Halloween-Kostümen. *Und hier spüre ich, wie Sie sich von-*
einander distanzieren.

Das war unmittelbar nach dem Vorfall mit dem Geburtstagskuchen,
erklärt Ruth, *als ich mich übergeben habe. Ich war so unglücklich*
und verloren. Der Schokoladenkuchen, den Mum für mich gebacken
hat – mit dem mein ganzes Essensthema anfing. Wo wir gerade dabei
sind ...

Sie sieht mich auffordernd an. *Wie geht es Ihnen im Augen-*
blick mit dem Essen?, frage ich und fühle mich ein bisschen ge-
schmeichelt, weil ich den Hinweis bemerkt habe.

Etwas besser, sagt sie. *Ich erbreche nicht mehr so häufig.*

Gut! Woran liegt das Ihrer Meinung nach?

Ich glaube, ich fange an, mich langsam weniger wütend zu fühlen,
sagt sie, dann korrigiert sie sich. *Was ich sagen will, ich glaube, ich*
fange langsam an, vor meiner Wut weniger Angst zu haben.

Sie haben allen Grund, wütend zu sein, sage ich, und ich verstehe
sie.

Ich weiß. Ich dachte, indem ich meine Wut unterdrücke, würde ich
sicherstellen, dass niemand verletzt wird.

Abgesehen von Ihnen, sage ich.

Abgesehen von mir. Allerdings behalte ich immer noch gern die Kontrolle. Ich habe nie etwas anderes gelernt.

Das verstehe ich, sage ich, *aber es ist wichtig zu wissen, dass die zugrunde liegende Geschichte Ihres Missbrauchs lebendig gehalten wird, wenn Sie Ihrem Körper durch Erbrechen schaden.*

Es ist so schwer, alte Gewohnheiten zu verändern, sagt sie.

Kleine Schritte, sage ich. *Wir fangen gerade erst an. Wir haben gewiss noch eine Menge Arbeit vor uns. Ihr Körper, Ihre Regeln. Aber inzwischen haben wir eine klarere Vorstellung davon, was es bedeutet, bewusst anstatt impulsiv zu reagieren. Ihre Erkenntnisse geben Ihnen die Wahl.*

Ruth richtet sich auf und beugt sich vor.

Mein Körper, meine Regeln.

Ich bin neulich im Pub Cassie über den Weg gelaufen, sagt Aaron. *Offensichtlich war ihr Freund früher mal mit Connors Schwester zusammen.* Connor ist ein Arbeitskollege von Aaron. *Ich wollte es dir nur sagen, damit du nicht denkst, ich würde dir was verheimlichen.*

Ruth registriert ihre Gefühle, den Versuch, so wie früher, ihre Reaktion zu vernebeln. Sie fragt sich, ob er es nicht ein bisschen übertreibt mit den vertrauensbildenden Maßnahmen, und fragt sich gleichzeitig, ob er ihr das nur erzählt, um sich als guten Typen hinzustellen, obwohl er in Wirklichkeit etwas im Schilde führt. Nachdem sie ihn gefragt hat, wie es Cassie geht, sagt sie: *Ich bin gerade eifersüchtig geworden, als du ihren Namen erwähnt hast, aber ich versuche, so gut ich kann, mich davon nicht auf die Palme bringen zu lassen, und uns auch nicht.*

Ich weiß, sagt Aaron. Dann ein Kuss.

Ich will nicht eifersüchtig sein, gesteht sie ihm. *Manchmal bin ich verunsichert oder spüre Angst, das hat mit meiner Vergangenheit zu tun. Aber mit dir will ich es anders machen, Aaron. Im Ernst.*

Ruth stellt sich vor, wie sie in meinem kleinen Sprechzimmer sitzt, die Schachtel mit den Taschentüchern. *Kleine Schritte.*

Wir überlegen, wie eine Entschuldigung von Nick aussehen, welche Form sie haben könnte; stellen uns den Geruch, den Geschmack und die Gefühle vor, die eine solche Entschuldigung in Ruth auslösen könnte, wenn Nick noch am Leben wäre und in der Lage, die Verantwortung für seine schrecklichen Gewaltakte ihr gegenüber zu übernehmen. Ruth und ich tun das in dem Bewusstsein, dass dies in Wirklichkeit niemals passieren wird – weil der Mann, der ihr emotional, psychisch und physisch so viel Leid zufügte, tot ist. Die Unumstößlichkeit tut weh.

Dass er getäuscht, gelogen, manipuliert, Ruth physisch und mental misshandelt und sie, Eve und ihre Mutter zutiefst manipuliert hat, ist die zugrunde liegende Geschichte. Durch diese grausamen und brutalen Handlungen hindurch- und darüber hinauszugehen, führt Ruth an den Punkt, wo dank schmerzvoller Heilung vielleicht vorstellbar wird, frei zu sein. Frei, aber ohne zu vergessen. Ein Punkt, an dem eingeschränkte Verhaltensmöglichkeiten transzendieren und sich in verändertes Verhalten hineinentwickeln können. Ruth sagt mir, wenn sie sich tatsächlich eine Entschuldigung vorstellen könnte – und das an sich bezweifelt sie stark –, würde Nick den Blick nach innen richten und hinterfragen müssen, was es bedeutet, ein Mensch zu sein. *Er hat mein Vertrauen in andere über lange Zeit abgetötet,* sagt sie. Aber er hat nicht gewonnen. *Noch nicht.* Obwohl er Ruth eines Familienlebens beraubt hat und der Liebe ihrer Mutter und ihrer Schwester. Sie eines sicheren und nährenden Zuhauses beraubt hat, wo sie ungezwungen hätte spielen können, ohne Angst, bestraft zu werden. *Noch nicht.* Obwohl er sie einer normalen Schulzeit beraubte, ganz normaler Tage mit Lesen und Lernen und Musikhören, weil sie immer viel zu nervös war und zu verängstigt, um sich zu konzentrieren. *Noch nicht.* Obwohl er sie um ihre Freunde brachte – Mädchen und Jungen –, weil Ruth niemandem vertraute, und schon gar nicht den

Lehrerinnen und Lehrern. Wie auch? Wo die, die sie zu Hause eigentlich hätten lieben, beschützen und umsorgen sollen, doch auch Erwachsene waren? *Noch nicht.* Obwohl sie Essen in sich reinstopfte und immer weiter stopfte, um Trost zu finden in ihrer vollkommenen Verzweiflung und der lähmenden Einsamkeit. *Noch nicht, nicht, solange ich in der Lage bin, Aaron zu lieben, zu arbeiten, in Therapie zu gehen, und den festen Willen habe, mein Verhältnis zu Eve zu verbessern. Nicht, solange ich mir noch etwas anderes erträumen kann, etwas ganz Neues. Heute halte ich mich an einen schmalen Silberstreif der Hoffnung. An winzige Splitter aus Vertrauen. Und obwohl ich mich manchmal besinnungslos gesoffen habe, mich auf gefährlichen und erschreckenden Sex einließ, Tabletten geschluckt, mich selbst verletzt und fast mein ganzes Leben lang gefressen und erbrochen habe...*

Bin ich noch da. Und genese. Noch nicht.

Ich darf Ruth nun seit zwei Jahren auf ihrem Weg begleiten, und ich ehre sie für ihren Mut, ihre Entschlossenheit und ihr genesendes souveränes Selbst. Meine Fähigkeit, in unserer gemeinsamen Arbeit Liebe zu spüren, ist meine Fähigkeit zur Veränderung. Wie viele meiner Klientinnen hat auch Ruth mich Dinge gelehrt, hat mir die Augen geöffnet und mich daran erinnert, wie unfassbar und herzzerreißend lernfähig wir Menschen sind. Durch Respekt, Verbundenheit und die Sehnsucht nach tieferem Verständnis auf beiden Seiten, bei Klientin und Therapeutin, ist Heilung selbst bei den abscheulichsten und entsetzlichsten Ausgangssituationen möglich. Indem wir Ruths Wut zu uns ins Sprechzimmer eingeladen haben, um sie zu erforschen, war Ruth in der Lage, ihre Resilienz zu entdecken und mehr über ihre Wut zu erfahren, sie auszuhalten und auch zu erleben, dass andere sie tolerieren. Dies wiederum befähigte sie dazu, für den Ausdruck ihrer Gefühle eine eigene Sprache zu finden, anstatt mit Wut zu reagieren. Langsam und allmählich kam Ruth in die Lage, die Krücke des kontrollierenden Essverhaltens abzulegen und durch andere, gesündere Werkzeuge und Ressourcen zu ersetzen. Ihre Angst, die Kontrolle zu verlieren, hatte Ruth auf Abstand zu Liebe und Vertrauen gehalten. Gemeinsam ist es uns gelungen, ihre Bewältigungsstrategien für das zu untersuchen, was sich zu Beginn unserer Arbeit als unfassbar einsame und beängstigende Existenz präsentiert hatte.

Kleine Schritte, rufe ich mir ins Gedächtnis. Wir fangen gerade erst an. Es liegt noch viel Arbeit vor uns. Dein Körper, deine Regeln.

Haben zu wollen und nicht zu haben, das erfüllte
ihren ganzen Körper mit einem Gefühl der Härte,
der Hohlheit, der Anspannung. Und außerdem,
haben zu wollen und nicht zu haben – zu wollen
und zu wollen – wie das einem das Herz abdrückte
und wieder und wieder abdrückte!

Virginia Woolf, *Zum Leuchtturm* (1927)

Baby,
sing den Blues

Der Mann auf dem Sitzplatz neben ihr ist offensichtlich erregt. Er zappelt herum, lächelt, versucht, sie in ein Gespräch zu verwickeln, bietet ihr an, ihr was Warmes zu trinken zu holen, eine Kleinigkeit vom Snack-Wagen, und schaut ihr, als sie an Stevenage Resorts vorbeifahren, verstohlen auf die Brüste – *was für ein Widerling.*

Er behauptet, sie von irgendwoher zu kennen. *Aus dem Fernsehen vielleicht; kommen Sie schon, ich weiß genau, dass Sie berühmt sind. Sie sehen berühmt aus.* Der Mann sieht gerne fern, beim Abendessen, das Tablett auf den Knien. Seit seine Frau gestorben ist, verbringt er die meisten Abende so. Kurz tut er ihr leid, und Marianna lächelt. *Armer Widerling.*

Marianna ist es gewohnt, von Männern angegafft zu werden. Manche äußern sich ähnlich wie der Mann im Zug. Sie meinen, sie von irgendwoher zu kennen, sagen, sie käme ihnen so vertraut vor. Dabei ist Marianna kein bisschen prominent. Gepriesen würde es vielleicht besser treffen oder angesehen, denn Marianna ist Sängerin. Eine schöne, unerfüllte Sängerin, die die Leute ständig zu erkennen glauben.

Sie wendet sich von dem Mann ab, verschränkt die Arme über der Brust und schaut auf der Suche nach Ablenkung zum Fenster hinaus. Marianna wünschte, sie könnte einfach den Sitzplatz wechseln, aber sie bleibt, wo sie ist, frustriert und an den reservierten Platz gebunden.

Am Bahnhof Stevenage zerrt eine junge, erschöpft wirkende Mutter mit Baby auf dem Arm einen zusammengeklappten Kinderwagen in den Gepäckbereich. Erleichtert setzt sie einen großen, feuchten Rucksack ab, wischt sich mit dem Handrücken die Regentropfen von der Stirn und seufzt. Sie schiebt den Kinderwagen in eine Lücke, die aussieht, als hätte sie nur darauf gewartet, die müde aussehende Frau und ihr quengelndes kleines Mädchen von ihrer Last zu befreien. Marianna kann die Erleichterung förmlich spüren und bietet der Frau an, ihr zu helfen, den schweren Rucksack ins Gepäckfach zu hieven.

Danke, nicht nötig, sagt die Mutter und streicht sich mit manikürter Hand einen Schwung Locken aus den Augen.

Der Zug setzt sich wieder in Bewegung, und die Mutter schält ihr Töchterchen aus einem roten Plüschanzug, lächelt sie an und gibt ihr einen Stups auf die Nase. *Und los geht's, schön festhalten,* sagt sie lächelnd. Das kleine Mädchen vollführt auf dem Arm der Mutter einen kleinen Freudentanz und greift mit einem Patschhändchen nach ihrem Gesicht. Marianna fällt auf, wie ähnlich die beiden sich sehen, ein Duett aus hellblonden Locken, gewölbter Stirn und leuchtend hellblauen Augen. Eilig räumt sie ihre Trinkflasche vom Sitzplatz gegenüber, die Butterbrotdose und ihre *Vogue,* und registriert erfreut, wie nahe sie sich diesem glücklichen Paar fühlt, im Gegensatz zu ihrem Sitznachbarn. Marianna bräuchte nur die Fingerspitzen auszustrecken, dann könnte sie die beiden berühren, aber sie tut es nicht. *Das wäre ja auch ziemlich schräg, oder?* Stattdessen senkt sie den Blick und mustert ihre – leeren – Arme. Ihren von Seide umhüllten Schoß – ebenfalls leer. Ihre in die neuste Mode gehüllten Gliedmaßen haben, denkt sie, keine Aufgabe. Sie würde alles dafür geben, ein Kind auf dem Schoß zu halten, Babyspucke wegzuwischen, erschöpft nach einer anstrengenden und unruhigen Nacht. Marianna sehnt sich nach einem dicken, zahnlosen, nach Babypuder duftenden Kind, das sie lieben kann und das ihre Liebe erwidert.

Die Kleine hopst fröhlich auf dem Schoß ihrer Mutter auf und ab, die Frau beugt sich zu ihr und gibt ihr einen Nasenkuss. Sie halten sich an den Händen und schauen sich an – Gesicht an Gesicht. Das Mädchen kichert und sabbert ein bisschen, und schnell kommt eine Mullwindel zum Vorschein, mit der das Gesichtchen wieder sauber gewischt wird. In Mariannas Brust regt sich lähmende Einsamkeit, Tränen glänzen in ihren Augen. Sie mustert verstohlen die molligen Ärmchen und die Speckröllchen an den Handgelenken und schätzt das Alter der Kleinen – *fünf Monate?* Sofort fängt sie an zu rechnen, kalkuliert das Datum der Empfängnis, dann die Schwangerschaftsdrittel, erstes, zweites und drittes, und schließlich ein Geburtsdatum. Sie fragt sich, wie nahe sie dranliegen mag.

Sie ist entzückend, sagt Marianna und lächelt die Mutter an.

Danke, das finde ich auch. Die Mutter strahlt.

Wie alt ist sie?

Fast sechs Monate. Wieder ein Nasenkuss.

Marianna korrigiert den Fehler in ihren Berechnungen und schaut wieder zum Fenster hinaus, wo Regentropfen in rasender Geschwindigkeit schmale Spuren an die Scheibe malen. Sie sehen aus wie winzige Spermien. *Wohin ich auch schaue,* denkt sie. *Alles erinnert mich immer wieder nur daran, dass ich kein Kind habe und einen Mann, der mich betrogen hat.*

Draußen löst sich der Regen in trauriges Nieseln auf. Der große, unruhige Himmel ist ein Schleier aus verschwommenem Grau. Ich registriere das leise Ticken der Uhr auf meinem Tisch und die angenehme Temperatur in dem weiß gestrichenen Raum. Ich beschließe, noch fünf Minuten zu warten, ehe ich sie anrufe. Es sieht ihr nicht ähnlich, sich zu verspäten, ohne mich zu informieren.

Um 16:15 Uhr erscheint Marianna schließlich. Sie ist völlig atemlos. *Tut mir leid, dass ich mich verspätet habe,* sagt sie und streift die feuchten Schuhe auf der Kokosmatte neben der Tür ab. Ich sehe, dass sie geweint hat, und bitte sie, Platz zu nehmen. *Verdammte Bahn,* seufzt sie und schält sich aus dem karamellfarbenen Trenchcoat. Der Zug vom Haus ihrer Eltern, das Haus, in dem sie aufwuchs, sagt Marianna, hatte Verspätung, *und dann ist mir auch noch der Saft ausgegangen.* Sie hält mir ihr Mobiltelefon hin, der Bildschirm ist schwarz.

Sie löst den Schal und wirft ihn in ihren ledernen Shopper.

Wir setzen uns. Wir arbeiten seit etwa drei Monaten zusammen, und ich frage: *Wie geht es Ihnen, Marianna?*

Ein tiefer Atemzug, sie schließt die Augen.

Nicht gut, sagt sie. *Wohin ich auch schaue, überall Babys und glückliche Paare.* Die mühsam unter Kontrolle gehaltene Stimme bricht, und ich höre aufmerksam zu. *Wissen Sie, wie weh das tut?*

Ehe ich antworten kann, entfährt Marianna ein gequältes Schluchzen. Sie versucht erfolglos, sich zusammenzureißen. Sie greift nach der Kleenex-Schachtel auf dem hölzernen Beistelltisch, tupft sich die Augen trocken und füllt nach, was verloren ging, indem sie den Kopf in den Nacken legt und ihre durstigen grünen Augen mit Tropfen versorgt.

Es ist wichtig, sich die Erlaubnis zum Weinen zu geben, sage ich.

Ich weiß. Aber ich muss heute Abend arbeiten, und Sie wissen ja, wie müde ich vom Weinen werde. Verheult und verquollen kann ich mich unmöglich auf die Bühne stellen. Stellen Sie sich das mal vor.

Sie hat vor einem Monat ein festes Engagement bei dem Londoner Hotel an Land gezogen, für das sie vier Jahre lang immer wieder als Hauskünstlerin gearbeitet hatte. Dort singt und lächelt und tritt sie an insgesamt fünf Abenden in der Woche auf, inklusive der Wochenenden. Auch wenn sie nichts dagegen hat, für elegante Dinnergäste, die kaum jemals applaudieren, sanfte Balladen und die großen Publikumshits zu singen, schlägt ihr

Herz für den Jazz. Wilder, lebendiger, improvisierter Jazz, Musik, die sie körperlich erregt und verzückt; süßer, harmonischer Blues.

Die Liebe zum Jazz hat sie Ted zu verdanken, ihrem Vater. Für Marianna *Pops;* für entfernte Bekannte Edward, und für seine engen Freunde Teddy. Ein kühles Bier in der Hand, hatte er die größte Freude daran, die makellosen Plattenhüllen seiner Vinyl-Schätze auf dem Boden des Hobbyraums auszubreiten und sein einziges Kind in die Geheimnisse seiner großen Leidenschaft einzuweihen.

Jazz ist wie ein Übergangsritual, hatte er zu ihr gesagt. *Eine Freude, die gefühlt werden will, nicht erlernt. Menschen berühren, das ist Jazz.* Er hatte sich über den Plattenspieler gebeugt, den Tonarm auf die Rille gesetzt, die Lautstärke aufgedreht und sich dann wieder zu ihr umgedreht. *Das hier, hörst du? Toleranz und Freiheit.*

Sie hatte dabei zugesehen, wie sich seine Leidenschaft – dramatische Gesten, leuchtende Augen mit konzentriertem Blick – in der zum Hobbyraum umfunktionierten Garage neben dem Haus entlud, während «Cry Me a River» in ihr tiefsten Schmerz und zugleich ein Hochgefühl auslöste, das sie seitdem nie wieder erlebt hat.

Spürst du das?, hatte er gefragt.

Sie hatte es gespürt. Tief. Rhythmisch. Aber ihr siebzehnjähriger Körper war noch nicht reif. Er war zu jung und zu unfertig für die vielen Gefühle, die Fitzgeralds vollkommene Tonlage und ihr unglaublicher Scat in ihr zum Klingen brachten. *Ich wusste nicht, was ich damit anfangen sollte, nur, dass ich unbedingt mehr davon wollte: Spiel es noch mal, Pops, mach lauter!* Und beim zweiten Mal schloss sie die Augen, schwang die Hüften, nahm einen kühlen Schluck aus seiner Flasche und wusste, dass sie diesen Moment festhalten musste, weil er sie und Pops verband. Ein Moment, der nur dazu geschaffen war, sich gemeinsam hineingleiten zu lassen und zu schwelgen. Er hatte sie angelächelt. Glücklich, weil sie es verstanden hatte. Es spüren konnte.

Du hast Jazz in den Adern, Kiddo.

Sie putzt sich die Nase.

Babys, glückliche Paare, verquollene Augen. Womit anfangen?, frage ich.

Marianna räuspert sich und wirft einen Blick auf die Uhr. *Fangen wir mit den Babys an,* sagt sie und trinkt einen Schluck aus ihrer Wasserflasche. *Deshalb bin ich schließlich hier, oder?*

Okay. Also Babys, wiederhole ich.

Sie sind überall, sagt sie. *Im Zug, im Restaurant, im Café, auf dem Weg hierher. Es ist verstörend. Sogar auf den Gemälden meiner Mutter. Dicke, fette Babys.*

Sie verschränkt die Arme vor der Brust.

Haben Sie noch einmal über das nachgedacht, was wir neulich besprochen haben?

Sie nickt. *Das war einer der Gründe, warum ich nach Hause gefahren bin. Ich wollte mit meiner Mutter darüber sprechen.*

Wie war es?, frage ich. Ich weiß, dass sie mit dem verspäteten Zug von einem Wochenendbesuch bei ihrer Mutter zurückgekommen ist. Ich mache mir eine kurze Notiz, weil ich mit Marianna über ihre Sehnsucht nach der Anerkennung ihrer Mutter sprechen möchte, aber nicht heute. Heute möchte ich ihr Verlangen erforschen.

Schön. Es geht ihr gut. Ich habe versucht, mit ihr zu sprechen, aber sie findet, ich sollte, was Karl betrifft, keinen Fehler machen. Sie sagte, es wäre zu hart, um es allein durchzuziehen. Ich soll warten, bis er bereit ist, eine Familie zu gründen. Was vielleicht nie passieren wird.

Er hat sich also in Sachen Familienwunsch immer noch nicht weiterbewegt?

Keinen Schritt.

Dabei wäre schon ein Millimeter ein Fortschritt, sage ich.

Im Zug saß gegenüber von mir eine Mutter mit ihrem Baby, fährt Marianna fort. *Sie wirkten so glücklich, so bezaubernd. Ich hätte am liebsten den Arm ausgestreckt und sie berührt. Aber ich habe es nicht getan. Das wäre ja auch ziemlich schräg, oder?*

Schräg und unangemessen. Sage ich nicht, stattdessen: *Ich glaube, es war die richtige Entscheidung, eine fremde Frau und ihr Kind nicht zu berühren. Aber es wäre hilfreich, sich Ihr Verlangen nach einem eigenen Kind näher anzusehen.*

Meine Mum hält es für einen Fehler, es allein durchzuziehen.

Ich werfe einen Blick auf die Uhr, um nachzusehen, ob wir noch genug Zeit haben – ja, zum Glück –, um die komplizierte Beziehung zu ihrem Lebensgefährten anzuschneiden. *Obwohl Sie mit Karl nicht glücklich sind?*

Zu Frühlingsanfang hatte Marianna all ihre Mühe darauf verwendet, Karl zu verzeihen. Weder hatte er *Ich liebe dich nicht mehr* gesagt noch *Ich liebe sie,* aber nach zwei Jahren Beziehung, die Marianna für Liebe, für echte Verbundenheit gehalten hatte, hatte seine Untreue sie bis ins Mark erschüttert und ihr den Boden unter den Füßen weggezogen.

Sie hatte mir um zwei Uhr morgens leicht lallend eine Nachricht auf den Anrufbeantworter gesprochen: *Ich glaub, ich muss mit jemandem reden, können Sie mir helfen?* Nachts ist alles so viel schwerer, wenn man einsam ist und verlassen.

Ihr Bauchgefühl hatte ihr gesagt, dass etwas nicht stimmte. Sie hatte den Verdacht, Karl würde mit einer anderen schlafen. Aber die Hinweise waren ihr zu plakativ, zu profan erschienen. Sie hatte die neue Frisur, das neue Aftershave, die gesteigerte Frequenz der Besuche im Fitnessclub als Paranoia abgetan, als Anzeichen ihrer eigenen Verunsicherung. Karl würde doch nie so klischeehaft sein. Und doch war es genau so gewesen, eine Fehleinschätzung menschlichen Verhaltens. Und als die Wahrheit dann auf dem Tisch war, wendete sie die Beschimpfungen in Dauerschleife gegen sich selbst. Innere Stimmen, die ihr sagten, sie sei das Klischee, nicht Karl. *Wie konnte ich nur so dumm sein? So blind?*, sagte sie weinend und sah mich mit ihren tiefgrünen Augen an. *Ich schlafwandelte durch meine Tage, wollte es einfach nicht wahrhaben.*

In der Psychotherapie wird dies als «Abwehrmechanismus» bezeichnet, der unbewusste Versuch, uns vor intolerablen Gefühlen zu beschützen, sie von uns fernzuhalten. Abwehrmechanismen, oder Überlebensmechanismen, sind eine von zahlreichen Möglichkeiten, mit denen die menschliche Psyche unangenehmes Selbsterkennen leugnet.

Manchmal ignorieren wir die Anzeichen, und seien sie auch noch so offensichtlich, sage ich, *vielleicht aus Angst vor der Wahrheit? Das unbekannte Bekannte sozusagen.*

Leugnen ist klug. Und wird von Angst gesteuert. Das Leugnen versucht, uns vor potentieller Gefahr und Verletzung zu bewahren. Und es dient dazu, eine Beziehung zu bewahren, an der eine Klientin vielleicht festhalten will, ob aus Einsamkeit, der Angst, verlassen zu werden, oder, in Mariannas Leben, aus dem dringlichen Wunsch nach einem Kind, das sie lieben kann. Marianna wandte ihre Verleugnung gegen sich selbst, indem sie zu sich sagte: *Du übertreibst; du machst Lärm um nichts; du bist hysterisch; du bist zu sensibel; hör auf, dir ständig was einzureden.* Sätze, die dem Versuch dienten, der Realität ihrer Situation den Schmerz zu nehmen. Als sie jetzt darüber reflektiert, empfindet sie Mitgefühl für den Teil von ihr, der Karls Untreue und sein falsches Spiel nicht wahrhaben wollte. Die Tatsache, dass sie Restaurantbelege für Abendessen zu zweit gefunden hatte, an denen sie nicht teilgenommen hatte, fremdes Parfüm an seinen Sachen gerochen und im Bett einen Mangel an Leidenschaft gespürt hatte, wurde eilig umgemünzt zu: *Hör auf, dir ständig was einzureden.*

Sie fragte sich auch, ob er seine Affäre so unverfroren schlecht kaschiert hatte, weil er hoffte, sie würde es herausfinden und ihn bestrafen, oder ob – und das war der schmerzhaftere Gedanke – er sie einfach nicht mehr liebte und nicht mehr respektierte.

Sie schaudert angesichts seiner Dreistigkeit, seiner Unverfrorenheit und bestraft sich dafür, dass sie so *blind* war.

Sie war dreiundzwanzig, hatte schmale, aber hübsche Augen und hieß Hen, die Abkürzung von Henrietta. Sie war zierlich, besaß einen wachen Verstand, einen gepflegten Stil, tiefschwarze Haare, die zu einem stylischen Bob mit Undercut geschnitten waren, große Brüste, *viel größer als meine,* und großes Talent darin, internationale Kunden dazu zu bewegen, sich von ihrem Geld zu trennen. Wieder und wieder hat Marianna Karls Gesicht zwischen ihren Brüsten vor Augen, seine Hände in ihren Haaren, seinen Mund an ihrem Hals. Sieht seinen Schreibtisch im Büro vor sich, hastig beiseitegeschobene Unterlagen, um für ihren winzigen Hintern Platz zu machen. In Mariannas Vorstellung sind beide hocherregt von ihrer Affäre, und Karl lebt banale Chef-Sekretärinnen-Fantasien aus, unter den Blicken der Kollegen. Diese Bilder vor Mariannas innerem Auge tun ihr weh.

Sie erinnert sich nur ungern an die *völlig durchgeknallte Verrückte,* in die sie sich im Anschluss verwandelte. An den aufgedunsenen Körper, der plötzlich aus dem Leim ging und aussah wie ein *Kühlschrank,* nachdem sie ungehemmt Wein und Kuchen und Pasteten in sich reingestopft hatte – Dinge, die ihr im Normalfall nicht über die Lippen kamen. Nur langsam gesteht Marianna sich die Spur der Verwüstung im Kielwasser seines Verrats ein. Die billigen One-Night-Stands, die ausgefallenen Bühnenabende im Hotel, die Dusche, die sie nicht mehr betrat und auch nicht mehr sauber machte. Sie versucht, die Erinnerung an die Zeiten zu verdrängen, als sie bei der Arbeit so mit Betablockern zugedröhnt war, dass ihr noch die kleinste Bewegung zu viel war und ihre Singstimme Töne fabrizierte, die sie selbst nur mit Mühe erkannte. Marianna stopft die *Verrückte* in eine Kiste und verfrachtet sie raus aufs Meer, weit weg, ins Exil. Dorthin, wo sie nicht mehr die Macht hat, sie zu beschämen oder an seine Affäre mit der Henne, wie die Frau bei ihr heißt, zu erinnern. An das absolute Leiden, das sie durchlitt und überlebte.

Nach einem halben Jahr meldete Karl sich bei ihr und entschuldigte sich. *Ich habe einen großen Fehler gemacht. Kannst du mir verzeihen?*, sagte er. Er stand, bewaffnet mit einem Strauß weißer Hortensien, vor dem Hotel und wartete auf sie. Sie antwortete nicht darauf, willigte aber ein, etwas trinken zu gehen, und ließ ihn den Riesenstrauß tragen, während sie an der Themse entlangliefen und sie ihm zuhörte. In der Bar war sie enttäuscht von dem Teil in sich, der Karl zurückhaben wollte, von der Sehnsucht in ihrer Brust, auf die mit Blut sein Name geschrieben stand. Nach dem zweiten Glas Wein war er ein wenig näher an sie herangerutscht und wollte sie unter dem Kinn streicheln, doch Marianna hatte die Nerven bewahrt und war zurückgewichen. Die messertiefen Wunden des Betrugs nach wie vor lebendig in ihrer Brust, unverheilt.

Hatte sie sich etwa nicht seinen Respekt verdient, hatte sie ihn etwa nicht über den Tod seiner Mutter und die anschließende, schmutzige Trennung von seiner Ex hinweggetröstet? *Du hast mir das Herz gebrochen, Karl.* Hatte sie sich etwa nicht um ihn gekümmert, ihn wieder aufgebaut, sämtliche Techtelmechtel mit leidenschaftlichen Männern beendet und ihn auf eine Weise berührt, die sich heilsam anfühlte, nach Ankommen – nach Liebe? Marianna hatte Karl in ihr Leben gelassen. *Ich entschied mich für ihn.* Und war trotzdem irgendwie ins Hintertreffen geraten, vergessen worden, ausgetauscht. Die Magie und die Verführungskünste eines jugendlichen Körpers hatten dafür gesorgt, dass er sich heimlich verdrückte, und Marianna hatte sich im Gegenzug in eine *Verrückte* verwandelt, die allein auf ihrem Bett lag und an ihrem Verstand zweifelte, an ihrem Begehren und, noch schlimmer, daran, wer sie war.

Karl bestellte Wein nach.

Ich hatte die Hosen voll, mir war das alles zu viel. Aber jetzt bin ich bereit. Ich möchte noch mal von vorne anfangen, sagte er. Lass uns zusammenziehen.

Und dann die Krönung.

Lass uns ein Kind kriegen.

Mich interessiert vor allem der Umstand, wie leicht Karl wieder Eingang in Mariannas Leben fand. Es beunruhigt mich, dass ein Satz wie *Lass uns ein Kind kriegen* als Köder reicht, ein Köder an einer kilometerlangen Angelschnur. Seit einigen Wochen wird offensichtlich, dass Karl schon wieder auf dem Rückzug ist – nicht weg von ihr, aber von der Idee, mit ihr ein Kind zu zeugen. Seine Argumente: *Ich möchte, dass wir beide noch eine Zeit lang zu zweit bleiben, nur du und ich, ich habe dich vermisst, ich liebe dich,* geäußert in intimen Momenten, in nackten Momenten, und Marianna ist misstrauisch, wenn auch zwischenzeitlich besänftigt von der Nähe zwischen ihnen. *Ich möchte Zeit, um dir zu zeigen, wie leid mir das tut, was ich dir angetan habe,* sagt Karl.

Sie wohnen weiter in getrennten Wohnungen.

Karl wirkt gelassen.

Eine Beziehung nach einer Affäre ist nicht mehr dieselbe, aber sie ist keinesfalls unmöglich oder zum Scheitern verurteilt. Warum hatte Karl eine Affäre? Ich wollte gerne wissen, ob seine Affäre mit Hen weniger der Versuch war, Marianna zu verlassen, als der Versuch, etwas zu thematisieren, das in ihrer Beziehung nicht stimmte. Ich fragte mich, was das sein könnte. Ich habe, ab und zu, zwar schon Beziehungen erlebt, die nach einem Fall von Untreue tatsächlich besser waren, aber das ist eher selten.

Der Begriff Vertrauen gehört zu den am meisten bemühten Worten in Gesprächen über Beziehungen, und bei einem Vertrauensbruch werden wir unweigerlich mit der Fragilität des Vertrauensverhältnisses zu der Person konfrontiert, die uns verletzt hat. Die anschließende Heilung und die Konsequenzen für beide Partner erfordern schmerzhaft ehrliche Gespräche über die Gründe, die zu dem Seitensprung führten, und darüber, ob Gefahr besteht, dass es wieder passiert. Sobald Groll, Verbitterung, Rachedurst und Verletzung verdaut werden können, folgt die Erforschung des Trümmerhaufens der Beziehung und der zerbrochenen Fundamente des Vertrauens.

Marianna gab sich alle Mühe, herauszufinden, was ihr Anteil an Karls Akt der Untreue gewesen sein könnte. War sie nachlässig gewesen, abgelenkt, egoistisch? Hatte sie ihn mit ihrem Wunsch nach einem Kind zu sehr unter Druck gesetzt? Oder lag es an ihrer Weigerung, sämtliche erotischen Fantasien auszuprobieren, die Karl vorschwebten?

Du hast nichts falsch gemacht, sagte Karl. *Es lag an mir. Diese ganze Vater-Mutter-Kind-Nummer – das hat mir Angst gemacht.*

Als ich von ihr wissen will, weshalb sie Karl so bereitwillig wieder in ihr Leben ließ, antwortet sie sehr direkt: *Ich werde älter, ich will ein Kind. Ich habe nicht die Energie, noch mal mit jemandem ganz von vorn anzufangen. Vielleicht ist Karl ja doch der Eine. Vielleicht ist es das.*

Ich versuche abzuschätzen, was da vor sich geht, höre den defensiven Tonfall ihrer Stimme, und die gleichzeitige Schärfe. *Vielleicht stimmt es, aber ich fürchte, es wäre meinerseits konspirativ, wenn wir Ihre Angst nicht untersuchen.*

Marianna beugt sich zu mir vor. *Natürlich habe ich Angst. Ich bin achtunddreißig. Mir läuft die Zeit davon.*

In einer Chet-Baker-Version von «My Funny Valentine» gibt es eine wunderbare Stelle, an der sich alles verlangsamt, während Chet mit karamellsüßer Stimme singt: *But don't change your hair for me, not if you really care for me, stay, little valentine – stay.* Es gibt mir jedes Mal einen Stich ins Herz, wenn nach dem zweiten «stay» das Klavier einsetzt. Ein sanftes Flehen um das, was Chet bereits verloren weiß: seine Liebste. Ich frage mich, was geschehen würde, wenn Marianna und ich den therapeutischen Prozess verlangsamen würden, wenn sie nicht zuließe, dass die Angst ihr Handeln prägt. Was, wenn wir mit ihren Bedenken sitzen blieben und einen Weg fänden, das, was sie für Machtlosigkeit hält, in Freiheit und Wahlmöglichkeiten umzulenken.

Verlust ist ein Begleiter von Veränderung. Und Schmerz ist der Erfüllungsgehilfe. Läuft unser Leben gut, sind wir glücklich und zufrieden, besteht kaum der Wunsch nach Veränderung. Erfüllt uns unsere Arbeit, begeben wir uns nur selten auf die Suche nach einem neuen Job, und wenn wir unser Zuhause lieben und uns dort sicher fühlen, denken wir eher selten über einen Umzug nach. Sind wir in unserem Alltag jedoch unglücklich, besorgt oder fühlen uns gelangweilt, werden wir misstrauisch oder nervös, kommt uns der Gedanke nach Veränderung in den Sinn. Therapie hilft dabei, herauszufinden, was nicht stimmt, und einen Umgang damit zu finden. Kommt eine Affäre ans Licht, wird Veränderung unmittelbar erzwungen. Für die Person, die «Unrecht erlitt» – in diesem Fall Marianna – sind Verlust und Schmerz besonders heftig und hinterlassen eine Leere, die sie dazu zwingt, eine andere Art von Beziehung zu der Person zu entwickeln, die unrecht gehandelt hat.

Wie könnte Marianna zu Karl neues Vertrauen entwickeln? Was bräuchte es, um zu heilen und Karl wieder zu vertrauen? Ist das fortdauernde Misstrauen gegen ihn ihre Art, im Schmerz und in den *Gefühlen* von Verrat zu verharren? Ich möchte mit Marianna herausfinden, ob es in der Therapie vordergründig eher darum geht, die Beziehung zu Karl zu heilen oder zu beenden, Karl zu verzeihen, oder vielleicht darum, den Diskurs in ihrer Beziehung allgemein zu untersuchen. Jetzt, wo Karl wieder Teil ihres Lebens ist, richte ich den analytischen Blick wieder zurück auf Marianna.

Was wollen Sie?

Ich will ein Kind, eine Familie, sagt sie hinter vorgehaltenem Taschentuch.

Das bedeutet Ihnen viel.

Ja, im Augenblick erscheint es mir wichtiger als die Beziehung mit Karl. Aber ich bin auch keine Spermadiebin, sagt sie heftig.

Ich habe den Ausdruck noch nie gehört, und das assoziierte Bild trifft mich sehr.

Interessant, dass Sie die Vorstellung von Stehlen oder Raub ins Spiel bringen. Ich habe Mühe, mich zu konzentrieren. *Aber worum geht es bei dem Raub tatsächlich?*

Marianna hält inne, streicht sich die Haare zurück und fixiert die wilden Locken mit einem Haargummi, das sie ums Handgelenk trägt.

Um mich. Sie wendet kurz den Blick ab, dann sieht sie mir direkt in die Augen. *Ich beraube mich selbst.*

Wie meinen Sie das?

Ich beraube mich dessen, was ich wirklich will – Mutter zu sein, glücklich zu sein.

Ich räuspere mich.

So scheint es, sage ich.

Hier war ein komplexes Dilemma am Werk. Marianna sehnte sich nach einem Kind und empfand zugleich die Vorstellung, Karl zu verlassen und mit einem anderen Mann neu anzufangen, als überwältigend. Wir Frauen sind uns der biologischen Uhr in unserem Körper schmerzhaft bewusst, aber ich fragte mich, ob noch weitere Komplikationen, histrionische Tendenzen oder Reinszenierungen im Spiel waren. Was bedeuteten Kinderwunsch und Mutterschaft für Marianna tatsächlich? Ich rufe mir Chet Bakers sehnsüchtiges Flehen wieder in Erinnerung und notiere mir meine Gedanken, teils dick unterstrichen. *Spermadiebin??* Und *Den Prozess verlangsamen.* Wenn Mariannas Angst zur Ruhe kommen darf, verstanden und verkörpert wird, wäre sie dann womöglich in der Lage, ihre Sehnsucht anders zu verstehen und zu erfahren? Würde sie dann vielleicht neue Wahlmöglichkeiten für sich und ihren Körper erkennen?

Ich setze frischen Kaffee auf und denke über die Haltung ihrer Mutter nach: dass es besser wäre, bei Karl zu bleiben, weil *es zu hart wäre, es allein durchzuziehen.* Ich frage mich, was dahintersteckt. Warum es ihr lieber ist, dass Marianna in einer potentiell unglücklichen Beziehung bleibt, als allein und mit weiteren Wahlmöglichkeiten. Was zerstörte den Glauben dieser Frau an die Sehnsucht ihrer Tochter? Und wie konnten diese Botschaften und Glaubenssätze für Marianna so wirkungsvoll werden?

Sie trug ein hautenges, goldenes Kleid mit angeschrägter Schleppe, als sie Karl zum ersten Mal sah, er ganz in Schwarz. Sie hatte eine schlichte Strassbrosche angesteckt, und ihre wilden, erdbeerroten Locken wippten im Takt ihrer Schritte, als sie zur Bühne ging. Marianna trug trotz ihrer Körpergröße von eins siebenundsiebzig sieben Zentimeter hohe Absätze, und sie genoss, wie groß und statuenhaft sie sich fühlte, als ihr Blick auf ihn fiel: ebenfalls groß gewachsen, die Haare zurückgegelt, und ein verwegenes Auftreten, das auf sie wie elektrisierend wirkte.

Während unserer gemeinsamen Zeit – bis jetzt weniger als ein Jahr – hat Marianna immer wieder betont, wie absolut wichtig es für sie ist, sich zu ihren Partnern sexuell hingezogen zu fühlen, immer schon. Darüber hinaus gibt es Regeln: *Er muss Humor haben, gut aussehen, sportlich sein – ein trainierter Körper, loyal, charmant, gute Zähne, und außerdem liebenswürdig.*

Werden diese Regeln je gebrochen?, frage ich.

Keine Ahnung. Das habe ich noch nie probiert.

Die Bank, in der Karl als Investment-Analyst arbeitete, war Sponsor der Wohltätigkeitsveranstaltung gewesen. Marianna fiel das zitronengelbe Seidentuch in seinem Jackett auf, und sie fühlte sich von seinem leicht altmodischen Glamour zugleich erregt und getröstet. Während sie ihm in die Augen sah und dabei das Mikrofon auf die richtige Höhe brachte, fragte sie sich, ob er was von Jazz verstand.

Langsam verwandelte sich die Tanzfläche in ein Meer aus Abendanzügen und bodenlangen Kleidern. Unzählige, mit Konfetti gefüllte Luftballons waren mit pastellfarbenen Bändern an Stuhllehnen gebunden. Marianna beschloss, spontan das Set zu ändern, und wandte sich an Leo, den Pianisten. Sie berieten sich kurz und einigten sich auf: «Spring Can Really Hang You Up the Most.»

Als sie mir während einer unserer Sitzungen, etwa im zweiten Monat unserer Zusammenarbeit, davon erzählte, lächelte ich. Ich bin keine Therapeutin mit Pokerface. Mir wird immer wieder gesagt, mein Gesicht sei ein offenes Buch.

Kennen Sie den Song?, fragte Marianna.

Ja.

Hat er eine besondere Bedeutung für Sie?, fragte sie erfreut und musterte mich neugierig.

Die Frage, wie viel man als Therapeutin in der Psychotherapie von sich selbst preisgeben sollte, und das damit verbundene ethische Dilemma wird heiß diskutiert. Das vom Fernsehen, Theater und von der Literatur geprägte althergebrachte Bild der Psychotherapeutinnen ist das eines neutralen, stummen und leicht distanzierten Menschen, der von den Fragen und lebhaften Enthüllungen seines Gegenübers unberührt bleibt. Doch ich kann mit dieser Haltung wenig anfangen. Mein Ansatz beruht auf Beziehung und Partnerschaft, und meine Klientinnen berühren mich tief. Wann immer ich kann, versuche ich, wie es John Bowlby, der Vorreiter der Bindungstheorie, nannte, eine «sichere Basis» zu schaffen, auf der sich allmählich eine bedeutsame Beziehung zwischen Klientin und Therapeutin entwickeln kann und sich die Klientin in ihrer Ganzheit gesehen und akzeptiert fühlt. Wenn das Vertrauen reift, kommt es zu einer emotionalen Beruhigung, Wahrheiten können geteilt und Beziehungsrisiken eingegangen werden, so zum Beispiel, der Therapeutin Fragen zu stellen – sollte die Klientin das Bedürfnis dazu haben.

Mein Lächeln in Reaktion auf den Song, den Marianna gewählt hatte, war ein Hinweis darauf, dass mir das Lied etwas bedeutete. Ich musste an Fran denken, meine Ex-Schwiegermutter, aus deren Feder der Songtext von «Spring Can Really Hang You Up the Most» stammte, ein Titel, den sie elegant zu «Spring!» verkürzt hatte.

Als Fran – *The Godmother of Hip* – mir den Song zum ersten Mal vorspielte, saß ich bei ihr zu Hause im Garten und dachte darüber nach, wie ich meine Karriere als Journalistin am besten an den Nagel hängte, um fortan ganz als Psychotherapeutin zu arbeiten. Während ich mir ihre Spezialität – Thunfischauflauf mit Cornflakes – schmecken ließ und mir Ella Fitzgeralds Version von «Spring!» anhörte, spürte ich den Zwiespalt angesichts dieses Richtungswechsels. Ich weiß noch, wie sehr mir der Schmerz und die Süße des Songs zu Herzen gingen. Ich sagte zu Fran: *Ich glaube, ich muss das einfach auf mich zukommen lassen, die Schönheit und den Schrecken.*

Natürlich, erwiderte Fran, *so werden die besten Entscheidungen getroffen.*

Nach meinem Empfinden ist ein wesentlicher Teil einer effektiven Psychotherapie sowohl für die Therapeutin als auch für die Klientin, sich gemeinsam auf den Weg zu begeben, als Weggefährtinnen. Neben der Aufgabe der Therapeutin, die Grenzen abzustecken und zu wahren, navigiert sie im gemeinsamen Raum und schätzt aufgrund ihrer Erfahrung ab, was gesagt werden soll, wann es gesagt werden soll oder ob es überhaupt gesagt werden soll. In diesem Fall entschied ich, Mariannas Frage zu beantworten, und sagte: *Ja, er bedeutet mir viel. Als ich «Spring Can Really Hang You Up the Most» zum ersten Mal hörte, machte ich mir gerade Gedanken darüber, ob ich Psychotherapeutin werden sollte.*

Was haben Sie denn vorher gemacht?

Ich war Chefredakteurin bei einer Zeitschrift.

Ich bin froh, dass Sie's nicht mehr sind.

Hätte Mariannas Frage in eine andere Richtung gedeutet, hätte sie zum Beispiel wissen wollen, *wer* mir den Song vorgespielt hatte oder *wo* ich ihn zum ersten Mal hörte, hätte ich vielleicht noch mehr dazu erzählt. Anstrengungen, Verbundenheit herzustellen und einander achtsam zu begegnen, vermögen die Bindung und das Vertrauen zwischen Therapeutin und Klientin zu stärken und erreichen etwas ganz anderes als Freuds klassischer Ansatz des unberührbaren Zuhörers. Die Tatsache, dass Marianna nicht nach dem *Wer* und *Wie* gefragt hatte, gab mir den Raum, darüber nachzudenken, ob sie solche Antworten nicht wissen wollte. Vielleicht beschränkte sich ihre Frage auf einen Bereich, über den sie etwas hören mochte: mein Arbeitsleben.

Sich Gedanken darüber zu machen, wie die eigene Therapeutin wohl außerhalb der vier Praxiswände sein mag, kann, so habe ich in den letzten knapp zwanzig Jahren des Öfteren erlebt, eine vielschichtige und manchmal zutiefst unangenehme Erfahrung sein. Immer wieder haben mir Klientinnen von sehr unterschiedlichen Vorstellungen erzählt, was mein Leben jenseits unserer fünfzigminütigen Sitzungen betrifft. Eine Klientin stellte sich vor, wie ich an den Wochenenden im Cabriolet durch die Gegend fuhr; andere sahen mich als kinderlos, mutterlos, als Kirchgängerin, als homosexuell, single, verheiratet, Expertin für Kampfkunst. Eine Klientin war davon überzeugt, ich würde die Praxis niemals verlassen und auf der Couch schlafen, die sich abends in ein Ausziehbett verwandelte. Als sie irgendwann herausfand, dass meine Couch über keinen solchen Mechanismus verfügte und nicht auf derlei Verwandlungen ausgelegt war, reagierte sie schockiert und enttäuscht. Eine andere Klientin erzählte mir einmal, sie hätte mich zufällig in einem Supermarkt in der Nähe meiner Praxis beim Einkaufen gesehen und sei derart erschrocken, dass sie ihren Einkaufswagen stehen ließ und die Flucht ergriff, weil mein Anblick außerhalb der Praxis, wo wir uns zweimal wöchentlich trafen, zu überwältigend und verwirrend gewesen war. *Was dachten Sie denn, wo ich meine Einkäufe erledige?*, fragte ich sie.

In meiner Welt müssen Sie nicht einkaufen oder essen.

Die klassisch freudianische Sicht auf die Therapeutin als weiße Leinwand hat sich im Lauf der Zeit stark gewandelt. Dass immer weniger Therapeutinnen als passive Zuhörer am Kopfende einer Couch sitzen, ohne Blickkontakt und mit wenigen bis gar keinen Reaktionen auf ihre Klienten, ist nach meinem Empfinden eine absolut begrüßenswerte und notwendige Entwicklung.

Die Entmystifizierung von Therapie und Therapeutin ermutigt nicht nur zu Gesprächen über Psychotherapie, sondern regt auch dazu an, allgemein über emotionale Unruhe, Depression, Trauma und Heilung nachzudenken und zu sprechen. Zu wissen, dass eine Therapeutin menschliche Regungen besitzt und nicht immun gegen Gefühle und Subjektivität ist und deshalb reagiert, dass auch wir essen, einkaufen und atmen; dass wir zu Liebe, Begehren, Hoffnung, Ängsten und Unruhe fähig sind wie jedes andere menschliche Wesen auch, dieses Wissen ist wesentlich, um Intimität, gegenseitigen Respekt und Anerkennung füreinander zu entwickeln. Auf diese Weise wird die Kraft der Heilung gemeinsam gespürt, geteilt und erlebt.

Indem ich Marianna wissen ließ, dass ich den Song kannte, den sie sang, als sie Karl begegnete, und ihr einen Einblick in mein früheres Berufsleben gewährte, schuf ich einen Berührungspunkt. Einen Augenblick der Wechselseitigkeit. In diesem Austausch, in diesem Moment der Begegnung, waren wir in der Lage, anzuerkennen, dass wir sowohl innerhalb als auch außerhalb des therapeutischen Kontexts existierten.

Als Mariannas Auftritt zu Ende war, erhob sich Karl von seinem Platz und applaudierte. Marianna spürte, wie ihr das Herz überging. Mit einer pantomimischen Geste hob er ein Glas und deutete auf den freien Stuhl neben sich. Marianna lächelte und formte mit den Lippen ein *Ja, danke.*

Bei dieser ersten Begegnung erahnte sie durch das angeregte Gespräch hindurch und trotz seines Auftretens eine gewisse Traurigkeit. Marianna erfuhr, dass er Jazz zwar mochte, aber nie als *Ritual* erlebt hatte. Er sei jedoch jederzeit für die Reise bereit, wenn sie ihm den Weg zeige. Karl erzählte von seiner Rolle bei der Veranstaltung, dass auch seine Mutter kürzlich an Brustkrebs gestorben sei, und als er ihr ein Glas Sekt einschenkte, fiel Marianna der nackte Ringfinger auf. Später dann erfuhr sie, dass sie quasi in derselben Gegend lebten und er Cricket mochte und gerne Swing tanzte. *Hättest du Lust, irgendwann mal mit mir essen zu gehen?*, fragte er.

Und Marianna spürte, wie sie rot wurde, als sie, ohne zu zögern, antwortete: *Ja, gerne!* Und er hatte angesichts ihres Enthusiasmus ausgelassen gelacht und gesagt: *Gut! Gut, das freut mich.*

So hatten die beiden sich kennengelernt.

Beim zweiten Date dann der erste Kuss. Scotch und warmer Pfefferminzgeschmack auf seinen Lippen. Marianna entspannte sich und ließ die Augen geschlossen, als sie sich voneinander lösten, und als sie die Augen dann wieder aufschlug, sah sie Karl lächeln. Zarte Schneeflocken landeten auf ihrem Kragen. Ihr erstes Date war in die Hose gegangen, Karl hatte sich eine Stunde verspätet. Marianna hatte beschlossen, nicht zu warten, und war verletzt und mit dem Gefühl, versetzt worden zu sein, nach Hause gegangen und hatte sich eingeredet, dass es ihr nichts ausmachte. Er bat sie erst schriftlich um Verzeihung, dann telefonisch. Dann kam ein handgebundener Strauß bordeauxroter Pfingstrosen mit einer Karte und landete in einer türkisfarbenen Blumenvase auf Mariannas Küchentisch.

Verzeih mir. Können wir's noch mal versuchen? K xx stand auf der Karte.

Marianna recherchierte die Bedeutung hinter seiner Blumenwahl und erfuhr, dass Schamgefühl und Schüchternheit bei ihr gelandet waren. Oder las sie zu viel in seinen Wiedergutmachungsversuch hinein? Waren die kostbaren tiefroten Blüten, absolut außerhalb der Saison, einfach die Wahl einer geschäftstüchtigen Floristin gewesen? Marianna ließ eine Woche verstreichen, darauf bedacht, nicht allzu verfügbar und trotzdem nur ein bisschen beleidigt zu wirken, auf keinen Fall so sehr, um sauertöpfisch rüberzukommen. Oder gemein.

Hatte Ihr Hinhalten den erwünschten Effekt?, frage ich.

Natürlich, antwortet sie mit einem Lächeln.

Als sie das zweite Restaurant betrat, freute sich Marianna an den opulent getäfelten Wänden und den goldenen Deckenflutern, die für intime Beleuchtung sorgten. Draußen landeten dicke Schneeflocken auf dem Bürgersteig, ein makelloser, reinweißer Schal. Sie genoss den Schnee und berührte sanft die kalte Stelle an ihrer Kehle. Ein Schauder durchfuhr sie. Der Oberkellner, dessen Haar ebenfalls weiß gesprenkelt war, bat um ihren Namen und reichte ihr eine Garderobenmarke im Austausch für ihren Mantel – schwarz, Vintage, Astrachan-Lammfell. Versonnen blieb Marianna stehen.

Plötzlich ging die Tür auf, und ein kalter Windhauch wehte herein. Marianna spürte, wie die eisige Nachtluft ihr Gesicht wach küsste, und entspannte bewusst die breiten Schultern.

Hallo, sagte Karl und gab ihr einen Kuss auf die Wange. Marianna achtete genau auf seinen weichen, wachen Mund. Auf das Geräusch seiner Lippen, als sie sich von ihrer Haut lösten, und das Gefühl, das sie hinterließen, kribbelnd und leise.

Hallo. Wie schön, dass du pünktlich bist, sagte sie mit neckischem Tonfall.

Das tut mir wirklich sehr leid. Ich werde es erklären, antwortete er.

Er sorgte dafür, dass sie einen Platz an der frei stehenden runden Marmorbar in der Mitte des Raums bekamen, sie hatte dafür gesorgt, dass sie ihr neues Kleid trug, schwarz und mit geschlitztem Kragen. Schlichte Perlen lagen auf ihrer blassen Haut wie winzige Zähne von Tieren. Er wartete, bis sie die Knie geschwenkt hatte, dann erst nahm er neben ihr auf dem ledernen Barhocker Platz. Ein seltsam unbeholfenes Arrangieren von Gliedmaßen, das sich ein wenig plump anfühlte.

Was möchtest du trinken?, fragte Karl.

Was Sprudelndes, antwortete sie.

Dann Champagner, hatte er galant geantwortet.

Sie unterhielten sich über die Veranstaltung, auf der sie sich drei Wochen zuvor kennengelernt hatten. Mariannas Schultern entspannten sich, während sie die Variation Meeresfrüchte kostete, die auf einer riesigen Etagere mit zerstoßenem Eis serviert wurden, gekrönt von einem Hummer. Die Scheren waren glänzend, prall und vollkommen. Die schwarzen Knopfaugen intakt, der Blick auf sie gerichtet. Marianna sah sich suchend nach der fehlenden Fingerschale um und nahm Garnelen, Muscheln und Austern behutsam und mit spitzen Fingern vom Gestell. Sie hätte sich nur zu gern abgeleckt, hatte aber Angst, ungehobelt oder zu kokett rüberzukommen, wenn sie sich die Lippen ableckte, die Finger.

Marianna und Karl sprachen nicht darüber, weshalb er sich bei ihrem ersten Date eine ganze Stunde verspätet hatte, doch irgendwann wird sie erfahren, dass er damals Sam getroffen hatte, seine Ex-Freundin. Stattdessen unterhielten sie sich über ihre Arbeit, Mariannas letzte Reise, die sie nach Valencia geführt hatte, über Freunde und Familie – die üblichen Nettigkeiten bei einem ersten (zweiten) Date. Nichts zu Schweres, keine kontroversen Themen.

Lebt dein Vater noch in Cambridge?, fragte Karl.

Nein, Pops ist letztes Jahr gestorben.

Marianna wurde plötzlich klar, dass sie von ihrem Vater erzählt hatte, als würde er noch leben.

Was sagt Ihnen das, frage ich, *dass Sie von Ihrem Vater sprachen, als würde er noch leben?*

Ich hatte nicht akzeptiert, dass er gestorben war, sagt sie. *Ein Teil von mir hat das immer noch nicht.*

Nach dem Abendessen spazierten sie zu seiner Wohnung in Kensington. Karl war energiegeladen, die Augen leicht glasig vom Wein. Marianna war zurückhaltend und hellwach. Nur ihr Gesicht war der Kälte ausgesetzt – und als er sich aus einem ledernen Handschuh befreite und ihr zärtlich über die Wange streichelte, spürte sie die Berührung am ganzen Körper. Dann, der Kuss; warm, Pfefferminz und Scotch.

Um Mitternacht hatte sie die zweite Zigarette geraucht, nackt, in seiner schicken Wohnung, und gedacht, sie hätte vielleicht warten sollen, bis sie ihre anderen, losen Beziehungen geklärt hatte. Doch zu warten, war ihr sinnlos erschienen. Eine unnötige Drosselung. Also hatte sie nachgegeben.

Als sie im Taxi saß, schickte Karl ihr ein Foto von seinem Bett, welches sie wegen einer frühmorgendlichen Gesangsstunde um drei Uhr morgens verlassen hatte. *Ich vermisse dich jetzt schon, K xx*

Er hatte versucht, sie zum Bleiben zu bewegen. *Bitte, du bleibst doch hier, ja?* Hatte verletzt gewirkt, ein klein wenig verbittert, als sie sich angezogen und zur Tür gegangen war. Sie hatte einen Stich Unmut in seiner Stimme gehört, als er sagte: *Ja dann, gute Nacht, bis zum nächsten Mal,* einen Hauch Empörung darüber, dass sie ihn verließ. Auf dem Heimweg fragte Marianna sich, ob er sie dafür später bestrafen würde.

Und? Hat er?, frage ich.

Mich bestraft?

Ich nicke.

Vielleicht tut er es immer noch.

Am nächsten Morgen rekelte Marianna sich unter ihrer Bettdecke und dachte an die vergangene Nacht zurück. Sie hatte Karls bestimmte Berührungen vor dem Kühlschrank genossen, der in ihrer Fantasie voll war mit Fleisch und Salat, und dass seine klugen Finger genau zu wissen schienen, wie sie ihr schwarzes Kleid aufknöpfen mussten. An die Perlen, die plötzlich auf ihrer nackten Haut strandeten, die Kuhle ihres Schlüsselbeins als Rettungsinsel für die empfindlichen Kostbarkeiten. Sie erinnerte sich, wie er sie mit einer einzigen schnellen Bewegung mit sich auf den gefliesten Küchenboden gezogen hatte. Knochen und Fleisch auf die kalten Fliesen gepresst.

Sie fragte sich, ob Karl wohl auch an sie dachte und ob er ihr verziehen hatte, dass sie gegangen war. Sie sah auf die Uhr, schlug widerwillig die Bettdecke auf und warf einen Blick zu ihrer Tasche hinüber, die auf der Kommode lag. Darin: die zerrissene Perlenkette, vorsichtig eingesammelt und behutsam in Kosmetiktücher gewickelt, ehe sie ging. Karls stürmische Art auf dem Küchenboden hatte dazu geführt, dass die Kette gerissen war. Seine großen Hände auf ihrem Körper hatten sie erregt, seine Kraft und der Nachdruck, mit dem er sie aufgefordert hatte, sich hinzuknien. Das Verlangen in seiner Stimme, als er ihr Anweisungen gab, was sie mit ihm machen sollte, hatte sie angemacht, sie fühlte sich wie im Rausch, fast betrunken. Morgen würde sie das Schmuckstück zum Juwelier in der St. John Street bringen. Die Perlen neu auffädeln lassen. Sie würde denen irgendwas erzählen, dass sie an einem Reißverschluss hängen geblieben war oder so. Die Kette war ein besonderes Geburtstagsgeschenk gewesen.

Nach vier Wochen gemeinsamer Arbeit hatte ich Marianna gefragt: *Sollte mich das beunruhigen? Sie sagen, es erregt Sie, Anweisungen zu bekommen – gehört das zu Ihren sexuellen Vorlieben?*

Keine Ahnung? Sie sind die Therapeutin!, hatte sie achselzuckend geantwortet. *Aber es stimmt schon, manchmal stehe ich auf riskanten Sex.*

Ich nahm mir einen Augenblick, um die Abwehr in ihren Worten auf mich wirken zu lassen. *Aber Sie sind diejenige, die in dieser Beziehung ist, und ich glaube, Sie sind zu mir gekommen, weil Sie Unterstützung möchten. Sollten wir über die zerrissene Perlenkette sprechen?*, fragte ich sie.

Sie starrte mich durchdringend an, hob das Kinn. *Nein*, sagte sie, *kein Grund zur Beunruhigung. Ich möchte nur, dass Sie mir zuhören. Es hat mir Spaß gemacht.*

Okay, gut, antwortete ich.

Abends dann, im Hotel, zog Marianna sich um und kaschierte die Spuren, die Karls Finger auf ihrem Hals hinterlassen hatten, mit einem breiten Samtband. Dabei dachte sie wieder an ihn. Er hatte nicht angerufen, anders als die meisten Männer, mit denen sie im Bett gewesen war, und sie fragte sich, was das zu bedeuten hatte. In ihrer Kehle war ein Hauch Enttäuschung spürbar, die sie mit massierenden Bewegungen besänftigte und mit einer Tasse warmem Wasser hinunterspülte. Marianna nahm ihre Tasche, wickelte das provisorische Päckchen auf und streichelte die losen, winzigen Perlen. Sie spürte Verbundenheit zu dem verletzlichen Zustand. Sie ließ die Kügelchen in der hohlen Hand herumrollen, ihre Finger bewahrten sie vor dem Fall. Marianna wollte eine Spur ihrer gemeinsamen Nacht bei sich tragen und schob sich die kaputte Kette in die Tasche ihres roten Kleids. Sie stellte sich vor, wie sie während ihres Auftritts verstohlen danach tastete. Die glatten, runden Kugeln kamen ihr vor wie Gebetsperlen. Ihr Unbehagen war kurzfristig besänftigt.

Jungs kennenlernen ist das eine, aber einen zu finden, mit dem du deine Zeit verbringen willst, ist das andere. Marianna ahmt mit langsamer, tiefer Stimme ihren Vater nach.

Sie nimmt einen Schluck Wasser aus ihrer Trinkflasche und erzählt, wie sie sich eines Abends nach einem Date mit einem Typen namens Lix zu ihrem Vater auf die Kunstledercouch plumpsen ließ und voll jugendlichem Drama verkündet hatte: *Das war der schlimmste Abend meines Lebens!*

Pops war eingeschlafen, auf dem Schoß einen stinkenden, qualmenden Aschenbecher. Seine Augen waren blutunterlaufen, er sah aus, als hätte er seit Tagen nicht geschlafen, und sie fragte sich, ob er die Woche durchgearbeitet oder ob die Bar, in der er Klavier spielte, schließlich doch beschlossen hatte, ihn rauszuschmeißen. Auf dem Boden stand ein halb volles Glas. Es sah nach Cola aus, aber Marianna wusste, dass es mit Rum versetzt war – obwohl ihr Vater wieder mal aufgehört hatte zu trinken. Er hatte einen trockenen Monat versprochen. Kein Alkohol, kein Hasch. Und am Vortag hatte Marianna gesehen, wie ihre

Mutter ihn in der Küche umarmte, während er Brote schmierte. *Es macht mich glücklich, dich so zu sehen,* hatte sie zu ihm gesagt. *Nüchtern und hungrig.* Marianna brachte es nicht über sich, ihrer Mutter von dem Vorrat an Rum und Tequila zu erzählen, den er in der Garage hinter dem Plattenspieler deponierte.

Komm, wir ziehen noch mal los, hatte Pops gesagt, sich eine frische Zigarette angezündet und das Glas geleert. Ihre Mutter schlief bereits. *Alles gut, weck sie nicht auf,* sagte ihr Vater.

Er war mit Marianna zu einer Bar am Stadtrand gefahren. Im Freien gab es einen überdachten Essbereich mit schnellen, einfachen Gerichten und einen Spielplatz für die Kinder der Eltern, die in der Bar tanzen, Billard spielen und eine gute Zeit haben wollten. Er suchte in seinen Taschen nach einer Zigarette. *Also, was war los bei deinem Date?,* fragte er.

Marianna mochte es, wenn ihr Vater sich interessiert zeigte und ihr Fragen stellte. Es waren rare, flüchtige Momente, und sie versuchte, sie möglichst auszukosten, wenn es geschah.

Er hat kein Interesse. Wie sich rausstellte, hat er schon eine Freundin. Was für ein Sauhund.

Mit zitternder Unterlippe presste Marianna das Kinn an die Brust. *Ich hab ihn echt gemocht.*

Vergiss ihn. Felix, was ist das überhaupt für ein Name?, sagte ihr Vater und berührte sacht ihre Schulter. Wenn Marianna traurig ist, kann sie ihn heute noch spüren. Wie ein Geist, ein nicht zu greifender Traum.

Als sie den Blick hob, sah sie eine hübsche Barfrau mit schmaler Taille vor sich, einen Gürtel um den Mohair-Pullover gebunden. Sie brachte ihrem Vater einen Tumbler mit Cola auf Eis. Obwohl er nichts gesagt hatte, wusste sie, welchen Schuss sie dazugeben musste. *Und was ist mit dir, Süße?,* fragte die Frau.

Malibu Orange, sagte Marianna.

Sie nimmt auch Cola; oder Orange pur, sagte ihr Vater.

Klar, Teddy. Die Barfrau lächelte ihn an. Marianna registrierte, dass sie ihn weder Ted noch Edward nannte.

Spielverderber. Wer ist sie?

Eine Freundin.

Marianna wahrte die Geheimnisse ihres Vaters. Als er sie bat, zu lügen, weil die Wahrheit ihre Mutter nur verletzt hätte, hatte sie es getan. Als er ihr gestand, *Ich würde deine Mutter nie verlassen, aber ich brauche meine Freiheit, Kiddo,* hatte sie ebenfalls dichtgehalten, weil ein Leben ohne ihn die Hölle gewesen wäre – für sie und für ihre Mutter. Marianna entwickelte eine eher lockere Beziehung zur Wahrheit.

Marianna schiebt sich eine Locke hinters Ohr. *Tja, wie Sie sehen, die Beziehung zu meinem Pops basierte auf Diskretion.*

Und Ihre Mutter?, frage ich.

Ich habe sie beschützt. Ich habe ihm stellvertretend für sie verziehen.

Und jetzt verzeiht Ihre Mutter Karl an Ihrer Stelle, sage ich. *Mit dem Unterschied, dass Sie von Karls Untreue wissen, im Gegensatz zu Ihrer Mutter, die von den Affären Ihres Vaters nichts wusste.*

Vielleicht ja doch.

Wie das?

Marianna trinkt noch einen Schluck Wasser. *Wie hätte sie das mit den anderen Frauen denn nicht wissen sollen? Es gab so viele – da hätte sie schon blind sein müssen. Vielleicht will sie, dass ich mit Karl zusammenbleibe, weil es sich für sie besser anfühlt. Schließlich würde ich das Gegenteil von dem tun, was sie damals tat, wenn ich Karl verließe.*

Ich denke über Mariannas «Blindheit» in Zusammenhang mit Karls Affäre nach. Hatte sie sich eine Version ihres Vaters gewählt und war in die Rolle ihrer Mutter geschlüpft? *Haben Sie mit Ihrer Mutter jemals über die Affären Ihres Vaters gesprochen?*

Nein. Aber ich glaube, es ist endlich Zeit.

Zeit wofür?, frage ich.

Zeit, die Pille abzusetzen. Karl muss es ja nicht wissen.

Ohne eine Spur Schuldbewusstsein oder Zweifel sieht Marianna mich an.

Lügen oder Betrug können schockierend sein, geschmacklos und unangenehm. Dies ist wieder einer der Momente, in denen mein Gesichtsausdruck für sich selbst spricht.

Was denn?, fährt sie mich herausfordernd an.

Ich spüre, wie ich unwillkürlich den Rücken durchdrücke, um mich für einen riskanten therapeutischen Austausch zu wappnen. Einen wagemutigen Versuch. Die Unvorhersehbarkeit dessen, worauf ich gerade gestoßen bin, hat mich beunruhigt, in Alarmbereitschaft versetzt. Soll ich die potentielle Falle kommentieren, soll ich Marianna einladen, sich tiefer hineinzuwagen? Oder verbuche ich die potentielle Lüge unter: *Bedarf weiterer Untersuchung?* Die scharfe Neunziggradkurve weg von einem möglichen Gespräch mit ihrer Mutter hat sich so radikal in Richtung Lüge bewegt, dass ich mich frage, welchem Zweck Mariannas hochriskantes Verhalten dient. Entwicklungsstillstand? Egoismus? Rache? Oder ist die Intervention durch andere wichtig für Marianna?

Plötzlich bin ich mir unsicher. *Die Zeit ist um*, sage ich, verärgert, weil unsere fünfzig Minuten vorüber sind. Ich stelle fest, dass Marianna diese Bombe mit der potentiellen Lüge am Ende unserer Sitzung platzen ließ, ohne weiteren Spielraum, sie zu hinterfragen oder ihr tiefer auf den Grund zu gehen. Die abrupte Preisgabe und dass sie damit das letzte Wort hatte, macht mich neugierig, und meine Gedanken rasen. Ich wünschte, es wäre noch Zeit, sich jetzt weiter mit dem Prozess auseinanderzusetzen. Doch das wird eine Woche warten müssen.

Ich finde Intervention interessant. Man könnte behaupten, in der Tierwelt sei menschliche Intervention fehl am Platze. Der Darwinismus ging davon aus, dass sich die Arten durch natürliche Selektion kleiner, vererbter Variationen entwickeln, welche die Chancen des Individuums erhöhen, zu überleben, sich fortzupflanzen und im Wettbewerb zu bestehen. Mir kommt in dem Zusammenhang der unglaublich schöne Dokumentationsfilm *My Octopus Teacher – Mein Lehrer, der Krake* über den Filmemacher Craig Foster in den Sinn, der eine völlig unglaubliche Freundschaft mit einem wilden Kraken entwickelte. 376 Tage lang besuchte Foster das Krakenweibchen im Meer. Ich war sehr bewegt von der Bindung, die sich zwischen Foster und dem Tier entwickelte und von Fosters respektvollem Umgang mit dieser sich langsam entwickelnden, intimen Beziehung. Eine Kollegin, mit der ich mich beim Mittagessen über den Film unterhielt, meinte dazu: *Der Krake hat ihm das Leben gerettet.* Ich war da anderer Meinung. *Ihre Beziehung hat ihm das Leben gerettet,* sagte ich.

Eines Tages wurde Foster Zeuge, wie ein Pyjamahai den Kraken angriff und einen Fangarm verschlang. Weinend hatte ich mit angesehen, wie sich das verletzte Krakenweibchen zitternd hinter Felsen und Algen versteckte, wie das Leben langsam aus dem rosafarbenen Körper entwich, der allmählich zu einem gespenstischen Hellgrau verblasste. Das Leben eines wilden Kraken ist ein tagtäglicher Kampf ums Überleben, ein immerwährender Parcours voller Gefahren, auf dem das Tier versucht, seine Fressfeinde zu überlisten, sich zu verstecken und vor ihnen zu tarnen. Warum hatte Foster nicht versucht, das Krakenweibchen vor dem Haiangriff zu beschützen? *Es wird einem bewusst, dass es eine Linie gibt, die man nicht überschreiten darf,* sagte Foster, nachdem er wieder an Land war. Warum war die natürliche Ordnung der Dinge so grausam? Ich war wütend. Vor allem aber war ich aufgewühlt. Ich begann, über meine eigene Verwundbarkeit und meine Grenzen als Psychotherapeutin nachzudenken. Wie bei Foster ist auch meine Beziehung zu anderen Menschen ständig im Wandel, und an den meisten Tagen werde ich daran erinnert, dass der therapeutische Prozess alles andere als perfekt ist. Wir sind empathische Wesen, die sich aufeinander einschwingen und miteinander mitfühlen. Unser Erfolg als menschliche Spezies wurzelt in unserer Fähigkeit, uns gegenseitig unserer Bedürfnisse bewusst zu sein, gegenseitig unseren Schmerz wahrzunehmen oder den Mangel an Sicherheit sowie die Erfahrung tiefer, emotionaler Empathie. Als dann aus der Wunde des Krakenweibchens ein winziger Fangarm zu wachsen begann, kam mir ein Gedanke. Vielleicht geht es in der modernen Psychotherapie weniger um radikale Intervention als vielmehr um den Versuch, die Klientin zu erreichen, ihr dabei zu helfen, klarer zu denken und ihr die Tür zu einer Beziehung zu öffnen, in der sie mit ihren Schwierigkeiten nicht alleingelassen ist, auch bei Lüge oder Verrat.

Psychotherapie ist ein Unterfangen von Herz und Verstand, in dem zwei Menschen miteinander erforschen, was es bedeutet, ein Mensch zu sein. Als Therapeutinnen könnten wir uns versucht fühlen, unsere Klientinnen dazu zu bewegen, die Dinge anders zu machen als bisher – nicht mehr zu lügen, zum Beispiel. Die Methode, die ich jedoch als nützlich erkannt habe, besteht nicht darin, zu drängen, zu schmeicheln und zu überzeugen, sondern in dem Versuch, eine hilfreiche Fragestellung zu finden, die sich auf das Lügen beziehungsweise das problematische Verhalten bezieht. Veränderung findet eher im Verständnis Luft zum Atmen als in Überzeugungsarbeit. Verständnis ist der Raum, wo die Klientin ihre innersten Ängste formulieren kann, ihre Hoffnungen und Befürchtungen. Interventionen sind zwar im Falle unmittelbar drohender Gefahr oder Selbstverletzung notwendig, aber sie sind komplex, und wenn man der Klientin durch Intervention die Erfahrung ihrer eigenen Resilienz und Überlebensfähigkeit vorenthält, verspielt man damit kostbare Möglichkeiten. Ich nahm mir vor, Marianna diese Ansicht zu vermitteln, wenn wir uns das nächste Mal trafen.

Marianna erfährt, dass Sienna, eine ihrer engsten Freundinnen, im dritten Monat schwanger ist. *Wir haben es gar nicht aktiv versucht, es ist einfach passiert,* sagt Sienna strahlend und zeigt auf ihren Bauch. Marianna kommen die Tränen – heiße, spitze Nadeln in den Augenwinkeln –, und sie versucht eilig, ihren Neid hinter einem übertriebenen Lächeln zu verstecken, breit und ein bisschen zittrig. *Ich freu mich so für euch,* flötet sie. Sie bestellen beide Salat, keinen Wein, und dann geht es los mit den Mutmaßungen: *Und? Was ist mit dir und Karl? – Ach, ich glaube, wir sind einfach noch nicht so weit. – Wirklich? Aber du hast doch immer gesagt, du willst Familie. – Hab ich das? Wir sind gerade erst wieder zusammengekommen. – Ja, das stimmt, aber warte besser nicht zu lange.*

Marianna entschuldigt sich und verschwindet auf die Toilette. Sie sucht in der Tasche nach einem Betablocker. In den letzten Wochen hat sie die winzigen blauen Pillen, die ihr schmerzendes Herz beruhigen, das Zittern ihrer Hände unterbinden und den kleinen Schweißfilm auf der Oberlippe gar nicht erst aufkommen lassen, wieder zunehmend öfter geschluckt. Sie starrt ihr Spiegelbild an. Die schwarze Pupille weitet sich und verdrängt das Grün ihrer Augen. Sie sieht der Panik beim Schmelzen zu und sagt laut:

Ich bin nicht glücklich.

Und es muss sich was ändern.

Und Karl braucht es nicht zu erfahren.

Und ich schaffe das auch allein.

Also, welcher Weg wird es werden?

16 Uhr.

Ich würde zu Beginn gerne noch einmal auf Ihre Bemerkung von letzter Woche zurückkommen, sage ich zur Eröffnung.

Mariannas Augen werden rund, und in dem Moment, in dem

sie zu sprechen anheben will, verwandelt sich ihre Trotzhaltung blitzschnell in Verlegenheit.

Ich könnte jetzt sagen, mir wäre mein Geständnis, dass ich vorhabe, heimlich die Pille abzusetzen, selbst unangenehm, sagt sie, den Blick schüchtern zu Boden gerichtet.

Geständnis ist eine interessante Wortwahl.

Aber genau das war es doch. Ein Geständnis.

Da Sie so lange Hüterin der Indiskretionen Ihres Vaters waren, drängt sich mir die Frage auf, ob das Abgleiten in ähnliches Verhalten Ihre Beziehung zu ihm aufrechterhält.

Dass ich also in gewisser Weise zu ihm werde? Ja, vielleicht hält das einen Teil von ihm in mir lebendig. Marianna hält inne. *Meine arme Mum.*

Schweigen.

Dann: *Ich weiß nicht, was ich machen soll.*

Ich mache Marianna darauf aufmerksam, wie sehr ihre Beziehung zu Karl der Ehe ihrer Eltern ähnelt. Dass sie, wie ihre Mutter, beschlossen hat, das Leugnen sämtlichen Beweisen für seine Untreue vorzuziehen.

Mir kommt es vor, als hätten Sie mit Ihrem Geständnis unbewusst zum Ausdruck gebracht, wie frustriert und schmerzerfüllt Sie als Kind waren, sage ich.

Wieder eine Pause.

Mir war gar nicht bewusst, wie nachtragend ich bin.

Mein Schweigen unterstreicht die knisternde Lebendigkeit ihrer Worte, die geradezu im Zimmer vibrieren.

Marianna verharrt ebenfalls in Schweigen.

Stille.

Ich habe kürzlich einen Dokumentarfilm gesehen, sage ich schließlich. *«Mein Lehrer der Krake».*

Ja, kenne ich. Habe ich aber noch nicht gesehen, sagt sie etwas verwirrt.

Es gibt einen Grund für den Themawechsel, erkläre ich.

Ich erzähle ihr von meinen Empfindungen, als ich den Film sah, und von meinem unglaublich großen Bedürfnis, das Krakenweibchen zu beschützen. Davon, wie dringend ich wollte, dass Foster interveniert, als die Pyjamahaie den Fels umkreisen, unter dem sich das Weibchen versteckt hatte. *Ich war im Zwiespalt über seine Entscheidung, nicht zu intervenieren. Ich wollte, dass er sie rettet, und empfand seine Entscheidung gleichzeitig als Respekt vor der natürlichen Ordnung der Dinge.*

Sie meinen, man soll sich in den natürlichen Lauf der Dinge nicht einmischen?

Genau. Mit Therapie ist es ähnlich – und natürlich auch wieder nicht. Ich bin im Zwiespalt, ob ich angesichts Ihrer Entscheidung, die Pille abzusetzen, intervenieren soll, und frage mich gleichzeitig, ob Sie mir damit in Wirklichkeit zu sagen versuchen, dass Sie etwas anderes von mir brauchen.

Ich will, dass Sie mir sagen, was ich machen soll, damit nicht ich die Entscheidung treffen muss, sagt sie.

Ich möchte Ihnen dabei helfen, selbst klarer zu denken.

Plötzlich ändert sich ihre Stimmung, das Taschentuch in ihrer Hand wird von einer Faust zerknüllt.

Ich habe ihn nie betrogen, faucht sie. *Dabei gab es zahllose Gelegenheiten.*

Ich sage nichts. Es stimmt, sie war Karl immer treu. Sie hat ihn geliebt, sehr. Und sie hat geglaubt, Karl würde sie auch lieben. Für diese Geschichte ist wichtig zu wissen, dass Marianna schön ist. Und sie ist großzügig, mit ihrer Aufmerksamkeit, ihrem Körper, ihrer Stimme. Wenn der Widerschein ihrer Strahlkraft auf sie selbst zurückregnet, entscheidet Marianna, wie sie damit umgeht. Und wenn dieser Regen die Aufmerksamkeit anderer Männer mit sich brachte, nahm sie Zuflucht unter einem Schirm aus Anmut und Schlagfertigkeit. Gab den

Verehrern mit den eindeutigen Avancen zu verstehen, dass sie glücklich liiert war.

Marianna beugt sich vor. *Wissen Sie noch, ich habe Ihnen doch erzählt, dass Karl und ich eine Reise nach Antigua machen wollten, um meine Tante zu besuchen?*

Ich erinnere mich.

Sie wollte mir nach Pops Tod ein paar Dinge von ihm geben. Karl sagte, er könne nicht mitkommen, weil er arbeiten müsse, und ich sollte allein fliegen. Dabei hat er die ganze Zeit die Henne gevögelt.

Ich erinnere mich auch daran, dass Sie mir erzählten, wie einsam und betrogen Sie sich fühlten, sage ich.

Ganz und gar betrogen, sagt sie mit leicht zitternder Stimme.

Vielleicht Sind Sie jetzt einen Schritt weiter, Sie haben die Wahl, sage ich. *Es tut mir leid, dass Karl Sie betrogen hat, und auch die junge Frau, die die Geheimnisse ihres Vaters hüten musste, tut mir leid. Aber unser Schmerz ist nicht unser Schicksal. Was Sie als Geständnis bezeichnen, ist in Wirklichkeit ein Racheakt.*

Ich habe vielen Klientinnen bei der Formulierung ihrer Rachefantasien zugehört. In manchen Fällen bietet dies eine Möglichkeit des Umgangs mit ihrem Leid und den Gefühlen von Machtlosigkeit. Es ist hilfreich, über diese dunklen Sehnsüchte zu sprechen und nachzudenken, damit Gefühle der Scham, Verletzung und Erniedrigung verstanden und anerkannt werden können, anstatt sie auszuagieren. Eine Klientin erzählte mir einmal von ihrer Sehnsucht, unter den Teppichen in einem Haus, das sie auf Anweisung eines *gleichgültigen, geldgierigen Vermieters* fristlos hatte räumen müssen, Maden zu verstecken; eine andere sprach davon, den Pass einer Mitbewohnerin, die mit ihrem Freund geschlafen hatte, unleserlich zu machen; eine andere gestand, verdorbene Lebensmittel in den Kleidersaum ihrer Erzfeindin, einer Tänzerin, einnähen zu wollen; während wieder eine andere Klientin mir von ihrer

Fantasie erzählte, einem Arbeitskollegen Drogen in den Spind zu schmuggeln. Die Geschichten dieser Klientinnen, die sich wünschten, an ihren Opfern Rache zu üben, haben etwas gemeinsam: Verletzung und Verrat.

Marianna fragt sich oft, weshalb ihre Mutter ihres Wissens nie versuchte, sich an ihrem Vater zu rächen. *Es gibt etwas, das viel schlimmer ist als Rache,* sagt sie, *und zwar Gleichgültigkeit oder Baden in Selbstmitleid.*

Direkt nach der Sitzung muss Marianna zu einer Kostümprobe, das Outfit über dem Arm wie eine riesige Serviette. Sie kann ihre Sehnsucht nach Rache nicht ablegen; sie will es auch nicht. Sie fragt sich, was genau sie an Gleichgültigkeit so stört.

Am Abend dann dreht sie sich zu Leo, dem Pianisten um – die neu aufgefädelte Perlenkette in der Kuhle zwischen den Schlüsselbeinen – und gibt ihm zu verstehen, dass sie bereit ist. Sie registriert ihren Atem, tief und ruhig. Spürt den leisen Pulsschlag an ihrem Handgelenk, regelmäßig und sicher. Sie lächelt einer Gruppe von Gästen zu, die vor ihren Cocktailgläsern sitzen, Getränken mit ein, zwei Oliven darin. Wenn sie das Set zu Ende gesungen hat, wird sie sich ebenfalls einen Martini gönnen, beschließt sie. Marianna gibt sich einem Gefühl neu entdeckter Freiheit hin, schließt die Augen und fängt an zu singen: «At Last» – Endlich. Ihre Stimme ist kräftig, kommt aus ihrem Inneren. Sie hat Etta James vor Augen, blond gefärbte Haare, Koboldsgesicht, und merkt, dass sie bei jedem Wort lächelt, bei jeder kraftvoll geschmetterten Note. Blues, traumgleich gemischt mit Country. «At Last.»

Marianna hat Wahlmöglichkeiten, sie ist nicht mehr auf ihre Verletzung reduziert. Sie hat die Oberhand, denkt sie, und sie hat die Wahl, sich zu rächen, sollte Karl sich danebenbenehmen. In den letzten Wochen hat sie ihn immer öfter auf die Probe gestellt, ihn geradezu dazu verleitet, aus der Reihe zu tanzen.

Er kann abends nicht mehr zu ihr kommen, obwohl sie Sex möchte? *Notiert.* Er ruft nicht sofort zurück? *Notiert.* Er ruft nicht einfach so zwischendurch an, um ihr zu sagen, dass er sie liebt? *Notiert.* Und er ist zu faul zu kochen und bestellt was vom Lieferdienst? *Notiert.*

Und? Was glaubst du? Wann bist du bereit, eine Familie zu gründen?, fragt sie ihn und angelt mit den Stäbchen nach einem Stück Hühnchen mit schwarzen Bohnen.

Bald.

Wie bald?

Ich weiß es nicht, Marianna, bald. – Auch das *notiert.*

An diesem Abend ist sie stark versucht, die Pille nicht zu nehmen, und die Vorstellung erregt und ängstigt sie gleichzeitig. Sie haben zweimal Sex und lieben sich ein drittes Mal. Sie macht die Augen zu und stellt sich Leo zwischen ihren Beinen vor – liebestrunken und berauscht von ihr – und dass Karl sie dabei ertappt. Hinterher brennt sie ein Zigarettenloch in das Jackett seines Anzugs, das an der Schlafzimmertür hängt. Sein Lieblingsaftershave landet versehentlich im Ausguss. Rache.

Sie fühlt sich gleichzeitig befreit und manisch. *Ich entscheide, wie und wann ich schwanger werde. Nicht Karl.* Außerdem hat sie damit angefangen, *sich über Samenspende zu informieren,* falls sie doch einen anderen Weg einschlagen will, und sie beginnt, die Möglichkeit zu erforschen, sich nach einem anderen Mann umzusehen, falls es mit Karl nicht weitergehen sollte.

Sprechen Sie mit Karl darüber?, frage ich. *Weiß er, was Sie fühlen?*

Marianna schaut zum Fenster hinaus. *Irgendwie schon,* sagt sie kaum hörbar.

In einer Sitzung, in der sie etwas früher dran ist, sprechen wir über ihren Groll, ein enger Freund der Rache und derjenige, der Rache möglich macht. *Ich kann mir vorstellen, dass sich viele in derselben Zwickmühle befinden wie ich. Zu Ihnen kommen doch sicher jede*

Menge Frauen wie ich. Frauen, die Mütter werden wollen, Frauen, die eine Familie wollen.

Wir sitzen lange da und schweigen. Keine von uns unterbricht die Stille, und ich denke über den Weg nach, den wir bis jetzt miteinander gegangen sind, immer noch weniger als ein Jahr. Ich rufe mir Mariannas allererste Nachricht in Erinnerung, die sie mir um zwei Uhr morgens auf den Anrufbeantworter sprach, denke an den Schmerz und die Verzweiflung zurück, die sie nach Karls Betrug durchmachte, an den unbewältigten Verlust ihres Vaters, an die Depression und immer noch mangelnde Verbindung zu ihrer Mutter. Ich stelle mir vor, wie sie im Hotel singt und sich dabei wünscht, stattdessen in einem Jazz-Club aufzutreten. Ich stelle sie mir als alleinerziehende Mutter vor, als Frau mit einem neuen Partner, ich stelle sie mir mit Karl und ihrem gemeinsamen Baby vor. Ich denke darüber nach, ob Adoption eine Möglichkeit wäre. Ich denke über sie ohne Kind nach; so viel Planen, Entwerfen, Vorausschauen, ohne irgendwas zu wissen. Plötzlich fühle ich mich erschöpft.

Ein Klopfen an der Tür reißt mich aus meinen Gedanken. *Entschuldigen Sie mich bitte einen Augenblick,* sage ich. Es ist der Postbote mit einem Päckchen, das nicht durch den Briefschlitz passt. Ich setze mich wieder in meinen Sessel und denke an meinen Sohn, erinnere mich an seine Geburt, und an meine Geburt als Mutter. Ich rufe mir seinen ersten Geburtstag in Erinnerung, seine ersten Schritte, seinen Lieblingsteddy. Ich bin in Kontakt damit, wie lohnend es bleibt, Mutter zu sein.

Marianna gähnt, und ich frage sie, worüber sie nachdachte, während wir geschwiegen haben.

Sie schaut mich unverhohlen an.

Samenspende oder Betrug. Suchen Sie sich eins aus, sagt sie.

Such dir eine aus, sagt Pops.

Marianna schaut die beiden Plattenhüllen an und weiß, dass sie auf die Probe gestellt wird. Wenn sie danebenliegt, könnte sie mindestens bis zum Abendessen die kalte Schulter zu spüren bekommen. Trifft sie die richtige Wahl, wird er sie Tag und Nacht mit Respekt und Bewunderung überhäufen.

Sie streckt die Hand aus und tippt auf «So What» von Miles Davis. Und Pops fängt an zu grinsen, lässt die Schultern kreisen, legt die Platte auf und hebt den Tonarm des uralten Plattenspielers auf die Rille. Dann setzen der schlichte, melodische Bass und die Trompete ein. Er dreht lauter. Schiebt Charlie Parker zurück in den Plattenschrank und nippt bedächtig an seinem Rum mit Cola. Die Garage wurde mit zwei Stühlen möbliert, helle Korbsessel mit dicken Kissen, mehr Bequemlichkeit für Pops und seinen alternden Körper. Am nächsten Tag werden sie seinen fünfundsechzigsten Geburtstag feiern.

Die Garagenwände sind mit den Gemälden ihrer Mutter dekoriert: Impressionen italienischer Landschaften, das Meer, Liebespaare und dicke, schlafende Babys. All die Dinge, nach denen sie sich sehnt und die sie nicht haben kann.

Sie denkt, ich vergesse sie. Deshalb hängt sie meine Garage mit ihren Bildern voll, sagt Pops.

Ich mag die Bilder, das fühlt sich gemütlich an, so heimelig, erwidert Marianna lächelnd.

Ich will es aber nicht heimelig; das hier ist mein Fluchtort.

Marianna schlenkert die Pumps von den Füßen und zieht die Beine unter ihren Po. *Ach Pops, du stiehlst dich doch ständig davon, versuchst immer zu fliehen. Wir wissen doch beide, dass du nirgendwohin gehst.*

Pops lacht. *Du hast recht. Wir sind jetzt seit vierzig Jahren zusammen. Wem mache ich eigentlich was vor?*

Genau.

Und du, Kiddo? Irgendjemand, den du in dein Herz gelassen hast?
Nein, eigentlich nicht.

Zwei Dinge will ich dir sagen. Erstens, tu immer, was du tun musst,
um glücklich zu sein, und zweitens, lern zu verzeihen.

Am nächsten Tag hören sie Charlie Parker und essen Gewürzkuchen.

Es wird der letzte Tag sein, den Marianna mit ihrem Vater verbringt.

Zu ihrer nächsten Sitzung erscheint sie lächelnd, voller Lebendigkeit.

Ich habe vielleicht einen passenden Spender gefunden. Sie strahlt über das ganze Gesicht. *Er heißt ausgerechnet Edward. Das ist doch verrückt, oder?*

Nicht wirklich, sage ich nicht, und ich erwähne auch nicht Freuds Ödipuskomplex. Stattdessen warte ich darauf, was als Nächstes kommt.

Die gute Nachricht lautet, er besteht auf Edward, nicht Teddy –
Glück gehabt. Sie streicht sich mit übertriebener Geste den nicht vorhandenen Schweiß von der Stirn und gibt die Erleichterte. Verdreht die Augen.

Es ist nichts in Stein gemeißelt. Wir sind noch ganz am Anfang. Aber
er ist groß, sportlich und liebenswert. Ich weiß nicht, wie Sie zu privaten
Samenspendern stehen, jedenfalls wirkt er nett und passend. Wir haben
uns unterhalten und gut verstanden, und nächste Woche treffen wir uns
zum Kaffeetrinken.

Und Karl?, frage ich.

Sie zuckt die Achseln. *Er weiß nichts von Edward. Ich bin noch*
unentschlossen.

Ich frage mich, ob wir Ihr Dilemma erforschen sollten und – noch
wichtiger – die Frage, was Ihre Entscheidung steuert. Ich würde gerne er-
fahren, warum Sie das Thema mit Karl nicht besprochen haben.

Marianna hält inne, und ich registriere, dass ihre Atmung sich beruhigt. Ich bin erleichtert. Ihre Manie erinnert mich an unsere Anfänge und meine Versuche, *den Prozess zu verlangsamen.* Sie räuspert sich und beugt sich vor. *Ich möchte lediglich noch eine Weile das Gefühl haben, die Wahl zu haben.*

Auf der Suche nach Freiheit und ehe das wachsende Kind in ihrem Bauch zu groß wird, organisiert Sienna ein langes Wochenende in Paris. *Komm schon, das wird super. Du, ich und Casey – so wie früher,* sagt ihre glückliche, schwangere Freundin.

Als Marianna nach vier «super» Tagen Frankreich wieder vor ihrer Wohnungstür steht, überwältigt sie plötzlich die Angst, jemand hätte bei ihr eingebrochen. Anstatt aufzuschließen, nimmt sie ihr Gepäck und läuft zurück auf die Straße. Sie ruft Sienna an, doch die geht nicht ran. Casey geht auch nicht ran. Karl ebenfalls nicht. Sie hinterlässt allen drei eine Nachricht auf der Mailbox. Sie fragt sich, ob sie die Polizei rufen soll. Sie ist gefangen in Angst und Paranoia. Sie ist schockiert von der Wucht ihrer Wahnvorstellung, aber ist es das überhaupt? Sind die Einbrecher vielleicht noch in der Wohnung? Was suchen sie dort? Marianna hofft inständig, dass sie ihr Lieblingsschmuckstück nicht finden, das ihr viel bedeutet, auch wenn sie es nie trägt.

Als Marianna am nächsten Tag zu ihrer Sitzung kommt, erzählt sie mir von dem Schrecken, den sie durchlebte, ehe sie schließlich doch in der Lage war, die Wohnung zu betreten. *Ich brauchte fast eine Stunde, ehe ich die Tür aufschließen konnte.*

Es gibt eine Theorie, die besagt, Paranoia oder erhöhte Aufmerksamkeit ermöglicht uns, unsere Wut zu ignorieren, sage ich. *Doch es gibt noch eine andere Theorie, die Sie interessieren könnte: Paranoia als Reaktion auf das Gefühl, mit Gleichgültigkeit behandelt worden zu sein.*

Marianna legt den Schal ab und breitet ihn wie eine Decke über die Knie.

Karl hat, als ich in Frankreich war, kein einziges Mal angerufen, sagt sie. *Dabei habe ich ihm diverse Nachrichten hinterlassen. Er hat zurückgeschrieben, aber nicht angerufen.*

Paranoia dient der Verteidigung, erkläre ich. *Sie beschützt uns vor dem Gefühl, anderen gleichgültig zu sein. Vielleicht schützt Sie die Vorstellung, jemand hätte bei Ihnen zu Hause eingebrochen, vor einer sehr viel schmerzhafteren Erkenntnis – dass Sie allen egal sind. Zumindest in Ihrer Vorstellung.*

Marianna nickt. *Vermutlich ist es da auch nicht hilfreich, allein zu leben. Vor allem, nachdem Karl gesagt hat, dass wir zusammenziehen.*

Ich trinke einen Schluck Tee. *Die Entwicklung von Paranoia wird wahrscheinlicher, wenn wir uns allein oder unsicher fühlen. Sie sind als Einzelkind aufgewachsen,* sage ich. *Wie war das für Sie?*

Ganz anders als heute. Mum war immer zu Hause und hat gemalt, und wenn sie mal nicht da war, hat Pops dafür gesorgt, dass er zu Hause ist. Wenn ich von der Schule kam, war immer jemand da.

Ich sammle ihre Worte und forme daraus meine eigenen Gedanken. *Man könnte also sagen, als Kind fühlten Sie sich nur selten allein. Und jetzt hat Sie die Wahnvorstellung, jemand hätte bei Ihnen eingebrochen, vor dem Gefühl des Alleinseins bewahrt. Wir haben den Begriff Stehlen schon einmal thematisiert. Ich glaube, die Vorstellung, jemand würde etwas stehlen oder wäre auf Rache aus, ist einfacher, als vergessen zu sein. Beschützt Ihre Paranoia Sie vor dem Gefühl, anderen gleichgültig zu sein?,* frage ich.

Ja. Ich bin sehr traurig. Marianna spricht sehr leise. *Der Wunsch nach einer Familie ist plötzlich total schlüssig.*

Im August schließen viele Psychotherapeutinnen ihre Praxis, um Erholungsurlaub zu machen, legen eine ausgedehnte Pause ein, wie erfrischendes Mundwasser fürs Gehirn. Meine Urlaubszeiten waren über die Jahre von verschiedenen Faktoren abhängig, wie Schulferien, Erschöpfung und, in letzter Zeit,

Buchprojekte. In diesem Jahr jedoch hatte ich mich wieder dazu entschlossen, den August freizunehmen, hauptsächlich, um mich zu erholen, aber auch, um etwas Zeit mit meinem Sohn zu verbringen, der nach den Abschlussprüfungen dringend Urlaub in der Sonne brauchte.

Im Gegensatz zu den meisten Klientinnen freute Marianna sich sehr auf eine Therapiepause. *Nicht, dass ich unsere Treffen nicht vermissen würde, aber so kann ich erproben, was ich hier gelernt habe,* sagt sie in unserer letzten Sitzung vor der Sommerpause.

Erproben war eine interessante Formulierung, und ich fragte mich, wen oder was genau sie auf die Probe stellen wollte. Sie, mich, oder uns beide? *Notiert.* Außerdem fragte ich mich, ob Marianna mich ebenfalls belogen hatte, und wenn ja, wann.

Sie war, was Karl betraf, noch immer unentschlossen, und obwohl ich ihr seit ein paar Monaten nahelegte, den Versuch zu wagen, ihr Leben mehr im Hier und Jetzt und mit Gefühl zu erfahren, war Marianna zunehmend damit beschäftigt gewesen, ihre Schwangerschaft zu planen, Karl auf die Probe zu stellen und sich ständig mit Edward, dem potentiellen Samenspender, zum Mittagessen zu treffen. Es fiel ihr schwer, sich wieder von ihrer Haltung *Ich möchte lediglich noch eine Weile das Gefühl haben, die Wahl zu haben* zu verabschieden und sich auf einen ehrlicheren Umgang mit Karl, Edward und ihrer Mutter einzulassen. Als ich sie darauf ansprach, sagte sie, *alte Gewohnheiten lassen sich eben schwer überwinden.* Ich registrierte, dass ihre alten Verteidigungsmechanismen immer noch ungesund und munter waren. Würde sie sich während unserer Pause dazu entscheiden, ehrlich zu Karl zu sein, oder mit Edward, dem Samenspender, weitermachen? Womöglich würde sie mit beiden Strategien nicht erreichen, was sie sich am meisten wünschte: eine eigene Familie. Fünf Wochen ohne Therapie sind eine lange Zeit, wenn wichtige Lebensentscheidungen anstehen, dachte ich.

Die machtvolle Reinszenierung mit mir als Marianna und ihr in der Rolle ihres Vaters war frustrierend starr und raumgreifend. Sie hielt die Lügen und ihr doppeltes Spiel aufrecht, und ich war gezwungen, als Geheimnisträgerin zu fungieren, so wie sie damals in ihrer Kindheit und als Jugendliche.

Mir kommt es vor, sage ich, *als hätten die Lügen, die Heimlichkeiten, wie Sie es nennen, erst aufgehört, als Ihr Vater vor drei Jahren starb. Trotzdem tragen Sie sie weiter mit sich rum. Was würde Ihrer Meinung nach geschehen, wenn ich Ihnen sagen würde, dass ich nicht länger bereit wäre, Ihre Geheimnisträgerin zu sein?*

Mariannas Augen weiten sich, der Blick wird glasig. *Erst wäre ich wütend, und dann hätte ich Angst, dass Sie nach dem Sommerurlaub nicht wieder zurückkommen*, flüstert sie. *Ich würde denken, ich bin Ihnen egal.*

Ich antworte nicht, lasse ihre Aussage sacken, hole Luft.

Aber Sie sind mir nicht egal, Marianna. Ganz im Gegenteil. Es ist wichtig, das Muster zu durchbrechen, sage ich. *Indem Sie diese Geschichte lebendig halten, machen Sie alle alten Verletzungen zu Ihrem Schicksal.*

Marianna schweigt; sie denkt nach. Sie wendet sich ab, meidet meinen Blick, nimmt den Pullover von der Armlehne, zieht ihn an, richtet sich den Blusenkragen. Das leise Ticken der Uhr sagt uns, dass die Zeit verrinnt. Unsere Sommerpause steht vor der Tür. Marianna steht abrupt auf, ich ebenfalls. Sie greift zu ihrer Handtasche, räuspert sich und lächelt mich an. *Ich wollte Ihnen noch etwas erzählen, ehe ich gehe*, sagt sie. *Ich bin schwanger.*

Sie verlässt die Praxis. Ich stehe unter Schock.

Während der fünfwöchigen Sommerpause kreisen meine Gedanken immer wieder um unsere letzte Sitzung wie Motten ums Licht. Mir ist bewusst, dass diese Gedankenbesuche hartnäckiger sind als die bei meinen anderen Klientinnen, und ich vertraue mir, meinem Weg und meiner Erfahrung als Therapeutin genug, um diesem Umstand Beachtung zu schenken – um hinzuschauen und zu beobachten. Ich schwanke immer wieder zwischen Irritation und Verwirrung, zwischen Verärgerung und Neugierde darüber, dass Marianna sich mit einer derart irritierenden und provokanten Bemerkung verabschiedete. Warum tat sie das? War es der Versuch, sich das Gefühl zu geben, über unsere Beziehung die Kontrolle zu haben, so wie damals, als sie mir (ebenfalls am Ende einer Sitzung) eröffnete, dass sie die Pille absetzen würde? Wollte sie mich, indem sie im Gehen die Baby-Bombe platzen ließ, am eigenen Leibe spüren lassen, wie es war, in der Luft hängen gelassen und auf die Folter gespannt zu werden? So, wie es ihr mit Karl ergangen war?

Ich komme zu dem Schluss, dass ihr Verhalten aus einem Gefühl der Angst und Verletzung herrührt, aber es wird als grausam empfunden, als Ausagieren, das verletzt mich. Ich bin wütend. Und enttäuscht. Ich rufe mir meine berufliche Position in Erinnerung, dass ich Mariannas Enthüllung nicht persönlich nehmen darf, dass das Verhalten einer Klientin immer Reaktion auf ihre Schwierigkeiten ist. Aber ganz gleich, für wie «professionell» ich mich auch halte, ich bin trotzdem ein Mensch. Und Menschen werden verletzt und enttäuscht. Und sie freuen sich über Sommerurlaub. Mir wird klar, dass die Arbeit mit einer Klientin, die sich so sehnlich ein Kind wünscht, die so dringend Mutter werden will, die große Frage nach Sehnsucht ins Zentrum meiner Aufmerksamkeit rückt. Damit öffnet sich in mir endlich Raum für Mitgefühl. Marianna versucht ziemlich erfolgreich, mir aufzuzeigen, wie schmerzhaft es sein kann zu warten. Allerdings bin ich mir sicher, dass es einfachere und angenehmere Kommunikationsmöglichkeiten gegeben hätte.

September. Marianna kommt zu ihrer ersten Sitzung nach der Sommerpause fünfzehn Minuten zu früh. Sie wirkt ruhig und entspannt, als ich ihr die Tür öffne, erlaubt Blickkontakt. Ein strahlendes Lächeln. Sie hat sich, fällt mir auf, Strähnchen machen lassen. Kleine Lichtreflexe, die aus ihren Locken springen.

Ich brauche noch einen Moment, Marianna, sage ich und führe sie ins Wartezimmer. Ich merke, dass ich leicht gereizt über die Viertelstunde bin, die sie zu früh gekommen ist, schließe die Tür zum Sprechzimmer und wende mich wieder den Notizen der vorherigen Sitzung zu. Doch die Konzentration ist dahin, und das Reflektieren fällt mir schwer. Ich beschließe, Wasser aufzusetzen und Tee zu kochen, während ich warte. In meiner Magengrube macht sich Aufregung breit. Gleich werde ich erfahren, von wem Marianna schwanger ist.

Wie geht es Ihnen, Marianna?, eröffne ich die Sitzung.

Mir geht es gut, danke sehr. Und Ihnen?

Gut. Ich lächle sie an. *Wie war Ihr Sommer?*

Schön. Sie verlagert das Gewicht. *Erholsam.* Sie zappelt herum.

Wir schweigen.

Mir wird gerade bewusst, dass ich Ihnen erst unmittelbar vor der Sommerpause von meiner Schwangerschaft erzählt habe. Das hätte ich nicht tun sollen, sagt sie. *Das war unaufrichtig. Und gemein. Es tut mir leid.*

Ich antworte nicht sofort. Eine Pause entsteht. Ich möchte der Entschuldigung, für die ich dankbar bin, ausreichend Raum geben, von uns beiden gewürdigt zu werden.

Danke, sage ich schließlich. *Nach unserer letzten Sitzung war ich schockiert. Vor allem, weil das Thema Schwangerschaft und die Entscheidung für Sie von solcher Bedeutung war. Ich habe mich außerdem gefragt, ob Sie damit versuchen wollten, mir zu zeigen, wie schmerzhaft es sein kann zu warten. Vor allem, weil Sie so lange auf eine Entscheidung von Karl warten mussten, was sein Bekenntnis zur Gründung einer Familie betrifft. Und schließlich wäre da noch die Sache mit den Reinszenierungen. Ich glaube, Sie wollten mir zeigen, dass Geheimnisse zu wahren Macht bedeutet. So wie bei Ihnen und Ihrem Vater. Und als ich zu Ihnen sagte, dass ich nicht länger bereit wäre, Ihre Geheimnisträgerin zu sein, waren Sie enttäuscht.*

Marianna nickt. *Sie haben recht. Ich wollte das Wissen, schwanger zu sein, solange ich konnte, für mich behalten. Etwas, das nur mir und dem Baby gehörte. Ich habe mein ganzes Leben lang die Geheimnisse anderer gehütet, auf andere gewartet, mich nach anderen gesehnt. Sogar Edward habe ich es erst letzte Woche erzählt.*

Dann ist Edward also der Vater? Ich lächle.

Ja. Ich habe die Beziehung zu Karl im Sommer beendet. Ich bin zu dem Schluss gekommen, dass ich glücklicher wäre, wenn ich es allein durchziehe. Edward und ich verstehen uns gut. Wir haben im Sommer viel Zeit miteinander verbracht. Ich glaube nicht, dass Karl sich jemals zu einer Familie bekannt hätte, und ich weiß auch nicht, ob ich ihm nach der Affäre mit Hen je wieder ganz vertraut hätte. Nächsten Monat sind es zwölf Wochen, dann erzähle ich es meiner Mutter und meinen Freundinnen. Momentan sind Sie und Edward die Einzigen, die Bescheid wissen. Marianna legt sich die Hand auf den Bauch, sieht mich an und lächelt. *Ich wollte mein Kind nicht durch eine Lüge in die Welt setzen. Und genau das wäre es gewesen, wenn ich von Karl schwanger geworden wäre. Eine Lüge.*

Als ich Marianna vor sechs Jahren kennenlernte, war sie kinderlos. Inzwischen geht Grace zur Schule und liebt die Gemeinschaft mit anderen Kindern, alles, was mit Einhörnern zu tun hat, und ihren Goldfisch namens Archie. Ich habe, wie Marianna, mein einziges Kind allein großgezogen. So großartig, wie ich meinen Sohn erlebe und finde, so anstrengend waren jene prägenden Jahre. Und sie waren immer wieder einsam. In den Wochenendspielgruppen wurde mir von anderen Müttern oder Eltern oft mit kaschiertem Misstrauen begegnet; ab und zu wurde ich insgeheim bemitleidet, und ich ärgerte mich über die Zwangsjacke der Konformität, die mit der Vorstellung von Wahlmöglichkeiten und Kreativität als Alleinerziehende nicht zusammenging. Doch als meine Sehnsucht und meine Entschlossenheit erst einmal Wurzeln geschlagen hatten, blühten sie schnell auf.

Auch ich empfinde, wie Marianna, für mein Kind bedingungslose Liebe. Mein Sohn ist sensibel und zugewandt, kreativ und wissbegierig und der einzige Mensch in meinem Leben, der vor mir an erster Stelle kommt. Auch Marianna spricht von dieser *Liebe, dieser bedingungslosen Liebe, die sich mit nichts vergleichen lässt.* Aus ihrem Mund klingt der Satz fast wie ein Lied, poetisch und wonnevoll, die Augen halb geschlossen, spricht sie mit tiefer mütterlicher Glückseligkeit.

Das Erleben von Untreue, die Wiederholung familiärer Muster und die Lügen in ihren Beziehungen haben Mariannas Herz nicht zu sehr befleckt. Indem sie ihre Sehnsucht verstand und sich potentielle Reinszenierungen ihrer Familiengeschichte eingestand, war Marianna in der Lage, autark von ihrer Mutter andere Entscheidungen zu treffen als die und auch, sich gegen deren Rat zu stellen. Das Risiko, sich endgültig auf einen Partner einzulassen, den sie *nicht mehr respektierte und dem sie nicht mehr vertraute,* erwies sich als Herausforderung, weil, wie Marianna in unseren Sitzungen immer wieder betonte, ihr *die Zeit davonlief.* Sie stand kurz davor, Karl zu hintergehen, sich an ihm zu rächen und mithilfe einer Lüge schwanger zu werden. Doch was ebenfalls sehr deutlich wurde, während ihr Umfang Monat für Monat wuchs, war die Tiefe ihres Wunsches, Mutter zu werden, und dann, als Grace schließlich zur Welt kam, wie hingebungsvoll, liebevoll und verbunden sie sich vom ersten Augenblick an gefühlt hatte.

Wie fühlen Sie sich jetzt?, frage ich. *Wenn Sie auf die Zeit damals mit Karl und Edward zurückblicken?*

Als hätte ich meine Kraft nicht gekannt. Meine Entschlossenheit und meine Stärke. Ich dachte, ich bräuchte einen Mann, einen Partner oder Ehemann, um mich als Familie komplett zu fühlen. Und natürlich wäre das wunderbar gewesen. Aber es sollte eben nicht sein – nicht für mich jedenfalls.

Sie trinkt einen Schluck Wasser.

Ich habe lange gebraucht, um tatsächlich daran zu glauben, dass es möglich ist, auch allein ein Kind zu bekommen. Ich wünschte, unter uns Frauen würde offener darüber gesprochen. Eine unkonventionelle Familie zu gründen, ist noch immer mit viel zu viel Unsicherheit, Angst und Scham behaftet, es wird geradezu tabuisiert. Wer sagt denn eigentlich, dass wir es nicht können oder sollen, wenn es das ist, was wir wirklich wollen? Marianna spricht mit eindringlicher Stimme, sie beugt sich zu mir vor, um sicherzugehen, dass ich verstanden habe, was sie sagen will, und dass ich an ihrer Seite bin.

Ich bin da, Marianna, natürlich bin ich da.

Ich höre jetzt auf, denn wer wollte mir sagen,
was Schönheit ist?

Frantz Fanon, *Schwarze Haut, weiße Masken* **(1952)**

Weißes Rauschen

Zum Beispiel die Geburtstagsfeier: Sie war neun Jahre alt und das einzige schwarze Kind an der mit Sorgfalt gedeckten Geburtstagstafel. Sie strich sich ihr Festtagskleid glatt: roter Samt, am Kragen eine große Seidenschleife, an der sie permanent herumfummelte. Ihre Cousinen reichten die Brötchen um den Tisch und tatschten ihr, sobald sie die Hände wieder frei hatten, mit blassen Handtellern auf den Kopf. *Warum sind deine Haare so krisselig?*, fragten sie. *Werden die nie lang?*

Sie wich zurück, sagte, ihre Haare wären *krisselig*, weil sie, genau wie die Haare ihrer Mutter, *anders sind als die von Weißen.*

Warum glättest du sie nicht?, wollte Clare, ihre jüngste Cousine, wissen.

Ich will sie nicht glätten. Ich mag meine Haare, antwortete das Kind lächelnd.

Aber Clare gab keine Ruhe. Sie wandte sich an ihre Schwester Emily. *Aber dann wärst du mehr so wie wir, stimmt doch, Emily, oder?*

Das Kind warf seinen Eltern einen verzweifelten Blick zu, die Silbergabel aufrecht in ein Stück Lammkeule gerammt, das in einem Meer aus Erbsen mit Minze aufragte wie eine Insel. Ihr Vater wandte den Blick ab. Aber ihre Mutter beugte sich zu ihr vor und sah sie aus ihren leuchtenden Augen etwas unsicher an. *Tias Haare sind anders als eure,* sagte sie lächelnd, *und wir mögen ihre Locken, stimmt's, Liebling? Und jetzt esst auf.*

Später gingen Tia und ihre Cousinen nach draußen in den Garten, wo Tia *anständig spielte,* eine Anweisung ihres Vaters, nachdem er sie zuvor dabei ertappt hatte, wie sie mit ihren Cousinen Ärztin und Krankenschwester spielte. Befeuert von dem Wunsch, dazuzugehören, hatte sie versucht, Clare und Emily zu zeigen, wie man mit dem roten Plastikstethoskop umging, aber die drei bekamen sich in die Wolle, und aus der Zankerei wurde ein handfester Streit, weil sie sich nicht darüber einig werden konnten, wo genau das Herz lag und also abgehört werden konnte. *Hier,* beharrte Clare. *Nein, es ist hier,* widersprach Tia und packte Clares Hand, um sie an die richtige Stelle zu führen. *Aua! Du hast mir wehgetan!,* kreischte Clare.

Emily legte den Arm um ihre kleine Schwester. *Komm, mit der spielen wir nicht mehr,* hatte sie gefaucht. *Die ist anders als wir. Die ist gemein.*

Gemein und schwarz, hatten sie eigentlich damit sagen wollen.

Tia greift zum Taschentuch. *Wenn man «anders» ist* – sie malt mit den Zeigefingern Gänsefüßchen in die Luft – *tut man alles, um sich anzupassen, vor allem als Kind. Bei Familienfeiern scannt man den Raum und gibt sein Bestes. Meine Mutter und ich waren immer in der Minderzahl.*

Tia kam damals seit etwa einem halben Jahr zu mir in Therapie und hatte mir in den sechs Monaten viele Geschichten wie diese erzählt. Rassismusgeschichten. Geschichten von zwischenmenschlichen Kluften und strukturellem Rassismus. Beispiele dafür, wie Tia und ihre Mutter ihrer Stimmen und ihres Selbstvertrauens beraubt wurden. Die von ihren Rassismuserfahrungen verursachten Symptome hatten sich schwer auf ihre Seelen, ihre Schultern und Körper gelegt, und Tia nahm sich Zeit, die Probleme zu schildern, die sich ihr tief unter die Haut gegraben hatten. *Als Kind fühlte ich mich niemals hübsch oder gar schön,* erzählte sie mir. *Es war, als wäre ich in einen Körper gezwängt worden, der nicht meiner war. Ein schwarzes Fahrzeug, das ich zwar Tag für Tag lenkte, aber nicht wirklich mochte. Ganz zu schweigen davon, mich auch noch darum zu kümmern.*

Ich hatte ihr voll Widerstand und mit einem nur allzu vertrauten Gefühl von Unbehagen und innerer Unruhe zugehört. Ich war mir sicher, dass Wut und Trauer in dem Augenblick neue Falten in mein Gesicht gruben. Ich machte mir Gedanken über die Arbeit, die vor uns lag, denn ich wusste aus Erfahrung, dass Gespräche über strukturellen Rassismus für mich sowohl schmerzhaft als auch herausfordernd sind, wenn das Thema erst mal mein Sprechzimmer betreten hat. Ich rief mir die Heilung durch Verbundenheit sowohl in meiner eigenen Therapie als auch der Arbeit mit all jenen in Erinnerung, die rassistische Angriffe überstanden hatten. Wachstum und Veränderung werden durch die von Therapeutin und Klientin gemeinsam erlebte Verbundenheit möglich. Diese Verbundenheit ist wichtig, weil sie es sowohl der Klientin wie auch der Therapeutin erlaubt, die Probleme der Klientin gemeinsam zu erforschen und gemeinsam daran teilzuhaben. Diese Verbundenheit ermutigt dazu, den Kampf klar zu benennen, zu fühlen und dann hoffentlich auch zu ergründen. Die Klientin entwickelt Vertrauen zu ihrer Therapeutin und kann eine bedeutungsvolle Beziehung zu ihr aufbauen, in der sie sich besser gesehen, akzeptiert und weniger isoliert fühlt und in der ihr Schmerz geteilt und bezeugt werden kann. Bei dieser Art von Beziehung geht es nicht nur ums Zuhören oder passive Bezeugen. Diese Art von Beziehung beschwört auf beiden Seiten Gefühle herauf, eine für beide erlebbare, gemeinsame Begegnung von Körper und Geist. Hier kann die mitfühlende Auseinandersetzung mit dem Leid der Klientin und die tiefgreifende Anerkennung dessen stattfinden, eine tief empfundene Intimität, die dabei hilft, das Leid zu heilen, das sie in die Sitzung mitbringt.

Tia erzählte mir von der Verwirrung, die sich so oft in den Gesichtern der Leute und in deren neugierigen Blicken spiegelte, vor allem dann, wenn ihre Mutter nicht dabei war. *Adoptiert?*

Ein Pflegekind?, fragten sich die Erwachsenen immer gerade so laut, dass sie es mitbekam. *Vielleicht eine Freundin von Clare oder Emily?*

Später, wenn dann ihre Mutter erschien, sah Tia den Groschen fallen. Verdutzte Blicke, die sich trafen, wenn ihre Mutter wie durch Zauberei plötzlich im Zimmer stand. Eine Vision aus weicher Haut, strahlend weißen Zähnen und roter Seide – die Lieblingsfarbe ihrer Mutter. Augenbrauen gingen hoch, Blicke wurden abgewandt. Stimmen senkten sich zu aufgeregtem Raunen.

Tia kontaktierte mich anderthalb Jahre nach dem Tod ihrer Mutter – ein gänzlich ohne Vorwarnung geplatztes Aneurysma im Gehirn, gegen dessen Folgen Evelyn zwar ankämpfte, das sie aber nicht überlebte. Tia hatte Wert darauf gelegt, mit einer Therapeutin *of Colour* zu arbeiten, mit jemandem, die ihre Probleme nachvollziehen konnte, war bei ihrer Suche jedoch auf eine *reichlich karge* Landschaft mit eher begrenzten Auswahlmöglichkeiten gestoßen. Sie hatte, ehe sie zu mir kam, mit einer weißen Therapeutin gearbeitet, und gemeinsam hatten sie Bedeutendes geleistet, aber da einige der Themen, mit denen sie sich beschäftigen wollte, unmittelbar mit ihrer Herkunft zu tun hatten, war es wichtig für sie, eine Therapeutin zu finden, die *keine Angst hat, dort hinzusehen.*

In unserer allerersten Sitzung artikulierte Tia den gewaltigen Verlust ihrer Mutter und sprach davon, wie sie deren Tod *bis ins Mark erschüttert hatte. Ich habe immer noch Schwierigkeiten damit zu akzeptieren, dass meine Mum für immer gegangen ist. Ich glaube, ich bin depressiv. Meine Tochter Sophia ist der Meinung, dass ich Unterstützung brauche.*

Evelyn – eine stationäre Hebamme mit achtundzwanzigjähriger Berufserfahrung – war in den Augen ihrer Tochter vollkommen gesund gewesen. Als Tia den Anruf bekam, ihre Mutter sei im Krankenhaus, hatte sie weiche Knie und zitternde Beine bekommen; den Boden unter den Füßen verloren.

Tia sprach über ihre Unfähigkeit, den Tod ihrer Mutter ganz zu akzeptieren, und fragte sich, ob es einen Zusammenhang zwischen diesem schrecklichen Verlust und dem gesteigerten Stresslevel sowohl zu Hause als auch bei der Arbeit gab. Als Juristin in einer Wirtschaftskanzlei fiel es ihr zunehmend schwer, sich zu konzentrieren und so auf ihre Arbeit einzulassen, wie ihr das früher möglich gewesen war. Fälle, die sie früher mit Leidenschaft betreut hatte, wurden zunehmend weniger und landeten stattdessen auf den Schreibtischen ihrer jüngeren, schwungvolleren und ehrgeizigeren Kolleginnen und Kollegen. Sie beschrieb ihre Arbeitstage, als würde sie *sich durch zähen Sirup bewegen*, ständig die Uhr im Blick, und mit dem Wunsch, das Büro zu verlassen und nach Hause zu gehen, sobald der Zeiger die Sechs berührte. Tia fühlte sich wie abgekoppelt und im Zwiespalt. *Ich habe keine Energie und kein Interesse mehr. Ich kann die Person, die ich geworden bin, nicht ausstehen: faul, desinteressiert.*

Außerdem machten die Schulprobleme ihrer Tochter sie unruhig und ihre kompromisslose Haltung jenen gegenüber, die *nicht das Beste aus sich herausholen wollen – mich eingeschlossen –*, erschöpfte sie. Ich beobachtete, wie sich Enge in meiner Brust breitmachte. Ich bin übrigens auch keine perfekte Therapeutin, lag mir auf der Zunge, aber ich sagte es nicht. Ich fragte mich, welche frühen Botschaften und Glaubenssätze den Wunsch, dass andere «perfekt» sein sollten, ausgelöst hatten, und sah den unvermeidlichen Moment voraus, wo auch ich sie unweigerlich enttäuschen würde. Ich vermutete, dass es Tias Erwartungen an sich selbst und andere helfen würde, wenn sie lernte, ebendiese in den Griff zu bekommen.

Ich riet zu einer Frequenz von zwei Therapiesitzungen pro Woche.

Ich habe immer alles allein gemacht, entgegnete Tia.

Dann ist Therapie ein Risiko. Ein lohnendes Risiko zwar, sagte ich zu ihr, *aber trotzdem ein Risiko.*

Eine schwere Stille senkte sich nieder. Tia sah sich neugierig in meinem Sprechzimmer um, registrierte die Bücher in den Regalen, die Topfpflanzen, die hochgewachsene Orchidee, die ich noch kurz vor ihrem Eintreffen besprüht hatte, den Stapel Forschungsberichte, den auf Hochglanz polierten Ecktisch, die Vase mit den frisch geschnittenen Pfingstrosen, die darauf stand. Schließlich landete ihr Blick auf meinem Gesicht, und sie sah mir fest in die Augen.

Es gibt zwei Sorten Menschen – diejenigen, die da sind, und diejenigen, die nicht da sind. Bitte enttäuschen Sie mich nicht.

Ich nahm mir einen Augenblick Zeit, um das Gewicht ihrer Worte zu verdauen. Ihr Schwarz-Weiß-Denken und die Ernsthaftigkeit ihrer Bitte.

Ich gebe mein Bestes, sagte ich, *aber ich kann Ihnen nicht versprechen, dass ich Sie nicht trotzdem enttäuschen werde. Die eigenen Erwartungen in den Griff zu bekommen, nimmt potentieller Enttäuschung den Stachel. Sind wir nicht alle manchmal enttäuscht oder enttäuschen andere?*

Tia blinzelte. *Nicht in meiner Welt.*

Wenn eine Klientin ihre Therapie beginnt, kommt sie häufig mit Hoffnungen, Ideen und Sehnsüchten hinsichtlich des Bildes, das sie sich von ihrer Therapeutin macht. So mag sie sich eine mitfühlende Therapeutin erhoffen, eine gute Zuhörerin, eine, die ein offenes Herz hat und ein rundherum guter Mensch ist – alles Voraussetzungen dafür, sich eine Verbindung zu dieser Person überhaupt vorstellen zu können, sich vorstellen zu können, auch nur damit zu beginnen, von den eigenen Problemen zu erzählen. Klientin und Therapeutin lassen sich auf ein gemeinsames Abenteuer ein, eine Reise von Herz und Verstand, die sich von Klientin zu Klientin, von Fall zu Fall unterscheidet; und obwohl sich ein Teil von uns jedem neuen Gegenüber mit frischem, offenem Blick zuwendet, betreten wir das Sprechzimmer immer auch mit Erinnerungen, Blaupausen und den Erfahrungen aus früheren Beziehungen, ob im familiären Kontext oder in einem anderen. So kann es immer wieder vorkommen, dass eine Klientin nicht in der Lage ist, mich als die zu sehen, die ich bin, weil ihr Blick von den emotionalen Ereignissen geprägt wurde, die sie bereits durchlebt hat. Ich denke dabei vor allem an eine junge Frau, die mit der Absicht zu mir kam, sich, wie sie es bezeichnete, ihr *Schwiegermutter-Eifersuchts-Syndrom* anzusehen, und mit der ich weniger als ein Jahr lang arbeitete. Wann immer ich das Wort ergriff, um ihr meine Beobachtungen mitzuteilen, setzte sie meine Gedanken und Reflexionen mit ihrer eigenen Mutter in Verbindung. *Genau dasselbe würde meine Mutter auch sagen,* erwiderte sie beispielsweise, oder *Sagen Sie das noch mal, Sie klingen genau wie meine Mutter,* oder *Ich fass es nicht, das ist, als würde sie mir direkt gegenübersitzen!* Die Vergleiche und Projektionen auf mich als ihre Mutter zogen sich über mehrere Wochen hin, bis ich irgendwann scherzhaft sagte, *ich habe mich schon immer gefragt, wie es wäre, eine Doppelgängerin zu haben,* woraufhin sie ziemlich nüchtern antwortete: *Sie sehen meiner Mutter überhaupt nicht ähnlich. Sie ist viel größer als Sie.*

Die Sitzungen mit ihr kreisten meistens um ein einziges Thema – zwanghaft stellte meine Klientin Vermutungen an, analysierte und versuchte sich vorzustellen, was ihre Mutter dachte, tat oder plante. Die Mutterprojektion war so stark, dass ich anfing, mich zu fragen, was ich unternehmen musste, um in meinem eigenen Körper, in meiner eigenen Haut zu bleiben. *Mein Mann ist völlig besessen von seiner Mutter!,* beharrte sie eines Tages, noch ziemlich zu Anfang unserer gemeinsamen Arbeit, die Hände zum Himmel erhoben. *Er kann nicht mal einen Furz lassen, ohne sie vorher zu fragen. Im Ernst, bei uns zu Hause hat er in jedem Zimmer ein Bild von ihr stehen.* Sie fing an zu weinen. Die Ironie war kaum zu toppen.

Ich fragte mich, wer und was Tia so tief enttäuscht hatte. Was genau war in ihrer Welt passiert, dass noch nicht einmal die winzigste Enttäuschung darin Platz hatte? Sie trug das Gewicht mentaler Unruhe auf ihren Schultern wie Atlas, dazu verdammt, Himmel und Weltall vor dem Fall zu bewahren. Wie sollte ich ihren Erwartungen jemals gerecht werden? *Nicht in meiner Welt,* hatte sie gesagt. *In irgendeiner Welt?,* hatte ich mich gefragt.

Außerdem betonte Tia, sie wolle im unwahrscheinlichen Fall, dass sie sich jemals verspätete oder im Rahmen ihrer Therapie nicht hart genug an sich arbeitete, dringend unmissverständlich daran erinnert werden, dass *Unpünktlichkeit und Faulheit von Charakterschwäche zeugen. Ich brauche eine Therapeutin,* sagte sie, *keine Mutter.*

Neun Monate später erscheint Tia, die Sporttasche schwingend und die Aktentasche in der Hand, zu ihrer Mittwochssitzung. Es ist neunzehn Uhr.

Sobald sie sitzt, fragt sie mich, wie mein Tag war, noch ehe ich die Gelegenheit habe, sie meinerseits dasselbe zu fragen. Das ist zwischen uns normal. Ich habe oft das Gefühl, mit der lebendigen, stets bohrenden Juristin zu ringen, die in Turnschuhen direkt von der Arbeit zu mir gerannt ist, um es pünktlich zu ihrem Termin zu schaffen. Anfangs habe ich mich gefragt, ob Tia mich vielleicht auf die Probe stellt, wissen will, wie müde ich schon bin, und meine Kapazität überprüft, mich am Ende eines für uns beide langen Arbeitstages noch auf sie einzulassen. Oder interessierte sie sich tatsächlich dafür, wie mein Tag gewesen war? Es blieb unklar, aber wenn ich auf mein Gefühl hörte, musste ich zugeben, dass wahrscheinlich Ersteres der Fall war.

Mir geht es gut, danke, Tia, sage ich. *Wie geht es Ihnen?*

Ich bin müde. Ich habe einen Berg Arbeit auf dem Schreibtisch, und Sophia hat nächste Woche Prüfungen. Würde sie mehr Zeit am Schreibtisch und weniger Zeit an ihrem verdammten Telefon zubringen, säßen wir jetzt nicht so in der Klemme.

Welche Art von Klemme?, hake ich nach.

Gestern Nacht saßen wir bis zwei Uhr morgens, um ihre Unterlagen in Geschichte durchzugehen. Sie hinkt total hinterher. Ich habe sie die wichtigsten Eckdaten aufschreiben lassen, damit sie sie nicht vergisst.

Welche Periode steht zur Prüfung?

Der Amerikanische Traum. *Und* die Tudors.

Interessiert sie sich für diese Themen?

Für die Tudors nicht wirklich. Neben Geschichte geht es noch um Englisch und um Kunst. Bei Kunst kann ich ihr nicht helfen, bei Englisch – vielleicht schon.

Und was ist mit dem Amerikanischen Traum, *gefällt ihr das?*

Tia zuckt die Achseln, nickt kaum merklich.

In den letzten Wochen lag Tias Fokus hauptsächlich auf den *Misserfolgen* ihrer Tochter, ihren *Unzulänglichkeiten, ihrer Faulheit,* ihren Problemen. Sophias Erfolge hingegen sind kaum je Thema, die Fächer, die ihr Freude machen, oder ihre Freundschaften, und das beschäftigt mich. Auch wenn die Psychotherapie uns Gelegenheit verschafft, unsere Probleme zu reflektieren und Klarheit darüber zu gewinnen, ist es genauso wichtig, Augenblicke der Erfüllung und der Zufriedenheit zu würdigen, mit sich selbst, mit anderen und mit Lebensthemen. Erst auf weiteres Nachhaken hin erzählte Tia, dass *Sophia sehr glücklich ist, wenn sie Kunst macht,* und dass ihr erst kürzlich ein Platz in einer zweiwöchigen Sommermalschule angeboten wurde, nachdem sie dort ihre Bilder eingereicht hatte, hauptsächlich Selbstporträts. Tia ist sich jedoch unsicher, ob Kunst ein lohnender Weg sein kann. *Mit Geschichte und Englisch hat sie viel mehr*

Möglichkeiten. Ich fürchte, eine Karriere auf dem Kunstsektor ist nur sehr begrenzt möglich.

Mir ist bewusst, dass Sophia nächste Woche Prüfungen hat, erwidere ich, *aber vielleicht könnten wir uns trotzdem einen Augenblick Zeit nehmen, auch zu würdigen, worin sie gut ist. Vielleicht gewinnen wir dadurch einen neuen Einblick und bekommen ein ausgewogeneres Gefühl für die Situation. Macht ihr das Malen immer noch Spaß?*

Tia greift zu ihrem Mobiltelefon und zeigt mir ein paar Fotos, die sie von Tias Gemälden gemacht hat. *Was halten Sie davon?*

Sie wischt, ich schaue, wir lächeln.

Ich finde die Bilder unglaublich, sage ich. *Sie ist sehr talentiert.*

Ich beobachte, wie ein leises, stolzes Lächeln auf Tias Lippen erscheint. *Ich muss zugeben, ich verstehe die Bilder nicht wirklich,* sagt sie. *Vor allem das hier. Es sieht ihr überhaupt nicht ähnlich, trotzdem ist es interessant.*

Inwiefern interessant? Ich bin begierig darauf, Tias Gedanken zu verstehen, Kontakt zu ihnen aufzunehmen und zu ihrem Gefühl in Bezug auf Sophias Kreativität.

Für mich sieht es so aus, als hätte sie ihr Gesicht regelrecht unter die Lupe genommen. Und sie hat Mut zu Farbe. Schauen Sie, hier. Tia beugt sich zu mir vor und zoomt mit Daumen und Zeigefinger Sophias Augen heran. *Sehen Sie sich diese Details an.*

Es ist wirklich erstaunlich, sage ich und lächle wieder. *Es wirkt, als hätte sie einen besonderen Moment und echte Liebe für ihr Gesicht auf Leinwand gebannt. Ihre Arbeit wirkt sehr engagiert, finden Sie nicht?*

Wir sind gemeinsam in das kühne Porträt versunken. Ein kaleidoskopisches Wagnis, eine Explosion von Grün- und Gelbtönen. Ich registriere die Zuversicht in Sophias Pinselstrichen. Ihr feines Gespür fürs Detail. Sophias Gesicht füllt die ganze Leinwand aus, der Blick ist fest, die Schultern sind gerade – ein Überborden kräftiger Farben und Würdigung. Ich spüre mein Verlangen, in Tias Telefon hineinzugreifen, mir das Bild anzueignen, es mir hier und jetzt an die helle Wand zu hängen. Ich möchte es ansehen, die zum Ausdruck gebrachte Schönheit und Hingabe bewundern.

Wir lehnen uns beide wieder zurück. Eine Pause entsteht.

Ich möchte noch einmal auf etwas zurückkommen, das Sie vorhin gesagt haben, sage ich schließlich. *Sie sagten, das Porträt würde Sophia überhaupt nicht ähnlich sehen. Das interessiert mich.*

Tut es auch nicht.

Mir fällt die Geschwindigkeit auf, mit der Tia mir antwortet. Die Abwehr in ihrer Stimme.

Die Details stimmen zwar, sagt sie, *aber die Proportionen sind völlig verkehrt. Und die Farben: Sie sind kräftig, aber auch seltsam. Es wirkt verzerrt.*

Vielleicht ist es einfach kein Porträt im klassisch realistischen Sinn, sage ich, *sondern spiegelt eher, wie Sophia malen und sich ausdrücken möchte. Vielleicht versucht sie, mit der Verwendung der Farben etwas mitzuteilen?*

Tia räuspert sich und lässt das Telefon in die Handtasche gleiten. Ich beobachte, wie ihr Mund sich verhärtet und die Augen sich zu schmalen Schlitzen verkleinern. Der leichte, gemeinsame Tanz aus Lächeln und Stolz von eben hat sich in etwas vollkommen anderes verwandelt – in brütendes Unbehagen. Die Stimmung ist plötzlich angespannt. Ich warte auf eine Reaktion von Tia und bin mir bewusst, dass wir uns gerade auf kompliziertes Terrain begeben.

Während der ersten Wochen ihrer Therapie sprach Tia ausführlich über etwas, das sie *zutiefst bedauert. Ich schäme mich, darüber zu sprechen.*

Tia hatte sich als junge Frau einer Schönheitsoperation unterzogen und mir gestanden, wie sehr sie ihre *schwarze Haut ablehnte, meine schwarzen Gesichtszüge, mein zur Hälfte jamaikanisches Erbe.*

Die Operation war eine Reaktion auf ihre lähmende Einsamkeit und die Auswirkung von strukturellem Rassismus gewesen, dem sie mit Kontrolle und der Flucht nach vorn aus dem Weg ging. Ich machte mir innerlich eine Notiz, weil mein eigenes Herz sich nach Linderung sehnte: *Über Unterdrückung und Tias überzogene Erwartungen nachdenken – ihre Sehnsucht nach Zugehörigkeit und Verbindung. Was war passiert, das die Ablehnung ihres jamaikanischen Erbes rechtfertigte?*

Mit dreiundzwanzig wollte Tia ihr Erscheinungsbild demontieren und sich von dem *Röntgenblick* ihrer Mutter befreien. *Mein Vater war meine Hauptbezugsperson, und alle, mit denen wir unsere Zeit verbrachten – sie machte eine Pause –, waren weiß. Mir ist klar, dass das, was er sagte, großen Einfluss auf mein Erscheinungsbild hatte. Verheerenden Einfluss. Ich wollte mich anpassen, dazugehören. Ich wollte, dass er mich liebt. Ich vermute, wenn ich bei meiner Mutter oder in ihrer Heimat aufgewachsen wäre, wäre mein Leben ganz anders verlaufen.*

Nach der Geburt ihrer Tochter hatte Tia Scham und Enttäuschung darüber verspürt, ihr Äußeres verändert zu haben, und wünschte aus ganzem Herzen, sie könnte die damals getroffene Entscheidung, ihr Gesicht zu *transformieren*, ungeschehen machen. *Eine* Person of Colour *versteht dieses Bedürfnis nach Zugehörigkeit, nach Freundschaft,* sagte sie und nagelte mich mit ihrem Blick fest, *trotzdem hasse ich mich für das, was ich damals getan habe. Meine Mutter hat mir das nie verziehen.*

Tia hatte sich die Nase verkleinern, die Krause aus den Haaren ziehen lassen und mithilfe türkisfarbener Kontaktlinsen ihre Augen umgefärbt. Sie hatte ihre Haut gebleicht, sich, wie sie es nennt, in eine «Browning» verwandelt: *eine Woman of Colour mit hellerer Haut. Ich war dreizehn, als meine Eltern sich schließlich trennten. Es war zwar sehr schwer für mich, aber gleichzeitig war ich froh. Ich lebte bei meinem Dad und verbrachte die Wochenenden bei meiner Mum. Beide forderten meine Loyalität ein, und beide hatten sehr strikte*

Vorstellungen davon, wer ich war, und wer ich sein sollte. Ich steckte tief im Zwiespalt, und ich war sehr wütend – ich war nur der Bauer in ihrem Schachspiel.

Ein schmerzhaft treffendes Bild: Ich stellte mir ein Schachbrett vor, mit kleinen, geschnitzten Figuren: König, Königin und Bauer. Eifrige Finger, die mit List und Tücke danach trachten, dem Gegner eine Figur nach der anderen vom Brett zu nehmen bis ... zum Schachmatt.

Wer hat gewonnen?, fragte ich.

Gute Frage. Wer hat gewonnen?, wiederholte sie und schaute nachdenklich zum Fenster hinaus.

Wir wurden beide sehr still und schwiegen.

Ich bin allerdings nicht wirklich davon überzeugt, dass es Sieger gibt, sagte ich. *Wer gewinnt denn, wenn wir Menschen in Machtpositionen nicht die Wahrheit sagen?*

Aber am Ende muss es doch einen Gewinner geben, sagte Tia.

Ach so?

Und das war mein Vater.

Eine Pause entstand.

Vielleicht ist es Zeit für ein neues Spiel?, sagte ich.

Tia beugte sich vor. *Wollen wir eine Münze werfen, um zu sehen, wer schwarz ist und wer weiß?*

Mit einem neuen Spiel meine ich ein anderes Spiel. Eines, das sich nicht auf Entweder-oder beschränkt, sagte ich in dem Bewusstsein, dass meine eigene gemischte Abstammung Tias Erbe spiegelte. Den zum Scheitern verurteilten Versuch, seine Loyalität einer einzigen Kultur zu verschreiben.

Tia wartete. Musterte mich.

Wie wäre es mit einem Kartenspiel? *Schnipp-Schnapp?*

Touché. Ich lächelte.

Ich hole mich zurück in die Gegenwart und sehe auf die Uhr: 19:20 Uhr. Tia schließt die Handtasche, verschränkt die Arme, schlägt die Beine übereinander, der Körper eine Festung, ein Burggraben, der ihren Schmerz umschließt. Ich unternehme den Versuch, zu ihr hinüberzuschwimmen, die Probleme zu adressieren und zu würdigen, die ihr aufgezwungen wurden.

Es tut weh, Sophia so selbstbewusst zu erleben, sagt Tia, *wie sie akzeptiert und zum Ausdruck bringt, wer sie ist. Meine Tochter besitzt ein feines Gespür für sich selbst in der Welt, aber mir macht es bewusst, dass ich selbst das niemals hatte. Ich wünschte, ich wäre in ihrem Alter so selbstbewusst gewesen. Mein Leben wäre völlig anders verlaufen.*

Im Bewusstsein für den Schmerz, den sie durchmachen muss, um zu bekommen, was sie will, nicke ich stumm und warte, bis Tias Worte vollständig in meinem Körper angekommen sind.

Es ist wichtig, sich diesen Verlust einzugestehen, sage ich, *die Unterdrückung, die Sie erfahren und überstanden haben und immer noch wahrnehmen. Unser Schmerz ist nicht unser Schicksal, sondern unser Motor, und bei Heilung geht es sowohl um das, was wir an unsere Kinder weitergeben, als auch um unsere eigene Entwicklung. Sophia hat Sie zur Mutter,* sage ich. *Sie haben das, was Sie aus Ihrer eigenen Reise erkannt und verstanden haben, genommen und ihr damit Werkzeuge, Fähigkeiten und Orientierung an die Hand gegeben. Meinen Sie, es könnte helfen, mit Sophia über ihre Kunst zu sprechen, sie zu fragen, was sie denkt und empfindet, wenn sie malt?*

Das habe ich schon.

Und?

Sie hat gesagt, sie malt, was sie fühlt, nicht, was sie sieht.

Worte einer wahren Künstlerin, sage ich.

Tia lächelt. *Danke. Sie ist unglaublich.*

So wie Sie, sage ich.

Tias große Augen füllen sich mit Tränen. *Danke,* sagt sie schüchtern.

Ich warte, bis sie sich die Tränen abgewischt hat. Ein zerknülltes Taschentuch verschwindet im Ärmel ihrer Seidenbluse.

Ich wünschte, ich hätte meiner Mutter nähergestanden, sagt sie mit zitternder Stimme. *Ich vermisse sie. Unsere Beziehung war so kompliziert. Es gibt so viele Dinge, die ich inzwischen anders machen würde. Was für Dinge?*

Ich würde mich um sie kümmern – sie hegen und pflegen. Ich würde ihre Fürsorge nicht mehr mit Kontrolle verwechseln. Mir wird klar, dass ich versucht habe, mich ihr zu entziehen. Mein Vater erzählte mir ständig, dass ich genauso aussähe wie sie, dass ich genauso wäre wie sie. Ich wollte mich davon befreien. Ich wollte mein eigener Mensch sein.

Ich kann mich erinnern, dass Sie sagten, es gäbe noch weitere Komplikationen, sage ich und spiele auf die Tatsache an, dass ihr Vater sehr schnell wieder geheiratet hatte.

Ja. Seine zweite Frau Charlotte. Ich weiß gar nicht mehr, wie oft sie und mein Vater zu mir sagten, ich solle doch einmal einen anderen «Look» ausprobieren. Ich wollte es ihnen beiden so dringend recht machen, und ich war sehr einsam. Ich hatte kaum Freunde. Sophia sagt, ich hätte einen besonderen Ausdruck. «Den einsamen Ausdruck», nennt sie es. Ich glaube, das kleine Mädchen ist immer noch in mir lebendig. Sie ist hart abzuschütteln.

In meinen Augenwinkeln piksen Tränen. *Ich glaube, sie braucht eher eine liebevolle Umarmung, als geschüttelt zu werden,* sage ich.

Ich beobachte Tias inneren Kampf, die Tränen, die nicht fließen dürfen, den verspannten Kiefer.

Sie macht den Mund auf, um etwas zu sagen, und besinnt sich dann.

Dieses kleine Mädchen braucht unsere Liebe, sage ich zu ihr.

Nach der Sitzung mache ich mir Notizen, um meinen aufgewühlten Geist zu beruhigen.

Tia ist an diesem Tag die letzte Klientin, und ich lasse das ganze Gewicht ihres Schmerzes in meinen Körper eindringen. Ich würdige ihre physischen und psychischen Wunden und warte darauf, dass sich das vertraute Pochen von tiefem, durchdringendem Schmerz in meinem Körper festsetzt. Wut taucht auf. Ich weiche dem vertrauten Gefühl von Vernichtung nicht aus und berühre sanft den weichen Teil meiner Kehle. Mein Hals fühlt sich wund und trocken an. Die Traurigkeit folgt zu schnell, denke ich. Meine Gedanken driften ab zu einer Trainingstherapie während meiner Ausbildung mit einer jungen Woman of Colour, die oft von ihren drei Kindern erzählte – ausschließlich Söhne – und die einmal zu mir sagte: *Ehe sie lernen, was Ethnien sind, möchte ich, dass sie die Farbe genießen.* Ihre Worte sind mir noch fünfzehn Jahre später präsent. Starke Worte, wahre Worte. Worte, die von einer Freiheit zeugen, die sie selbst nicht erleben durfte.

Tia trägt die Verheerung von strukturellem Rassismus in sich und an sich, notiere ich.

Der Rassismus und die emotionale Trennung, die Tias Vater demonstrierte, als er seine Tochter anwies: *Spiele anständig; pass dich an; gib keine Widerworte; pass auf, mit wem du dich anfreundest; zieh das nicht an – zu viel nackte Haut; hast du mal darüber nachgedacht, dir die Haare zu glätten? Mach die Musik leiser; achte auf dein Gewicht, sonst endest du noch wie deine Mutter,* hatte Tias jamaikanische Abstammung weißgewaschen. Seine Reaktion auf Black Lives Matter: *All Lives Matter,* Tia.

Tias Vater wird womöglich nie begreifen, was es bedeutet, eine Person of Colour – und seine einzige Tochter – als seiner selbst wahrhaft ebenbürtig anzunehmen, deren Gedanken, Gefühle und Überzeugungen den gleichen Wert besitzen wie seine, schreibe ich in mein Heft und unterstreiche wahrhaft ebenbürtig.

Tias Vater triggerte starke Gefühle in mir. Gefühle, die ich mit in meine kollegiale Praxissupervision nahm, wo ich meinem Ärger und Kummer Raum gab. Ein emotionaler Tsunami aus Ungerechtigkeit und Wut überflutete mich. Ich konfrontierte mich mit der Ungerechtigkeit; der Frustration; meinem Unmut; der

Erschöpfung und Objektivierung. Alles Gefühle, die ich auf meinem eigenen Weg erlebt und erfahren hatte und die mir jetzt bei der Arbeit mit Tia neu begegneten – Tia, die mir erzählt hatte, sie hätte aufgehört, um das zu bitten, was sie wollte, und sich alle Mühe gab, zu akzeptieren, was sie hatte. Ich beschloss, die kleine, einen Spaltbreit offen stehende Tür in mir zu orten, mit deren Hilfe ich rassistische Angriffe in meinem Privat- und meinem Arbeitsleben überstanden hatte. Hinter dieser Tür befanden sich Entschlossenheit und Antrieb. Der starke Wunsch, meine Stimme zu finden und in meine Kraft zu kommen. Das Bedürfnis nach Verbindung, nach Wachstum, nach Veränderung.

Eine Freundin und Kollegin machte mich auf das Buch *Vor ihren Augen sahen sie Gott* von Zora Neale Hurston aufmerksam, vor allem auf das Kapitel, in dem die Hauptprotagonistin Janie zu ihrer Freundin sagt: «*It's uh known fact, Phoeby, you got tuh go there tuh know there.*»

Ich war mit Hurstons Protagonistin einer Meinung. Ich musste dorthin, wo ich mich auskannte, und das bedeutete, Rassismus beim Namen zu nennen. Im Rauschen weißen Lärms meine Stimme zu finden.

Meine Gedanken kehren zu der Arbeit mit Tia zurück. Plötzlich bin ich hellwach für die problematischen Themen. Meine Absichten sind klar und zielgerichtet. Ich konzentriere mich auf den psychoanalytischen Rahmen und die Frage, inwiefern die Berührung mit Tias rassistischem Trauma mich mit meinem eigenen Weg im Rassismusdiskurs in Berührung bringt, ein Fall von sekundärer Traumatisierung. Ich habe die emotionalen und physischen Auswirkungen des von Generation zu Generation weitergegebenen Traumas vor Augen. Ich spüre, dass mein Wunsch sich vertieft, mich und andere zu ermutigen, eine bessere Welt zu erschaffen, Schritt für Schritt. Es gibt keinen anderen Weg als den Weg nach vorn.

Welcher Schritt ist als Nächstes zu tun ...?

Meine Gedanken konzentrieren sich auf die notwendige Heilung von Tias Schönheitsoperation und ihrer internalisierten «Vaterstimme», zusammen mit ihrer Erfahrung von Angst und Isolation; die Verarbeitung des Todes ihrer Mutter; außerdem die Bindung zu ihrer Tochter Sophia und die Bildung von Bewusstsein für die Gefahr einer potentiellen Reinszenierung der Mutter-Tochter-Beziehung.

Distanzierte Tia sich unbewusst von Sophia, so wie Evelyn es getan hatte, als Tia sich zunehmend an den Vater band? War Kunst eine Bedrohung, oder zumindest der Ausdruck von Kunst? Ich fragte mich, was beide Generationen von Frauen gefühlt hatten, wenn sie mit etwas konfrontiert wurden, das sich anders anfühlte, etwas, das anders war als sie selbst. Etwas, dem das Potential innewohnte, zu trennen und zu bezwingen.

Wie Tia wuchs auch ich in einer Familie und einer Gemeinschaft auf, in der ich nicht gesehen wurde. Die emotionale Trennung, die ich erlebte, wenn ich versuchte, mit den Menschen, mit denen ich unter einem Dach lebte, in dieselbe Schule oder Kirche ging, ein Gespräch über meine Identität als in England geborene Chinesin zu führen, war unfassbar anstrengend, weil ich immer wieder erleben musste, wie Abwehr einsetzte, sobald ich den Wunsch artikulierte, gehört, erkannt und verstanden zu werden. Ich wusste instinktiv, dass ich meine Kraft, meine kulturellen Wurzeln und meine geistige Gesundheit beschützen musste. *Sie ist nicht wie wir,* hörte ich meine Onkel, Tanten, Cousinen sagen. Es gibt eine Geschichte von meinem uns nicht sehr nahestehenden Großvater mütterlicherseits, der uns eines Tages zu Weihnachten besuchen kam und, als ich – meine Mutter stand hinter mir – die Tür aufmachte, gesagt haben soll: *Wer ist denn dieses komische kleine Chinesenmädchen?* Ich selbst kann mich daran nur sehr vage erinnern, und das wahrscheinlich aus gutem Grund. Aber jedes Mal, wenn irgendjemand aus der Familie diese Geschichte «zum Besten» gibt, spüre ich, wie die Wunden wieder aufreißen. Und bluten.

Als Kind eines Immigranten war ich gezwungen, mein Denken neu zu verdrahten, um zu verstehen, dass wir uns, wohin wir auch kommen, als Außenseiter fühlen, die draußen stehen und hineinschauen. *Streng dich an*, sagte mein Vater immer, *dann bekommst du am Ende auch den Lohn.*

Ich fragte mich immer, wie dieser Lohn wohl aussehen würde. *Heimat* ist doch sicher Lohn genug, dachte ich.

Müde von meinem langen Tag in der Praxis ziehe ich die Schuhe aus und schlage die Beine unter. Ich muss auf einmal an den dringend benötigten Urlaub denken, den ich mir 2015 nach einem privat wie beruflich herausfordernden Jahr einräumte. Ich wartete geduldig an Bord eines kleinen Boots, das mich über den Bosporus bringen sollte, begierig darauf, vom Schiffsmotor zur einzigen Metropole der Welt getragen zu werden, die auf zwei Kontinenten liegt, und spürte, wie erschöpft ich war. Ich war kriegsmüde.

Der Bosporus ist die schmale Meerenge, die Istanbul in zwei Teile teilt und wo Europa und Asien zusammenkommen – oder sich trennen, je nach Perspektive. Ich wollte die Vielschichtigkeit dieses Moments auf keinen Fall verpassen. Das tief in meinen Knochen verankerte Gefühl, als plötzlich eine alte, mir wohlvertraute Stimme auftauchte und sagte: *Entscheide dich für eine Seite.*

Die Aufforderung war unmöglich, begrenzend, aber nicht fremd. Ich war mir der Komplexität bewusst, eine Art «Zweiheit» zu verkörpern, in einem gemischtethnischen Körper zu Hause zu sein. Das Gefühl, mich zwischen zwei Kulturen aufzuspreizen, zwischen zwei Welten, zwei miteinander im Konflikt stehenden Idealen, und das in einem kleinen, verwirrten

Selbst. Ich hatte oft Schwierigkeiten mit der immer wieder unbeholfenen Sprache, die mit einem Leben gemischter Herkunft einhergeht – die Zwei-Heit, die Bi-Ethnie, die Dualität. Das anzuerkennen, ist unerträglich. Es nicht anzuerkennen, fühlt sich entehrend und unredlich an. Ich sehne mich nach dem Dazwischen, nach Ganzheit. Danach, ich zu sein. Nur ich.

Auch meine Mutter und mein Vater standen, ähnlich wie Tias Eltern, in Konkurrenz um meine Loyalität und meine Bevorzugung. Beide, ohne sich bewusst zu sein, dass ihre eigenen Ängste und Bedürfnisse mit meinen Versuchen kollidierten, mich ganz zu fühlen. Meine Mutter forderte mich auf, mich anzupassen, mich so zu verhalten und so zu agieren wie die anderen Kinder in der Schule. Mein Vater bestand auf das genaue Gegenteil und stopfte meine Brotzeitdose mit Mondkuchen und anderen asiatischen Spezialitäten voll. Ich war eines von zwei nicht weißen Kindern in der Klasse, die «Außenseiter», und erlitt Neckereien und Gemeinheiten, die ich weder verstand noch akzeptierte. *He, Gelbgesicht! Schlitzauge! Chopsuey!*, riefen die Kinder in der Schule. Warfen fiese Blicke und zeigten hinter meinem Rücken mit ausgestreckten Fingern auf mich. Später, auf dem Community College, waren es eher Mikroaggressionen, die sich in Fragen zeigten, wie: «*Was bist du eigentlich?*»

Wir sind aber kein «was», wir sind ein «wer», und wie wir in unserer Haut erscheinen, wird niemals irgendwem verraten, wer wir sind. Der Versuch, einen Menschen über etwas anderes als seine Menschlichkeit zu definieren, kann gefährliche Folgen haben.

Meine Erschöpfung während der Fahrt über den Bosporus war, glaube ich, teils auf Gespräche zurückzuführen – manche privat, andere beruflich –, die es zum Verständnis von strukturellem Rassismus immer noch erforderlich machten, dass People of Colour – ich, meine Familie, meine Kolleginnen und einige meiner Freunde und Freundinnen – weißen Gefühlen den Vorrang gaben. Tia ist dafür der Beweis. Meine damals so dringend benötigte Auszeit war dafür der Beweis.

Tia, schreibe ich, *trägt die Unterdrückung jeden Tag in ihrem Gesicht. Es ist harte Arbeit notwendig, um diese Wunden zu heilen und ihren Schmerz und ihre Selbstbestrafung zu demontieren. Der Schlüssel ist Akzeptanz sowie Respekt für die Erfolge und Schwierigkeiten ihrer Tochter und alles andere dazwischen.*

Ich lege die Notizen beiseite, schalte in meiner Praxis das Licht aus, ziehe mir die Schuhe an und greife zu meinem Rucksack, in Gedanken bereits zu Hause, was zwei Stunden entfernt liegt. An der weißen Wand stelle ich mir Sophias Selbstporträt vor. Die Haut in der Farbe von Erde, von Natur, von sich erhebenden Himmeln. Meine müden Augen verweilen in meiner Fantasie auf ihrer kühnen Schönheit, ihrer Lebendigkeit. So unglaublich lebendig.

Heute hat sie beschlossen, dass es *an der Zeit ist zu arbeiten.*

In den sieben gemeinsamen Monaten durfte ein gewisses Vertrauen reifen, eine Verbindung entstehen, und jetzt steht Tia auf der Matte und ist bereit zum Sprung. Sie stellt mir eine Frage: *Wo sind Sie geboren?*

Hier, in England, antworte ich.

Sie zögert, zupft sich eine blaue Kaschmirfluse vom Pulloverärmel und fragt weiter: *Ich bin neugierig auf Ihre Abstammung.*

Ich bin eine britische Chinesin.

Ihre Mutter ...?

Meine Mutter ist Britin und weiß, erwidere ich. *Mein Vater ist Chinese.*

Dann sind Sie auch eine Außenseiterin, sagt sie.

Plötzlich herrscht knisternde Lebendigkeit im Raum. Zwei

Frauen, verbunden durch einen kurzen Augenblick geteilten Erlebens. Symmetrisch in unserem peripheren Leben und unserem Außenseiterinnensein. Ich bin froh, dass Tia mich nach meiner Herkunft gefragt hat. Ihre Frage entspringt nicht der Objektivierung oder einem erzwungenen Bündnis, sondern neugieriger Verbundenheit. Von Subjekt zu Subjekt. Wir stecken da gemeinsam drin.

Durch meine Gesellschaftsschicht und meine Ethnie stand ich ungerechterweise immer außerhalb, sage ich und beuge mich zu ihr. *Deshalb: ja. Auch ich habe mich als Außenseiterin erlebt.*

Das gängige Bild einer Psychotherapeutin ist das einer schweigenden, unerbittlichen Zuhörerin. Ein Mensch mit Pokerface, der sich von Gesprächen, Herausforderungen, vergleichbaren Lebenserfahrungen und, hin und wieder, auch von über die Maßen schockierenden Enthüllungen nicht beeindrucken lässt. Ich jedoch erlebe die gemeinsame Arbeit mit Tia als Ausdruck einer feinen Verwandtschaft. Dabei schnörkellos. Dafür hat unser respektvolles Zuhören und Miteinander die Kapazität, uns beide zu verändern und wachsen zu lassen. Ich vergleiche den Prozess mit einer Ausdehnung des Selbst, oder dem Eintauchen in ein Gedicht. Wenn ich mich berühren lasse von meiner Verbundenheit mit den rhythmischen, lyrischen Worten, bin ich hinterher ganz einfach verändert.

Wie ist das für Sie gewesen, das Leben als Außenseiterin?, fragt Tia.

Ich konzentriere mich, bin darauf bedacht, Tias Kampf weiter im Fokus zu behalten und dabei zwar mit ihr in Verbindung zu bleiben, aber gleichzeitig Grenzen zu setzen. *Manchmal schwierig*, sage ich. *Und einsam. Aber ich habe über die Jahre versucht, mich mit dem Unbehagen ein bisschen behaglicher zu fühlen. Und ich habe die Gemeinschaft anderer Außenseiter gesucht. Wie sich rausstellt, gibt es da draußen ziemlich viele von uns.*

Tia legt sich die flache Hand auf die Brust und fängt an, mit großen, kreisenden Bewegungen ihren Herzraum zu massieren. *Ich fühle mich einsam*, sagt sie weinend. *Meine Mutter hatte recht: Eine Außenseiterin ist jemand, die nicht weiß, was Heimat bedeutet.*

Ich rutsche näher zu ihr hin. Noch näher. Verspüre den Wunsch, ihr mit meinen Worten Sicherheit zu geben, mit meiner Haut, mit meinem Menschsein. *Tia*, sage ich. *Viel zu oft werden Außenseiterinnen ignoriert, verhöhnt, unterschätzt oder schlicht unsichtbar gemacht. Aber darf ich den Gedanken anregen, dass das Leben als Außenseiterin auch mit einem gewissen Gefühl der Befreiung verbunden sein kann? Ich möchte damit auf keinen Fall die Komplexität der Tatsache herabwürdigen, dass wir Außenseiterinnen sind, die Einsamkeit und die Selbstzweifel, aber von gesellschaftlichen Erwartungen losgelöst zu sein, bietet uns große Freiheit, unsere eigenen Werte zu definieren. Wir müssen in uns selbst Heimat finden. Heimat ist der Ort, von dem aus wir anfangen.*

Tia wischt sich über die Wange, beugt sich ihrerseits vor. *Das hört sich richtig an*, sagt sie leise. *Ich glaube nicht, dass meine Mutter jemals das Gefühl hatte, irgendwo zu Hause zu sein. Das Krankenhaus, in dem sie arbeitete, kam einem Zuhause vielleicht noch am nächsten. Vielleicht hat sie deshalb immer so viel dort gearbeitet und so viele Kinder auf die Welt geholt. Sie war nirgendwo glücklicher als auf dieser Entbindungsstation. Für uns fühlte es sich oft so an, als erfülle sie eine Pflicht, wenn sie zu uns nach Hause zurückkam – und bräuchte einfach nur irgendeinen Ort, wo sie ihren Kopf betten und sich ausruhen konnte. Mir geht es, wenn ich ehrlich bin, mit meiner Arbeit genauso, und wahrscheinlich ist das auch der Grund, weshalb es mich so frustriert, dass mir mein Job plötzlich keinen Spaß mehr macht.*

Es hört sich an, als besäßen Sie und Ihre Mutter eine hohe Arbeitsmoral.

Lachend schüttelt Tia den Kopf. *Sie lief immer in diesen dämlichen Overalls rum, und dazu Turnschuhe an den Füßen. Was anderes trug sie nie. Wenn ich zu ihr sagte: «Zieh doch mal ein hübsches Kleid an,* du bist jetzt nicht bei der Arbeit», sagte sie: «*Das Leben dreht sich um mehr als Hübschsein, Tia. Ich muss Babys auf die Welt holen, wunderbare, wunderschöne Babys. Und jetzt husch. Geh jemand anderem auf die Nerven.*»

Es war eine komplizierte Mutter-Tochter-Beziehung. Als Tia ein junges Mädchen war, glaubte ihre Mutter fest an harte Bestrafung. Später gab sie eine noch härtere Arbeitsethik an ihre Tochter weiter, rigide Wochenendstrukturen und, das Maß aller Dinge, die Einforderung unbedingter Loyalität. Evelyn war sehr ehrlich, was die Macht über ihre Tochter betraf: *Kein anderer Mensch wird dich so verletzen, wie eine Mutter es vermag, und kein anderer Mensch wird dich jemals so lieben, wie eine Mutter es vermag.* Diesen Satz bekam Tia immer wieder zu hören, bei jeder Gelegenheit, mit offenem, festem Blick. Evelyn sehnte sich danach, Tia, ihr einziges Kind, zu ihrer Verbündeten zu machen. Und Evelyns Webkünste sind noch heute in Tias Körper lebendig – ein verschlungenes Netz aus Worten und Glaubenssätzen. Diese Fäden durchwirken jede Pore von Tias Wesen, rollen sich neu auf und stricken an einem dichten Netz aus Verlust. An welchem Faden ihrer Identität man auch zieht, Tia reagiert darauf sofort mit Sehnsucht nach Rückkehr der Mutter.

Tia wünschte, sie hätte sich weniger vor ihrer Mutter gefürchtet, hätte ihr öfter gesagt, wie sehr sie sie brauchte; wie sehr sie von ihr geliebt werden und lernen wollte. Im Laufe der Jahre wurde Tia zunehmend bewusst, wie gern sie zu ihrer Mutter gesagt hätte: *Lehre mich; hilf mir, meine Stimme zu finden; ermutige mich dazu, meinen Körper zu lieben, meine Haut; bestehe darauf, dass ich nicht jedes Mal kopflos werde, wenn Daddy zu mir sagt, ich soll mich anziehen und essen und sprechen wie Cousine Clare; hilf mir, beim Reden einen kühlen Kopf zu bewahren, weil ich mir, sobald ich meinem Frust und meiner Wut und Verzweiflung darüber, nicht gehört oder als* gleichwertig anerkannt zu werden, freien Lauf lasse, den Vorwurf gefallen lassen muss, eine wütende schwarze Frau zu sein, die frisches Öl ins Feuer der rassistischen Klischees gießt; hilf mir, mich nicht aus Angst anzupassen und mich mit dem Versuch, «dazuzugehören», fertigzumachen; hilf mir, nicht ständig das Gefühl zu haben, ich müsste mich ändern und mich dabei immer weiter und weiter und weiter von dir entfernen. Ich vermisse dich. Ich liebe dich, Mum. Es tut mir leid.

Als Tia acht Jahre alt war, so erinnert sie sich, nahm ihr Vater sie eines Abends mit in das Hotel, in dem er als Manager arbeitete. Obwohl die Erinnerung und die damit verbundenen Gefühle Tia aufwühlen, lässt sie mich an diesem frühen Schlaglicht auf ihr Leben teilhaben. Sie besteht darauf. *Ich will Ihnen erzählen, wie das war, Maxine.* Ich lehne mich zurück, höre aufmerksam zu, warte, dass ihre Geschichte sich entfaltet. *Ich will Ihnen klarmachen, was für ein Schwein mein Vater war,* sagt sie. Wir hätten eine Stecknadel fallen hören, so still ist es.

Die durchdringenden Klänge von Blechmusik aus dem Ballsaal, den sie nicht betreten durfte. Es war schon spät, fast Mitternacht. Die Musik verstummte, die Sänger verbeugten sich, im Saal wurde es still. Applaus brandete auf, wurde lauter, fast frenetisch …

Müde und gelangweilt, wagte Tia einen verstohlenen Blick durch eine halb geöffnete Tür in dem vornehmen Hotel in St. James. Ihr Vater trug seine übliche Uniform: einen schwarzen Anzug, dazu ein makellos weißes Hemd, in der Brusttasche des maßgeschneiderten Jacketts ein rotseidenes Einstecktuch. Einen trotz der vielen Jahre, die er dort schon saß, noch immer schimmernden goldenen Siegelring am kleinen Finger. Tia empfand eine verworrene Art von Liebe, als sie ihrem Vater heimlich dabei zusah, wie er elegant und wie von selbst von kleinem, intimem Tisch zu kleinem, intimem Tisch schwebte. Eine Hand auf einer Stuhllehne, wenn er sich aufmerksam vorbeugte, die andere Hand locker an der Hüfte. In ungezwungenem Blickkontakt mit den elegant gekleideten Männern und Frauen.

Es war nicht ungewöhnlich, dass Evelyn von Tia verlangte, Robert zur Arbeit in dem Fünf-Sterne-Hotel zu begleiten. *Ich brauche mal einen Abend für mich, du gehst mit deinem Vater*, befahl sie. *Und behalte ihn im Auge – er lügt.* Tia war sieben, als sie die Rolle der Schnüfflerin übernahm, sie vermutet, dass ihre Mutter bereits damals von den Affären ihres Vaters wusste. Wenn sie ihn zwang, das Kind mitzunehmen, stand wenigstens fest, dass er nach der Arbeit direkt nach Hause kam. Tia legte in ihrem kleinen Kinderzimmer das Ohr an die Wand und belauschte die Anschuldigungen ihrer Mutter und die Dementis ihres Vaters.

Du bist ein Lügner, Robert, und ein Betrüger. Billige Beweise kamen ans Licht – ein verschmierter Lippenstiftfleck, eine auf ein Streichholzbriefchen gekritzelte Telefonnummer, mehrere nach Ende der Öffnungszeit ausgedruckte Belege aus der Hotelbar – aber nichts, das jemals so gravierend gewesen wäre, als dass Tias Mutter ihn verlassen hätte.

Tia lauschte und fragte sich, weshalb ihr Vater – *der Lügner* – Trost bei anderen Frauen suchte, *obwohl er meine wunderschöne Mutter hatte.* Wieso fing das Grün seiner Augen beim Anblick blonder Frauen, die teure Getränke auf kleinen intimen Tischchen absetzten, fluoreszierend an zu leuchten? *Als wäre er verhext.* Wie betrunken von den schlanken Frauenkörpern, versunken in das Blau und Grau ihrer Augen, legte er ihnen sanft die verheiratete Hand auf den Rücken, um die Taille, neigte sich ihren Hälsen zu, den duftend parfümierten.

Die Bücher und ihren Walkman in Händen, zog Tia umständlich die Tür zum Ballsaal etwas weiter auf, gähnte und erkannte sofort ein paar von den groß gewachsenen Kellnerinnen, die sie im Lauf des Jahres kennengelernt hatte, zusammen mit den Musikern, die ihr Süßigkeiten schenkten und Kleingeld und sie mit ihren Zaubertricks in Bann zogen. Als die letzten Gäste den Ballsaal verließen, befahl Tias Vater ihr, brav in der Lobby zu warten. *Es dauert nicht mehr lange, lies dein Buch.*

Etwas später, immer noch müde und gelangweilt, machte Tia sich auf die Suche nach ihrem Vater und den Musikern mit den tollen Tricks, hoffte auf verschwundene Münzen, die plötzlich blinkend hinter ihrem linken Ohr wieder zum Vorschein kamen. Sie ging nach hinten zur Garderobe, die voll war mit glitzernden Kleidern, hohen Schuhen, Bürsten und Kämmen. Flaschen mit dunklem Rum. Tiegel voll duftender Cremes, in die behutsam manikürte Finger getaucht wurden. Als Tia die Tür öffnete, keuchte Camilla, die Kellnerin, erschrocken auf und schloss eilig die Beine wie eine automatische Kaufhaustür hinter einer glücklichen Kundin. Hektisch schob sie den schwarzen Nylonrock herunter und tippte Robert auf den Rücken. Als er sich umdrehte, lag auf seinem Gesicht ein Ausdruck *von Willenlosigkeit und Scham.*

Tia starrte durchs Fenster in die noch tiefer werdende Nacht hinaus und fragte sich, wann die Welt endlich aufhören würde, ihrer Mutter und ihr wehzutun. Wann der Mond aufhören würde, sich zu drehen, und endlich still stehen würde, leuchtend und glänzend wie die Münzen, die hinter ihrem linken Ohr hervorgezaubert wurden. *Nie, es hört nie auf,* flüsterte eine leise Stimme in ihrem münzenlosen Ohr.

Tia wandte sich ab und probierte aus, ob das Schamgefühl ihres Vaters die richtige Größe hatte. Es schien ihr zu passen.

Ich weiß, was du gemacht hast, Daddy, sagte sie mit leiser Stimme. *Ich hab dich gesehen.*

Auf der Heimfahrt wartete Tia darauf, dass ihr Vater sie mit spätabendlicher Eiscreme bestach oder einem billigen Plastikspielzeug von der schmuddeligen Nachttankstelle. Sie wartete darauf, dass er sie mit seinen großen, ausladenden Armen, die

Hemdsärmel hochgekrempelt, drückte und sie in ihrer alles sehenden Kleinheit festhielt. Auf einen Schlag ein Stück erwachsener geworden, ließ Tia die Nachtluft ins Auto. Fünf Jahre älter, und sie wäre vielleicht ins Freie gegangen, hätte sich abreagiert und eine Zigarette geraucht. Tia versuchte, sich vorzustellen, was im Kopf ihres Vaters vorgehen mochte: eine Entschuldigung, eine Erklärung, ein sanftes Bitten um Verständnis. Nichts. Sie musterte sein Gesicht, um nachzusehen, ob sich dort etwas regte, dann seine Hände, seine Schultern. Nichts. Sie räusperte sich. Nichts. Ein Schluchzen. Nichts.

Tia beneidete und hasste die Aufmerksamkeit, die Camilla ihrem Vater offenbar entlockt hatte. Sie war verwirrt. *Warum hast du das da eben mit Camilla, der Kellnerin, gemacht?*, wagte sie zu fragen.

Schweigen.

Daddy?

Erst als Robert in die Auffahrt abbog, sah er Tia direkt an. *Wenn du deiner Mutter erzählst, was du gesehen hast, brichst du ihr damit das Herz. Daran willst du doch nicht schuld sein, oder? Ich liebe dich, Tia. Das weißt du. Aber wenn du ihr das erzählst, oder sonst irgendwem, werde ich dich nicht mehr lieben. Hast du mich verstanden?*

Es gab unzählige Gelegenheiten, bei denen Tia ihrer Mutter die *Betrügereien, Treulosigkeiten, Zweigleisigkeiten, Verrätereien und Hinterhältigkeiten* ihres Vaters hätte offenbaren können, doch sie tat es nicht. *Warum?* Sie hatte Angst davor, dass ihre Mutter zusammenbrach, Angst vor *ihrem Wahnsinn. Daran willst du doch nicht schuld sein?* Doch genauso fürchtete Tia, von ihrem Vater zurückgewiesen zu werden, falls sie den Mund aufmachte. *Wenn du ihr das erzählst, oder sonst irgendwem, werde ich dich nicht mehr lieben.*

Tia erzählt mir, das Risiko, die Liebe ihres Vaters zu verlieren, sei zu groß gewesen, und sie glaubt, dass dieser Moment hinsichtlich ihrer Liebe und Loyalität der Wendepunkt war. *Ich wollte meine Mutter beschützen, aber ich wollte auf gar keinen Fall, dass mein Vater aufhörte, mich zu lieben.*

Ihre Mutter hatte die Arbeitszeit erhöht. Tia bekam sie kaum noch zu Gesicht, nur an den Wochenenden, an denen sie versuchte, ihr möglichst nahe zu sein, Kinobesuche vorschlug, Spielerunden zu zweit, Einkaufstrips. Aber Evelyn war erschöpft. Kinder auf die Welt zu holen, war anstrengend. Die Nachsorge für die Mütter und Neugeborenen war anstrengend. Die Bürokratie nach getaner Arbeit war anstrengend. *Wollen wir Monopoly spielen oder ins Kino gehen? Ich kann dir die Haare flechten, die Nägel lackieren ...*, schlug Tia mit sanfter Stimme vor, aber ihre Mutter wollte nur Ruhe, Zeit für sich. *Geh mit deinem Daddy spielen,* sagte sie.

Evelyn verlor ihre Tochter aus dem Blick, und ich denke laut über dieses ständige Abschweifen nach – über die allmähliche, aber sichere Entfremdung der beiden. Unter dem ständigen Druck von Abwesenheit, Erschöpfung, Enttäuschung und Konkurrenz begannen die Bande zwischen Mutter und Tochter sich zu lösen. Evelyns mütterlicher Einfluss begann langsam zu versanden.

Tia beeilt sich zu antworten: *Sie sagte immer, ich käme ganz nach meinem Vater und überhaupt nicht nach ihr. Was bist du ständig so vage und höflich? Warum liest du ständig diese Bücher? Lies Maya [Angelou] oder Toni [Morrison], von denen kannst du was lernen, Mädchen, sagte sie. Es war so verwirrend, weil beide Eltern mir ständig erzählten, ich sei genau wie der andere. Ich wusste nicht, wohin ich mich wenden, wem ich glauben und auf wen ich hören sollte.*

Wenn Tias Eltern beide arbeiteten, gab es junge, hübsche Babysitterinnen, die sich mit häuslicher Sanftmut um Tia kümmerten. Tia erinnert sich an mindestens fünf oder sechs verschiedene junge Frauen, die ihr abends vorlasen. Sie fragte sich, warum ihre Mutter sich um fremde Kinder kümmerte und nicht um sie. Sie stellte sich vor, wie ihre Mutter zärtlich deren winzige Händchen und vollkommene kleine Füßchen festhielt. Die empfindlichen, flaumigen Köpfchen, rund wie eine Perle, nach Puder duftend. *Ich verstand es einfach nicht*, sagt sie leise, *ich wollte meine Mum, ich brauchte sie, ich verstand nicht, warum sie mir diese Babys vorzog. Ich versprach mir selbst, es bei meinem eigenen Kind anders zu machen.*

Später dann, als Tia früh für ihr Alter in die Pubertät kam, bekam sie sehr deutliche Botschaften übermittelt. Ihr Vater fing an, Bemerkungen über ihre *dicken Beine*, die *trockene Haut* und ihr *krauses Haar* zu machen. Er ermutigte sie dazu, es mit einer Entkrausung zu versuchen, vielleicht auch mal mit einem anderen Stil, etwas *Weiblicheres*. Manchmal waren die Botschaften *subtiler, nur ein bisschen rassistisch,* ein bestimmter Blick, wenn Tia in Kleidung aus ihrem Zimmer kam, die ihrer Figur schmeichelte, wenn die Musik, bei der sie sich lebendig fühlte und zu der sie gerne tanzte, unaufgefordert leise gestellt wurde.

Ein bisschen rassistisch gibt es nicht, sage ich, *es gibt nur Rassismus. Und ich erkenne die Auswirkungen, die das auf Sie hatte, Tia.*

Später dann kamen *gemeine Witze* und Kommentare über Tias Haut hinzu. *Wie ein Nilpferd*, lachte er, aber niemand lachte mit. Die Babysitterinnen bugsierten Tia in andere Räume des Hauses, versuchten, Roberts Rassismen zu entkommen, taten mit zusammengebissenen Zähnen, als seien sie mit anderen Dingen beschäftigt. Janie, eine von Tias Lieblingsbabysitterinnen, streichelte ihr über den Kopf und hielt ihr mit beiden Händen die Ohren zu. *Komm, wir gehen in den Garten*, sagte sie, *es ist so schön draußen. Wer als Letztes vor der Tür ist, ist eine Spielverderberin!*

Mein Vater war mir damals so peinlich. Ich schämte mich sehr, wenn er solche Dinge sagte. Ich machte seinen Rassismus zu meinem Problem. Ich wollte so dringend, dass er mich liebte und akzeptierte, und je drän-

gender dieses Gefühl wurde, desto weiter entfernte ich mich von meiner Mutter.

Tia schließt die Augen, Erschöpfung zerrt an ihren Lidern. *Ich will aufhören, mich selbst zu bestrafen. Ich bin müde und erlaube meiner Vergangenheit immer noch, mich zu definieren. Ich möchte Sophia für ihr Selbstbewusstsein Respekt zollen, anstatt neidisch auf sie zu sein. Ich muss mich weiterentwickeln. Ich muss den Teil von mir heilen, der Angst davor hatte, schwarz zu sein.*

Ich feiere Tias Mut, heilen zu wollen, ebenso wie ihr radikales Selbstmitgefühl. Ich bin wütend auf den Kampf, der drei Generationen von Frauen dieser Familie aufgezwungen wurde. Ihre Fußspuren verlaufen entlang der Grenzen von Ethnie und Identität und, noch wichtiger, ihrer Menschlichkeit.

Tia bekommt eine E-Mail von einem der Partner ihrer Kanzlei. Er schreibt, es gäbe ein Meeting zu den Themen *Inklusion und Diversität am Arbeitsplatz, mit Bitte um Teilnahme.* Tias Handflächen fangen an zu schwitzen. Ihr Atem geht flach und schnell. Sie fühlt sich plötzlich nackt. Abgesehen von Jennifer, eine Praktikantin, zu der sie bereits Kontakt aufgenommen hat, ist Tia die einzige schwarze Frau in ihrem Team. Obwohl Tia gerne mit ihren Kolleginnen und Kollegen diskutiert, ist sie fest entschlossen, sich weder zum Feigenblatt noch zum Sprachrohr machen zu lassen.

Was fühlen Sie, wenn Sie an das bevorstehende Gespräch denken?

Ich glaube, dass es notwendig ist, aber ich habe keinerlei Erwartungen. Die Sache ist die: Wir nähern uns dieser Diskussion aus unterschiedlichen Richtungen. Falls die anderen nicht in der Lage sind, die Problematik in der Tatsache zu erkennen, so wenige People of Colour in der Kanzlei zu haben, werde ich mich nicht weiter einbringen.

Dafür habe ich Verständnis, sage ich.

Ich fürchte, meine Kollegen gehen davon aus, dass wir als Gleiche unter Gleichen in dieses Gespräch gehen. Aber das stimmt nun mal nicht. Sehen Sie das auch so?

Ich höre ihr zu und spüre Tias Wunsch, ich möge mich neben ihr einreihen, mit dieser direkten und nachvollziehbaren Frage will sie meinen Mut, unser Bündnis, testen. Die professionelle Verantwortung als Therapeutin verlangt von mir, nicht mit meinen Klientinnen zu konspirieren, sondern ihnen hilfreich darin beizustehen, für sich klar zu denken. Jetzt jedoch komme ich ihr entgegen und sage: *Ja, Tia, das sehe ich auch so.*

Am nächsten Tag kommt die Kanzlei im Konferenzraum zusammen. Auf übergroßen weißen Porzellantellern ist süßes Gebäck arrangiert. Aus silbernen Kaffeekannen steigt Dampf auf. Tia betritt als Letzte den Raum. Zwölf Leute sitzen um den Tisch. Tia hat sich nie als abergläubisch oder vom Pech verfolgt gesehen, aber als sie sich jetzt setzt, empfindet sie ein großes Schutzbedürfnis hinsichtlich ihrer Stimme, ihrer Grenzen, und sie wünscht, sie hätte die Turmalinhalskette ihrer Mutter angelegt – dem Edelstein wird eine ausgleichende Wirkung nachgesagt, ein Schutzschild gegen negative oder unerwünschte Energien.

Ich fühle mich unwohl, in einem Raum, in dem fast nur Weiße sitzen, über Ethnien zu sprechen, sagt einer ihrer Kollegen und meidet Tias Blick. Ein anderer, ein Mann Mitte fünfzig, beklagt den Mangel an BIPoC-Juristinnen und -Juristen in der Kanzlei. Eine Frau sagt, sie fühle sich unwohl in einem Meeting, in dem es um Inklusion und Diversität gehe. *Ich habe das Gefühl, ich hätte nicht das Recht auf eine Meinung.*

Tia sieht die anderen an ihrem Gebäck mümmeln. An ihrem Kaffee nippen.

Ich würde gerne wissen, was Tia dazu meint, sagt ein anderer Kollege. Mehrere Köpfe drehen sich zu ihr um.

Haben Sie darauf reagiert?, frage ich sie am nächsten Abend.

Habe ich.

Und?

Ich habe ihn gefragt, weshalb er das Bedürfnis hatte, ausgerechnet meine Meinung zu hören. Und dann habe ich ihn gefragt, ob es daran läge, dass ich eine schwarze Frau bin.

Hat er darauf geantwortet?

Nicht direkt. Er ging in Abwehr. Er interpretierte meine Frage als Angriff.

Die Erziehung Ihrer Kolleginnen und Kollegen ist nicht Ihre Aufgabe, sage ich. *Aber wir alle haben die Verantwortung, vor denen, die die Macht haben, die Wahrheit auszusprechen. Solche Gespräche können hilfreich sein, sogar notwendig. Aber nur dann, wenn wir die Symptome von strukturellem Rassismus anerkennen. Wir alle können dazu beitragen, Rassismen am Arbeitsplatz oder auch zu Hause abzubauen. Es ist wichtig, Wissen und Fähigkeiten an unsere Kinder oder andere weiterzugeben, die sonst keinen Zugang dazu hätten. All das zählt.*

Tia überkam augenblicklich das Gefühl, für die Emotionen ihres Kollegen verantwortlich zu sein, ignorierte diese Reaktion aber zum Glück. *Für einen Haufen Juristen ist das Ausmaß an emotionaler Abgetrenntheit, unverschämter Ignoranz und Abwehr erstaunlich.* Sie sieht mich an und seufzt. *Was denken Sie?*

Was ich denke?, wiederhole ich und greife zum Wasserglas. Mein Hals fühlt sich wund an, wieder einmal.

Ich trinke das Glas aus und schenke mir nach.

Ich denke an weißen Lärm. Ein ganzer Konferenzraum voll weißem Lärm.

Tia nickt. Wir sehen uns an.

Der weiße Lärm erstickt alle anderen Geräusche, fahre ich fort. *Er lullt uns ein und macht uns müde.*

Sie setzt sich aufrecht hin, ihre Pupillen werden weit.

Stimmt! Ich habe unglaublich viel Kaffee getrunken!, sagt Tia.

Dann kommt, nach all ihrem Schmerz, nach all ihrer Reflexion, ihrer Trauer und dem allmählichen Heilungsprozess, der Tag, an dem das Unausweichliche geschieht und ich genau das tue, was ich laut Tias Bitte niemals hätte tun dürfen: Ich enttäusche sie. *Bitte enttäuschen Sie mich nicht.*

Mein Rückflug war annulliert worden, und es war klar, dass ein Taxifahrer sich hätte strafbar machen müssen, um mich trotzdem noch pünktlich zu meinem 19-Uhr-Termin mit Tia zu bringen. Tia hatte im letzten Jahr keine einzige ihrer Sitzungen abgesagt. Sie kam auch kein einziges Mal zu spät, was angesichts der Tatsache, dass sie Anwältin und Mutter ist und quer durch ganz London fahren muss, um meine Praxis zu erreichen, ziemlich bemerkenswert ist. Außerdem setzte sie mich davon in Kenntnis, dass sie ihren Urlaub nehmen würde, wenn ich meinen nahm. Damals hatte ich ihre Pünktlichkeit und die Urlaubsabsprache als sicheres Anzeichen für ihre Selbstverpflichtung gelesen. Ich war eigentlich davon ausgegangen, dass sich die hohen Erwartungen, die sie an sich und deshalb auch an mich stellte, im Laufe unserer vielen gemeinsamen Sitzungen aufweichen würden.

Ich rufe Tia auf dem Mobiltelefon an, hinterlasse ihr eine Sprachnachricht, erkläre, dass mein Flug annulliert wurde und ich unsere nächste Sitzung bedauerlicherweise absagen muss. *Es tut mir sehr leid.*

Fünf Minuten später dann dies ...

Enttäuschend. Bis nächste Woche. T.

Ich muss zugeben, dass ich mich über Tias Reaktion ärgere. Und damit quasi die enttäuschende Situation spiegele. Haben wir im Verlauf des letzten Jahres nicht genug Vertrauen aufgebaut, um eine einzige abgesagte Sitzung zu verkraften?, denke ich. Plötzlich werde ich wütend, fühle mich in der Defensive. Nicht respektiert. Habe ich so sehr darin versagt, eine sichere Basis und ausreichend Respekt für unsere Arbeit zu schaffen, dass eine einzige verpasste Sitzung für Tia noch immer absoluter Enttäuschung gleichkommt? Ist ihr nicht klar, dass ich keinen Einfluss auf die Pünktlichkeit eines Fluges habe? Ich kaufe mir einen Becher Tee und beschließe, dass ein Bummel durch die Läden am Flughafen mir jetzt guttut. Ich nehme einen Flakon mit meinem Lieblingsparfüm zur Hand, sprühe etwas auf, inhaliere den süßen Duft und stelle ihn zurück ins Regal.

Eine Stunde, ehe meine Reise weitergehen soll, lese ich Tias Nachricht noch einmal. Ich hole tief Luft. Meine Stimmung hat sich inzwischen geändert. Natürlich ist sie enttäuscht, denke ich. Ich war verreist, und jetzt schaffe ich es nicht, mich wie geplant mit ihr zu treffen. Diese unerwartete, weitere Trennung wirkt auf Tia erschütternd, denke ich. Vielleicht hätte ich einen Tag eher zurückfliegen und eine mögliche Annullierung meines Fluges gar nicht riskieren sollen. Das war unprofessionell von mir, wird mir klar. Ich war nachlässig.

So etwas kann passieren, ermahne ich mich freundlich. *Der annullierte Flug liegt außerhalb meiner Kontrolle.* Ich bin mir des Aufs und Abs meiner Gefühle bewusst und erkenne mein Bedürfnis, den Bruch zu kitten, unsere bisherige psychoanalytische Reise zu reparieren und schützen. Ich gebe der Vorstellung Raum, wie empfindlich und flüchtig unsere Gefühle sind. Wie viel von dem, was wir fühlen, von früheren Botschaften geprägt ist, von Projektionen und den Blaupausen früherer Beziehungen. Ich denke über meine Abwehr von vorhin nach und bin erleichtert, mich frei von der Tyrannei des Sollens und Müssens zu erleben. Die Entschuldigung war genug, denke ich, trotzdem ist es unbedingt notwendig, Tias Enttäuschung zu verstehen.

Perfektion. Ein Wort, das bei mir immer noch kalte Schweißausbrüche auslösen kann.

Ich denke gerade über das Wort und das Gefühl nach, das dieses Wort in meinem Körper aufsteigen lässt – eine Art Zischen, wie ein überhitzter Draht, ein Pfeil aus Angst –, als Tia pünktlich auf die Minute zu ihrer Sitzung erscheint. Den Finger einen Hauch länger auf der Klingel, oder bilde ich mir das nur ein?

Tia ist reserviert, bleibt stumm. Ein höfliches Lächeln, sie wartet darauf, dass ich das Wort ergreife. Ich habe heute Abend nicht das Bedürfnis, mich vorzudrängeln. Ich spüre ihre Enttäuschung.

Es tut mir leid, dass ich Ihren Mittwochstermin absagen musste, sage ich schließlich.

Danke für die Entschuldigung.

Schweigen.

Schweigen.

Mir ist klar, dass es nicht Ihre Schuld ist, dass der Flug annulliert wurde, sagt Tia, *aber die Absage hat mich damit in Kontakt gebracht, wie sehr ich mich auf unsere Sitzungen verlasse. Wie sehr ich mich darauf freue, Sie zu sehen, mit Ihnen zu sprechen. Die Vorstellung, von diesen Sitzungen und von Ihnen abhängig zu sein, hat mir Angst gemacht.*

Ich nehme mir einen Augenblick Zeit, um Tias Wahrheit auf mich wirken zu lassen.

Das verstehe ich, sage ich. *Sie sind das Risiko eingegangen, sich auf mich und unsere Arbeit einzulassen und eine Verbindung aufzubauen. Aber ich würde das Thema Abhängigkeit gern umdeuten. Vielleicht liegen die Gefahren von Bindung und Intimität nicht in der Möglichkeit, Enttäuschung zu erleben, sondern in dem Risiko, Dinge zu fühlen, die wir nicht erwartet hatten. Dinge, die wir mit aller Kraft zu kontrollieren oder zu vermeiden versuchten. In dem Risiko, auf jemand anderen als sich selbst angewiesen zu sein. Ich frage mich, ob das größere Risiko darin besteht, dass Sie sich selbst anders sehen und erleben.*

Tia nickt. *Es wäre einfach gewesen, auf Sie sauer zu sein. Und es wäre genauso leicht gewesen, keinen Ton zu sagen und schweigend vor mich hin zu schmoren.*

Was Sie da beschreiben, ist ein Entweder-oder. Womit wir wieder im Dualen gelandet wären, sage ich.

Genau. Ich will es jetzt anders machen, das Dazwischen aushalten, ich möchte die Enttäuschung fühlen und darüber sprechen können, anstatt sie auszuagieren oder wieder einmal meine eigenen Bedürfnisse und Wünsche zu verraten.

«*Das Dazwischen*», *der Klang gefällt mir*, sage ich und lächle sie an. *Zu wissen, dass wir potentielle Brüche verkraften können, bedeutet Heilung. Wenn wir uns unserer inneren Saboteurinnen und der selbstzerstörerischen Bestrebungen, die uns vor Risiken bewahren wollen, bewusst werden, kann die Beziehung überleben, sogar gestärkt werden.*

Sogar weich werden, fügt Tia hinzu.

Sogar weich werden, wiederhole ich. *Das gefällt mir auch.*

In einer Ecke meines Sprechzimmers steht unter einem gerahmten Titelblatt des *Time*-Magazins mit einem Porträt von Freud und der Frage «Ist Freud tot?» ein kleiner Bonsai. Er ist das Geschenk einer Therapeutin, die ich in ihrer Ausbildung begleitete. Ich bin fasziniert von der Schönheit des kleinen Baums. Von dem langsamen Wachstum und der fesselnden Präsenz.

Ich bin versucht, mit Tia zu teilen, was ich über *Ma* gelernt habe – das japanische Konzept von Raum und Zeit –, und warte ab. *Ma* bezeichnet den essenziellen Raum, den das Leben braucht, um sich zu entfalten und zu entwickeln, und kann auf alle angewendet werden, die innehalten, reflektieren oder einfach nur sein wollen. Raum, oder «das Dazwischen», fördert die Entwicklung eines Menschen und seine Kunst. Das Schriftzeichen für *Ma* (間) setzt sich zusammen aus den Zeichen für Tür (門) und Sonne (日), in Verbindung also die Darstellung einer Tür, durch die das Licht leuchtet; anders gesagt, Erleuchtung. Wenn man einen Bonsaibaum zieht, versucht man, Respekt für den Raum zwischen jedem einzelnen Blatt zu entwickeln. Dieser Raum lädt das Licht ein, und während Blätter, Rinde, Knospen sanft beleuchtet werden, wächst der Baum. Ich bin mir nicht sicher, ob ich die Gelegenheit ergreifen soll, Tia von meinem kleinen Hobby zu erzählen, oder ob ich unserem gemeinsamen *Ma* gestatten soll, sich auszubreiten, und damit dem Jetzt Bedeutung geben soll. Der auf spiritueller Ebene inspirierende Raum in der Therapie funktioniert ähnlich wie *Ma*. Gefühle tauchen auf, Abwehr schmilzt. Ich schweige.

Bin still.

Eine Therapeutin reflektiert während der Sitzung ständig und trifft Entscheidungen darüber, worauf der Fokus liegen und was verfolgt werden soll. Ich überlege, wo ich noch Samen der Hoffnung streuen kann, wann sie gegossen werden und wann nicht. Wann notwendiger Stille Raum gegeben wird: ohne Handeln, ohne Worte, ohne Intervention. Ich denke darüber nach, was die Klientin mir anbietet und wie sich ihre Gefühle am besten weiten lassen, um das «Dazwischen» – das *Ma* – aufzufangen und festzuhalten, in der Hoffnung, dass der Raum zwischen ihren Reaktionen von uns beiden noch besser verstanden werden kann. Ich denke über meinen eigenen Weg nach, mein Engagement und meine Erforschung ihres Weges, ihrer Geschichte, und reflektiere darüber, wie sich das, was ich höre, im Rahmen unserer therapeutischen Beziehung am besten in einen Kommentar verwandeln lässt. Was wird gesagt, was wird nicht gesagt, was wird nonverbal kommuniziert?

Diese Einladung in die Welt der Klientin ist Geschenk und Ehre zugleich. Wer sich dafür öffnet, über die Themen, die eine Klientin mitbringt, nachzudenken und sie zu erfühlen, wird sowohl ihre Kämpfe als auch die Siege langsam in sich einbetten, und das begünstigt schließlich Heilung und größeres Verständnis, auch für die Therapeutin selbst. Wenn wir uns achtsam durch das Leben anderer Menschen bewegen, verpflichten wir uns zu Verbindung und dem Wunsch zu verstehen. Wir – Therapeutin und Klientin – entwickeln gemeinsam eine Beziehung, in der Geschichten von Sehnsucht, Verbindung, Wachstum und Veränderung den Raum wie Parfüm erfüllen; heilbringende, berauschende Düfte durchdringen die Luft.

Was wollen Sie?, frage ich Tia schließlich und durchbreche damit die Stille, das *Ma*. Der Versuch, unsere Forschungsreise zu Tias Sehnsucht zurückzuführen.

Tia sieht mich an. Ihre Hand bewegt sich automatisch hoch zum Kragen, als wolle sie einen unsichtbaren Schal oder eine Schleife zurechtrücken. Das kleine Mädchen an der akkurat gedeckten Geburtstagstafel kommt mir in den Sinn, das an der großen Seidenschleife an seinem Kragen herumnestelt, während die Cousinen ihm ungefragt in die Haare fassen. Ich denke an Tias noch ungelebtes Leben und die permanenten Möglichkeiten.

In meinem Körper zu Hause sein. Fühlen und wissen, dass ich dazugehöre.

Erfüllt von Freude über Tias Selbstwert spüre ich, wie mein Gesicht, mein Kiefer sich löst.

Ich glaube, ich komme der Sache näher, sagt sie.

Die nächste Stunde verbringen wir damit, über die beiden Männer in ihrem Leben zu sprechen, über Sophias Bilder, über die Arbeit und ihre immer wiederkehrenden, spasmischen Kreuzschmerzen. *Genau hier*, sagt sie und massiert sich mit der Faust das Kreuzbein.

Beide Männer behaupten, Tia zu lieben. Nennen wir sie Thomas und Ralph. Und beide Männer sind für sie sowohl Freund als auch Liebhaber. *Sie sind beide gute Männer.* Tia ist noch immer unentschieden, für welche Beziehung, für welchen Mann als Lebenspartner sie sich entscheiden soll. Sie liebt beide. Sie fragt mich, ob es eine «Dazwischen»-Art gäbe, herauszufinden, welche Beziehung für sie die bessere wäre. *Beide sind schon lange Teil meines Lebens, Ralph schon seit dem Studium.* Ich schlage ihr vor, an das Zuhause in ihrem Körper zu denken und sich auszumalen, mit wem sie es teilt. *Mit beiden,* sagt sie. *Das ist es ja gerade.*

Im Eingangsbereich des Hauses, in dem Tia und Sophia leben, hängen drei große Leinwände. Porträts von drei Generationen Frauen: Großmutter, Mutter und Tochter. Evelyn, Tia und Sophia, gemalt mit Sophias Blick und von ihrer Hand. Jedes Mal, wenn Tia das Haus verlässt oder zurückkehrt, verweilt ihr Blick auf den drei verschachtelten Porträts. Manchmal spricht sie mit ihnen, singt ihnen etwas vor. Manchmal streichelt sie mit den Fingerspitzen über die Leinwand und folgt den Konturen von Sophias Pinselstrichen, den lebendigen Linien auf der Haut, den Augen, die aussehen wie rohe Juwelen, die ihr zuzwinkern. In ihr ist Liebe zu diesen Porträts gewachsen, und sie begreift die Stille und die Schönheit in den Zügen ihrer Mutter und ihrer Tochter als *Gelegenheit zu fliegen.*

Ich liebe dich, ich vermisse dich, sagt sie und lächelt ihre Mutter an.

Im beruflichen Kontext macht Tia sich ans Werk, festgefahrene Machtgefüge zu demontieren und am Eisberg von Machtbeziehungen zu kratzen. Erspürt sie gegen sich oder andere gerichtete Mikroaggressionen, werden diese benannt. Kommen Kollegen mit der Bitte um Ratschläge auf sie zu, wie *man die ganze Sache besser, weniger unbequem machen* könnte, setzt Tia für sich und ihre Arbeit klare Grenzen. Sie braucht ihre Energie für die neuen Fälle, die sie vor Kurzem übernommen hat. Der alte Wunsch ist neu erwacht, sich für sich selbst und ihre Klientinnen einzusetzen. Ab und zu wird sie von Kolleginnen und Kollegen gefragt, was man tun kann, um Einheit zu fördern. Sie wollen Antworten. Sie erkundigen sich nach «Diversität und Inklusion» am Arbeitsplatz, und Tia antwortet, indem sie sagt, in Situationen, in denen niemand eingreift, wären Interventionen hilfreich. Oder auch mehr finanzielle Unterstützung und Sponsoring für angehende Juristinnen und Juristen. *Ich könnte gar nichts sagen, oder ich könnte viel zu viel sagen, was beides nicht zielführend ist. Also beschließe ich, die Dinge zu benennen. Alle wünschen sich eine Lösung.*

Wahrscheinlich sind diejenigen, die besonders darauf erpicht sind, möglichst schnell eine Lösung zu finden, vor allem solche Leute, die von dem Kampf am wenigsten betroffen sind, sage ich. *Es ist nicht möglich, sich ans Ziel vorzudrängeln, ohne sich vorher auf schwierige und unangenehme Gespräche einzulassen.*

Ja, ehe man Einheit anstrebt, muss man die Ethnien sehen, um das System zu verändern, sagt Tia.

Und was ist mit Ihnen?, frage ich.

Wenn ich jetzt in den Spiegel schaue, ist mir klar, dass die Entscheidung, mein Gesicht zu verändern, der Vorstellung geschuldet war, eine einfache Veränderung wäre die Lösung für alles. Ich bin bereit, meinem jüngeren Ich zu verzeihen. Ich bin bereit anzuerkennen, dass die Kämpfe und Rassismus immer noch da sind, dass ich auch auf lange Sicht damit zu tun haben werde.

In dem sich entwickelnden Narrativ von Tias Leben erzählen die Bilder, die sie verwendet, von ihr als Quelle der Selbstermächtigung, nicht als Gegenstand der Objektifizierung, für Hass oder Lächerlichkeit. Sie hat nicht nur die vernichtenden Kommentare überstanden, die sie in ihrem früheren Leben zu hören bekam, sondern findet darüber hinaus eine Möglichkeit, ihre Zukunft in Bewegung zu setzen, ohne vor dem Vermächtnis ihrer Vergangenheit zu fliehen. Tia weiß, was sie will, und auch wenn sie auf lange Sicht damit zu tun haben wird, ist sie bereit, damit zu tun zu haben. Sie ist da. Sie setzt Grenzen für ihr Leben. Sie sagt Menschen in Machtpositionen die Wahrheit. Sie lässt sich von Sehnsucht, Kreativität und Schwung antreiben.

Ich finde es interessant, wenn Sie von Ihrem Wunsch sprechen, in Ihrem Körper zu Hause zu sein, sage ich. *Zu fühlen und zu wissen, dass Sie dazugehören. Alles, wovon Sie heute Abend erzählt haben, ist in Einklang mit dieser Sehnsucht: für welche Beziehung Sie sich entscheiden; die Familienporträts in Ihrem Zuhause; Ihre Mutter; Ihre Tochter; die Gespräche und der Umgang in der Kanzlei. Ich frage mich nur, wo Ihre Rückenschmerzen in all dem ihren Platz haben.*

Tia zieht die Strickjacke aus, öffnet den Knopf am Kragen ihrer Bluse.

Sie gehen so schnell und plötzlich, wie sie kommen, sagt sie. *Es ist, als wollten sie mich an irgendwas erinnern – aber ich weiß nicht, woran. Vielleicht kommen die Schmerzen, damit es mir nicht zu behaglich wird.*

Was würde passieren?, frage ich. *Wenn es Ihnen zu behaglich würde?*

Ich weiß es nicht.

Der Körper führt Buch, sage ich. *Vielleicht sind Ihre Rückenschmerzen ein Symptom.*

Vielleicht. Vielleicht testen die Krämpfe auch nur mein Rückgrat. Trotzen meiner Haltung, erinnern mich an meinen Mangel, greifen meine Schwachstellen an. Dem Körper meines Vaters war der Luxus vergönnt, einfach nur zu leben. Der Körper meiner Mutter musste überleben.

Glauben Sie, dass der schwarze Körper überleben muss, während der weiße Körper die Freiheit besitzt, einfach zu sein, ein Leben ohne Angst zu leben?

Vielleicht. Wenn der Körper Buch führt, hätte meine Mutter gewonnen, mit links.

Ich nehme die Worte so ernsthaft und respektvoll in mir auf, wie Tia sie geäußert hat, und sage: *Ihr Körper ist gut genug. Ihnen wurde so oft gesagt, dass das nicht der Fall ist, und ich sitze hier, um Ihnen zu sagen, dass es okay ist. Sie sind okay. Sie sind genug, Sie sind mehr als genug, und Sie gehören dazu. Hier zumindest.*

Ein Moment der Intimität, und Tia macht die Augen weit auf.

Mangel, Schwächen, Überleben. Das sind alte Geschichten, richtig?

Richtig.

Mit all meiner Präsenz gebe ich Tia durch meine Haut und meinen Körper zu verstehen: *Der Schmerz in Ihrem Rücken ist das Symptom, nicht das Problem.*

Mein Rücken ist das Symptom, wiederholt sie. *Nicht das Problem.*

Hoffnung.

Ich halte mich, wie immer, an der Hoffnung fest.

Ich packe die Hoffnung am Kragen, am Bauch und bitte sie zu bleiben. Ich möchte, dass die Hoffnung uns verankert und inspiriert. Sie soll Leidenschaft entfachen, Kreativität fördern und Antrieb verstärken. Hoffnung: ein Gegenpol zum Grauen. Wir brauchen Hoffnung. Und wir müssen uns der Verzweiflung, der Mutlosigkeit verweigern. Sie sind genug, Tia. Sie werden in Ihrem Körper zu Hause sein. Sie werden wissen und fühlen, dass Sie dazugehören. Ich werde den Staffelstab der Hoffnung und des Sieges so lange halten, bis Sie bereit sind, und wenn Sie es dann sind, übernehmen Sie den Stab und laufen los.

Unsere Gespräche wenden sich Tias Leben zu, ihrem Alltag. Manche sind schwer und kompliziert, doch sie sind unbelastet von Rassismus. Ich lerne mehr über Tias Vorlieben, schwelge in ihrem Sinn für Humor und erfreue mich an ihrem Wunsch nach einem neuen Zuhause. Ich erfahre, dass sie eine gute Schwimmerin ist, die es liebt, sich auf dem kleinen Fernseher in der Küche Synchronschwimmsequenzen anzusehen, während Ralph für sie kocht. Pfannen und Töpfe, die er anschaffte, als er vor einem halben Jahr bei ihr einzog, werden klappernd aus dem Schrank geholt. Sie sieht ihm gern beim Kochen zu. Die

Umsicht, mit der er die Gewürze verarbeitet, die ihren Lachs in der Pfanne zischen lassen. Er dreht sich geschmeidig zu ihr um, gibt ihr einen Kuss auf die Stirn. Auf die Wange. Auf den Mund. Und ihr Körper, in sich zu Hause, reagiert, indem sie die Handflächen auf seinen Brustkorb legt, auf sein Herz. *Mach den Lachs nur schön scharf für mich,* sagt sie lächelnd. Als Tia mir die Szene schildert, wir arbeiten inzwischen seit drei Jahren zusammen, erinnere ich sie an die früheren Kämpfe und den Unterschied zu dem, was sie jetzt erlebt und fühlt. Ich spiegle ihr die Worte: *In meinem Körper zu Hause sein. Wissen und fühlen, dass ich dazugehöre.*

Und? Sind Sie Ihrem Wunsch näher gekommen?, frage ich im Scherz.

Ein bisschen. Tia lacht.

Ich glaube, «ein bisschen» ist ein bisschen untertrieben, antworte ich strahlend.

Na gut, mehr als nur ein bisschen. Sie haben gewonnen!

Nein. Wir haben gewonnen. Ich sehe ihr in die Augen.

Unsere Lebenserfahrung ist die Struktur unserer Identität, und ich habe den Eindruck, unsere Identität entwickelt sich immer weiter. Wenn unsere Lebenserfahrung von Angst geprägt ist und von hasserfüllten, unwissenden und verängstigten Menschen durch ihre Angriffe auf Menschen anderer Hautfarbe, Kultur und Ethnie geächtet wird, hat das verheerende und schreckliche Folgen. Rassismuserfahrungen zwingen das Individuum auf unglaublich konfliktbeladenes Terrain. Rassismus hat die Macht, einem das Gefühl zu geben, minderwertig zu sein, nicht dazuzugehören, gehasst, bloßgestellt und ignoriert zu werden: *Was bist du?* Rassismus nagt am innersten Selbstgefühl und bringt eine Dimension von Misstrauen und Isolation mit hinein. In ihrer Trauer und bei der Verarbeitung des Todes ihrer Mutter und den er- und überlebten Rassismen errichtete Tia nachvollziehbarerweise eine einsame Schutzfestung um sich herum – *Ich habe immer alles allein gemacht*. Um jedoch ihre eigene Identität ganz leben zu können, war es notwendig, Erlebnisse aus ihrer Vergangenheit zu betrauern, wo sie einen hohen Preis dafür bezahlte, strukturellen Rassismus seitens ihrer Familie und von Teilen der Gesellschaft zu überstehen.

Sich in ihrer Therapie mit mir und durch mich zu verbinden, erlaubte Tia, ihre Identität voll und ganz zu leben. Nicht nur versetzte sie sich in die Lage, mehr Nähe zu ihrer Tochter zuzulassen, zu ihrem Partner, Kolleginnen und Kollegen in der Kanzlei und ihrem Freundeskreis, sondern auch zu sich selbst. Sie lernte, sich selbst liebevoller zu begegnen. Früher wurde ihr Wunsch, präsent zu sein und die Entscheidungen ihrer Tochter zu würdigen, von Tias eigenen Kindheitsgespenstern sabotiert. Sie hatte die Überlebensstrategien gegen die Ablehnung durch ihre Familie und vor allem durch ihren Vater verinnerlicht und richtete sie gegen sich selbst, was eine distanzierte und manchmal geringschätzige Beziehung zu Sophia zur Folge hatte. Indem Tia sich auf ihre Therapie einließ, konnte sie Wut, Trauer und Enttäuschung über diese Hassverbrechen benennen und fühlen, im Laufe der Zeit davon genesen und sie in radikale Selbstliebe verwandeln. Inzwischen ist ihr Bekenntnis zu sich selbst und dem klaren Benennen von Rassismen kompromisslos, wütend und gleichzeitig voller Hoffnung. Die Gefühle von Wut und Enttäuschung werden nicht mehr nach innen und gegen sich selbst gerichtet. Ihre Wut ist zum Brennstoff geworden, der über Ungerechtigkeit geschüttet wird. Zur Lunte, entzündet zu Ehren ihrer selbst und all jener, die sie zu lieben beschließt.

Wir alle sehnen uns nach Zugehörigkeit. Der Prozess des *Othering*, bei dem jemand aufgrund der Hautfarbe anders wahrgenommen und behandelt wird, ist in seiner Essenz ein entmenschlichender Akt, bei dem *ein Anderer* zum *Anderen* gemacht wird. Das objektivierte und entmenschlichte Andere wird ausgestoßen und in die Kälte verbannt, anstatt in eine moralisch integre Welt gebeten zu werden, in der alle Bewohner Seite an Seite leben müssen, von Mensch zu Mensch. In der wir von unserer Familie, unserem Freundeskreis, dem Arbeitsumfeld und geliebten Menschen gesehen, respektiert und gefeiert werden. Zuhause ist dort, wo wir beginnen. Aber was ist Zuhause, wenn uns gesagt wird, dass wir nicht dazugehören, dass wir nicht willkommen sind? Aus dem Grund müssen wir unser Zuhause selbst gestalten; es annehmen, es in Besitz nehmen, es für uns reklamieren. Unser Zuhause gehört uns. Zuhause ist dort, wo wir beginnen und enden.

Tia deutete ihre Position als Überlebende und Tochter neu, und das wiederum befähigte sie dazu, ihre Beziehung zu den Menschen in ihrem Leben neu zu bewerten. Wie bei so vielen therapeutischen Beziehungen und Erlebnissen lehrte mich Tias Entschlossenheit und Wunsch, in ihrem Körper zu Hause zu sein, Demut. Sie kam mit der Überzeugung *es gibt zwei Sorten Menschen – diejenigen, die da sind, und diejenigen, die nicht da sind* zu mir. *Bitte enttäuschen Sie mich nicht.* Ein Ansatz, der ihr Schwarz-Weiß-Denken widerspiegelte. Jetzt geht sie mit dem Wissen, dass Wachstum und Veränderung im «Dazwischen» zu Hause sind. Auch die Freude, die Tia an den Unterschieden zwischen uns hatte, gefällt mir. Als Tias Therapeutin war ich nicht davor gefeit, mich zu irren, mich falsch einzuschwingen und den überstandenen Schmerz nicht wirklich zu verstehen. Wie so viele Klientinnen begann Tia ihre Therapie in einem Zustand der Not. Und als Therapeutin war ich dank meiner Ausbildung, meiner Erfahrung und meines Wissens in der Lage, ihr zu helfen – nicht zu führen oder mich führen zu lassen, sondern mich voll und ganz auf sie einzulassen. Tias Geschichte liegt mir am

Herzen. Ich finde, die wahren Heldinnen dieser Geschichte sind die Lernfähigkeit und die Beziehung zweier Frauen, die Seite an Seite standen, einander wirklich sahen und sich inmitten von weißem Lärm gegenseitig zu Heilung und Wachstum inspirierten.

Liebe ihn und lass zu, dass er dich liebt.
Meinst du, irgendetwas anderes unter der Sonne
ist wirklich wichtig?

James Baldwin (1956)

Liebe am Nachmittag

Bikinis in den Farben von Mandarinen und Flamingos gleiten an ihren gestreiften Liegestühlen vorbei. Bill und Agatha schälen sich aus ihrer Freizeitkleidung, legen die Sonnenhüte ab und nähern sich, während sie sich behutsam bücken und die Sandalen von den heißen, müden Füßen streifen, dem unmittelbar bevorstehenden Zustand von Glückseligkeit. Eine warme Brise streicht über die hügeligen Sandbänke und geheimen Buchten, landet auf ihren silbergrauen Schöpfen, und Agatha kann sich kaum beherrschen, nicht sofort Bills Gesicht zwischen die Hände zu nehmen und ihm zärtlich einen Kuss auf den Mund zu geben. Doch dann erstickt etwas ihren Wunsch, den Mann, den sie liebt, zu küssen. Stattdessen gleitet ihr Blick über ihren zerknitterten Einteiler, die Leberflecken, die Pergamenthaut. Plötzlich hat sie wieder die Stimme ihres Sohnes im Ohr, der ihr erklärt, sie sei *zu alt, zu vergesslich und zu töricht, um sich zu verlieben. In deinem Alter!*

Sie sehen einem Kind mit roten Backen beim Sandburgenbauen zu. Helle Muscheln, in ein bröckelndes Türmchen gedrückt. Versickerndes Meerwasser, von eifrigen Kinderhänden geschöpft, die Knie des Jungen im Sand vergraben. Es ist fast Zeit für die Teestunde, Bill spürt ein Knurren im Magen und trommelt beruhigend mit den Fingern auf die Stelle, die sich so leer anfühlt. *Ich habe ein bisschen Hunger,* sagt er. Aber Agatha ist abgelenkt, antwortet nicht sofort. *Mhm, ich auch,* sagt sie schließlich gedankenverloren – ihr Blick ist auf zwei Mütter in der Horizontalen gerichtet, die sich wie Hähnchen auf dem Grill drehen, grazile Körper, schmale Taillen und perfekt geformte Pos färben sich langsam goldbraun. Die Frauen wischen sich glitzernden Schweiß von Brust und Stirn, lassen sich auf dem Rücken nieder, nehmen die Sonnenbrillen ab. Was ich alles tun würde, wenn ich so eine Figur hätte, tagträumt Agatha. Ich würde einen kurzen Rock tragen. Nackt tanzen. Mit so einer Figur würde ich jede wache Sekunde genießen. Sie stellt sich vor, sie wäre eine junge Frau in den Armen eines Bill in der Blüte seiner Jugend zwischen leichten, reinweißen Baumwolllaken, sie würden sich lieben, weit weg von der Sonne, versunken in tiefe, sinnliche Schwere. Sie schließt die Augen und hält das Bild fest, malt sich ein paar feinere Einzelheiten aus und gestattet ihrer Haut, die herrliche Augusthitze aufzusaugen. Sie seufzt, ihr Atem entweicht wie Luft aus einem kaputten Reifen, und Bill sagt: *Eis oder eine Tüte Pommes frites?*

Agatha schlägt die Augen auf. *Herrlich.* Sie strahlt. *Ich glaube, ich hätte gern beides.*

Bill nimmt ihre Hand, küsst sie, legt seine Hand darauf, um das Gefühl zu bewahren. Sie sieht, wie sein Gesicht sich entspannt, als er sich zu ihr umdreht. *Ich finde, wir sollten heiraten. Was sagst du?* Er lächelt sie an.

Ja, ja, ich will, möchte Agatha sagen, aber etwas hindert sie daran. Stattdessen lächelt sie ihn an, sonnengebräunt, mit nackten Gliedern, beugt sich zu ihm, gibt ihm einen Kuss auf die Wange. *Heiraten? Meine Güte, damit kämen wir zusammengerechnet auf vier Ehen.* Noch ein Lächeln.

Vier ist meine Glückszahl, sagt Bill.

Na los, troll dich, sagt sie mit neckischem Tonfall und scheucht ihn weg. *Ich nehme eine Tüte Pommes. Mit viel Salz und Essig.*

Agatha greift nach ihrer geflochtenen Strandtasche, schaut auf ihr Telefon und sieht drei verpasste Anrufe von Alistair. Sie fragt sich, wie sein Wochenende mit den Kindern läuft, ob es ihm gelungen ist, das online gekaufte Stockbett aufzubauen, und ob ihre Enkelsöhne, *die armen kleinen Würmchen,* sich langsam an die neue Situation gewöhnen. Agatha wünschte, ihr Sohn wäre nicht *so ein Esel.* Ein Wunsch, der sie durchdringt bis ins Mark.

Liebling, schreibt sie in einer Textnachricht, die Finger zwar langsam, aber bestimmt, *ich bin mit Bill am Strand, ich rufe dich heute Abend an. Hab dich lieb, Mum xxx*

Eine oder auch zwei Stunden später machen Bill und Agatha sich auf den Rückweg in die Pension mit Blick auf den Strand, an dem sie die letzten zehn Tage verbracht haben. Sie bleiben kurz stehen, um einem winzigen Krebs zuzusehen, der über einen Haufen achtlos weggeworfenen Mülls krabbelt. Eine Schokoriegelverpackung, eine leere Limonadendose, ein paar zerdrückte Zigarettenstummel. Agatha sammelt den Müll ein und steckt ihn in die Strandtasche. Die Geste erinnert sie an die unzähligen Male, die sie hinter ihrem ersten Mann herräumte und, später dann, hinter ihrem einzigen Kind. Sie mag es nicht, wenn irgendwo Müll herumliegt – es macht sie wütend. Genauso missfällt ihr, dass der Krebs versucht, sich in dieser achtlosen Unordnung ein neues Zuhause zu bauen. Sie nimmt ihn samt der Verpackung hoch und wirft ihn sachte Richtung Sand. Der Krebs landet zwischen ein paar im Kreis angeordneten Steinen in einer winzigen Wasserlache, begleitet sein Verschwinden mit einer Wolke aus aufgewirbeltem Sand, und Agatha ist augenblicklich beruhigt.

Einmal Mutter, immer Mutter, sagt Bill und greift nach ihrer Hand.

Zurück in der Pension, zieht Agatha den feuchten Badeanzug aus. Sie betrachtet ihren Körper im Badezimmerspiegel und bedenkt sich selbst mit einer gewissen Zärtlichkeit, vergleicht sich mit einem Riesenquallenbaby, während sie sich sanft den Sand vom Bauch, von den Schenkeln streift. Sie hat in den letzten Tagen mehr Sommersprossen bekommen, und das gefällt ihr, weil es sie an früher erinnert, als sie jung war und nichts lieber tat, als in der Sonne zu liegen. Zimtsprenkel auf Nase und Wangen, mehr Sprungkraft in den Haaren vom Salzwasser.

Was machst du da drin?, ruft Bill durch die geschlossene Tür.

Ich wische mir den Sand ab.

Eilig legt Agatha sich ein besticktes Seidentuch um die Schultern und genießt das streichelnde Gefühl auf der Haut, die zarten Quasten, die sanft ihre Brüste küssen ...

Als sie die Tür aufmacht, steht Bill wartend vor ihr, nackt. Er legt ihr den Arm um die Taille und führt sie zu dem mit Baumwolle bezogenen Bett. Er hat die Vorhänge zugezogen, die Laken zurückgeschlagen und sich mit Eau de Cologne besprüht. Sie umarmen sich schweigend, das Seidentuch gleitet zu Boden. Bill küsst ihre Brüste, streichelt sie ebenso zärtlich wie sie ihn, und Agatha bemerkt in sich weder Scheu noch Ungeduld. Mit geöffneten Armen seufzt sie in seinen Mund hinein, ihr Körper reagiert mit Erregung auf seine Berührungen. Intuitiv, mit geschlossenen Augen, finden sie denselben Rhythmus und werden in ihrem Verlangen schneller.

Dann die Ruhe nach dem Liebesspiel. Agatha ist im Halbschlaf, die Augen zucken. Die Hände liegen entspannt und nach oben gekehrt auf dem Kopfkissen. Bill breitet das bestickte Tuch über ihre Schultern, zieht das Baumwolllaken über ihre Beine, holt ein Glas Wasser und stellt es ihr auf den Nachttisch. Dann steigt er zu ihr ins Bett und meint – das weiß Agatha, weil er es ihr später sagen wird – *noch nie so glücklich und zufrieden gewesen zu sein, wie wenn ich mit dir zusammen bin. Wer hätte das gedacht?*

Agatha wird als Erste wieder wach. Das spätnachmittägliche

Nickerchen war durchwoben von Träumen, sie in einem winzigen gelben Segelboot, Bill an der Pinne. In ihrem Traum sah sie vom Meer aus zu der Pension am Strand, die belebte Terrasse geschmückt mit Lichterketten, wirbelnden Kleidern, Musik – ein Traum, ein Wunsch, eine Postkarte. Nach drei Stunden liebestrunkener, schläfriger Glückseligkeit dreht sie sich zu Bill um und flüstert: *Ich liebe es, von dir gehalten zu werden.* Erst als Agatha zum Wasserglas greift und dabei auf die Uhr sieht, *Himmel, ist es wirklich schon so spät?*, wird sie endgültig aus ihrem sinnlichen Nest und ihrer Träumerei gerissen. Sie steht auf und nimmt das Telefon aus der Strandtasche, tritt hinaus auf den Balkon mit Blick auf die Terrasse, von der sie gerade noch träumte, und wartet geduldig darauf, die Stimme ihres Sohnes zu hören.

Hallo, hier ist Al. Bitte hinterlassen Sie eine Nachricht nach dem Signalton. Piep.

Ja, hallo, Liebling, ich bin's, Mum. Wollte nur zurückrufen. Ich hoffe, ihr habt eine schöne Zeit, du und die Jungs. Egal, ich schick dir alles Liebe. Falls wir uns nicht mehr sprechen, sehen wir uns, wenn ich Freitag zurückkomme. Passt auf euch auf. Klick.

Agatha weiß, dass sie höchstwahrscheinlich früher zurückgerufen hätte, wenn Alistair die wunderbare Elizabeth nicht betrogen hätte. Aber sie ist ihm immer noch böse. Und nicht in der Lage, ihm zu sagen, was sie tatsächlich fühlt, weil *er momentan in einem so fürchterlichen Zustand ist. Ich muss ihn jetzt eben lieben so gut ich kann, aber ich bin enttäuscht. Wirklich. Sehr enttäuscht.*

Ich bekomme nicht oft Anfragen von potentiellen Klientinnen im Rentenalter, die eine Therapie machen wollen, vor allem, wenn sie noch keinerlei Erfahrungen auf dem Gebiet der Selbstanalyse gesammelt haben. Doch etwas an Agatha, einer pensionierten Krankenschwester, an ihrer Nachricht, hatte mein Herz berührt. Ihr beinahe sprudelndes Bekenntnis, sie hätte endlich die Liebe gefunden und wolle mit jemandem darüber sprechen. Ich gebe zu, ich war ziemlich neugierig, misstrauisch sogar. Schließlich dient Therapie dazu, die Dunkelheit zu bekämpfen und den Schmerz zu lindern; eine glückliche, romantische Liebe ist selten ein Grund, sich in Therapie zu begeben. Schwungvoll klappte ich meinen Terminkalender auf, registrierte meinen Eifer und griff zum Telefonhörer.

Ich wurde von einer freundlichen Stimme begrüßt, humorvoll und mit ausreichend Durchsetzungskraft, um sich ein Erstgespräch zu sichern. *Oh, vielen Dank, dass Sie zurückrufen,* sagte Agatha. *Ich möchte gerne eine Therapie machen. Ich bin verliebt, wissen Sie?* Etwas sagte mir, dass das nur die Spitze des analytischen Eisbergs sein konnte. Oder war ich inzwischen einfach Pessimistin geworden, eine Spielverderberin, ein Liebes-Grinch? Wie dem auch sei, ich war fasziniert und vereinbarte mit Agatha einen Termin für die folgende Woche.

Wenn Liebe der wahre Grund war, weshalb Agatha eine Therapie beginnen wollte, war ich tatsächlich zutiefst neugierig. Ich fragte mich, wofür die Liebe ein unbewusster Deckmantel sein mochte. Ich sagte mir, dass dies vielleicht nicht wirklich von Belang war – schließlich ist es die Aufgabe einer Psychotherapeutin, das, was die Klientin mitbringt, als «gegeben» hinzunehmen. Es steht uns nicht zu, den Wunsch einer Klientin, in Unwahrheiten und Fehlinterpretationen Trost zu suchen, geringzuschätzen, und es ist auch nicht von Interesse. Interessant ist die Art und Weise, wie eine Klientin damit umgeht und ihr Thema formuliert (in Agathas Fall, ihren Jubel darüber, verliebt zu sein), sowie die möglichen Verzerrungen, die sie sich selbst, und mir, erzählt. Diese Wunschvorstellungen und kreativen Erfindungen machen die Probleme der Klientin nicht weniger legitim. Sie können der Klientin sogar den Zugang zu tieferer analytischer Untersuchung eröffnen. Doch zuerst müssen wir Zweck und Bedeutung der Fantasien der Klientin verstehen. Was ist es, das ohne diese Verbiegungen der Wirklichkeit nicht ausgedrückt oder erforscht werden kann? Und was wollen diese Ausschmückungen, mit denen die Klientin ihrem Leben Bedeutung und Sinn geben will, erreichen? Meine Rolle als Therapeutin besteht darin, neugierig zu bleiben und das Herz offenzuhalten, und nicht, mich zur Richterin aufzuschwingen und meine Wahrheit herauszuschreien.

Drei Monate nach Beginn ihrer Therapie begrüße ich Agatha in meinem Wartezimmer, und während wir den relativ kurzen Weg zum Sprechzimmer zurücklegen, erzählt sie mir, sie hätte im Urlaub *unsere netten Pläusche vermisst.* Ich reagiere mit einem Lächeln, darauf bedacht, die Sitzung erst zu beginnen, wenn die Tür zum Sprechzimmer hinter uns geschlossen ist. Die Regeln der Interaktion in der Therapie unterscheiden sich ziemlich von denen in normalen zwischenmenschlichen Situationen.

Ist bei Ihnen so weit alles in Ordnung, meine Liebe?, fragt sie mich. Ich setze mich in meinen Sessel.

Ja, danke sehr, sage ich. *Wie geht es Ihnen, Agatha?*

Erholt, gebräunt und ein bisschen runder, aber dafür ist Urlaub schließlich da, nicht wahr? Es klingt mehr nach Statement als nach Frage. Sie kämmt sich eilig mit den Fingerspitzen durch die glänzenden grauen Haare. Schlägt einen schönen türkisblauen Paschminaschal um die Schultern und behält die Hände an den weichen Enden. *Ist es plötzlich nicht kühl geworden?*, fährt sie fort. *Ich war gestern sogar kurz davor, die Heizung anzuschalten. Wir haben uns so viel zu erzählen. Ich habe Sie richtig vermisst. Bill hat mir einen Heiratsantrag gemacht.*

Oh, sage ich. Ich habe Mühe, mit ihrer Geschwindigkeit mitzuhalten.

Ich habe nicht Ja gesagt, auch wenn ein Teil von mir wollte. Eine Pause. *Ein Teil von mir würde Bill wirklich gern heiraten.*

Ich versuche, mich zu sortieren. Ein Blick auf die Uhr sagt mir, dass kaum eine Minute vergangen ist. *Etwas hat Sie davon abgehalten, Bills Antrag anzunehmen?*, hake ich nach.

Es fühlt sich zu früh an. Wir kennen uns noch nicht mal ein Jahr. Ist die Pflanze da neu?

Ich drehe mich in die Richtung um, in die Agatha zeigt. Auf meinem Tisch steht eine weiße Orchidee, die bei ihrer letzten Sitzung vor der Reise nach Cornwall noch nicht da gewesen war.

Ja, sage ich. *Die steht da erst seit letzter Woche.*

Wunderschön. Ich liebe Orchideen. Allerdings mag ich es nicht, wenn sie verblüht sind. Nur noch Stängel und Blätter, oder? Hässlich. Mir fehlt die Geduld, auf die nächste Blüte zu warten, normalerweise werfe ich sie weg. Ich bin quasi eine Minutengärtnerin. Und Sie? Haben Sie Geduld? Warten Sie den nächsten Blütenwirbel ab?

Wie so oft in den Sitzungen mit Agatha, merke ich, wie ich mich in freundliches Geplauder hineinziehen lasse. Ihre Begeisterungsfähigkeit und neugierigen Fragen prallen fröhlich von den Zimmerwänden ab, während meine Konzentration auf die Probe gestellt wird. Wenn ich nicht aufpasse, vergehen ganze Sitzungen wie im Fluge, ohne dass wir das, was Agatha *wirklich* bewegt, untersucht hätten, oft wird es gerade mal gestreift. Darüber denke ich nach, während ich sie behutsam in ruhigere Fahrwasser führe, in einen Bereich, wo Analyse stattfinden kann. Mir ist der Gedanke gekommen, ob Agatha womöglich einsam ist. Die Sehnsucht nach Kontakt, so rasant und unkonzentriert ihre enthusiastischen Ergüsse auch manchmal wirken, offenbart sich in dem strahlenden Glanz, der während unserer Sitzungen in ihre Augen tritt. Oft sagen mir mein Gefühl und meine Intuition, in der Reaktion auf sie ganz still zu bleiben. Ich höre Agatha, wenn die Situation es erlaubt, am liebsten ganz aufmerksam zu und versuche, möglichst offen für die Unterströmung unter den Dingen zu sein, die sie anschneidet. Ich habe mich während der letzten drei Monate außerdem gefragt, ob ihre sprudelnde Art dazu dient, Gefühle zu vermeiden. Sorge vielleicht? Oder Unbehagen? Vor allem aber frage ich mich, ob Agathas relativ spätes Erleben von Liebe sie in Kontakt zu Gefühlen von Intimität gebracht hat, die bis vor Kurzem in ihrem Leben fehlten. *Ich glaube, ich habe bis jetzt noch nie einen Menschen wirklich romantisch geliebt,* hatte sie mir in unserer ersten Sitzung erzählt, *dabei war ich zweimal verheiratet.*

Den Blick auf die Orchidee gerichtet, sage ich: *Ich bin ein relativ geduldiger Mensch. Wahrscheinlich werde ich den nächsten Blütenwirbel abwarten.*

Wirbel. Ich benutze ihren Begriff. Ich überlege, welche anderen Worte ein ähnliches Gefühl hervorrufen: Strudel, Ausbruch, Gewimmel, Schwall, Bohei. Freie Assoziationen, und ich frage mich, woran das liegt. Ich vermute, es steht in Zusammenhang mit Agathas Auftreten, als sie kam, und stelle fest, dass ihre lebhafte Gesprächsfreude wahrscheinlich mit Aufregung oder Nervosität verbunden ist.

Sie sagen, die Vorstellung, zu heiraten, fühlt sich verfrüht an, fahre ich fort und führe Agatha zurück auf unseren gemeinsamen Boden. *Sie haben sich letztes Jahr im September kennengelernt, richtig?*

Agatha nickt. *Und im Januar bin ich zu Ihnen gekommen.*

Ja, das stimmt, sage ich. *Aber wenn ich mich richtig erinnere, waren Sie und Alistairs Vater nicht mal ein Jahr zusammen, als Sie ihn heirateten?*

Allerdings. Agatha runzelt die Stirn. *Und bei Kenneth war es noch weniger.*

Agatha war neunzehn, als sie Kenneth, ihren ersten Mann, kennenlernte. Ihre Eltern hatten sich einen neuen Wagen kaufen wollen. *Wir waren eine große Familie, wir brauchten ein großes*

Auto. Dad entschied sich für einen Morris Marina. Ich glaube, er war blau.

Kenneth war sechsundzwanzig, groß, charmant und mit dunklem Teint. *Er liebte amerikanische Autos; schnelle Autos; Chevrolets; Buicks; Mustangs.*

Morris & Co waren bekannt als Importeur amerikanischer Automobile, ein Familienunternehmen, geführt von Kenneths Vater. Kenneth arbeitete vorne, in dem großen, offenen Verkaufsraum.

Ich weiß noch, als er mir die Hand gab, ich fand sie klein und kühl, ganz normal. Aber er sah so gut aus, dass es mir den Atem verschlug. Er sagte meinem Vater, er würde ihm einen sehr guten Preis machen, aber nur unter der Bedingung, dass er mit mir ausgehen dürfe. Mein Vater ergriff die Chance. So was würde man heute überhaupt nicht mehr sagen.

Und das ist auch gut so!, hatte ich erwidert.

Kurze Zeit später waren Agatha und Kenneth verheiratet, zur großen Erleichterung und Freude von Agathas Eltern, die starke Befürworter dieser Verbindung gewesen waren und froh über den frei werdenden Platz im Haus, das sie sich mit ihren restlichen vier Kindern teilten. Agatha war die Älteste, dann folgten ihre drei Brüder und als Schlusslicht ihre jüngere Schwester Mary.

Ich konnte es kaum erwarten, zu Hause auszuziehen und endlich meine ganzen Verpflichtungen loszuwerden. Ich musste mich immer um meine jüngeren Geschwister kümmern. Aber, wie sich rausstellte, ersetzte ich kümmern mit kümmern und wurde Krankenschwester.

Die Ehe verdörrte schon bald, Kenneths nimmermüde Blicke landeten auf diversen jungen Frauen mit einer Vorliebe für schnelle Autos und Tennis. An seinen freien Wochenenden bespaßte er auf dem Tennisplatz und abseits davon potentielle Kundinnen, während Agatha in ihrem kinderlosen Zuhause saß und putzte und abstaubte und Kuchen buk. Als sie ihn auf ihre

Familienplanung ansprach, meinte Kenneth, es sei noch nicht der richtige Zeitpunkt. *Wir brauchen ein größeres Haus, vielleicht in ein paar Jahren. Du bist ja noch jung, wir haben jede Menge Zeit.*

Er kümmerte sich auf seine Weise um mich, sagte Agatha mir. *Ich hatte es sehr bequem, und wir wohnten sehr schön. Ich musste nie um irgendwas bitten. Aber ich kann nicht sagen, dass wir uns jemals geliebt hätten. Was wusste ich mit neunzehn schon von Liebe?*

Kenneth versäumte zunehmend öfter das gemeinsame Abendessen, kam erst frühmorgens nach Hause, und Agatha ließ die angebrannte Mahlzeit mit Absicht auf dem Herd stehen. *Ich war unglaublich einsam und suchte Gemeinschaft in der örtlichen Kirchengemeinde,* wo *freundliche Menschen und die Gebete des Herrn* zwischenzeitlich den Schmerz linderten.

Die Vorstellung, dass Agatha als junge Frau allein zu Hause saß, zur Gesellschaft nur das Radio und das Tagesprogramm im Fernseher, machte mich sehr traurig. Der Höhepunkt der Woche war, beim Kuchenverkauf in der Kirche zu helfen oder der Besuch ihrer Schwiegereltern, die Stein und Bein schworen, noch nie so gut gegessen zu haben wie bei ihr, und *von Woche zu Woche dicker wurden.*

Wann werden wir endlich ein paar Kinderchen in diesem herrlichen Haus herumsausen sehen?, stichelte ihre Schwiegermutter.

Wir versuchen es, nicht wahr, Liebling?, sagte Kenneth und tätschelte seiner Frau den Bauch, *aber Agathas Körper möchte offenbar noch keine Kinder.*

Agatha lächelte mit zusammengebissenen Zähnen, den Blick gesenkt. Ach, Kenneth, ich bin bereit, und mein Körper ist es auch, wenn du nur mal lange genug zu Hause wärst, um ein Kind zu machen. *Innerlich schäumte sie.*

Insgeheim wusste ich, dass ich stärker war als er, sagte Agatha, *aber so was durften Frauen damals gar nicht denken, geschweige denn, es laut aussprechen. Für mich waren seine vermeintlichen Siege über mich,* zumindest in den ersten Jahren unserer Ehe, wie kleine Zugeständnisse, damit er nicht beleidigt abzog.

Als Agatha den Wunsch äußerte, eine Ausbildung zur Krankenschwester zu machen, erwiderte Kenneth, das sei nicht möglich, sie werde gebraucht, müsse sich um ihn und ihr Zuhause kümmern. *Wozu willst du überhaupt arbeiten, du hast hier doch alles, was du brauchst? Ich sorge doch für dich, oder etwa nicht? Du bekommst alles, was du willst.* Ab und zu wurde er regelrecht gemein und sagte, für den Beruf der Krankenschwester fehle ihr der Grips.

Ich möchte aber Krankenschwester werden, widersprach Agatha.

Ach was! Wieso bist du so undankbar? Weißt du eigentlich, wie viele Frauen sich wünschten, sie könnten so leben wie du?

Bestimmt jede Menge. Wieso suchst du dir nicht so eine?

Ihre Antwort, ein einzelner Schachzug, provozierte Kenneth zum Konter.

Mache ich vielleicht.

Ja, geh, und mach die Tür hinter dir zu.

Agatha wurde klar, dass sie sich für einen Mann entschieden hatte, der kein Interesse daran hatte, liebevoll zu sein, auch wenn er selbst sich sehr wohl wünschte, geliebt zu werden. *Ich schäme mich für die lieblose Ehe, die wir geführt haben*, sagte sie.

Sich den Mangel an Liebe in frühen Beziehungen einzugestehen, muss nicht mit Scham verbunden sein, sagte ich zu Agatha, als sie mir ihre Geschichte erzählte.

Vielleicht, antwortete sie, *aber zu wissen, dass meine Eltern mich nicht liebten, ist mit Scham verbunden. Ich hatte Angst vor ihnen. Weil ihnen oft die Worte und die Sprache für das fehlten, was sie fühlten, verprügelten sie mich und meine Geschwister. Ich wusste nie, ob mich Schläge oder Küsse erwarteten.*

Die meisten psychisch oder physisch misshandelten Kinder haben gelernt, dass Liebe und Missbrauch durchaus Hand in Hand gehen können. Viele von ihnen geben diese Botschaft, wenn sie Eltern sind, an ihre Kinder weiter. In extremen Fällen wird der Missbrauch als Ausdruck von Liebe und Fürsorge bezeichnet.

Ich kann mich an eine Situation aus meiner eigenen Kindheit erinnern. Ich war allein für mich auf dem Schulhof, als ein Junge aus der Klasse über mir mich zu Boden schubste und an den Haaren zog. Weinend lief ich zu einer Lehrerin, die mir sagte, der Junge hätte so gehandelt, weil er mich mag. Diese frühen Botschaften sind inakzeptabel und deshalb so gefährlich, weil sie einem jungen Menschen einreden, dass Gewalt und Liebe (oder in diesem Fall Zuneigung) miteinander verknüpft sind – dass sie ein und dasselbe sind.

Eine Koexistenz von Liebe und Missbrauch kann und darf es nicht geben. Diese verzerrte und falsche Sicht kann die Vorstellung von Liebe formen, die wir als Kinder und Erwachsene haben. Der Fachbegriff dafür lautet Traumabindung. Ich habe mit vielen Klientinnen gearbeitet, die sich in dem Glauben in Therapie begaben, die Grausamkeit oder Übergriffigkeit ihrer Eltern oder Partner sei deren Art, ihre Liebe zu zeigen. Viele der inakzeptablen Verhaltensweisen, die meine Klientinnen in ihrer Kindheit überstanden, wirken in ihren Liebesbeziehungen im Erwachsenenleben weiter. Für ein Kind, das emotional missbraucht oder vernachlässigt wird, ist die Rationalisierung der Verletzung durch jene, die es eigentlich hätten umsorgen und lieben sollen, oft ein Überlebensmechanismus. Sich ganz und gar einzugestehen, dass die eigenen Eltern zu Grausamkeit und Missbrauch fähig sind, ist schon für einen Erwachsenen kaum zu ertragen, von einem Kind ganz zu schweigen.

Ich habe im Laufe der Jahre eine überwältigende Zahl von Klientinnen erlebt, die mutig die dysfunktionalen Strukturen in ihrer Herkunftsfamilie aufdeckten, anerkannten und überwanden. Klientinnen, die vernachlässigt und körperlich wie emotional misshandelt wurden, während man ihnen gleichzeitig sagte, sie würden geliebt. In einer Familie aufzuwachsen, in der Missbrauch geschieht, während sich aber gleichzeitig gekümmert wird, führt zu Verwirrung und dem als *Gaslighting* bezeichneten Infragestellen der eigenen Wahrnehmung. Die Betroffenen haben Schwierigkeiten, sich das Ausmaß des überlebten Traumas einzugestehen, und glauben, das, was ihnen geschah, sei gar nicht so schlimm gewesen.

Aber so schlimm war es auch wieder nicht, sagte Agatha zu mir. *Meine Mum konnte auch liebevoll sein. Und mein Dad, na ja, er tat sein Bestes, um uns zu ernähren. Nur, wenn ich nicht tat, was man mir sagte, wurde es ...*

Wurde es ...?, hakte ich nach.

Wurde es hässlich. Na ja, bei fünf Kindern kann man ihnen auch kaum einen Vorwurf machen.

Keine Anzahl von Kindern rechtfertigt Gewalt, sagte ich.

Auf sanften Druck hin, noch mehr über Fürsorge und Vertrauen in ihrer Kindheit zu sprechen, erzählte Agatha, dass sie sich als Kind meistens versorgt, aber ungeliebt gefühlt hatte. Als ältestem Kind lasteten viele Erwartungen auf ihr. Sie sollte ihre Mutter unterstützen, musste kochen, die Wohnung sauber halten und ihren Vater, einen Eisenbahnmonteur, *bei Laune halten und satt machen,* wenn er mit seinen schweren Monteursstiefeln von der Arbeit nach Hause kam. Kartenspielen und Essen kochen halfen Agatha dabei, Akte der Lieblosigkeit zu überstehen. Diese Momente der Vertrautheit, obgleich durch Nahrung und Spiel erzielt, verhalfen ihr zu kleinen Splittern der Verbundenheit und zu dem *Gefühl, nützlich zu sein.* Agatha wurde zur Meisterin darin, sich sowohl von ihrem Vater als auch ihrer Mutter zur Belohnung für die von ihr angebotene Liebe und Nützlichkeit kleine Splitter der Zuneigung abzuholen. Darauf, selbst Liebe zu bekommen, war sie nicht so bedacht und entschied sich deshalb später für Männer, die emotional verwundet waren und ihre Liebe dankbar ohne Gegenleistung annahmen. Im Laufe der Zeit erlebte sie immer wieder Freundschaften und Liebesbeziehungen, in denen ihr Bedürfnis, geliebt zu werden, unerfüllt blieb und sie stattdessen mit Vernachlässigung, Lieblosigkeit, Misstrauen bis hin zur Grausamkeit konfrontiert wurde. Agatha ließ sich auf solche Beziehungen ein, in denen es mehr ums Kümmern als um Liebe ging, weil die sich sicherer anfühlten – die Anforderungen weniger tief als in echten Liebesbeziehungen, das Risiko weniger hoch.

Die Kirche war der einzige Ort, an dem Agatha sich wirklich glücklich fühlte, verbunden und genährt. Hier sprach sie offen über ihren Wunsch, Krankenschwester zu werden, und freundete sich mit Margaret und Tom an, zwei Geschwistern, die sie ermutigten, indem sie ihr zuhörten, Bücher schenkten und sie mit Menschen bekannt machten, die in verschiedenen Gesundheitseinrichtungen und Krankenhäusern arbeiteten. An den Wochenenden, an denen Kenneth mit Tennis beschäftigt war, arbeiteten Agatha, Margaret und Tom ehrenamtlich in der Sonntagsschule und kochten Tee für die Treffen nach den Gottesdiensten.

Die Kirche war mein Zuhause, erzählte Agatha mir.

Dieses Kapitel in Agathas Leben hat kein Happyend.

Als Agatha fünf Jahre mit Kenneth verheiratet war, erreichte sie, als sie sich gerade eine Badewanne einließ, die Nachricht, dass Kenneth bei einem Autounfall ums Leben gekommen war.

Ich stieg in die heiße Wanne, das half, den Schock zu lindern. Mein Gefühl sagte mir, dass er nicht allein im Auto gesessen hatte. Als die Polizei mir irgendwann Kenneths Sachen zurückgab, fand ich in seiner Brieftasche einen Beleg für die Übernachtung in einem Hotel, an dem Abend, als er gestorben war. Es tut weh, Hass für einen Menschen zu empfinden, um den man doch trauern sollte. Ich dachte immer, wenn wir einander geliebt hätten, wäre es ein anderer Schmerz gewesen. Stattdessen musste ich mir seine letzten Augenblicke mit einer anderen Frau vorstellen. Zuerst spürte ich Wut, dann Gleichgültigkeit. Die Gleichgültigkeit war viel schlimmer als die Wut.

Ich hatte mir einen Moment Zeit genommen, um Agathas Trauer und ihre Enttäuschung in meinem Körper zu fühlen. Die Verstrickung vom Tod ihres Ehemannes und von seiner Untreue. Ich dachte daran, wie jung er gewesen war – Kenneth war erst einunddreißig Jahre alt, als er starb – und dass Agatha als vierundzwanzigjährige Witwe mit ihrer Gleichgültigkeit ganz allein dastand. *Es muss eine Erklärung dafür geben,* sagten ihre Schwiegereltern. *So etwas würde Kenneth niemals tun. Im Leben nicht, nicht unser Ken. Das muss eine Kundin gewesen sein, auf Probefahrt,* behauptete Agathas Schwiegervater.

Die beiden steckten unter einer Decke, erklärte Agatha mir.

Die Krönung des Ganzen bestand darin, dass Agatha und Kenneth nur drei Monate zuvor ihren Hochzeitstag im selben Hotel verbracht hatten. Doch der Abend war lieblos gewesen, Kenneth war bereits kurz nach dem Abendessen ins Bett gegangen – *Ich geh ins Bett, muss morgen wieder früh raus –* und hatte Agatha mit ihrem Sherry und ihren Gefühlen der Gleichgültigkeit alleingelassen.

Trauer kann ein Weg sein, die Liebe zu feiern, sagte ich zu ihr. *Wenn wir einen Menschen geliebt haben, werden wir den Verlust betrauern, die Beziehung, die wir zueinander hatten. Es tut mir leid, dass Ihre Beziehung zu Kenneth auf diese Weise endete. Offenbar unterstrich Ihre Trauer nur, was Sie sich mit Kenneth wünschten und was hätte sein können. Die Gleichgültigkeit unterstrich Ihre Sehnsucht nach etwas anderem.*

Das Traurigste für mich war, dass ich ihn nicht vermisste. Wie auch? Ich wollte unser gemeinsames Leben vermissen. Ich wollte seine Umarmungen vermissen, von ihm geliebt zu werden. Ihn zu lieben, aber er war nie lange genug bei mir, um ihn zu vermissen – auch, als er noch lebte.

Agatha beugt sich vor, wieder ganz da. Sie ist in ruhiges Fahrwasser zurückgekehrt.

Vor diesem Hintergrund gefragt: Glauben Sie, Ihre Bedenken, Bill zu heiraten, haben tatsächlich damit zu tun, dass Sie ihn noch nicht lange genug kennen? Oder steckt noch etwas anderes dahinter?

Könnte sein, antwortet sie.

Und zwar?

Agatha zögert kurz. *Ich liebe Bill, ich will ein Leben an der Seite des Mannes, den ich liebe,* sagt sie schließlich leise.

Und das fühlt sich riskant an?

Ja. Und dann ist da noch Alistair. Er ist dagegen. Er findet, ich wäre zu alt und würde mich lächerlich machen. Ich weiß nicht, ob ich Bill heiraten kann, wenn die Ehe meines Sohnes in Scherben liegt.

Dann ist nicht nur Ihr Konflikt mit der Liebe ein Thema für die Therapie, sondern auch ...

Schuld, sagt sie.

Schuld, wiederhole ich und nicke. *Ich verstehe. Wie schwer ist es für Sie, Ihre Liebe für sich zu reklamieren, Agatha?*

Sie senkt den Kopf. *Sehr schwer,* sagt sie. *Es ist sehr kompliziert. Ich habe Alistairs Bedürfnissen immer den Vorrang vor meinen eigenen gegeben, aber dieses eine Mal will ich das nicht, und deshalb habe ich Schuldgefühle.*

Verstehe, sage ich. Und nach einer Pause: *Was wäre, wenn wir Schuld neu definieren würden? Wenn wir sie als nach innen gerichteten Groll betrachten würden?*

Erzählen Sie weiter, sagt sie.

Vielleicht fällt es Ihnen leichter, ein negatives Gefühl gegen sich selbst zu richten, als sich die Missbilligung Ihres Sohnes und Ihre eigene Missbilligung ihm gegenüber einzugestehen, sage ich. *Sie möchten ihn verständlicherweise nicht noch mehr leiden sehen, als er es bereits tut, aber* zu welchem Preis? Ihre Liebe zu Bill? Es ist vorstellbar, dass Sie, um den Konflikt zu vermeiden, diesen Groll gegen sich selbst richten, anstatt Ihre Wahrheit zu leben. Wollen ist ein Prozess. Wenn wir unseren emotionalen Erfahrungen, in Ihrem Fall die Liebe zu Bill, treu bleiben, kann Sehnsucht erfüllt werden – wenn wir uns unserer Ängste sowie der selbstzerstörerischen Anstrengungen bewusst sind, die wir aufwenden, um uns von den mit der Erfüllung unserer Sehnsüchte verbundenen Risiken zu schützen.

Ich schaue Agatha beim Nachdenken zu. Mit gesenktem Blick löst sie den Paschmina von den Schultern und befreit sich davon.

Dann rede ich mir also ein, wir würden uns noch nicht lange genug kennen, und das beschützt mich vor dem Konflikt mit Alistair.

Vielleicht, sage ich.

Agathas Blick wandert wieder zu der Orchidee hinter mir.

Oder ich rede mir das vielleicht ein, um den beiden Menschen, die ich am meisten liebe, mehr Zeit zu geben, einander kennenzulernen?

Vielleicht, wiederhole ich.

Könnte es auch sein, dass es eine Ausrede ist, um zu vermeiden, wovor ich mich am meisten fürchte?

Was wäre das?

Scheitern. Oder liegt es daran, dass ich endlich jemanden gefunden habe, den ich lieben und dem ich nahe sein will? Es fühlt sich ungewohnt und beängstigend an. Vielleicht, weil ich so was nicht kenne, Maxine.

Ich verstehe Sie. Ich lächle sie an. *Aber vielleicht ist es das Risiko ja wert, Agatha. Was meinen Sie?*

Ich meine, da gibt es ziemlich viel «vielleicht».

Ziemlich viel Liebe. Ich lächle wieder.

Es war grauenhaft, erzählt Agatha mir bei ihrer nächsten Sitzung.

Sie trinkt einen Schluck Wasser. Mir fällt auf, dass sie heute entschieden ruhiger ist, weniger abgelenkt, weniger Wirbel, ihre

Sätze sind zusammenhängender. Die erste Viertelstunde unserer Sitzung ist vorüber, Agatha hat bis jetzt kaum etwas gesagt, war sehr stumm, nur ab und an ließ sie ein paar Tränen oder leisem Weinen freien Lauf. Verhaltenes, jammerndes Schluchzen wie von einem Tierchen. Ganz auf das Offensichtliche konzentriert.

Sie schildert das gemeinsame Abendessen, erzählt von dem ruinierten Seebarsch.

Alistair verspätet sich.

Agatha schaut auf die Uhr. *Soll ich ihn noch mal anrufen?*, fragt sie Bill.

Hast du eine Nachricht hinterlassen?

Ja.

Ich glaube, dann warten wir einfach, bis er da ist, sagt Bill.

Eine knappe Stunde später kommt Alistair. Agatha bemerkt die hinter Pfefferminzgeruch versteckte Alkoholfahne, als sie die Haustür öffnet und ihn umarmt. Seine Augen sind dunkel, traurige Falten überziehen seine Stirn, er wirkt zutiefst bekümmert. *Komm rein, Liebling,* sagt sie und streichelt seine kühle Wange. *Ist was passiert?*

Nur der Verkehr, sagt Alistair und drückt Agatha einen Strauß rosarote Rosen gegen die Brust. *Hier riecht es aber gut.* Die Blumen sind, wie wir später erfahren werden, ein überaus gemeines und unsensibles Geschenk.

Seebarsch, sagen Bill und Agatha wie aus einem Mund und fangen an zu lachen, aber anstatt zu lächeln oder gar mitzulachen, schält Alistair sich aus seinem Jackett und sagt bissig: *Nehmt ihr euch jetzt schon gegenseitig die Worte aus dem Mund, oder was?*

Bill und Agatha werfen sich einen Blick zu und ignorieren den Kommentar. *Gib mir das,* sagt Bill und nimmt ihm das Jackett ab.

Bill und Alistair setzen sich an den Küchentisch. Vor dem heißen Ofen steht ein welkender Lilienstrauß. *Soll ich die wegtun?*, fragt Alistair und zeigt auf die Lilien. *Ich weiß doch, dass rosa Rosen deine Lieblingsblumen sind.* Er schenkt sich ein großzügiges Glas Wein ein und reißt ein Brötchen entzwei. *Der Wein könnte ruhig etwas kälter sein,* mault er hemmungslos mit vollem Mund – Bill bekommt eine Breitseite halb zerkauter Kohlehydrate ab. Agatha hat mit viel Mühe gekocht, Bill hat, ehe er den Tisch mit duftenden Kerzen und erlesenem Wein deckte, extra noch das weiße Tischtuch gebügelt, und Agatha spürt eine Woge aus Wut und Hass auf ihren unhöflichen Sohn in sich aufsteigen, die sich blitzschnell in Schuldgefühle verwandelt. Sie ruft sich die Sätze aus der Therapie in Erinnerung. *Was, wenn wir Schuld neu definieren würden? Wenn wir sie als nach innen gerichteten Groll betrachten würden?* Ganz genau, denkt sie sauer, während sie den verschrumpelten Fisch auf einen Servierteller bugsiert; ich nehme ihm sein schlechtes Benehmen übel. Sofort fühlt Agatha sich besser, das von Schuld in Wut zurückverwandelte Gefühl ist echter, ehrlicher.

Als sie den Fisch und das Gemüse serviert, reagiert Alistair übertrieben, fast triumphierend. Er reibt sich den Bauch, um zu demonstrieren, wie sehr er sich aufs Essen freut.

Das sieht köstlich aus, Mum, ruft er und fängt an, sich den Fisch in den Mund zu schaufeln, noch ehe Agatha und Bill zur Gabel greifen konnten. Butter tropft ihm vom Mundwinkel. Agatha beugt sich zu ihm rüber und wischt ihm den Mund ab.

Lass das! Ich bin kein Kind mehr!, fährt Alistair sie an.

So kann man sich täuschen, sagt Agatha.

Drei Flaschen Wein später fällt Alistair auf der Couch in Ohnmacht, aber nicht, ohne sich vorher für seine Untreue zu rechtfertigen und alle nur denkbaren Argumente aufzuzählen, weshalb Bill und Agatha auf keinen Fall zusammenziehen sollten: *Elizabeth hat sich seit der Geburt der Jungs nicht mehr für mich interessiert. Ihr solltet alles so lassen, wie es ist – ihr wärt total verrückt, wenn ihr zusammenziehen würdet.*

Angesichts deiner eigenen gescheiterten Ehe erwarte ich nicht, dass du dich für uns freust, aber ich erwarte sehr wohl, dass du dich zusammenreißt, faucht Agatha, während sie den letzten Teller in die Spülmaschine räumt und die Klappe zuknallt. *Ich bin oben, Bill. Decken und Kissen sind im Hobbyraum.*

Bill breitet eine warme Decke über den wütenden Sohn seiner Liebsten und schnürt ihm die Schuhe auf.

Tut mir leid, lallt Alistair und nimmt Bills Hand. *Ich bin einsam und betrunken.*

Schlaf jetzt, sagt Bill und schiebt Alistair einen Zettel in die Hosentasche.

Als der am nächsten Morgen verkatert erwacht, entdeckt er Bills Nachricht:

Wenn wir beide Freunde werden sollen, entschuldigst du dich bei deiner Mutter für deinen gestrigen Ausbruch. Es gibt nur eines, was noch schlimmer ist als ein einsamer, betrunkener Mann, und das ist ein einsamer, betrunkener Mann, der nicht um Entschuldigung bitten kann. Bill.

Wie viel entspannter ist dagegen der nächste Nachmittag, als Alistair endlich wieder weg ist. Abgerauscht mitsamt seinem selbst verschuldeten Drama und den ermüdenden Sticheleien. Bill und Agatha machen es sich im Bett gemütlich, auf weichen Kopfkissen und unter der warmen Daunendecke, und halten einander ganz fest. Irgendwann lieben sie sich im weichen Tageslicht, zweimal gleich. Der Akt selbst ist zärtlich. Notwendig. Agatha klammert sich an Bill – wie an ein Rettungsfloß –, während sie immer wieder einzelne Gedanken an Alistair überrollen wie Wogen in einer Sturmflut.

Versuch, dir keine Sorgen zu machen, Liebling, sagt Bill.

Ich kann nicht anders, erwidert Agatha.

Sie fragt sich, ob sie ihre Schwiegertochter anrufen und sie dazu überreden soll, Alistair eine zweite Chance zu geben, aber sie kennt die Antwort jetzt schon, und wer könnte Elizabeth auch einen Vorwurf machen? Stattdessen stellt sie sich Alistair als Baby vor: ein Schopf wilder blonder Locken und ein zahnloses Lächeln. Seine Liebe zu Dinosauriern und Gefährten aus dem Weltall, die ihn bis weit in seine Jugendjahre begleiteten. Das tut sie oft, vor allem, wenn sie sich machtlos fühlt. Die inneren Bilder verschaffen ihr ein Gefühl der Sentimentalität, das tröstlich und melancholisch zugleich ist. Sie glaubt, es sei ihr Fehler. *Ich hätte mehr tun, mehr sagen, ihn noch mehr lieben müssen, als sein Vater starb – an Krebs.* Wieder bahnt sich die Schuld einen Weg in ihre Brust und drückt sie nieder, mit Gewalt, und noch fester. *Was, wenn wir Schuld neu definieren würden? Wenn wir sie als nach innen gerichteten Groll betrachten würden?* Agatha macht die Augen zu und fragt sich, ob die Schuld, die so schwer auf ihr lastet, nach innen gerichteter Groll ist, stellt jedoch fest, dass es in Wirklichkeit Enttäuschung ist. Alistairs Benehmen beim Abendessen war inakzeptabel. Was jedoch noch enttäuschender ist, denkt sie, ist die Tatsache, dass er für ein *bisschen Spaß mit einem kurzen Röckchen* seine Familie im Stich gelassen hat.

Plötzlich werden Erinnerungen an ihren ersten Mann wach, und sie muss an damals denken, als er seine Untreue hinter Lügen und Geschichten von Tennisspielen versteckte. Sie vermutet, dass ihr Sohn ähnliche Lügen erzählt hat. *Auch, wenn es für Elizabeth sicher schmerzhafter ist als für mich damals,* denkt sie, *denn sie hat Alistair tatsächlich geliebt.*

Agatha registriert, dass sie von Liebe in der Vergangenheitsform gedacht hat, und sofort kehren die Gefühle der Machtlosigkeit zurück. Wieder ruft sie sich Babybilder von Alistair vor ihr inneres Auge, ganz und gar eingehüllt in eine weiche Strickdecke. Sie wünscht sich so sehr, sie wäre als Baby, als Kind, als Erwachsene so geliebt worden, wie sie Alistair geliebt hat. *Ich glaube, mein Groll richtet sich in Wirklichkeit gegen meine Eltern,* wird sie in einer der nächsten Sitzungen ein paar Wochen später zu mir sagen, nachdem sie sich klargemacht hat, dass ihre Eltern ihr vielleicht hätten Liebe geben können, wenn sie wiederum von ihren eigenen Eltern geliebt worden wären.

Wer schon einmal den Wachstumsprozess eines Kindes von Geburt an beobachtet hat, weiß, dass Babys noch vor der Herausbildung jeglicher Sprache und noch ehe die Identität der Mutter oder einer anderen Bezugsperson erkannt wird, auf Zuneigung und Fürsorge mit erfreuter Mimik und fröhlichen Gurgellauten reagieren. Tag für Tag ihrer Entwicklung reagieren sie auf Fürsorge, indem sie ihrerseits auf den Anblick einer Mutter oder anderen Bezugsperson mit Lächeln und Lachen reagieren. Dabei kommt mir die wichtige Arbeit des Primatenforschers Harry Harlow und sein Experiment mit den Affenmutter-Attrappen in den Sinn. Seine bahnbrechenden Entdeckungen veränderten unsere Sicht auf frühe Bindung.

In seinem Versuch trennte Harlow Affensäuglinge unmittelbar nach der Geburt von ihren Müttern. Die Babys wurden in Käfige gesperrt und bekamen Zugang zu zwei unterschiedlichen Mutterattrappen, eine aus Draht gefertigt, die andere mit weichem Stoff bespannt. Beide Attrappen wurden mit Milchflaschen ausgestattet, die Stoffattrappe gab keine Milch, die Drahtattrappe hingegen schon. Die Affenbabys verbrachten mehr Zeit mit der Stoffmutter, obwohl sie keine Milch gab, und näherten sich der Drahtmutter nur, wenn sie hungrig waren. Sobald sie getrunken hatten, kehrten die Affenkinder wieder zu der Stoffmutter zurück, in die Obhut ihrer weichen und warmen physischen Präsenz: die Verkörperung mütterlicher Zuwendung. Auch wenn ein unbekanntes oder Angst einjagendes Objekt mit in den Käfig gesetzt wurde, nahm das Affenjunge Zuflucht zu seiner sicheren Basis, der Stoffmutter. Diese vermochte die Angst des Jungen sehr viel effektiver zu besänftigen. Das Experiment ergab außerdem, dass sich ein Junges in Gegenwart der Stoffmutter mutiger und unternehmungsfreudiger verhielt, was die evolutionäre Bindungstheorie stützte, wonach die Geborgenheit und die einfühlsame Reaktion einer Mutter oder Bezugsperson wichtiger sind als die Zurverfügungstellung von Nahrung. Die Schlussfolgerung lautete, dass Säuglinge sich sicherer, geborgener und verbundener fühlen, wenn Weichheit, Wärme und Kontakt angeboten werden, was im Wesentlichen heißt, «der Körper» ist wichtiger als Nahrung.

Aber wie wir wissen, ist Fürsorge nur ein Aspekt von Liebe. Wenn wir wahrhaftig lieben wollen, müssen wir Liebe zum aktiven Prozess machen. Wir müssen erkennen, dass Liebe mehr ist als ein Gefühl, denn wenn wir aktiv lieben, übernehmen wir Verantwortung für einen Menschen, der sich darauf beruft. Für mich ist Liebe, genau wie Verlangen, eher Verb als Substantiv. Liebe als aktiven Prozess zu begreifen, bedeutet, sich zu Respekt, Vertrauen, Anerkennung, Gesprächen und Zuneigung zu bekennen. Wir sind in der Kunst, einen anderen Menschen zu lieben, nicht passiv; man stolpert nicht einfach in die Liebe hinein, man kämpft dafür, wächst daran, verpflichtet sich dazu und respektiert die Liebe. Liebe ist, was Liebe tut.

Am nächsten Tag rief Alistair an, um sich zu entschuldigen, und darüber bin ich auch froh, aber ich fühle mich trotzdem immer noch ... Sie sucht vergebens nach den richtigen Worten, wirft schließlich frustriert die Hände hoch, schüttelt den Kopf und fängt an zu weinen.

Ich kann erkennen, dass Sie sehr aufgewühlt sind, benenne ich ihre Gefühle.

Und verwirrt. Und enttäuscht. Ich verstehe nicht, weshalb er sich nicht einfach für mich freuen kann.

Agatha wischt sich die nächste Träne aus dem Augenwinkel.

Ihre Orchidee hat ein paar Blüten verloren. Sie zeigt auf die Pflanze.

Ich drehe mich um. *Stimmt,* sage ich. *Was sollen wir tun?*

Ich weiß es nicht. Zum Glück hat sie noch ein paar übrig.

Hat sie, sage ich. *Aber ich glaube, anstatt abzuwarten und zu sehen, was passiert, gebe ich ihr lieber ein bisschen Dünger und Wasser.* Ich stehe auf, suche die kleine rote Flasche mit dem Orchideendünger, nehme die Gießkanne und versorge die Orchidee.

Agatha lächelt.

Liebe ist ein aktiver Prozess, sage ich.

Außerdem ist Liebe ein Übungsfeld, genau wie unsere Heilung. Während ich gemeinsam mit Agatha über Liebe als aktiven Prozess nachdenke, richte ich mein Augenmerk besonders auf die Handlungsmacht und die Kraft, die Liebe erst möglich macht. Liebe ist weder passiv noch unterwürfig. Liebe erfordert Hingabe, Engagement. Der Psychologe C. G. Jung prägte seinerzeit den in meinen Augen etwas überstrapazierten Begriff des «verwundeten Heilers». Auch wenn es mir als Psychotherapeutin dabei hilft, über meine Klientinnen nachzudenken und darüber zu reflektieren, auf welche Weise ihre Geschichten meine eigenen Wunden und meinen Heilungsweg berühren, mache ich mir keine Illusionen, dass wir Therapeutinnen oder überhaupt irgendein Mensch jemals vollständig «geheilt» sein könne. Unsere Heilung ist ein immerwährender Prozess. Ich glaube, wir kreieren Bedingungen für eine gemeinsame Reise von Therapeutin und Klientin, und während wir Therapeutinnen zwar über gewisses Fachwissen und ein bestimmtes Maß an Erfahrung verfügen, dürfen wir keineswegs als Heilerin verstanden werden, die über sämtliche Antworten und die Macht verfügt, die Klientinnen wieder «heile zu machen». Das Konzept des verwundeten Heilers stellt die Therapeutin auf ein Podest und sorgt damit seitens der Klientin für eine gefährliche, nicht zu erfüllende Erwartungshaltung, die unweigerlich enttäuscht werden muss, und auf der Seite der Therapeutin für eine beträchtliche Fallhöhe.

Als Agatha sagte, *ich verstehe nicht, weshalb er sich nicht einfach für mich freuen kann,* empfand ich tiefes Mitgefühl für sie. Wir haben das womöglich alle schon einmal erlebt: Wir wollten, dass eine Freundin, ein Angehöriger oder ein geliebter Mensch sich für uns freut, als sich etwas Großes ereignete, wonach wir uns lange gesehnt hatten. Und es schmerzt, wenn uns diese Liebe und Mitfreude verwehrt bleibt oder vorenthalten wird. Ich denke dabei an damals, als mir ein Stipendium für die Kunstakademie angeboten wurde, damals, am Ende meiner Teenager-Jahre ein absoluter Traum von mir, der in meinem Umfeld Verachtung und Angst hervorrief. Ich nahm trotzdem an, voller Wut, weil bestimmte Leute aus meinem Freundeskreis und meiner Familie sich nicht mit mir gefreut hatten. Heute ist mir klar, dass ihnen die Sprache fehlte, um auszudrücken, dass mein Weggehen ihnen Angst machte, dass sie mich vermissen würden. Es hat lange gedauert, bis ich ihren Ängsten mit Mitgefühl und Empathie begegnen konnte. Man könnte jetzt sagen, eigene Erfahrungen seien die beste Voraussetzung, aber natürlich sind wir nie mit allem in Berührung gekommen, was unsere Klientinnen durchgemacht haben oder gerade durchmachen. Trotzdem ist ein gemeinsamer Augenblick des Erlebens oder der universelle oder auch ganz individuelle Wunsch, den Klientinnen mit dem zu helfen, was wir als Therapeutinnen für uns erkannt haben und in uns heilen konnten, eine Möglichkeit, sich zu verbinden und zu lindern – gemeinsam. Es bedingt sich.

Ich stelle die Gießkanne beiseite und kehre auf meinen Platz zurück.

Agatha sieht immer noch die Orchidee an. Ihr Blick ist glasig. Ich glaube, sie hat ihre Aufmerksamkeit auf die Blume gerichtet, weil sie leidet. Womöglich verschafft der Anblick ihr willkommene Ablenkung, trotz der verwelkten Blüten. Ich hatte gehofft, Agatha in meinem Akt, mich um die Pflanze zu kümmern, Gelegenheit zu verschaffen, ihren Gefühlen Raum zu geben, und dass sie, indem sie mir zusieht, wie ich die Wurzeln der Pflanze mit Dünger versorge, vielleicht zu dem Schluss kommt, dass wir selbst im Stadium der Wut nicht vollkommen machtlos sind. Pflanzen bilden neue Blüten. Sie werden wieder aufblühen, wenn wir uns ihnen zuwenden und sie hegen, auch wenn sie nach der Genesung, nach einer Phase von Heilung und Wachstum, anders aussehen werden. Neue Knospen der Hoffnung.

Ich glaube, Alistair leidet sehr, sagt sie.

Ich glaube, Sie leiden beide.

Die Wahrheit ist die, sagt sie. *Ohne Alistair wäre ich niemals in der Lage gewesen, Bill zu lieben. Wissen Sie, Alistair hat mir gezeigt, wie man liebt und geliebt wird.*

Ein unglaubliches Geschenk, sage ich.

Ja, das ist es wirklich. Wenn Liebe ein aktiver Prozess ist, haben wir unsere Liebe beide aktiv gestaltet. Mutter und Sohn. Ihm habe ich alle Liebe zu verdanken.

Ich spüre Tränen in den Augenwinkeln. *Weiß er das?,* frage ich sie.

Nein, aber vielleicht werde ich es ihm sagen. Sobald ich meine Wut und die Enttäuschung überwunden habe.

Vielleicht dient Ihre Wut als Schutz gegen Ihren Schmerz, sage ich. *Es ist mehr Energie spürbar, wenn wir wütend sind, und das wirkt Gefühlen der Machtlosigkeit entgegen. Es muss schwer sein, sein einziges*

Kind so leiden zu sehen und sein gegenwärtiges Verhalten mit ansehen zu müssen. Dass er sich nicht für Sie und Bill freuen kann, zeugt von einem Mangel an Großmut. Wird Ihre Beziehung zu Bill dadurch belastet?

Agatha nimmt sich Zeit, ehe sie antwortet.

Ich wollte noch nie jemanden so sehr lieben, wie ich Bill lieben will, sagt sie schließlich, *und erstaunlicherweise sieht es so aus, als könnte ich auch zulassen, von ihm geliebt zu werden. Ich wünschte, Alistair könnte sich für mich freuen, für uns. Wir waren nach dem Tod seines Vaters so lange nur auf uns allein gestellt. Die Verbindung zwischen uns war etwas ganz Besonderes.*

Ich erlebe nicht zum ersten Mal, dass eine Klientin sich für die Liebe öffnen kann, nachdem sie ein Kind großgezogen hat – vor allem, wenn sie in den prägenden Jahren Vernachlässigung oder Lieblosigkeit erlebte. Ohne die nährende Unterstützung durch frühe Bindung zwischen dem Kind und seinen Eltern beziehungsweise Bezugspersonen glaubt das Kind, es sei nicht wert, geliebt zu werden. Diese Überzeugung setzt sich im Erwachsenen fort. Es ist die Bindung zwischen Eltern und Kind, die uns lehrt, dass wir liebenswert und erwünscht sind, die uns lehrt, uns selbst und andere zu lieben. Manche von uns erinnern sich vielleicht noch an Aussagen, wir würden geliebt, wenn wir brav waren, uns in einer Art und Weise verhielten, die unseren Eltern und Bezugspersonen gefiel. Im Gegenzug lernten wir, diese Liebesbezeugungen widerzuspiegeln, wenn das Verhalten anderer uns gefiel. Wenn Liebe an Bedingungen geknüpft war und dann fehlte, wenn sie am dringendsten gebraucht wurde, oder wenn wir uns als Kinder selbst nicht treu sein durften, nicht authentisch und frei sein konnten, weil wir sonst Liebesentzug riskiert hätten, entstand dadurch enorme Gefahr. Eine potentiell zu große Gefahr, denn was wären die Folgen gewesen, wenn wir unsere Wahrheit in dem Wissen ausgesprochen hätten, unsere Eltern und Bezugspersonen zu enttäuschen? Isolation? Verlassenwerden? Gewalt?

Was ich aus diesen Geschichten frühen Mangels mitgenommen und verstanden habe, ist, dass es sich für Klientinnen oft sicherer anfühlte, das eigene Kind zu lieben, ehe sie sich eine romantische Liebesbeziehung vorstellen oder gar verwirklichen konnten. *Ich weiß gar nicht, ob ich überhaupt lieben kann,* sagte mir eine Klientin einmal, als ihr einziges Kind ausgezogen war, um zu studieren, und sie darüber nachdachte, ob eine Liebesbeziehung für sie in Betracht käme. Später dann entdeckte sie begeistert, dass ihre Fähigkeit, zu lieben und geliebt zu werden, geradezu grandios war. Doch dies wurde erst möglich, nachdem sie die Trauer um die Liebe, die sie selbst als Kind nicht bekommen hatte – ein Kind, dem Worte und Mittel fehlten, die Sehnsucht in seinem Herzen auszudrücken und zu heilen – zugelassen, verarbeitet und schließlich losgelassen hatte. Eine andere Klientin erzählte mir: *Durch die Liebe meiner Töchter heilte etwas in mir. Die Liebe war und ist sehr tief. Alte Wunden durften weich werden, und ich werde geliebt, sie werden geliebt,* sagte sie. *Dafür bin ich sehr dankbar.*

Auch Wut und Verzweiflung kommen häufig zum Ausdruck – oft in Form von schwelendem Groll –, weil Klientinnen der Meinung sind, *der Zeitaufwand und die ganze Arbeit* bliebe jetzt an ihnen hängen. Oft braucht es zur Heilung Jahre der Psychotherapie, um die Gefühle der Lieblosigkeit zu lindern. Als Therapeutin versuche ich, den Fokus der Klientin auf ihren Schmerz zu lenken. Wir versuchen gemeinsam, Worte zu finden, um zum Ausdruck zu bringen, was durch das Gefühl verloren ging, sich ungeliebt oder ungewollt zu fühlen. *Wir können die Vergangenheit nicht ändern,* sage ich oft, *und es gibt auch keinen Weg zurück. Aber wenn Ihre Trauer erst nachgelassen hat, haben Sie die Wahl, aus der Liebe heraus zu handeln und Ihr Herz sprechen zu lassen – falls es das ist, was Sie wollen und wonach Sie sich sehnen.*

Agatha ist still, sie hat den Blick von der Pflanze gelöst und lässt ihn durchs Zimmer schweifen. *Die Verbindung zwischen uns war etwas ganz Besonderes,* wiederholt sie und fängt wieder an zu weinen. *Ich weiß nicht, was mit uns passiert ist.*

Ich mache ihr ein Angebot. *Ich könnte mir vorstellen, es hat damit zu tun, dass Alistair leidet, während Sie verliebt sind. Schlechtes Timing, könnte man jetzt sagen, oder auch unausweichlich, angesichts Ihrer Sehnsucht nach Bill. Alistair machte Ihnen ein unglaubliches Geschenk, indem er Sie für die Liebe öffnete und so zwischen Ihnen eine sehr besondere Mutter-Sohn-Verbindung entstehen durfte. Trotzdem erscheint es mir wichtig, dass Sie und Bill Ihre Liebe für sich reklamieren, auch wenn das einen Konflikt zwischen Ihnen und Alistair bedeutet.*

Ihm wäre es lieber, ich würde für immer allein bleiben. Er hätte gern, dass sein Vater der letzte Mann in meinem Leben war.

Wie alt war Alistair, als sein Vater starb?

Dreizehn.

Das bedeutet, Sie waren schrecklich lang allein, sage ich.

Nachdem Tom, Alistairs Vater, gestorben war, habe ich zwar ein paar neue Freundschaften geschlossen, aber der Ärger und meine Schuldgefühle waren fast unerträglich. Ich hielt es für das Beste zu warten, bis Alistair selbst eine Familie gegründet hatte, ehe ich mir das erlaubte. Wenn ich das jetzt laut ausspreche, höre ich mich an wie eine Märtyrerin.

Sie sieht mich fragend an, in ihrem Blick womöglich die Bitte um Bestätigung oder Widerspruch.

Ich frage mich nur, zu welchem Preis, sage ich. *Damit meine ich, wie sind Sie mit der Energie von Sehnsucht umgegangen oder dem Wunsch nach einem Partner?*

Ich habe alles in meine Arbeit gesteckt. Ich war eine gute Krankenschwester. Engagiert, leidenschaftlich, zugewandt, manche würden sogar sagen, der Liebling vieler Kinder, die kamen und gingen. Ich liebte meine Arbeit. Ich fühlte mich bestätigt und nützlich. Tom hat mich nach Kenneths Tod sehr darin bestärkt, mich zur Krankenschwester ausbilden zu lassen, und auf gewisse Weise bin ich ihm dadurch nahegeblieben. Ich wusste, dass er auf mich und meine Leistung stolz gewesen wäre.

Sind Sie sicher, dass Sie Tom nicht geliebt haben?, frage ich sie in leichtem Tonfall.

Agathas Lächeln ist zurück. *Tom war wunderbar, sagt sie, und wir hatten ein paar sehr besondere Momente miteinander. Aber geheiratet haben wir, weil wir uns nahestanden, nicht weil wir verliebt waren. Wir waren ein gutes Team. Beste Freunde. Wir gingen beide zur Kirche, hatten gemeinsame Interessen. Ich mochte seine Familie, vor allem seine Schwester. Er war lieb, und ich war einsam, genau wie er. Ich glaube, wenn er nicht an Krebs gestorben wäre, wären wir heute noch zusammen.*

Anders als Kenneth hatte Agathas zweiter Ehemann warme Hände. Tom war Möbelrestaurator und machte nicht viel Worte. Sein Gleichmut und die breiten Schultern hatten Agatha geerdet. *Er konnte stundenlang in einem der Schuppen hocken, dort, wo wir wohnten, mit einer Schale Frühlingszwiebeln, einem Stück Käse und dem Radio,* während er sich um kaputte Stühle kümmerte, vernachlässigte Möbelstücke aufpolsterte und ihnen zu neuem Glanz verhalf. Tom hatte das Handwerk von seinem Vater gelernt, ebenfalls ein *ausgewiesen introvertierter Mensch.* Er schliff und polierte und polsterte und hobelte mit solcher Umsicht und Einfühlung, dass Agatha *augenblicklich ruhig wurde,* wenn sie ihm bei der Arbeit zusah. *Er stellte mir in jedem Schuppen, und davon gab es viele, einen Stuhl hin, damit ich mich jederzeit zu ihm setzen konnte.*

Agathas Schilderung ihrer Ehe mit Tom zu lauschen, hatte auch auf mich beruhigende Wirkung. Die Vorstellung, wie «Dinge» durch Liebe und Umsicht zu neuem Leben erweckt werden, wirkte auf mich wie ein Elixier in der Welt des Wegwerfkonsums. Gleichzeitig kam mir unser Gespräch über Orchideen wieder in den Sinn, und dass Agatha die Pflanzen wegwarf, wenn sie verblüht waren. Ich fragte mich, ob sie seit ihrer Kindheit je selbst versucht hatte, etwas zu restaurieren, vielleicht die Lieblosigkeit in ihrem Leben, und ob Tom beim Reparieren vernachlässigter und vergessener Dinge zuzusehen, mit anderen Worten, beim Heilen, sie beruhigt, ja, sogar ermutigt hatte.

Ich versuche, mir vorzustellen, wie Sie bei Tom im Schuppen saßen, sage ich. *Ich würde gerne noch etwas mehr darüber erfahren, weshalb seine Arbeit auf Sie so beruhigend wirkte.*

Ich spürte seine Liebe, den Dingen neues Leben einzuhauchen, sagt sie, *so wie er es nach Kenneths Tod mit mir getan hat. Er hatte große Liebe zu diesen alten Möbelstücken. Selbst etwas, das quasi auf dem allerletzten Loch pfiff, fasste er mit unglaublich viel Zärtlichkeit und Umsicht an. Einmal hat er einen ganzen Monat damit zugebracht, für Bekannte von uns ein altes Schaukelpferd zu restaurieren. Ich schaute jeden Tag bei ihm vorbei, um die Verwandlung zu beobachten. Es war eine wunderbare Erfahrung.*

Ihm war das Schicksal des Schaukelpferds nicht gleichgültig, sage ich.

Ganz genau. Er hat es nicht einfach auf den Müll geworfen. Er hat daran geglaubt.

Schweigen.

Ich glaube, ich weiß jetzt, worauf das hinausläuft, sagt Agatha.

Ich nicke.

Sie räuspert sich. *Ich glaube, ich werfe Orchideen auf den Müll, weil es das ist, was ich kenne, was meiner Erfahrung entspricht. Fehlende Liebe während meiner Kindheit, ersetzt durch Gewalt und Gleichgültigkeit, hat mir das Gefühl gegeben, nicht liebenswert und deshalb austauschbar zu sein. Aber mit Tom war es anders.*

Können Sie das etwas genauer beschreiben?, bitte ich sie.

Tom war fürsorglich und respektvoll, fährt sie fort. *Er war rücksichtsvoll. Und sehr lieb. Aber als ich ihn heiratete, war ich noch nicht bereit zu lieben – ich wusste nicht, wie das geht. Doch mit Alistair wurde*

*alles anders. Damals war es mir vor allem wichtig, fürsorglich zu sein,
denn wenn man fürsorglich und nützlich war, bekam man vielleicht ein
bisschen Anerkennung dafür.*

Bezieht sich das auf Ihre Eltern, oder vielleicht auf Kenneth?, hake
ich nach.

Auf beide, sagt sie mit scharfem Tonfall.

Eine Pause entsteht.

*Wir waren seit fünfzehn Jahren verheiratet, als Tom die Diagnose be-
kam. Es war für Alistair und mich ein unglaublicher Schock. Wir sahen
mit an, wie der Krebs seinen Körper verwüstete,* sagt sie weinend.
*Wenn wir ihn im Krankenhaus besuchen kamen, schob Alistair ihn im
Rollstuhl nach draußen in den Garten. Dort gab es viele Rosenbüsche.
Rosa Rosen wurden meine Lieblingsblumen – Tom liebte ihren Duft. Er
bat mich immer, ein paar für ihn zu pflücken, damit er sie mit an sein
Bett nehmen und daran riechen konnte. Sie kamen dann auch auf seinen
Sarg.*

*Jetzt verstehe ich, warum Alistairs Blumengeschenk Sie so getroffen
hat,* sage ich.

Genau. Es fühlte sich grausam an.

Schweigen.

Mir Rosen zu schenken, macht seinen Vater nicht wieder lebendig,
sagt Agatha. *Und seine Grausamkeit auch nicht. Ich muss mit ihm
reden.*

Was möchten Sie ihm sagen?

*Ich möchte ihm sagen, nur weil ich Bill liebe, heißt das nicht, dass ich
ihn plötzlich weniger liebe oder seinen Vater vergessen hätte. Ich möchte ihm sagen, dass er damit aufhören muss, so gemein und respektlos zu
sein. Und dass ich ihn liebe, auch wenn sein Schmerz ihn unausstehlich
macht. Reiß dich zusammen, will ich ihm sagen – sag deiner Familie,
dass es dir leidtut, und zwar so lange, bis du heiser bist!*

Gerader Rücken. Angespannte Schultern. Plötzlich sitzen
wir beide aufrecht da. Für das Geplänkel von früher ist in der

heutigen Sitzung kein Platz mehr, es wird von Agathas Lebenskraft verdrängt. Sie hat sich selbst ermächtigt, in ihre Kraft gebracht, die Kapazität in ihr geweckt, zu lernen und zu lieben. Ihre Worte wirken lebendig, und Agatha reklamiert für sich in ihrer eigenen Sprache die Sehnsucht danach, gesehen, gespürt und verstanden zu werden. Beide Füße fest auf den Boden gestemmt, sitzt sie da, tief verwurzelt. Ich spüre ihre Durchsetzungskraft, ihr Verständnis – und wie sie beides dazu nutzt, um ihre Sehnsucht zu artikulieren.

Kluge Worte. Ich nicke. *Die Zeit ist um,* sage ich. *Für heute müssen wir Schluss machen.*

Agatha ist zwar überrascht, aber nicht schockiert, als sie die Haustür aufsperrt und mit einer verdreckten, vermüllten Wohnung konfrontiert ist. Überall schmutziges Geschirr, achtlos auf Drahtbügel gehängte Wäsche und der feuchtdumpfe Gestank nach Verzweiflung. Sie hält sich die Nase zu und geht die Treppe hinauf, sammelt unterwegs Flaschen, verstreute Kleidungsstücke und leere Chipstüten in Familiengröße ein. Oben angekommen, holt sie tief Luft und greift Gleichgewicht suchend nach dem Treppengeländer. Sie fühlt sich plötzlich tief erschöpft. Auf dem Bett liegt im Schlafanzug ihr Kind, zusammengerollt wie eine Babygarnele. Die Matratze gibt unter ihrem Gewicht ein wenig nach. Sie streichelt seinen schweißnassen Kopf. Alistair schmiegt sich an sie. *Es tut mir leid, Mum,* sagt er. *Ich bin am Arsch.*

Sie sieht die leere Weinflasche auf dem Nachttisch und seufzt. *Ich hätte dich als Kind dazu anhalten sollen, deine Spielsachen aufzuräumen.*

Was?, fragt Alistair verständnislos.

Kinder lernen durch praktische Dinge, mit emotionalen Schwierigkeiten umzugehen, und ich habe dich nicht ausreichend darauf vor-

bereitet. *Ich habe dir immer alles abgenommen. Meine Therapeutin würde das vielleicht als Form von Vernachlässigung bezeichnen. Und nach dem Tod deines Vaters nahm ich dir sogar noch mehr ab, weil ich dein Leid nicht ertragen konnte. Und ich habe meine eigenen Bedürfnisse hintangestellt und dich zu meinem Lebensmittelpunkt gemacht, zu meiner ganzen Welt – aber jetzt möchte ich Bill in meinem Leben haben, Al. Ich liebe ihn. Du musst begreifen, dass ich nicht länger allein sein will. Du musst mit deiner Gehässigkeit aufhören, und mit deinem Selbstmitleid. Ich liebe dich, Alistair, auch wenn ich dich im Augenblick nicht wirklich gut leiden kann, vor allem nach dem Abendessen letzte Woche – das mit den Rosen war besonders gemein.*

Das wundert mich nicht. Ich mag mich auch nicht besonders, antwortet er. *Und das mit den Rosen tut mir leid. Das war unter der Gürtellinie.*

Ja.

Das, was ich über dich und Bill gesagt habe, war nicht so gemeint. Aber das Timing könnte nicht schlechter sein. Bill ist ein netter Mensch.

Er setzt sich auf, und sie merkt, wie dünn er geworden ist. In einem Akt mütterlicher Liebe steckt sie die Decke um ihn fest, damit er nicht friert. Jetzt, wo der Kampf vorbei ist, zieht sie auch die Handschuhe aus.

Warum hattest du diese Affäre, Al?

Ich war einsam. Er antwortet wie aus der Pistole geschossen. *Elizabeth hat immer so viel mit den Jungs zu tun. Ich komme mir ständig vor wie das fünfte Rad am Wagen. Sie hat stets alles bestens im Griff. Ich hatte gehofft, wir wären glücklich, zu viert, als Familie, aber ich fühle mich immer, als würde ich von außerhalb zusehen.*

Hast du je versucht, dich mehr einzubringen? Oder Elizabeth erzählt, was für eine unglaubliche Mutter sie ist? Wahrscheinlich hat sie nur deshalb immer alles im Griff, weil sie es muss. Wo warst du, wenn sie abends die Jungs ins Bett gebracht hat? Sie hat mir erzählt, du wärst abends oft spät nach Hause gekommen, ohne auch nur anzurufen. Und jetzt erfahren wir, dass deine Affäre der Grund dafür war. Handlungen haben Konsequenzen, Al.

Ich vermisse sie so, sagt er.

Dann sag ihnen das. Sag deiner Familie, wie sehr es dir leidtut. Dieser Bruch wird nicht von allein heilen. Du wirst dich sehr anstrengen müssen, wenn du tatsächlich möchtest, dass Elizabeth dir verzeiht. Hör auf, untätig rumzuhocken, Trübsal zu blasen und zu saufen. Tu etwas für deine Gefühle. Liebe ist ein aktiver Prozess. Und im Augenblick kann ich nicht besonders viel Liebe erkennen. Schau dich doch mal um hier: der reinste Schweinestall!

Alistair lehnt sich an seine Mutter, sie wiegt ihn sanft. Sie sehnt sich nach etwas Großem, Wortlosem: *Veränderung.* Später, bei einer Tasse Kaffee, erzählt er ihr, er wünschte, er könnte *die Zeit zurückdrehen,* und möchte im selben Atemzug verzweifelt *nach vorne schauen.*

Agatha und Alistair liegen einander in den Armen und wiegen ihre Liebe zwischen ihren Körpern. Dort ist genug Platz für die Bitte um Entschuldigung und für Verzeihen, ohne Zwischenraum. In ihrer Umarmung steckt Lernen, Zuhören, Verstehen.

Der Winter ist gekommen, ein Hauch von Schnee bedeckt die Erde.

Draußen fallen zarte Flocken, trudeln sanft zu Boden. Eine Hand um den wärmenden Kaffeebecher gelegt, gieße ich mit der freien Hand die einst blühende, jetzt verwandelte Orchidee: ein nackter Stamm mit frischen, winzigen, noch nicht ausgeformten Blättern. Ich rufe mir in Erinnerung, wie Agatha dieses Stadium einst bezeichnete: *hässlich. Ich mag es nicht, wenn sie verblüht sind. Nur noch Stängel und Blätter, oder?* Durchs Fenster meines Sprechzimmers sehe ich einer zielstrebigen Schar Drosseln zu, die an den dicken Nuss- und Samenknödeln picken, die von einem Vogelhäuschen hängen. Irgendwann kehrt meine Aufmerksamkeit zu zwei Paula-Rego-Drucken zurück, die zwar schon gerahmt sind, aber noch nicht hängen. Ich wollte sie eigentlich neben dem wackeligen Bücherregal aufhängen, doch dann tauchten die quirligen Vögel vor meinem Fenster auf, und Hammer und Nägel waren vergessen.

Natürlich sind Augenblicke der Ablenkung in Ordnung und für jede Psychotherapeutin unvermeidlich. Abschweifende Gedanken können einem in Augenblicken emotionaler Unruhe im Rahmen einer Sitzung zu einer dringend benötigten Verschnaufpause verhelfen und in weniger verfänglichen Situationen sogar für Unterhaltung sorgen. Gleichzeitig besteht die Gefahr, damit Unwohlsein zu deckeln, wichtige Gedanken zu übersehen, Gefühle zu verleugnen oder Sehnsucht und Wünsche zu ersticken. Diese hartnäckigen und listenreichen Ablenkungen dienen nicht nur als Erinnerung an die Herausforderungen des Lebens, sondern auch als Ausweg aus unseren Gefühlen, wenn uns das Leben mit widrigen Umständen konfrontiert.

Ich nehme den ersten Druck zur Hand. Er trägt den Titel «Liebe» und gehört zur Bilderserie *Geschichten von Frauen* der portugiesisch-britischen Malerin Paula Rego. Eine Frau in einem dunkel gemusterten Kleid, die auf einem dunkelroten Laken liegt. Ihr Kopf ruht auf einem Kissen, sie hält die Hände aufs Herz gepresst, der Blick ist abwesend. Das Gemälde ist betörend, erheiternd und gleichzeitig grauenvoll, und ich bin jedes Mal zutiefst berührt, wenn ich diese unerschrockene Charakterisierung von Liebe betrachte. Ich habe mich oft gefragt, ob die Frau sich die Hände aus Liebe oder aus Liebeskummer aufs Herz drückt – Regos Spiel mit Emotionen, die sich im Ausdruck oft erschreckend ähneln. Und tatsächlich, wäre mir der Titel des Bildes nicht inzwischen bekannt, wäre ich noch immer nicht in der Lage, zu bestimmen, ob die Frau sich aus Liebe oder aus Verlustschmerz heraus ans Herz greift.

Agatha kam im Zustand der Liebe in die Therapie – *Ich möchte gerne eine Therapie machen. Ich bin verliebt, wissen Sie?* Damals vermutete ich, dass diese Aussage lediglich die Spitze des Eisbergs war. Man könnte sogar sagen, ich war misstrauisch. Skeptisch. Wie bei Regos Gemälde nicht in der Lage, festzustellen, ob Agatha Liebe empfand oder vielleicht etwas ganz anderes. Und falls ja, dann was? Ich erinnere mich noch gut an die Neugier und gleichzeitig an meinen Zynismus, der sich in dem Gedanken spiegelte, romantische Liebe sei selten ein Grund, sich auf eine Therapie einzulassen. Doch Agatha rief mir wieder in Erinnerung, dass wir allesamt Expertinnen im Nichtwissen sind; eine frühe Erkenntnis, die ich meinem Ausbildungstherapeuten zu verdanken habe. Während mein Lernprozess und meine Praxiserfahrung zwar hilfreich sind, hat Agatha mich um die Erfahrung und die Erkenntnis bereichert, dass Therapie nicht nur Licht ins Dunkel bringt und Schmerz lindern hilft, sondern auch ein wunderbarer und dringend benötigter Ort ist, um Herzensangelegenheiten zu erforschen, zu bezeugen und zu verstehen.

Dass Agatha und ich in der Lage waren, uns ihre angstbesetzte und überaus unglückliche Kindheit anzusehen, die Tode ihrer beiden Ehemänner, die Untreue ihres ersten Mannes, die Geburt ihres Sohnes und alles, was dazwischen geschah, war nicht nur notwendig, um einige der Entscheidungen besser zu verstehen, die sie später in ihrem Leben traf, sondern hat ihr darüber hinaus geholfen, ihren Lebensweg zu honorieren und anzuerkennen.

Die meisten Menschen wollen über die Kunst der Liebe mehr wissen und begreifen, zumindest aber sind sie neugierig. *Was genau ist Liebe? Niemand bringt uns bei, wie man liebt. Ist Liebe eine*

Illusion? Glaubst du, er, sie, wie auch immer liebt mich? Liebst du mich? Liebe ist eine Droge. Liebe ist scheiße. Wann werde ich die wahre Liebe finden? Liebe ist lediglich der Versuch des Kapitalismus, uns Hirngespinste zu verkaufen. Liebe bedeutet Erwachsensein. Ich sehne mich nach Liebe. Ich brauche Liebe. Liebe ist Krieg. Liebe ist Macht. Liebe, Liebe, Liebe – all das habe ich im Laufe der Jahre von meinen Klientinnen zu diesem Thema gehört. Und ich habe mich voller Faszination, Lernfreude und mit viel Gefühl mit auf diese Forschungsreisen eingelassen. Zu lieben ist eine zutiefst persönliche und einzigartige Erfahrung. Es liegt an uns, ob wir uns entscheiden, an unseren Blaupausen von Sehnsucht und einem Leben ohne Liebe festzuhalten und weiter danach zu leben, oder ob wir uns selbst dazu ermutigen, die Wunden unseres Hungers nach Liebe zu heilen.

Die Offenherzigkeit und Liebesfähigkeit, mit der Agatha sich mir in ihren späten Jahren zeigte, war gewaltig, und ihr Wagemut überragend. Sie erinnerte mich daran, dass Schmerz nicht unser Schicksal ist, sondern unser Beweggrund; ganz gleich, was uns in der Vergangenheit auch widerfahren ist, wenn wir uns dafür öffnen, zu lieben und geliebt zu werden, können wir frei leben. Das bedeutet nicht, dass wir unsere Vergangenheit vergessen, aber mithilfe von Therapie können wir erlittenen Härten mehr und anderen Raum in uns gewähren, weil wir wissen, dass die Vergangenheit genau das ist: vergangene Erfahrungen, die, anders als einst, keine Macht mehr über uns haben. Sich für die Veränderung zu entscheiden, bedeutet, eine Liebe anzunehmen, die uns stärkt. Die Anerkennung und Akzeptanz für diejenigen, die uns lieben, lässt Heilung beginnen und wachsen.

Außerdem zeigte Agatha mir eine der größten und ältesten Wahrheiten überhaupt: Liebe heilt. Als Agathas Therapeutin bemühte ich mich, meinen Liebes-Grinch und meinen Zynismus zugunsten eines wärmenden Umhangs aus Hoffnung und

Respekt in ihre Schranken zu weisen. Zynismus hat seine Wurzeln in Angst und Verzweiflung und Hoffnungslosigkeit. In der Psychotherapie, so wurde mir wieder einmal bewusst gemacht, geht es nicht nur darum, wie wir unseren verkörperten Schmerz und unser seelisches Leid lindern, oder darum, unseren unruhigen Geist zu besänftigen, sondern auch um die Möglichkeit, uns selbst für die Liebe, die auf uns wartet, zu wecken und zu öffnen. Sprich, die Liebe, der wir noch nicht begegnet sind, die wir noch nicht erlebt und von der wir vielleicht noch nicht einmal eine Ahnung haben – die Liebe, die wir wollen und brauchen. Um es mit Agathas Worten zu sagen: *Mit siebenundsechzig Jahren fange ich gerade erst an.*

Die erhabenste Tat ist, vor dich einen Andren
zu setzen.

William Blake, *The Marriage of Heaven and Hell* **(1790)**

Stachel der Hoffnung

W ochenlang schwebt ihre letzte Begegnung beharrlich an den verschwimmenden Grenzen ihrer Tage. Der Nachmittag hat sich tief in ihr Gedächtnis gegraben: warm, duftend, fast vorüber. Und die Worte, die er widerwillig von sich gegeben hatte: wirr und haltlos. Diese Worte wiederholt sie, spricht sie laut vor sich hin, wieder und wieder, nur für sich. Und hat dabei sein Bild vor Augen: völlig am Boden, mit wildem Blick, der sich aller Hoffnung auf Rettung entzog, die sie sich für seine gequälte Seele immer noch machte.

Er war ihr an jenem Tag viel zu dünn vorgekommen. Die Schuhe zu groß, abgewetzt, mit offenen Schnürsenkeln. Wie sehr hatte sie sich gewünscht, ihn in die Arme zu nehmen, so sehr, *mein süßes Baby.* Sie wollte ihn an sich ziehen, in sich hinein, in ihren Körper – der einst sein Zuhause war, neun Monate lang – und ihm leise, zärtliche, liebevolle Worte ins Ohr flüstern, Worte, um sein Leid zu lindern. Worte, von denen Beverly gehofft hatte, sie würden ihn aus den dunklen, einsamen Tiefen herausholen, aus den Schatten, die ihn unter Wasser ziehen und vernichten wollten. Doch er hatte sich von ihr abgewandt und sich lieber noch einen Drink eingeschenkt. Den dritten. Aufbewahrt in einem Lederflachmann, in der Innentasche seines weiten dunkelblauen Mantels.

Hast du Hunger, Liebling?, hatte sie ihn gefragt, den Blick wie gebannt auf seine abgekauten Fingernägel gerichtet.

Eigentlich nicht, Ma.

Trotzdem hatte sie ihm etwas zu essen angeboten, sein Lieblingsgericht: *Spaghetti bolognese*. Gekocht, portioniert und in die Tiefkühltruhe verfrachtet, für den unwahrscheinlichen Fall, dass sein Appetit zurückkam. *Ich kann dir auch ein Sandwich machen. Ich habe Schinken da.* Doch ihr *Getue* hatte ihn nur dazu gebracht, sich abzuwenden. Sie sah ihm an, wie sein Körper sich krümmte und wand, sobald Liebe und Fürsorge ins Spiel kamen.

Am anderen Ende des makellosen Rasens wiegte sich ein alter Ahorn im Wind. In ihm stets Vogelgesang, ein Gesang, den er einst hatte hören, sehen und genießen können. Als Junge hatte er unter diesem Baum gesessen und geschlafen und gelesen. Aber an diesem warmen, dufterfüllten Spätnachmittag sah er nichts als Schatten. Die Zweige des Ahorns waren kein kühlender Sonnenschutz mehr. Sie hatten sich in Tentakel verwandelt, und der Stamm in einen mächtigen Dämon. Aus Blättern waren Augen geworden. Bald schon würden wichtige Botschaften durch die Wurzeln nach oben aufsteigen, geflüstert tief in der Erde. Beverly hielt seine Hand fest umschlossen, in dem Wissen, dass sein Verstand längst jeden Realitätssinn verloren hatte.

Ab und zu kommt es vor, dass eine Überweisung zur Psychotherapie mich bis ins Mark erschüttert. Mich vor die Frage stellt, ob ich dazu überhaupt fähig bin, ob ich über ausreichend Erfahrung und Fähigkeiten verfüge, ob ich genug Verstand besitze und mein Herzraum weit genug ist. Beverly war so ein Fall. Als ich die beiliegende Einschätzung las, registrierte ich, dass ich mich einer möglichen Zusammenarbeit mit tiefgreifender, durchdringender Skepsis näherte. Beverly hatte um Vermittlung an eine weibliche Psychotherapeutin mit Sitz in der Londoner Stadtmitte gebeten. Einen Satz hatte der Gutachter ausdrücklich betont: *Die Therapeutin muss Mutter sein.* Wir telefonierten vormittags, und am nächsten Tag um die Mittagszeit sitzt Beverly vor mir. Sie wirkt wie eine Frau, die sich aufgegeben hat. Eine Frau, die nichts mehr hat, für das zu leben sich lohnt.

Sie holt tief Luft. Nimmt sich einen Moment. Sie trägt die Trauer im Gesicht wie eine frische Wunde. *Eine Woche später hat er Selbstmord begangen,* sagt sie, in ihrer Stimme die leise Spur eines melancholischen, wunderschönen schottischen Akzents.

Ich registriere, wie groß Beverly im Sitzen wirkt, ihre aufrechte Haltung, das grau melierte Haar. Sie ist eine elegante Erscheinung. Ihre Kleidung ist elegant und gleichzeitig bequem; ein weicher Blazer und locker sitzende Jeans. Als sie mich mit ihren schmerzerfüllten Augen anblickt, meine ich zu sehen, wie sie von der Trauer umkreist wird wie der Saturn von seinen Ringen. Wir schweigen, und ich lade das Gewicht ihrer Worte, lade ihren Verlust dazu ein, in meinen Körper einzusickern.

Mir wurde gesagt, dass Sie Mutter sind, fährt sie fort.

Ja, das stimmt.

Und ich bin keine mehr.

Ist eine Mutter keine Mutter mehr, weil ihr einziges Kind sich das Leben genommen hat? Beverlys Rolle hat sich aufgelöst, trotzdem frage ich mich, ob sie sich so kurz nach Montys Tod vom Muttersein distanziert, weil der Schmerz zu groß ist. Es gibt kaum etwas Traumatischeres, Qualvolleres und Brutaleres als den Tod des eigenen Kindes. Er hinterlässt eine klaffende Lücke voller Fragen, und von all den Formen von Verlust, die ein Mensch erleiden kann, braucht der Verlust eines Kindes am meisten Zeit, um davon zu genesen und das eigene Leben danach neu aufzubauen. Montys Tod war vorzeitig und gewaltsam. Eine Mutter, die den Verlust ihres einzigen Kindes betrauert, betrauert einen Menschen, der ihr ganzes Wesen verkörperte, einen Menschen, der für ihr eigenes Leben und ihr Identitätsgefühl von zentraler Bedeutung war. Ich frage mich, ob Beverly sich angesichts der Komplexität ihrer Trauer vor dem Trauerprozess fürchtet. Ich wollte dieses «*und ich bin keine mehr*» gern näher erforschen, aber bevor das möglich ist, müssen wir uns der gemeinsamen Arbeit behutsam annähern.

Ich sammle mich. Ich habe Angst, sie zu verletzen, wenn ich das Wort ergreife, denn in diesem Zustand von Trauer und Leid vermag nichts ihr Trost zu spenden außer die Rückkehr des einzigen Kindes. Davon bin ich überzeugt. Kurz taucht vor meinem inneren Auge das Bild meines eigenen Sohnes auf, und ich würdige stumm Beverlys schmerzvolle Realität. Ganz kurz fühlt sich meine unveränderte Mutterrolle grausam an, unsensibel und bloßstellend. Ich würde am liebsten Worte finden, die für Beverly wie von Zauberhand alles wiedergutmachen, aber natürlich existiert ein solcher Zauberspruch nicht, also sage ich das Einzige, das ich sagen kann.

Ihr Verlust tut mir unendlich leid, Beverly.

Sie nickt.

Ich kann nicht mal im Ansatz erahnen, welchen Schmerz Sie durchleiden.

Beverly hält den Atem an, und es ist, als wäre die Zeit stehen geblieben, genau wie Montys Alter stehen geblieben ist. Sechsundzwanzig – *mein süßes Baby.* Ihre Augen weiten sich. Darin steht offene Verzweiflung. Beverly streckt die Arme aus, beide Handflächen nach vorn gedreht und umklammert sich. Sie senkt den Kopf. Fängt an, sich zu wiegen. Vor und zurück, vor und zurück.

Vielleicht dienen Bewegung und die Umklammerung ihres schmerzenden Körpers als Katalysatoren für den Schrei, der sich aus ihr löst, so ursprünglich, so roh, dass eine Woge der Übelkeit gegen meine Kehle brandet. Ich sitze da und lausche ihren Schreien. Ein Lärm, der zwischen vorzeitlichem Kreischen und tiefem, grölendem Schluchzen schwingt. Ich ziehe meinen Sessel näher zu ihr heran. Nach vielen Minuten sage ich sanft zu Beverly: *Ich bin hier, ich bin bei Ihnen, Sie sind nicht allein.* Beverly hört nicht auf zu schaukeln. *Ich will nicht länger leben,* sagt sie eindringlich.

Sie wischt sich das Gesicht mit dem Handrücken ab, Flüssigkeiten aus Mund und Nase. Ihre Augen glänzen dunkelbraun. Darin liegt nichts als roher Schmerz.

Ihr einziges Kind hat Selbstmord begangen, sage ich. Und es gibt keine Fluchtmöglichkeit aus dieser Realität oder Ihren Qualen. Aber der Tod bringt weder eine Antwort noch bringt er Heilung. Fühlen Sie sich imstande, mir von Ihrem Schmerz zu erzählen?

Sie zögert.

Letzte Woche wollte ich vor ein Auto laufen, sagt sie. *Ganz gleich, welches, Hauptsache, schnell. Ich wollte denselben Schmerz spüren, den Monty spürte. Ich dachte, wenn mich ein Auto überfahren würde, hätte ich zumindest eine Ahnung von seinem Leiden. Es ist nicht fair, dass er mehr gelitten hat als ich. Er muss so voller Angst gewesen sein, so verzweifelt und so allein. Ich hätte darauf bestehen müssen, dass er nach Hause zurückkommt und bei mir bleibt. Er hatte seine Medikamente abgesetzt und wieder angefangen zu trinken, das konnte ich riechen. Aber sein Zustand machte mir Angst. Sein Wahnsinn war alles, was ich sehen konnte. Ich fühlte mich so hilflos.*

In ihrer Trauer versucht Beverly, er zu werden. Sie kramt seine alten Anziehsachen hervor – die er in dem pfirsichfarben gestrichenen Gästezimmer zurückgelassen hatte, das einst sein blau gestrichenes Kinderzimmer gewesen war. Sie zieht sich seinen Kapuzenpulli über, als sie Frühstück macht – *Eier* – und es später wegwirft, weil sie in ihrem Körper nichts willkommen heißen kann, das irgendwie gut ist. Sie wirft die Tabletten ein, die er auf dem Esstisch hatte liegen lassen, wartet darauf, dass die Betäubung einsetzt und alle *Wiesos, Was-wäre-wenns* und *Hätte-doch-nurs* auslöscht. Und sie lässt auf der Stereoanlage in Endlosschleife seine Lieblingsbands laufen, die Lautstärke bis zum Anschlag aufgedreht, brüllt die Texte mit, schert sich nicht darum, ob jemand sie hört. Sie schiebt die Füße in seine Schuhe: groß und abgewetzt, und bindet zärtlich die braunen Schnürsenkel, während sie versucht, sich ihren Sohn in seinen letzten Augenblicken vorzustellen. *Was hat er zuletzt gedacht? Hat er sich morgens geduscht? Gefrühstückt? Seine geliebte Katze Tilly gestreichelt, ehe er sie fütterte? Hatte er versucht, jemanden anzurufen? Irgendwen? Warum nicht mich, seine Mutter? Warum nicht? Warum ...*

In ruhigeren Momenten, wenn die Ablenkung durch Musik zu sehr überschattet ist und die pharmazeutischen Wundermittel ihre Wirkung verlieren, wird Weinen zur Rettung für Beverlys tieftraurige Gedanken. Sie holt ein altes Spielzeug von ihm hervor, ein kleines, gelbes Kaninchen, das sie in einer Schuhschachtel ganz oben in ihrem Schrank aufbewahrt hatte, und flüstert seinen Namen, *Monty, Liebling.* In diesen Augenblicken sind sie wieder zusammen, Mutter und Sohn, *Ma und Monty-Moo.* Und sie streichelt sich mit den weichen Ohren des kleinen gelben Kaninchens über die Wange, so wie er es früher immer tat, und wünschte, sie könnte ihr Baby in den Arm nehmen, an sich ziehen, ihm leise Wiegenlieder singen.

Was für Medikamente hat Monty eingenommen?, frage ich.

Antipsychotika. Sobald etwas Schwieriges passierte, setzte er sie ab – immer dann, wenn er sie am dringendsten gebraucht hätte. Er hat sich vor einer Weile von seiner Freundin getrennt, und das hat ihn völlig aus der Bahn geworfen. Er reagierte, wie er immer reagierte. Er fing an zu trinken. Wir haben alles versucht. Therapie, Medikamente, Entzug. Nichts funktionierte. Ich habe mein Baby aus den Augen verloren.

Ich registriere ein wütendes Beben in Beverlys Stimme und frage mich, ob es in unserer künftigen Arbeit darum gehen wird, eine Version von Monty zu verinnerlichen und zu bewahren, ehe er krank wurde und sich das Leben nahm. Aber vielleicht wäre das auch zu simpel. Ich stelle mir stattdessen eine frühere

Version von Monty neben der leidenden, verzweifelten Version von ihm vor, und Beverly dicht daneben.

Ihr Wunsch, vor ein Auto zu laufen, hatte also etwas damit zu tun, zu fühlen, was Monty fühlte, zu tun, was Monty tat?

So in etwa.

Wir werden andere Wege finden, sage ich leise.

Deshalb bin ich hier.

Er kam im November zur Welt, in der Bonfire Night, schlüpfte beinahe wie von selbst, glitt aus ihr heraus wie ein Katzenjunges, mit geballten Fäusten und einem Schopf rabenschwarzer Haare. *Monty.* Die Hebamme und der Arzt waren angesichts seiner stolzen 4200 Gramm zusammengezuckt und hatten schnell ein, zwei Stiche ausgeführt, von denen Beverly nichts mitbekommen hatte und an die sie sich auch nicht erinnerte, bis sie sich eines Tages berührt und dabei die kleine Narbe entdeckt hatte. *Was für ein Brummer,* eilig zu *Was für ein Beaux* korrigiert, hat eine Säuglingsschwester in ihrer Erinnerung gesagt. Sie erinnert sich auch noch an das Gefühl, dass Angst sich in ihre Erleichterung mischte. Sie hatte seine Finger und Zehen gezählt und über den Schorf auf seinem irgendwie unförmigen Kopf gestreichelt. Er hatte leichte Kegelform. Eine der Schwestern bemerkte die Berührung, wie zögerlich Beverlys Finger die Konturen von seinem *Zitronenkopf* nachfuhren. *Wir mussten ihn mit der Zange bremsen,* erklärte sie mit sanfter Stimme, *er war zu schnell. Konnte es nicht erwarten, zu seiner Mummy zu kommen,* sagte sie lächelnd. Und diese Erklärung hatte Beverly beruhigt, ihr Sicherheit gegeben, und sie hatte das Lächeln der freundlichen Schwester erwidert.

Zu Hause wickelte sie ihn in weiche Babydecken und erlernte die Kunst des Stillens. Eine Büroklammer am BH-Träger erinnerte sie daran, welche Brust *Monty-Moo* zuletzt bekommen hatte. Sie entdeckte, dass tiefgekühlte Kohlblätter das Brennen in ihren schweren Brüsten lindern konnten, wenn Monty nicht saugen wollte. Die Stillstunde um zwei Uhr morgens war ihr die liebste. Sie fühlte sich ruhig und zufrieden, denn auch wenn sie müde war, gab es dann nur sie und Monty und die Sterne. Später kam ihre Mutter aus Schottland angereist, um ihr zu zeigen, wie das Abstillen zu bewerkstelligen war. Im Mixer pürierter Kürbis und Apfel, auch Birne, als Monty acht Monate wurde, das Mus portionsweise eingefroren und bei Bedarf aus dem Eiswürfelbehälter gedrückt und in der Mikrowelle wieder aufgetaut. Mit einem Jahr fing er schon fast an zu laufen.

Die Bindung zwischen Monty und seinem Vater jedoch war nicht so eng, wie Beverly sich das erhofft hatte. Am Anfang war er sehr fürsorglich und hilfsbereit gewesen, hatte gekocht, im Haushalt geholfen und ihr Monty auch ab und zu abgenommen, um ihn auf der Hüfte in den Park zu tragen. Doch sie selbst und ihren Körper hatte Theo nicht mehr auf die gleiche Weise berührt wie vor ihrer Mutterschaft, und wenn er sie mit Milchpumpe, Stilleinlagen und Brustwarzensalbe hantieren sah, war er zusammengezuckt. Sie hatte ihn oft beim Masturbieren in der Dusche erwischt. Sie hatte er nie mit dazu eingeladen, in diese enge Kabine für seine Solofantasien. Und falls sie tatsächlich mal die Zeit fand, mit ihm intim zu werden, war der Sex langweilig und stumm. Viel zu schnell, weit vor der Zeit, kehrte er ihrem leeren Körper brüsk den Rücken zu.

Mit der Zeit wurde deutlich, dass sie kaum jemals Zeit zu dritt verbrachten und dass Theo meistens einen großen Schluck Whisky brauchte. Er gewöhnte sich Begriffe wie *Muttersöhnchen* an, und sie fand, dass er zu hektisch war und zu schroff, wenn er Monty in den Buggy setzte. Später wurde ihr zum Vorwurf gemacht, sie sei *übereifrig, eine Glucke,* während Monty als *zu anhänglich* und als *verzogenes Blag* bezeichnet wurde. *Dem geht es viel zu gut*, sagte Theo. Auf Dinnerpartys von Freunden gefragt, wie Beverly das Muttersein fände, lautete die regelmäßige, als Witz verkleidete Antwort *Söhne und Liebhaber.* Die Anspielung auf den Roman von D. H. Lawrence ein versteckter Vorwurf an Monty, dass er später im Mannesalter unfähig sein würde zu lieben, weil seine Mutter die stärkste Macht in seinem Leben wäre.

Was können Sie über Theos Neid sagen?, frage ich während einer unserer Sitzungen.

Er hatte eine schwierige Kindheit. Sein Vater war funktionaler Alkoholiker und seine Mutter depressiv. Sie war sehr nett, aber von der Trinkerei ihres Mannes völlig in Anspruch genommen. Theo kam sich immer wie ein Anhängsel vor. Ich glaube, er war eifersüchtig auf die Beziehung von Monty und mir, auf die Fürsorge und die Liebe, die ich ihm zeigte.

Ich hatte ein paar Ideen bezüglich der Auswirkungen von Theos transgenerationalem Trauma auf die Beziehung von Beverly und ihm. *Wenn wir auf unsere eigenen Kinder neidisch sind, verblenden wir uns selbst. Es besteht die Gefahr, dass wir das Kind zu gering schätzen und uns selbst überhöhen.*

Ich habe Mütter, Väter und Vormunde sich über die Undankbarkeit ihrer Kinder beklagen hören, dass sie selbst die Chancen, die ihre Kinder heute haben, nie gehabt hätten, den materiellen Wohlstand oder liebevolle Eltern – *völlig verzogen*, lautet die elterliche Aussage. *Die wissen überhaupt nicht, wie gut sie's haben; in dem Alter hatte ich längst einen Wochenendjob; habe ich meiner Mutter längst mit meinen Geschwistern geholfen; ich halte mich ständig zurück, ich weiß selbst nicht, warum; er ist so privilegiert; ich bin so wütend auf sie, so nachtragend.* Neid agiert zu einem Großteil unbewusst. Wie können wir uns von Neid befreien und mit uns selbst und unserem Leben Frieden schließen, damit wir uns an den Erfolgen und dem Glück unserer Kinder erfreuen und darauf stolz sein können? Das eigene Kind zu beneiden, ist ein psychologisches Debakel, und wenn wir nicht achtsam damit umgehen, verlieren wir nicht nur unseren Seelenfrieden, sondern irgendwann auch unser Kind.

Im Laufe der Zeit habe ich festgestellt, dass die Erforschung der Unzufriedenheit – oft eine Voraussetzung für Neid – dabei helfen kann, den Neid einer Klientin auf ihr Kind zu heilen. Wir beneiden andere für das, was wir selbst nicht haben, für Dinge, die selbst zu haben und zu erfahren wir uns nicht einmal vorstellen können. Und mitzuerleben, dass das eigene Kind ein Leben für sich reklamiert und umsetzt, das einem selbst nie möglich und immer außer Reichweite war, kann extrem schmerzvoll sein. Mir kommt in diesem Zusammenhang Tilly in den Sinn, eine talentierte Künstlerin und Schriftstellerin, deren Eltern emotional nicht verfügbar und an besonders finsteren Tagen strafend und vernachlässigend gewesen waren. Auch sie waren Künstler gewesen – die Mutter Dichterin und der Vater ein frustrierter Maler, dessen Arbeiten von der Kritik maximal halbherzig aufgenommen wurden. Tillys Sohn dagegen erreichte im Gegensatz zu ihr *alles, was er probiere, ihm fiel die Aufnahme an der Kunstakademie in den Schoß. Er weiß, was er will und braucht, um seine Träume zu verwirklichen, da gibt es kein Vertun.*

Er hat Sie zur Mutter, sagte ich zu ihr. *Sie haben von Ihrer Entschlossenheit gesprochen, sein künstlerisches Talent zu fördern und ihm bei der Aufnahme an der Kunstakademie zu helfen.*

Tilly hatte genickt. *Ich wollte etwas anders machen als das, was ich erlebt hatte. Ich möchte ihn unterstützen, aber manchmal bin ich eifersüchtig, wie einfach sein Leben läuft.*

Ich hatte mich zu ihr vorgebeugt. *Ich glaube, jetzt wäre der richtige Moment, um Ihnen zu sagen, wie viel Respekt ich für den Einsatz habe, den Sie für Ihren Sohn an den Tag legen. Sie haben das zum Ausdruck gebracht, was William Blake als «erhabenste Tat» bezeichnete, nämlich «vor dich einen Andren zu setzen».*

Tilly hatte mich angesehen, ein strahlendes Lächeln auf dem Gesicht.

Trotzdem, sagte ich, *wird es heilsam sein, darüber zu reden, zu welchem Preis das geschieht. Über Ihren potentiellen inneren Konflikt. Vielleicht darüber, wie ermüdend es ist, sich so für ihn einzusetzen, und wie sehr Sie das an Ihre eigene Vergangenheit erinnert. Als Kind und als Jugendliche sehnten Sie sich nach Fürsorge, danach, dass andere sich für Sie interessieren. Sich die Entbehrung einzugestehen, die Sie als Kind erfuhren, und sie anzuerkennen, ist wichtig und stellt die Gefühle von Neid, die Sie für Ihren Sohn empfinden, in einen Zusammenhang.*

Etwa ein Jahr nachdem unsere Zusammenarbeit vorbei gewesen war, bekam ich von Tilly einen Brief, in dem sie mir mitteilte, sie würde demnächst ihre Kunst in einer Galerie in der Stadtmitte ausstellen – *Hätten Sie Lust, zur Vernissage zu kommen, oder wäre das eine Grenzüberschreitung?* – und sie hätte sich für ein Praxissemester an der Akademie eingeschrieben. *Ich bin bei Weitem die Älteste in meinem Seminar, aber das ist mir egal. Ich tue, was ich am meisten liebe: Schreiben und Malen.*

Ich war stolz und erleichtert. Ich hatte die Ausstellung besucht, aber nicht zur Vernissage. Ihre Bilder waren großformatig, aussagekräftig und gewagt. Auch die Farbpalette hatte sich im Vergleich zu Tillys früheren Arbeiten stark verändert. Ich schrieb ihr, um zu gratulieren. In ihrer Antwort meinte sie: *Ich liebe Ihre Wortwahl – gewagt.*

Die schrille Alarmanlage eines Autos draußen vor dem Fenster reißt mich aus meinen Gedanken. Beverly greift zu der Schachtel mit den Taschentüchern. *Ich würde alles darum geben, auf Monty neidisch sein zu können*, sagt sie, den Blick zu Boden gerichtet. *Hauptsache, er wäre noch hier.*

Sie hatte Theo Ausgehabende vorgeschlagen, Paartherapie, einen gemeinsamen Urlaub. *Mum kann so lange auf Monty aufpassen*, der damals ein Jahr alt war und gerne Zeit mit seinen

Großeltern verbrachte. Eine Reise wurde geplant, Venedig sollte es werden. Die Hoffnung war, dass Theos Liebe zu gotischer
Architektur seine Sinne beleben könne, und Beverly stellte sich
vor, wie sie sich zu Fuß und auf den Kanälen durch die venezi-
anische Pracht bewegten, vorbei an von klassischer Mythologie
inspirierten Statuen und frühen Wundern der Technik. Auch
ihre Liebe zu alten Gärten käme auf ihre Kosten. Sie hegte die
Hoffnung, wenn Monty erst alt genug für den Kindergarten
war, endlich den ersehnten Gartenbaukurs belegen zu können.
In ihren Anfängen hatten Beverly und Theo sich das perfekte
Szenario erträumt. Er würde weiter als Partner in dem Archi-
tekturbüro arbeiten, das er über lange Jahre mit harter Arbeit
aufgebaut hatte, und Beverly als Landschaftsgestalterin. *Garten-
bau par excellence!,* hatte er gesagt. *Du kannst deinen PR-Job an
den Nagel hängen und endlich tun, was du schon immer tun wolltest –
draußen sein, Tag für Tag, in der Natur.*

Die Reise nach Venedig war nicht so verlaufen, wie Beverly gehofft hatte. Theo hatte Stunden an Telefon und Laptop
verbracht, um das Angebot für ein Restaurationsprojekt in
Westminster fertigzustellen. Seine Laune wurde unberechen-
bar, und sie merkte, dass er schon vormittags zu trinken anfing. *Wir sind im Urlaub,* hatte er in Reaktion auf ihren Blick
gesagt, während er die Minibar im Hotelzimmer leer räumte.
Um drei Uhr nachmittags lag er schlafend im Bett, und die
Besichtigungen von Markusdom, Dogenpalast und Peggy-
Guggenheim-Museum absolvierte Beverly allein. Sie merkte
selbst, wie angespannt sie beim gemeinsamen Abendessen war,
weil sie seine Unhöflichkeit den Kellnern gegenüber voraus-
ahnte, sobald seine Bestellung etwas länger dauerte oder sein
Weinglas zu lange leer blieb. Auf ihre wenigen Anrufe bei
ihrer Mutter, um sich nach Monty zu erkundigen, hatte Theo
mit Spott reagiert und sie hinterher mit Abwesenheit bestraft.

Eines Nachts wachte Beverly auf, weil er von hinten mit heftiger Scotch-Fahne an ihr zerrte, dann drang er in sie ein, verwirrend kurz und brutal. Als sie ihm sagte, er solle damit aufhören, schlug er sie.

Als Monty drei Jahre alt war, präsentierte Theo Beverly die Scheidungsunterlagen und zog zu Hause aus.

Ich war gleichzeitig erleichtert und deprimiert, als er uns verließ, sagt Beverly. *Wir hatten zwar das Haus, aber keine Möglichkeit, es zu unterhalten.*

Ein Unterhalt wurde gerichtlich verfügt, außerdem Wochenendumgang für Monty, aber die Scheidung war schmutzig und zutiefst verstörend. Theo ergriff jede Gelegenheit, um ihr das Leben schwer zu machen. *Er machte mir oft nicht mal die Tür auf, wenn ich Monty zu ihm brachte. Er war entweder betrunken oder hatte vergessen, dass Monty am Wochenende bei ihm bleiben sollte. Mir war immer unwohler dabei, Monty bei ihm zu lassen.*

Das ist nachvollziehbar, sagte ich.

Mir graute, wenn er die Haustür aufmachte, und mir graute, wenn er es nicht tat. Egal, was passierte, Monty litt sehr darunter. Deshalb hörte ich ein halbes Jahr lang damit auf, Monty an den Wochenenden zu ihm zu bringen. Theo meldete sich nicht mal, um zu fragen, warum. Dann stellte er die Unterhaltszahlungen ein. Das Gericht brauchte über ein Jahr, um zu reagieren, und bis dahin hatte ich mich so sehr verschuldet, dass ich anfing, in einem lokalen Gartencenter zu arbeiten.

In den folgenden fünf Jahren arbeitete Beverly ganztags und studierte abends und an den Wochenenden Landschaftsarchitektur. *Das zu tun, was ich liebte, half gegen meine Depressionen, aber mir ist jetzt klar, dass ich für Monty nie so da sein konnte, wie ich hätte sein sollen. Ich war permanent eingespannt, und weil meine Mutter in Schottland lebte, war Unterstützung teuer und nur selten möglich. Ich war sehr einsam. Vor den Sommerferien graute mir regelrecht. Wenn ich* nicht arbeitete, verdiente ich kein Geld, und man kann seine Freundinnen nicht ständig um einen Gefallen bitten.

Irgendwann um Montys elften Geburtstag herum begann der Junge zu stottern. *Wir waren in einem Burger-Restaurant, und als Monty dran war, seine Bestellung aufzugeben, wozu ich ihn ermutigt hatte, wurde er ganz rot. Er brachte die Worte nicht heraus. Ich bestellte für ihn, weil ich nicht wollte, dass die Situation für ihn oder den Kellner noch peinlicher wurde. Im Rückblick betrachtet, wünschte ich, ich hätte es nicht getan.*

War das das erste Mal, dass Ihnen sein Stottern auffiel?

Nein, muss ich zu meiner Schande gestehen. In der Schule hieß es, Monty würde sich immer mehr zurückziehen. Es brauchte viel, um ihn zum Sprechen zu bewegen. Ich ertappte mich immer öfter dabei, dass ich an seiner Stelle sprach. Ich glaube, ein Teil von mir dachte, es ginge wieder vorbei. Dass er nur schüchtern wäre.

Wie ging das weiter?, will ich wissen.

Ich ging mit ihm zu einer Logopädin, und das schien tatsächlich zu helfen, aber um es kurz zu machen, schließlich stellte sich heraus, dass Monty unter Depressionen litt und sehr wütend war. Man macht sich keine Vorstellung, wie wütend. Wütend auf seinen Dad, auf die Scheidung, darauf, dass er nicht die Freunde hatte, die er haben wollte, darauf, dass ich ständig arbeiten musste, dass niemand ihn zum Fußball fuhr. Die paar wenigen Male im Jahr, bei denen er Theo sah, endeten mit Tränen und Verzweiflung. An seinem dreizehnten Geburtstag sagte er, er wolle seinen saufenden Versagervater nicht mehr sehen. Kurz darauf lernte ich Mike kennen.

Erzählen Sie mir von Mike, bitte ich.

Ihr Blick wird weich. *Mike ist wunderbar*, sagt sie. *Nett. Witzig.* Sie lächelt. *Wir waren sechs Jahre lang ein Paar. Er war für Monty und mich eine große Unterstützung. Wir sind immer noch sehr gute Freunde.*

Eine Pause entsteht.

Wir lernten uns zu einem Zeitpunkt kennen, als ich dachte, mich würde nie wieder jemand attraktiv finden, auf einem Wochenendkurs zum Thema Pflanzenvermehrung. Er arbeitete bereits als Landschaftsarchitekt, und wir verstanden uns auf Anhieb. Ein Jahr später zog Mike bei uns ein. Monty war damals fast sechzehn und war in einem – sie zögert – schwierigen Freundeskreis gelandet. Hochriskantes Verhalten, kaum Regeln, schneller Sex.

Mike hatte sie darauf angesprochen, wie gehemmt und verängstigt sie sich in Montys Gegenwart verhielt. Beverly reagierte anfangs nachvollziehbar abwehrend und versuchte, ihre Mutter-Sohn-Beziehung zu verteidigen, erklärte, dass sie und Monty die letzten zwölf Jahre auf sich allein gestellt gewesen wären. Dass Monty Zeit bräuchte, um sich umzugewöhnen. Natürlich war ihr trotzdem bewusst, dass sie ihre Geldbörse und ihren Schmuck vor ihrem Sohn versteckt hielt.

Ein halbes Jahr später starb Montys bester Freund Robert bei einem Autounfall, und das zog ihm endgültig den Boden unter den Füßen weg. Der Tod seines Freundes war der Katalysator für das meiste, was danach geschah. Sein Alkohol- und Drogenkonsum gerieten völlig außer Kontrolle, und wer versuchte, ihm nahezukommen, wurde heftig weggestoßen. Beverly flüchtete sich in ihre Arbeit. Dies war der einzige Bereich, der sie vor dem Gefühl bewahrte, *völlig nutzlos* zu sein.

Kurz nach seinem achtzehnten Geburtstag verlangte Monty von Beverly, dass sie *die Wahl trifft. Ich oder Mike.* Sie entschied sich für Mike, falls es so etwas wie eine Wahl überhaupt gibt, wenn sie einem aufgezwungen wird.

Ich war einsam, brauchte dringend die Liebe eines anderen Menschen als Monty, sagt Beverly. *Ich wollte Mike, ich brauchte ihn. Ich habe so viele Jahre allein verbracht oder damit, nur Mutter zu sein. Aber mir war klar, dass eine glückliche Beziehung ihren Preis haben würde. Monty sah mit an, wie Mike mich glücklich machte, und das setzte ihm zu. Er fühlte sich ausgeschlossen. Obwohl Monty längst sein eigenes Leben hatte, fand er nicht, dass ich auch eines brauchte. Er wurde zunehmend egoistisch und fordernd.*

Unzählige Male versuchte Beverly, Monty begreiflich zu machen, wie einsam sie sich fühlte. Wie sehr sie sich nach einem Partner sehnte, der ihre Interessen teilte – jemanden, mit dem Vertrautheit möglich war –, aber Monty blieb stur: *Er ist nicht gut für dich. Wir brauchen ihn nicht. Ich mein's ernst, Ma, er oder ich. Du musst dich entscheiden.*

Ich frage mich, was es mit einer derart tiefgreifenden und komplexen Drohung auf sich hatte. War Monty tatsächlich so unaufgeschlossen und blind für die Bedürfnisse und Wünsche seiner Mutter gewesen? War er tatsächlich egoistisch und fordernd geworden, oder hatte er versucht, damit etwas anderes zu kommunizieren? Wovor hatte Monty sich am meisten gefürchtet, als er seine Mutter zwang, sich zwischen ihm und Mike zu entscheiden? Beverly fühlte sich schikaniert, in die Ecke getrieben, und in dem Versuch, ihre Sehnsucht nach einer liebevollen Paarbeziehung für sich zu behaupten, entschied sie, dass Mike bleiben würde.

Die Konsequenzen, sagt Beverly, *waren verheerend. Er fing in der Küche an zu randalieren, schleuderte Tassen und Teller zu Boden. Ich hatte wirklich Angst vor ihm.* «*Du entscheidest dich für ihn statt für mich?*», *hatte er gebrüllt.* «*Was bist du für eine schlechte Mutter! Du bist eine selbstsüchtige Ziege!*»

Zwei Wochen später, nach vielen missglückten Versuchen, miteinander zu sprechen und Zerbrochenes wieder zu kitten, verkündete Monty: *Ich ziehe aus.* Auch wenn sich bald herausstellte, dass die Trennung nicht von Dauer war. *Wenn ich ehrlich bin,* sagt Beverly, *habe ich die Zeit genossen, als ich mit Mike allein war. Bei uns zu Hause war es plötzlich so ruhig und friedlich. Es war schön – nur wir beide. Ich habe Schuldgefühle, wenn ich das jetzt laut ausspreche.* Erst als Monty weg war, wurde Beverly wirklich klar, wie verängstigt und nervös sie geworden war, was Monty betraf. In seiner Gegenwart hatte sie ständig angespannte Schultern und zusammengepresste Kiefer. Sie war erschöpft, behandelte ihn wie ein rohes Ei, um ihn nicht aufzuregen oder *auf die Palme zu bringen. Ich war froh, dass er was anderes zum Wohnen gefunden hatte,* sagt sie.

Monty arbeitete, seit er sechzehn war, bei einer örtlichen Zimmerei und hatte nach zweijähriger Lehrzeit und dem schmerzvollen Bruch mit Beverly beschlossen, bei seiner damaligen Freundin Janey einzuziehen. Die Beziehung war nicht von Dauer. Janey war, wie Beverly bald herausfand, schwanger und rauchte regelmäßig Hasch, auch wenn das für ihre Entscheidung, die Schwangerschaft abzubrechen, nicht von Belang war. *Ich hätte das Kind behalten,* erzählte Monty Beverly später. *Ich hätte gern einen Sohn gehabt, um den ich mich kümmern kann, oder eine Tochter. Jemand außer mir selbst.* Janeys Entscheidung abzutreiben, ohne mit Monty über die Schwangerschaft zu sprechen, hatte ihn verunsichert. *Wieso tut sie so was?,* hatte Monty gefragt. *Ich will wieder zurück nach Hause, Ma. Ist das okay?*

Kurzerhand wurde das Arbeitszimmer in ein Schlafzimmer zurückverwandelt und wieder blau gestrichen. Ein neues Bett wurde angeschafft, Zimmerpflanzen, Bettwäsche. Der Donnerstagabend wurde zum Filmabend erklärt, mit Pizza vor dem Fernseher. Doch die anderthalb Jahre der Trennung kamen Beverly viel länger vor. Monty hatte sich beträchtlich verändert. Sein Humor und seine Sanftheit hatten sich aufgelöst und schwelendem Zorn Platz gemacht, Geringschätzung und Zynismus. Seine Witze kamen ihr gemein vor, sarkastisch und deplatziert. Glitten ins Teuflische ab. Sein gewaltsamer Tonfall und seine Paranoia machten ihr Angst, und die Wahl seines Freundeskreises und seiner Interessen kamen ihr, gelinde gesagt, dubios vor. Er fing an, sich am ganzen Körper tätowieren zu lassen. Fiese, aggressive Farben, Schlangen und Totenköpfe und gebrochene Herzen quer über die Brust, den Rücken, die Arme. Als Beverly ihn fragte, weshalb er seinen Körper mit solchen Bildern verunstalte, antwortete er: *Das ist mein Körper, halt dich verdammt noch mal da raus.*

Immer öfter verließ Mike den Esstisch frühzeitig oder auch den gemeinsamen Fernsehabend – das Programm immer mit Vorsicht gewählt, um potentielle Konflikte zu vermeiden. Beverlys Versuche, es beiden Männern in ihrem Leben recht zu machen, glichen einem Drahtseilakt. Dass Monty überall seine halb gerauchten Joints, Klamotten und dreckiges Geschirr liegen ließ und sehr streng roch, störte sie nicht besonders, versuchte Beverly sich einzureden. Sie versuchte zu verdrängen, wie glücklich sie gewesen war, als sie mit Mike allein war, und schraubte sich immer tiefer in Selbstverleugnung hinein, bis von Ruhe, Glück und Frieden nichts mehr übrig war. Ihre eigenen Wünsche und Bedürfnisse wurden hintangestellt. Mike zog sich immer mehr zurück. Was zählte, sagte sie sich, war, dass Monty wieder zu Hause war, wo sie auf ihn aufpassen, sich um ihn kümmern und ihn bekochen konnte, wie früher, als er noch ein Junge war.

Der Gedanke an Angst in Bezug auf unsere Kinder ist unbequem. Angst, sie zu verlieren, Angst um sie und Angst vor ihnen. Beverly verspürte, was Monty betraf, sämtliche Formen der Angst. Sie fürchtete sich vor seinem Zorn, seinem willkürlichen Verhalten und seinen Tätowierungen. Sie hatte Angst vor dem, was er ihr mit seinem muskelbepackten Körper antun könnte, um sich zu rächen. Sie fürchtete sich auch davor, von einem Anruf geweckt zu werden, der besagte, er wäre in einer Arrestzelle oder tot im Straßengraben. Die Art, wie sein Blick sofort in Richtung Messerblock schoss, sobald sie auch nur andeutete, er solle sein Zimmer aufräumen oder putzen, ließ sie vor Angst zittern. *Ich räume auf, wenn ich es will, ich bin kein beschissenes Kind mehr,* fuhr Monty sie an. *Dann hör auf, dich so zu benehmen,* wagte Beverly zu kontern. Sie hatte Angst vor ihrer Wut auf ihn, und vor ihrer Machtlosigkeit. Sie war am Ende. Und sie hasste die Auswirkungen auf ihre Beziehung zu Mike. Eines Nachts träumte Beverly, Monty hätte das Haus in Brand gesetzt, während sie und Mike schlafend im Bett lagen. Als sie aufwachte, schlich sie sich auf der Suche nach Streichhölzern und Feuerzeugen in sein Zimmer und bestellte heimlich für jedes Stockwerk einen Feuerlöscher, den sie dort versteckte.

Ich wünschte, ich hätte ihm früher Hilfe besorgt, sagt Beverly. *Ich wusste nicht, dass man von Haschisch eine Psychose bekommen kann. Plötzlich war mein kleiner Junge für mich verloren.*

Wir hatten es mit zwei Prozessen zu tun, mit einem zweifachen Trauerfall: zum einen der herzzerreißende Tod von Monty durch seinen Suizid, und zum anderen der Verlust eines einst fröhlichen, liebenswerten und sanftmütigen Sohnes. Ich verstand, wie verzweifelt Beverly war, wie qualvoll es für sie gewesen sein musste, mit anzusehen, wie ihr Kind von vermeintlich mildem Drogenkonsum in psychotische Zustände abrutschte. In einem Augenblick absoluter Verzweiflung rief Beverly Theo an. Als sie seine Stimme hörte, brach sie zusammen. Theo war einfühlsam, geduldig und nüchtern. Er hatte im selben Jahr seinen zehnten Jahres-Token bekommen (alle zwölf Monate von den Anonymen Alkoholikern verliehen, um seine Genesung zu feiern). Sie wünschte, Monty wäre auch bei den Anonymen Alkoholikern.

Beverly erzählte von Montys Totalverweigerung seiner Medikamente, dass seine psychotischen Schübe so häufig waren wie noch nie und er immer gewalttätiger wurde. Sie erzählte

Theo von den Schwierigkeiten, die sie und Mike inzwischen hatten, in Verbindung zu bleiben und einander zu unterstützen. *Mike hat die Nase voll, wir legen eine Pause ein. Er zieht aus,* sagte sie, und Theo hörte zu.

Ich erkenne Monty überhaupt nicht mehr wieder, er ist wie ein Fremder für mich, weinte sie.

Eine Woche später kam Monty auf Entzug, der erste von drei Versuchen, clean zu werden und nüchtern zu bleiben. Nach der zweiten Runde beschloss er, wieder zu Hause auszuziehen und bei Freunden zu wohnen.

Ich lebte allein und fragte mich, was ich falsch gemacht hatte, warum ich eine so schlechte Mutter war, sagt Beverly. Sie schielt zu der Uhr auf meinem Schreibtisch hinüber. *Alle Männer verlassen mich. Warum ist das so?*

Ich bin mir nicht sicher, ob diese Vorstellung, eine schlechte Mutter zu sein, hilfreich ist.

Beverly nickt stumm, dann zuckt sie mit den Achseln.

Ist Ihnen die «ausreichend gute Mutter» ein Begriff? Der britische Autor, Psychoanalytiker und Kinderarzt Donald Winnicott prägte Begriffe wie «ausreichend gute Mutter» (good-enough mother) und «durchschnittlich hingebungsvolle Mutter» (ordinary devoted mother), um nur ein paar zu nennen. Von ihm stammt außerdem das Bonmot «there is no such thing as a baby» – «so etwas wie ein Baby gibt es nicht, es gibt nur Mutter-und-Baby». Winnicotts Arbeit über Elternschaft war kulturell fortschrittlich und nachvollziehbar. In Zeiten erschütternden sozialen Wandels sprach er in Radiosendungen die Mütter direkt an. Er war ein natürlicher und einfühlsamer Redner, dem es gelang, sensible und komplexe Themen ruhig und mit einem tiefgreifenden Verständnis für die menschliche Entwicklung zu transportieren. Die «ausreichend gute Mutter», so glaubte er, ist eine Mutter, die sich den Bedürfnissen ihres

Kindes anpasst. Ein aktives Geschehen, das allmählich weniger wird. Die Mutter ist keineswegs «perfekt», sie ist «ausreichend gut», was bedeutet, dem Kind ein gewisses Maß an Frustration zuzumuten.

Mit siebenundsechzig schrieb Winnicott ein Gedicht über seine Mutter. Es trägt den Titel «Der Baum».

Mutter unten weint
weint
weint
So kannte ich sie
schon einst, hingestreckt auf ihrem Schoß
wie jetzt am toten Baum
ich lernte, sie zum Lächeln zu bringen
ihre Tränen einzudämmen
ihre Schuld aufzulösen
ihren inneren Tod zu heilen
sie lebendig zu machen war mein Leben

Ich habe den Begriff schon einmal gehört, sagt Beverly und massiert sich mit dem Daumen die Wade, *die «ausreichend gute Mutter»,* wiederholt sie.

Ich finde den Begriff sehr hilfreich, sage ich. *Es könnte sich lohnen, gemeinsam darüber nachzudenken.*

Okay, sagt sie leise. *Wenn Sie meinen.*

Schlechtes Timing, sage ich stumm zu mir selbst und nehme mir vor, auf Winnicotts Theorie zurückzukommen, wenn Beverly offener dafür ist, dieses Terrain zu erforschen. Stattdessen besprechen wir Notfalltelefonnummern. Wir vereinbaren, dass sie eine dieser Nummern wählt, falls Angst und Hoffnungslosigkeit die Oberhand zu gewinnen drohen. *Ich kenne,* sagt sie, *die Nummer der Telefonseelsorge.* Wir sammeln weitere Nummern, von Angehörigen, Freundinnen, die Nummer von Mike, ihrem Arzt und auch meine. Ein Netzwerk der Fürsorge.

Unsere Zeit ist fast um, Beverly, sage ich. *Wie fühlen Sie sich jetzt?*

Sie zuckt mit den Achseln. *Wütend. Hoffnungslos. Nicht gut genug.*

Das nächste halbe Jahr ist voll von Wut, Schuld, Verzweiflung.

Bar jeder Hoffnung, als säße ihr ein Stachel im Fleisch, ergreift Beverly jede Gelegenheit, die sich bietet, um ihre Gefühle der Ausweglosigkeit und der Wut nach außen zu projizieren. Durchnässt von Schweiß und Regen, ohne Mantel, taucht sie bei Mike auf. Sie will, dass er sie so sieht, durchtränkt bis auf die Haut, dass er sie in sein neues Zuhause einlässt, sie auszieht, sie mit einem weichen Handtuch trocken reibt. Sie will von ihm gefüttert werden wie ein Kleinkind, während sie ihn weinend anklagt: *Warum hast du mich verlassen, als ich dich am dringendsten brauchte?* Mike holt einen Pullover, einen Löffel, wärmt Suppe auf. *Es tut mir leid,* sagt er.

Sie spricht Theo vor Morgengrauen Nachrichten auf die Mailbox, wirft ihm kreischend vor, ein schlechter Vater und Ehemann gewesen zu sein, ein Säufer. *Weißt du noch, was du mir in Venedig angetan hast, du Arschloch?* Sobald Theo wach ist, ruft er zurück. *Es tut mir leid,* sagt er.

Sie stopft Spaghetti bolognese, Montys Lieblingsgericht, in sich hinein und erbricht sie wieder, während sie versucht, *diese Janey* ausfindig zu machen, denkt darüber nach, ihr zu schreiben: *Schau nur, was du meinem einzigen Kind angetan hast, meinem Monty-Moo. Du hast ihm sein Kind weggenommen.* Sie listet Freundinnen und Freunde auf, die sich nicht kümmerten; die Dealer, die ihn krank machten; die Therapeuten, die versagten; die Mädchen, die Monty erzählten, sie würden ihn lieben, und ihn dann im Stich ließen. Sie durchforstet ihr Gedächtnis, um alle auszugraben, die Monty irgendwann verletzt haben, alles, was womöglich zu seinem Selbstmord beigetragen hat. *Ich hasse die Welt, ich hasse alles und jeden,* heult sie.

Sie sieht Monty überall: an Straßenecken, in der Küchentür, unter dem Ahorn im Garten, in der Reinigung, der Bank, über ihrem Bett schwebend, in der Schlange an der Kasse, auf Eisenbahnschienen, in ihren Träumen. Sie träumt, wie er den riesigen Plüschpanda im Arm hält, für den sie viel zu viel Geld ausgegeben hatte, nachdem Monty sich auf dem Rummelplatz frustriert in den Staub geworfen hatte, weil es ihm nicht gelungen war, die Kokosnüsse vom Sockel zu werfen. *Wie viel wollen Sie dafür?,* hatte sie bittend den netten tätowierten Typen von der Wurfbude gefragt.

Es gibt Tage, an denen sie spürt, dass das Leid ein bisschen leichter wird, doch dann melden sich sofort die Schuldgefühle: *Wie kann es mir nur gut gehen? Wie kann ich es wagen zu vergessen, dass er tot ist?* Wie ein wildes Pferd bäumt die Selbstbestrafung sich auf und schlägt um sich. Beverly trinkt zu viel, isst zu viel, verbrennt sich am Herd, rennt gegen Wände und Türrahmen, die sich weigern, ihr Platz zu machen. Sie schmeißt Dinge kaputt, schleudert Dinge durch die Gegend, haut und prügelt und drischt auf Dinge ein. Wo sie auch ist, bricht sie Streit vom Zaun, im Gartencenter, im Café, im Supermarkt, pflanzt ihren widerspenstigen Einkaufswagen mitten in den Gang, nur, um irgendwen dazu zu provozieren, sich mit ihr anzulegen. Schmerz und Wut haben sie völlig im Griff. Wenn sie nur weinen könnte. Stattdessen fordert sie mit Vehemenz Kontakt – ein unglaubliches Verlangen, sich an etwas, an jemandem zu reiben. All das ist brutal und ermüdend. Beverly wünschte, sie hätte Kontrolle darüber, wie sie sich fühlt. Sie will einen Knopf drücken, einen Schalter umlegen, um sich anders zu fühlen, besser. *Ich bin so müde,* sagt sie.

So ist das mit der Trauer: Sie ist immun gegen Kontrolle. Sie tut, was sie will, und das in ihrem eigenen Tempo. Trauer ist stur, unbeugsam. Trauer verharrt viel länger im Verstand und im Herzen eines Trauerenden, als irgendjemand es möchte oder manchmal auch ertragen kann.

Nachts umklammert Beverly Montys kleines gelbes Kaninchen, streichelt sich mit den weichen Ohren über die Wange, bis sie, mental und körperlich völlig erschöpft, schließlich irgendwann einschläft. Sobald sie wieder aus ihren wirren Träumen erwacht, ergreift die Trauer von ihr Besitz, eine riesige, unbarmherzige, tosende Hölle auf Erden.

Die meisten Sitzungen mit Beverly sind durchwirkt von Wut, Schuld, Ohnmacht, bis wir irgendwann erleichtert das Stadium der Tränen erreichen. Ich ermutige sie dazu, ihnen freien Lauf zu lassen.

Beverly ist erschöpft.

Ich bin erschöpft.

Wir stecken da gemeinsam drin.

Es widerstrebt mir, an diesem heiklen Punkt eine Pause einzulegen. *Machen Sie Urlaub,* sagt meine Supervisorin. *Sie sind weder für Beverly noch für Ihre anderen Klientinnen eine Hilfe, wenn Sie vor Erschöpfung kurz vor dem Zusammenbruch stehen.* Ich verreise und lege mich platt wie eine Flunder in die Sonne. Kleine, kühle Getränke werden kredenzt, Bücher gelesen, das Meer wiegt meinen Körper, sanfte, zarte Berührungen. Ich ruhe aus. Ich atme. Ich ruhe aus.

Leid freut sich leicht, wenn Freude leicht sich härmet. Ich spreche Shakespeares Worte vor mich hin, nur für mich und das Meer.

Hin und wieder schleicht Monty sich in meine Gedanken. Sein Suizid. Wie allein und zutiefst unglücklich er sich gefühlt haben musste, als er sein irdisches Dasein zum einzig möglichen Preis überlistete: seinem Tod. Er hatte verloren, um zu gewinnen.

Tag für Tag erwachte er in einem Albtraum. Stimmen, Schmerzen, Leid und Sucht verwüsteten Geist und Körper. Selbstmord war das Einzige, worüber Monty die Kontrolle zu haben glaubte.

Freud war der Ansicht, wir kämen mit einem angeborenen Todestrieb zur Welt, «das Ziel allen Lebens ist der Tod». Diese Theorie führte damals zu großen Kontroversen unter den Psychoanalytikern und wird bis heute lebhaft diskutiert. Dass alle menschlichen Verhaltensweisen, wie Freud behauptete, von Trieben und Instinkt motiviert sind, entspricht nicht der Auffassung, auf die sich meine Arbeit als Psychotherapeutin beruft. Die Therapie von heute konzentriert sich weniger auf angeborene Triebe hin zu Tod und Zerstörung – Freuds Todestrieb ist der modernen Psychotherapie abhandengekommen –, sondern auf das katastrophale Scheitern von Bindung, wenn Selbstmordgedanken überhandnehmen.

Ehe ich in Urlaub ging, hatte ich Beverly ans Herz gelegt, sich mit ihrem Fürsorgenetzwerk zu verbinden, und ihr für den Fall, mich kontaktieren zu müssen, meine E-Mail-Adresse gegeben. Dieses Angebot allein reicht manchmal schon, um einer Klientin das Gefühl zu geben, in besonders fragilen Phasen ihrer Therapie nicht alleingelassen zu sein. *Vielen Dank, es bedeutet mir wirklich viel, dass Sie das tun,* sagt Beverly.

Beverly beschließt, ebenfalls Urlaub zu nehmen, und arbeitet in ihrem Garten.

Sie vergräbt die Hände tief in Eimern voller Humus. Es gefällt ihr, wie geerdet sie sich dabei fühlt. Die Gartenerde hilft ihr, im Jetzt zu bleiben, anstatt sich ständig von Erinnerungen oder der Angst vor der Zukunft ablenken zu lassen. Die Sonne spendet Wärme und erreicht ihr zersplittertes Herz. Sie schiebt die Hände noch tiefer hinein, bis die Handgelenke verschwunden sind, dann spreizt sie die Finger. Sie versucht, sich in ihrem Garten zu verlieren. Sägend, umgrabend, pflanzend, trimmend. Ein Veilchenteppich zieht sich über den makellosen Rasen. Eines Tages hat sie das Gefühl, auf einem Zauberteppich aus samtigen Veilchen in ein Land zu fliegen, in dem der Tod nicht existiert, ein Nirwana des Lebens und der Lebenden. Monty auf einer Schaukel.

Sie beugt sich vor, atmet den reichen Blütenduft ihres Gartens ein, schneidet pralle Blumenstängel, stellt sie in Vasen und dekoriert damit ihr Zuhause. Die Schönheit zarter Blütenblätter, um damit dunkle Gedanken zu vertreiben.

Sie setzt neue Stauden. Das schenkt ihr Hoffnung und die bescheidene Gewissheit, dass Leben und Farbe und Wachstum im nächsten Frühjahr wiederkehren werden. Sie baut aus Holzpaletten einen neuen Komposthaufen und spürt neue Energie, während sie sich auf Unmengen toter Zweige, verrotteter Blätter, Rasenschnitt und Küchenabfälle stürzt. Obwohl sie seit Jahren einen Komposthaufen betreibt, bekommt die Entsorgung der Abfälle plötzlich einen neuen, anderen Schwung. Beverly ist dankbar für die braune Rotte, aus der am Ende etwas Gutes entstehen wird. Ihr Körper, der seit Montys Tod fast durchgehend erstarrt war, fängt an zu schmerzen, und sie verschafft sich mit warmen, duftenden Bädern Linderung. Sie genießt es, die steilen Stufen hinauf ins Bad zu gehen, genießt das Gefühl in den überanstrengten Muskeln und freut sich, etwas anderes als Schuld und Trauer zu spüren. Pochen in Armen und Rücken und Beinen. *Mein Körper taut auf,* denkt sie.

Beverly genießt die rezeptfreie Behandlung durch ihren Garten. Medikamente machen sie langsam, machen sie *träge und fett* – legen einen Schleier über kaum zu fassende, ferne Gefühle, der sie vor Schmerz und Verzweiflung abschirmt. Sie fragt sich, ob sie die Dosis reduzieren soll, jetzt, wo sich die Therapie eingespielt hat. *Trauer muss gefühlt werden,* wiederholt sie laut, während sie sich weiter heiße Bäder einlässt.

Ist der Abend warm, kehrt sie noch einmal in den Garten

zurück und pflückt Hände voll magentafarbener Löwenmäulchen – Montys Lieblingsblumen, als er ein kleiner Junge war.
Dabei stellt sie sich vor, wie er unter dem alten Ahorn sitzt
und mit Daumen und Zeigefinger die kleinen Blüten abzupft.
Schnipp, schnapp, hörte sie ihn immer singen, während sie jätete
und trimmte. Sie zupft eine der winzigen tiefroten Blüten vom
Stamm. *Schnipp, schnapp,* sagt sie, weint sie.

Trauer muss gefühlt werden.

Sich durch die Trauer zu gärtnern, ist eine der vielen kraftvollen Möglichkeiten, wie wir Menschen unser Leiden lindern
können. Seit Jahren wird von Menschen, die mit psychischen
Krankheiten oder Trauer leben, über die tröstende Wirkung
der Natur geschrieben. Zu den wertvollen Geschenken, die das
Gärtnern bereithält, gehört die Art und Weise, wie diese Tätig-
keit der Zeit huldigt und zur Kontemplation darüber anregt.
Gärtnern erdet die Gärtnerin im Hier und Jetzt, einem Zustand,
in dem man sich des fortwährenden Zyklus der Jahreszeiten,
die sich von Gedanken und Gefühlen der Vergangenheit über
die Gegenwart bis in die Zukunft erstrecken, zwar bewusst ist,
gleichzeitig jedoch davon ungestört bleibt. Der britische Re-
gisseur Derek Jarman, von dem gleich noch die Rede sein wird,
schrieb in seinen Tagebüchern: «Wer gärtnert, gräbt in anderer Zeit, ohne Vergangenheit oder Zukunft, ohne Anfang oder
Ende. Wenn du den Garten betrittst, gleitest du in diese andere
Zeit hinein, ohne dich des Momentes erinnern zu können. Die
Landschaft um dich herum liegt verklärt. Hier wohnt das Amen
jenseits des Gebets.»

Auch Virginia Woolf fand in ihrem Garten Zuflucht: «Ich
war nicht in der Lage, mit dem Schmerz umzugehen, als ich
erfuhr, dass bestimmte Menschen einander verletzen, dass ein
Mann, den ich kannte, sich umgebracht hatte. Das Gefühl des
Entsetzens machte mich ohnmächtig. Doch was die [vorhin be-

schriebene] Blume betrifft, so sah ich Sinn und war deshalb in der Lage, mit dem Gefühl umzugehen. Ich war nicht machtlos.»

Ich erinnere mich an einen Besuch in dem öffentlich zugänglichen Garten des Regisseurs Derek Jarman in Dungeness an der weiten Kiesküste in Kent. Ich war angehende Psychotherapeutin und selbst eifrige Gärtnerin und hatte dagesessen und Prospect Cottage auf mich wirken lassen, die kleinen Zirkel aus Schottersteinen, die wie Schutzkreise um die wilden, duftenden Blumen gelegt waren. Als er einen Freund nach dem anderen an AIDS verlor, fand Jarman in seiner tiefen Trauer jedes Mal aufs Neue Trost und Erdung in der ungebändigten Lebendigkeit von Humus, Knospe und Blüte.

Am Ende jeden Gartentages wagt Beverly einen Blick auf Montys Tagebücher, die in einem alten Pappkarton verwahrt werden und die sie nicht zu lesen wagt. Langsam werden aus dem täglichen Teller Spaghetti bolognese köstliche Suppen, Aufläufe, bunte Salate und knackiges Gemüse aus dem eigenen Garten. Sie genießt die erdige Frische im Mund und registriert mit Erleichterung, dass ihre Geschmacksnerven die Gleichgültigkeit gegenüber nahrhaften Lebensmitteln aufgegeben haben. Blumen an der Grenze zum Tod dürfen ein bisschen länger in sorgsam platzierten Vasen vertrocknen und welken. In ihren dahinsterbenden Blüten, Stängeln und Blättern steckt noch immer Leben, sagt Beverly sich. Wenn sie die verwelkten Blumen dann schließlich aus den Vasen nimmt, spürt sie in sich eine Art von Akzeptanz für das Ende. Und am Scheitelpunkt der Nacht kommen die Tränen, und sie schiebt die Kiste mit den Tagebüchern ein bisschen weiter weg, außer Sicht. Sie vermutet darin Jahre der Geständnisse, Gedankengänge, Hochgefühle und Geheimnisse, niedergeschrieben in Montys wackeliger Handschrift. Trauer muss gefühlt werden.

Am Abend vor unserer ersten Sitzung nach der Urlaubspause

beschließt Beverly, sich ein Glas Wein einzuschenken, und greift zu Montys Tagebüchern:

11 Jahre: Ich habe gespielt, dass ich ein Flugzeug bin. Ich war so schnell. Ich bin richtig hoch geflogen und hab allen gewinkt. Sie sahen aus wie Ameisen im Gras. Das hat mich glücklich gemacht. Craig Bishop war ein Hubschrauber. Ich habe ihn abgehängt.

13 Jahre: Dad hat schon wieder meinen Geburtstag vergessen. Ist ja nicht so, dass er zu viele Kinder hätte, an die er denken müsste. Idiot.

15 Jahre: Wenn ich mir aussuchen könnte, wer ich bin, wäre ich James Dean. So cool. Wer will schon alt werden?

18 Jahre: Ma hat sich für Mike entschieden. Niemand verletzt dich so, wie eine Mutter es kann, und niemand liebt dich so, wie eine Mutter es kann. Morgen ziehe ich aus.

22 Jahre: Die Arbeit ist scheiße. Das Leben ist scheiße. Was soll das Ganze?

25 Jahre: Die Medikamente wirken. Die Stimmen hören auf, und alles wird gedämpft. Big K. schuldet mir Geld. Ich schulde C. Geld. Alles am Arsch.

Und schließlich:

26 Jahre: Viele von euch haben sich gekümmert, aber es war nicht genug. Ma liebt mich. So wie Ma mich liebt, könnte ich niemals lieben.

Draußen ist Frühling geworden, ohne dass sie es wirklich gemerkt hat. Beverly mustert ihren Körper, erkennt sich kaum wieder. Sie hat im Urlaub Muskeln angesetzt, hat gut gegessen. Heute wird sie sich weiches Ei mit Reiterchen machen. Wird jeden schmalen Streifen Toast in das leuchtende Eigelb tunken, wird sich Zeit nehmen zu schmecken, zu kauen und das Gefühl genießen, sich den Bauch zu füllen, bis sie zufrieden ist.

Zu wissen, dass Monty sich geliebt fühlte, ist wie frische Luft in ihrer Lunge. Dann geht die Sonne auf, das milde Licht ist ihr Morgenbalsam. Sie duscht, cremt sich die zerkratzten Hände ein, steckt sich einen Zierkamm ins Haar. Das Morgenlicht ist so strahlend hell, dass es ihr in den Augen sticht.

Mittag; unsere erste Sitzung nach der langen Pause.

Ich fühle mich erfrischt, ausgeruht und bereit, unsere Arbeit wieder aufzunehmen. Beverly erscheint pünktlich. Ich merke, wie sorgfältig sie gekleidet ist. Sie hat Farbe bekommen und trägt einen Schildpattkamm im Haar. Auf Wangen und Lippen schimmert zartes Rosarot.

Momente der Heilung in einem Trauerprozess sind wie zarte Samen, die in einem zersprungenen Blumentopf aufgehen – ein Lichtschimmer, der verhaltene Hoffnung verbreitet. Als Therapeutin habe ich quasi die Pflicht, jene Hoffnung aufrechtzuerhalten, die die Klientin selbst nicht sehen oder spüren kann. Bis jetzt war Beverlys Hoffnung dornenreich. Sie lag mit sich selbst im Krieg, verurteilte sich, verströmte Wut, Ohnmacht, starke Schuldgefühle, Scham und Isolation. Und versuchte, verständlicherweise, zu verdecken und verhüllen, was unter dem tiefschürfenden Verlust verborgen lag.

Wie geht es Ihnen, Beverly?, eröffne ich unsere Sitzung.

Wie geht es mir? Beverly denkt nach. *Ich hatte ein paar wirklich schwarze Tage, aber mir graut nicht mehr vor dem Aufwachen. Ich habe auch wieder angefangen zu essen.*

Wieder eine Pause.

Wie war Ihr Urlaub?, fragt sie. *Sie sehen gut aus. Die Farbe steht Ihnen.* Sie zeigt auf meine korallenrote Seidenbluse.

Sehr erholsam. Ich habe es genossen, danke, sage ich lächelnd.

Mir wird bewusst, dass Beverly mir gerade zum ersten Mal in den zehn Monaten unserer gemeinsamen Arbeit eine Frage gestellt hat, die nichts mit Monty zu tun hat. Wenn das Gegenüber gesehen und wahrgenommen werden kann, wenn man sich mit diesem Menschen über etwas anderes unterhalten kann als über den Verlust, hat meistens ein zaghafter Akt der Heilung stattgefunden. In diesem Moment sind die Trauernden in der Lage, über ihren Verlust hinauszublicken. Das ist, denke ich, ein hoffnungsvolles Zeichen.

Wie geht es Ihrem Garten?, frage ich.

Er ist wunderschön, sagt sie, und sofort füllen sich ihre Augen mit Tränen. *Ich weiß nicht, was ich ohne meinen Garten getan hätte. Es hat mich bei Verstand gehalten, alles wachsen zu sehen. Das Leben.* Sie wendet den Blick ab, tupft sich mit dem Taschentuch die Tränen weg.

Das klingt, als wäre Ihr Garten sehr heilsam, füge ich hinzu.

Ja. Aber jetzt habe ich Angst, dass ich für immer dort bleiben will. Allein der Gedanke, aus dem Haus zu gehen, mit anderen Menschen zu sprechen, wieder zur Arbeit zu gehen, macht mir Angst.

Können Sie ein bisschen mehr darüber sagen?, bitte ich.

Ich habe Angst, dass die Leute mich verurteilen werden, sagt Beverly. *Dass sie mich für Montys Selbstmord verantwortlich machen. Was bin ich nur für eine Mutter? Ich habe zugelassen, dass mein einziges Kind krank wurde.*

Wir waren wieder an dem Punkt angelangt: Beverlys Überzeugung, eine schlechte Mutter zu sein.

Ich frage mich, ob es für Sie leichter ist, sich selbst zu bestrafen, als zu trauern, sage ich.

Es ist mir nicht wirklich gelungen, die Selbstvorwürfe zu überwinden.

Vielleicht dient Ihr Groll dazu, Sie zu beschützen, sage ich.

Wie meinen Sie das?

Was würden Sie fühlen, wenn Sie keinen Groll spüren würden?

Beverly sieht mich mit feuchten Augen an. *Absolute Höllenqualen, unglaublichen Schmerz. Mein Körper kann einfach nicht mehr,* sagt sie, der messerscharfe Schmerz ihres Leidens durchdringt jedes einzelne Wort.

Ich verstehe Sie. Als Montys Mutter haben Sie sich möglicherweise vollkommen für ihn verantwortlich gefühlt. Sie dachten, Sie müssten auf alles eine Antwort haben, für alles die richtige Medizin. Es ist sehr wichtig, anzuerkennen, dass Monty ein eigenständiger Mensch war, ein Erwachsener mit Sorgen und Nöten und Schmerz und mit Wahlmöglichkeiten. Bestimmte Ereignisse, äußere Umstände und das Leben haben zu seinem tragischen Tod geführt, sage ich.

Ich habe endlich in seinen Tagebüchern gelesen, sagt Beverly und greift in ihre Handtasche. Sie nimmt einige Bücher heraus. Die Seiten sind mit gelben Post-its markiert. *Darf ich?,* fragt sie.

Natürlich.

Beverly liest mir Montys Worte vor. Einträge aus seinen Teenagerjahren bis zu dem Tag, an dem er sich umbrachte. Der letzte Eintrag verschafft ihr etwas Erleichterung. Ihre bedingungslose Liebe zu ihrem Sohn durch seine Worte, durch sein Tagebuch, anerkannt und zum Ausdruck gebracht. Beverly verstummt und sieht mich an, wartet auf meine Reaktion, und ich reagiere: *Monty wusste, wie sehr Sie ihn lieben,* sage ich leise. *Er wusste es als Kind, und er wusste es als Mann. Ich bin sehr froh, dass Sie seine Tagebücher lesen konnten und das erfahren haben – um es anzunehmen und zu begreifen. Er hat Ihre Liebe gespürt, Beverly. Sie haben sich sehr lange zusammengerissen und unerträglichen Schmerz auf*

sich genommen. Aber jetzt stehen Ihnen andere Möglichkeiten zur Ver-
fügung, Ihre Trauer zu verarbeiten. Ich hoffe, dieses Wissen hilft Ihnen,
Ihre Qualen zu lindern und sich als Montys Mutter nicht mehr mit der-
art großen Selbstvorwürfen geißeln zu müssen. Ausreichend gut, sage
ich.

Schweigen.

Ich liebe Sie, Maxine.

Liebe, sage ich. *Welch kostbares Gut.*

Als Beverly ein kleines Mädchen war, wahrscheinlich nicht älter
als fünf oder sechs, schob sie in ihrem Spielzeugkinderwagen
eine kleine Babypuppe durch die Gegend, ihr Lieblingsspiel-
zeug. Die Puppe hieß Peter. Peter begleitete Beverly überallhin.
Sie liebte es, Peter auszuziehen und umzuziehen, sie zog ihm
Puppenkleidung an, die ihre Mutter für sie genäht oder ihr aus
diversen Spielzeuggeschäften mitgebracht hatte. Ihr Lieblings-
Outfit war ein gelber Strampelanzug mit passendem Strick-
häubchen, beides ganz weich. Beverly liebte es, Peter zu schaukeln, zu füttern, ihn bei Tisch neben sich zu setzen. *Wo ist Peter?,*
fragte ihre Mutter, als wäre die Puppe ein Familienmitglied. *Hat
Peter schon aufgegessen?*

Neue Spielsachen – Kuscheltiere wie Kaninchen, Elefanten
und so weiter –, die sie zum Geburtstag oder zu Weihnachten
bekam, schafften es nie so hoch in ihrer Gunst, und erst recht
schafften sie es nicht in Peters Kinderwagen hinein. Eines Tages
dann, im Sommer, ging Peter im Strandbad verloren. Beverly wurde hysterisch und fing an zu brüllen, und ihre Mutter
ebenso. Beverlys Vater versuchte, seine Frau und seine Tochter
zu beruhigen, und suchte alles nach Peter ab. Doch Peter blieb
verschwunden, und kein Kaninchen oder Elefant der Welt vermochte Beverlys Qualen zu lindern. Etwas später, noch in derselben Woche, tauchte in Peters Wägelchen plötzlich ein klei-

ner Strauß Wildblumen auf. Beverlys Vater wusste nicht, ob die Blumen von seiner Frau oder seiner Tochter stammten.

Erst mit dreizehn Jahren erfuhr Beverly, dass sie eigentlich als Zwilling geboren worden war. Ihr Bruder war bei der Geburt gestorben. Eine Komplikation, die Sauerstoffmangel in seinem Gehirn zur Folge hatte. Plötzlich bekamen die Gefühle, die sie als kleines Mädchen nie hatte einordnen können, wie tiefe Einsamkeit, das Gefühl, nicht mit anderen Kindern verbunden zu sein oder ständig nach etwas oder jemandem zu suchen, einen Sinn. Dazu kam natürlich auch der Verlust, den ihre Mutter erlitten hatte. Dass sie Peter so bereitwillig in die Familie integriert hatte, ihn bei Tisch, im Spiel und bei Ausflügen so bereitwillig mit einbezogen hatte, war vielleicht ihre Art gewesen, ihren Verlust zu verarbeiten. Hatte Beverly und Peter zusammen spielen zu sehen, ihr geholfen, das zu lindern, worüber nie gesprochen wurde?

Es ist fast so, als hätte dieser allererste Verlust die Blaupause für alle künftigen Verluste in meinem Leben erstellt, sagt Beverly. Und gibt damit selbst die Antwort auf ihre Frage, die sie vor ein paar Monaten stellte: *Alle Männer verlassen mich. Warum ist das so?* Ich öffne den Raum für neue Möglichkeiten und die Frage, ob es ihr möglich sei, die Perspektive von der Position der Verlassenen hin zur Überlebenden zu verschieben.

Es ist wieder Mittag, wir arbeiten inzwischen seit fast einem Jahr zusammen. Beverly setzt die Baskenmütze ab und streicht sich den Rock zurecht, um es bequem zu haben. Sie schweigt mehrere Minuten lang. *Ich möchte über das sprechen, was ich heute will, und über das Schuldgefühl, das damit verbunden ist,* sagt sie schließlich.

Bitte, ermutige ich sie sanft.

Beverly räuspert sich.

Ich möchte mit meiner Mutter über den Verlust unserer Söhne spre-

chen. Sie schließt die Augen, hebt die Handflächen hoch. *Nein, noch mal,* sagt sie. *Ich möchte mit meiner Mutter darüber sprechen, dass ihr Kind, mein Zwillingsbruder, gestorben ist. Und ich will mit ihr über Montys Selbstmord sprechen.*

Ich lehne mich zurück, fühle Respekt und Bewunderung für Beverlys spürbare Klarheit in mir. In ihrer Stimme klingt Mut, als sie ihren Verlust benennt.

Und ich will ein offenes Gespräch mit Theo und mit Mike führen. Das ist beides längst überfällig.

Sehr gut, sage ich.

Mir ist bewusst, dass Mum und ich nie über Peter geredet haben, fängt sie an.

Peter?, frage ich. *Ihre Lieblingspuppe?*

Ja, aber ich glaube, wir wissen beide, dass Peter mein Bruder war, oder? Beverly trinkt einen Schluck Wasser. *Es wird guttun, offen über das zu sprechen, was wir beide verloren haben. Mum hatte mich, aber ich habe niemanden. Ich bin eine Mutter ohne ein Kind zum Lieben.*

Es tut gut zu hören, dass Sie Ihre Identität als Mutter wieder für sich reklamieren, sage ich. *Ich weiß nicht, ob Sie sich noch daran erinnern, aber als wir unsere gemeinsame Arbeit begannen, sagten Sie, nach Montys Tod wären Sie keine Mutter mehr.*

Daran erinnere ich mich noch sehr genau. Ich bin noch immer eine Mutter. Ausreichend gut, sie lächelt, *auch wenn Monty tot ist, auch wenn ich keine Enkelkinder habe. Ich denke darüber nach, in Zusammenarbeit mit der örtlichen Verwaltung einen Gemeinschaftsgarten anzulegen, wenn ich wieder ganz in meiner Kraft bin. Vielleicht mit jungen Leuten. Ein Ort, an dem sie lernen können, Dinge anzubauen – Obst, Gemüse, Blumen. Mir hat das Gärtnern so sehr geholfen.*

Das hört sich wunderbar an, sage ich. *Das klingt nach Heilung, nach Wachstum, und irgendwie sehr nach dem Leben einer Therapeutin.* Ich lächle sie an.

Ich frage mich, ob ich die Schuld erwähnen sollte, die Beverly als eines der beiden Themen benannt hatte, als sie zur Sitzung erschien. Doch wie es scheint, hat sich inzwischen die Sehnsucht als Thema des Tages entpuppt. Ich werde eine andere Gelegenheit abwarten.

Beverly hinterlässt ihrer Mutter, Mike und Theo eine Nachricht. Sie bittet um Rückruf, sorgt dabei für eine ruhige, voll klingende Stimme. So weiß sie, dass die erbetenen Rückrufe nicht aus Sorge oder Mitleid erfolgen. Sie möchte sich weiterbewegen, heraus aus dem Feld der Bedürftigkeit, hin zu einem Ort, an dem sie ehrlich zu ihnen sein kann. Schwierig. Unschön. Echt. Wo sie die Wahrheit aussprechen kann, ihre Wahrheit. Sie fragt sich, was es hinsichtlich Anpassungsfähigkeit, Resilienz und Heilung noch bräuchte. Sie erinnert sich, irgendwo mal gelesen zu haben, dass wir als Menschen mit großer Anpassungsfähigkeit an unsere Umgebung ausgestattet sind, an unsere Umstände und unser Leben. Dass die, die sich am besten anpassen, schließlich überleben und gedeihen werden.

Schon in der folgenden Woche kommt das Thema Schuld wieder zur Sprache.

Wie mache ich mich, was glauben Sie?, fragt Beverly mich.

Es ist für Trauernde nicht ungewöhnlich, ihre Therapeutin zu fragen, ob es ihnen im Vergleich zu anderen Klientinnen, die einen bedeutsamen Verlust erlitten haben, besser oder schlechter geht. Die meisten Klientinnen glauben, es würde ihnen angesichts der Tiefe ihrer Traurigkeit und der Größe des erlebten Schmerzes besonders schlecht gehen.

Ausreichend gut, antworte ich. *Was glauben Sie?*

Ich fühle mich schuldig, wenn ich in meinen ganz normalen Alltag zurückkehre, sagt Beverly. *Sobald ich mich in Gedanken mit etwas anderem als mit Monty beschäftige, habe ich das Gefühl, ihn zu verraten. Meine Traurigkeit zeigt ihm, wie sehr ich ihn vermisse. Ich darf ihn nicht vergessen – nicht mal einen einzigen Augenblick lang.*

Ich schlage Beverly vor, den Versuch zu unternehmen, noch mehr Mitgefühl für sich selbst aufzubringen und zu versuchen, die Erinnerungen an Monty natürlicher aufkommen zu lassen, anstatt sich selbst zu bestrafen, sobald ihre Gedanken sich von ihm entfernen. Je aktiver man nach einem anderen Menschen sucht, desto mehr entzieht er sich. Würde Beverly jedoch aufhören, so intensiv zu suchen, so mein Gedanke, würden sich die Einzelteile von selbst zu einem vollständigen Bild glasklarer und reicher Erinnerungen an Monty zusammenfügen.

Ich erinnere mich an die Zeiten, als ich am liebsten vor ein Auto gelaufen wäre, sagt sie.

Ich erinnere mich daran, dass wir gesagt hatten, wir würden andere Möglichkeiten finden zu trauern, erwidere ich.

Und das tun wir.

Während sie spricht, ist mir bewusst, wie groß ihre Resilienz sein muss, um derartigen Schmerz erleiden zu können.

An den Schulen in ihrer Gegend werden Plakate und Flyer verteilt:

Hast du Lust am Gärtnern? Möchtest du dich einbringen, willst du neue Freundinnen und Freunde kennenlernen und hast Spaß daran, dich körperlich und geistig fit zu halten? Wir sind auf der Suche nach Freiwilligen, die uns helfen, Grünflächen umzugestalten ...

Zu Beverlys großer Überraschung melden sich Dutzende junger Leute, um sich ehrenamtlich an ihrem Gemeinschaftsgartenprojekt zu beteiligen. Außerdem spricht sie lange und ausführlich mit ihrer Mutter über Peter. Es gelingt beiden, den Verlust ihrer Söhne anzuerkennen, und sie fühlen sich in ihrer Trauer vereint.

Sie sprechen über das unerträgliche Leid, das trotz aller Unterschiede auch gleich ist. *Monty hatte ein Leben, auch wenn es kurz war, er war eine Weile bei uns, im Gegensatz zu meinem Zwillings-*

bruder, deinem Kind, sagt Beverly zu ihrer Mutter. *Es tut mir so leid, Mum.*

Ihre Mutter weint, sie streckt die Arme aus, und sie halten einander die Hände. Keine der Frauen spricht, während ihre Körper damit beschäftigt sind, den tiefen Verlust ihrer Söhne zu regulieren. Schließlich löst sich Beverly von ihrer Mutter, streift sich mit den feuchten Handflächen über die Oberschenkel, nach vorne gekrümmt, schmerzgebeugt. *Wie sollen wir da jemals drüber wegkommen, Mum?,* fragt sie.

Ich glaube nicht, dass das geschehen wird. Wie auch? Sie waren unsere Kinder.

Beverly streckt die Arme nach ihrer Mutter aus, drückt sich an sie, hält sie ganz fest. Ein sanftes Schaukeln. Winzige Geräusche. Nichts stört diesen Augenblick tiefsten Schmerzes und gegenseitigen Erkennens. Gemeinsam bewegen ihre Körper sich vor und zurück, als würden sie ihre verlorenen Söhne wiegen, ihre Kinder. Eine Trauerfeier zu Ehren ihrer Löwinnenherzen.

Sie sind Brüder, zwei Jahre auseinander. Sie ähneln sich sehr. Nennen wir sie Mark und Matthew.

Beverly fühlt sich zu den Jungen mit den wilden Haaren, den steingrauen Augen und dem schüchternen Lächeln hingezogen. Sie vermutet, sie wagen deshalb kein ganzes Lächeln, weil sie sich sonst *zu verletzlich fühlen würden oder albern vorkämen.* Mark und Matthew sind stolze Jungs mit harter Schale und vermutlich sehr weichem Kern. Ihre Nike Jordans sind abgetragen und verschrammt, die Schnürsenkel mit Tesafilm verstärkt, die Fingernägel abgekaut. Die beiden leben in der Siedlung hinter dem Gemeindegartenprojekt. Beverly mag es, von ihnen mit *Miss* angesprochen zu werden. Sie fühlt sich dann jünger, lockerer und bedeutender. Ab und zu bietet sie Mark und Matthew nach einem Nachmittag voll Arbeit in

Pausenbrotpapier gewickelte Schinkenbrote und Nudelauf-
laufreste an. Die Jungen verschlingen die Kohlehydrate und
wischen sich mit dem Handrücken den Mund sauber. Ihr gefällt, wie behutsam sie mit erschöpften Hummeln und krab-
belnden Marienkäfern umgehen, wie sie die winzigen Hilfs-
arbeiter in der hohlen Hand bergen und sie sanft im langen
Gras oder schützenden Gebüsch aussetzen. Am meisten aber
mag sie ihr Lachen.

Neben Gemüse und Obst plant Beverly auch ein Schnitt-
blumenbeet. Sie sät und setzt Hahnenfuß, Dahlien, Wicken,
Rosen und Fingerhut. Sie schneidet die frisch gepflanzten
Rosen manchmal vor der Zeit, wenn die Knospe noch eng verschlossen ist, empfindlich und nicht ganz ausgewachsen, ab-
geschnitten, ehe die volle Blüte ihr prachtvolles Kleid entfalten
konnte. Aber sie hat die Erfahrung gemacht, dass die Rosen, in
kaltes Wasser gestellt, auf diese Weise länger leben. Sie wünscht
sich insgeheim, es gäbe eine Rosensorte namens Monty.

Sie vermutet, dass Mark und Matthew sich für das Garten-
projekt anstatt für Sozialstunden entschieden haben, in der
Annahme, es wäre leichter und vielleicht auch weniger bla-
mabel. *Hinter anderen Leuten herzuputzen, ist eher nicht unser Ding,*
gestehen die Jungen. Doch das ist Beverly egal. Sie freut sich
darüber, dass die beiden zweimal wöchentlich nach der Schule
und am Wochenende auftauchen. Sie sitzen zu dritt auf Holzpaletten, die darauf warten, zersägt und zu Hochbeeten fürs Gemüse zusammengezimmert zu werden. Über ihnen weht pfei-
fend der Wind durch alte Bäume. Ab und zu unterhalten sich
die Jungen über Sachen, die sie gerne hätten, ohne sie klauen
zu müssen. Aber meistens reden sie über Mädchen. Mark weiß,
dass sein älterer Bruder in ein Mädchen namens Violetta verliebt ist. *Die ist viel zu nobel für dich, Bro,* sagt er. Matthew stimmt
ihm zu.

Hey, Miss, haben Sie auch Kinder?
Ich hatte mal ein Kind.
Wieso hatte?
Mein Sohn hat sich letztes Jahr das Leben genommen.
Das ist ja schrecklich, sagt Mark. *Tut mir leid.*
Mir tut es auch leid, antwortet Beverly.

Beverly weist ihnen das zukünftige Gemüsebeet zu. Sie stattet die Jungen mit Latzhosen, Handschuhen und Spaten aus. *Ich möchte, dass ihr den ganzen Bereich da drüben umgrabt.* Sie zeigt in die Richtung. *Dort werden wir künftig Kartoffeln, Tomaten und grüne Bohnen anbauen. Also, an die Arbeit.*

Ganz schöner Befehlston, Miss, sagt Mark.

Der Selbstmord eines Kindes gehört zu den herzzerreißendsten, herausforderndsten und schmerzhaftesten therapeutischen Reisen, auf die Therapeutin und Klientin sich gemeinsam wagen können. Die Therapeutin muss alles, was sie je gelernt hat, ob in der Theorie oder im erkannten Erleben, aufwenden, um in der Praxis mit jemandem arbeiten zu können, der den gewaltsamen Abschied eines geliebten Menschen nicht nur erlebt, sondern überlebt hat. Und die Klientin wird erbarmungslos und immer wieder auf die Probe gestellt, ob sie für diese Herausforderung genug Mut, Kraft, Nahbarkeit und Resilienz besitzt. Beide gehen das Wagnis ein, sich tief auf eine unfassbar qualvolle Verlusterfahrung einzulassen. Dabei stärkt die Therapeutin ihrer Klientin das Herz, den Verstand und den Rücken, während diese langsam, zaghaft und manchmal voller Widerwillen von dem Trauma heilt, ihr geliebtes Kind verloren zu haben. Selbstmord, ob als Tat oder in Gedanken, hat scharfe Zähne, er knurrt vor Zorn und beißt die Liebe weg. Selbstmord ist erbarmungslos. Grausam. Stürzt sich auf die Halsschlagader. Ist ausdauernd für manche, habe ich gehört, und für andere befreiend.

Manche Klientinnen mit Selbstmordgedanken sprechen von

der potentiellen Tat als dem Einzigen in ihrem Leben, worüber sie die Kontrolle haben. Sie fühlen sich verloren, bar jeder Hoffnung und abgetrennt von geliebten Menschen. Sie sehnen sich verzweifelt nach der anderen Seite des Lebens, dem Einzigen, das das Leben möglich machte, wie eine Klientin es beschrieb. Der Selbstmord eines geliebten Menschen wirft einen schwarzen Schatten über die, die zurückbleiben, und zwingt sie dazu, den Verlust etwa ihres Kindes zu erleben und zu betrauern. Erst jetzt habe ich das Konzept des Überlebenden-Syndroms wirklich verstanden. Es kann so heftig sein, dass Wachstum und Heilung im Grunde kaum möglich scheinen. Niemand weiß, ob und wann aus dem Trümmerhaufen der ultimativen Selbstverletzung durch Selbstmord Linderung erwächst. Die damit verbundene Finsternis bekämpft die Liebe mit aller Macht und versucht, jeglichen Glauben, jegliche Hoffnung und Verbindung zu zerstören. Ich habe aus dem Munde Zurückgebliebener schon viele Vorwürfe gehört, die sich an jene richteten, die Selbstmord begingen. Sie wurden als feige bezeichnet, als selbstsüchtige, egoistische Opfer, als Narzissten. Doch wenn ich als langjährige Therapeutin und Telefonseelsorgerin Leuten mit Selbstmordabsichten zuhöre, habe ich es ausschließlich mit tiefen, alles durchdringenden und manchmal unsichtbaren Qualen zu tun, die von Einsamkeit und existenzieller Getrenntheit zeugen. Von einer tief empfundenen Überempfindlichkeit gegenüber der Welt, wo sich jede Berührung wie Feuer und Eis anfühlt. Wo Geräusche, menschlicher Kontakt und die Natur als aufdringlich, beängstigend und absolut überwältigend empfunden werden. Wo eine Stimme vom ersten wachen Moment am Morgen bis zum Schlafengehen am Abend darauf drängt, dem Ganzen endlich ein Ende zu bereiten, weil der Schmerz niemals aufhören wird, nie wieder. Erst enden wird, wenn du tot bist.

Es ist notwendig, grausame, abwertende und gedankenlose Stereotype gegenüber suizidalen Menschen zu vermeiden, um einen ohnehin schon verzweifelten Zustand nicht noch weiter zu verschlimmern. Wer einen suizidalen Menschen als feige oder egoistisch bezeichnet, vermittelt damit einer bereits depressiven Person die Botschaft, schwach und wertlos zu sein. Die dahinterstehende Aussage lautet, dass Menschen mit Selbstmordgedanken nicht zählen, und das wiederum verstärkt die inneren Stimmen, die ihnen einreden, ihr Leben zu beenden.

Selbstmordgedanken sind nicht egoistisch, sondern menschlich. Schmerzhaft menschlich. Und falls irgendjemand versucht, Ihnen etwas anderes einzureden, hören Sie nicht darauf. Drehen Sie sich um und gehen Sie davon. Solche Aussagen haben nichts mit Menschlichkeit zu tun.

Nächste Woche jährt sich Montys Tod zum ersten Mal. Weil es bereits zu spät ist, um noch Löwenmäulchen zu pflanzen, kauft Beverly stattdessen einen Kirschbaum und gräbt ihm ein Pflanzloch. Sie wässert die nackten Wurzeln, setzt den Baum in das Loch, füllt Erde auf und tritt den Wurzelballen mit dem Stiefelabsatz fest. Sie gibt ihm eine Stütze. Wässert ihn noch einmal. Beschriftet ein Kupferband mit Sorte und Datum und überprüft noch einmal, dass der Kirschbaum gerade und aufrecht steht, stolz. Dann beerdigt sie direkt daneben das kleine gelbe Kaninchen.

Mein liebster Monty-Moo, sagt sie. *Ich glaube, die Aussicht würde dir gefallen ... Ich vermisse dich von ganzem Herzen.*

Das wollen wir ...

Ich will dich in den Arm nehmen und auf den Mund küssen ...
Terri

Ich will, dass meine Familie mich sieht ...
Kitty

Ich will meinen Körper zurück, geheilt ...
Ruth

Ich will ein Kind ...
Marianna

Ich will es jetzt anders machen ...
Tia

Ich will ein Leben an der Seite des Mannes, den ich liebe ...
Agatha

Ich will leben ...
Beverly

Ich will auf *meine Weise* begehren ...
Maxine

Für Frauen ist der Wunsch oder das Bedürfnis, einander zu unterstützen, nicht pathologisch, sondern eine Lösung, und das zu erkennen, gibt ihnen ihre wahre Stärke zurück. Genau diese Art wahrer Verbundenheit fürchtet die patriarchalische Welt so sehr.

Audre Lorde, «Die Werkzeuge der Herrschenden werden das Haus der Herrschenden niemals einreißen» (1970)

Fazit

Was mich betrifft ...

Dezember 2021

Wieder ein Restaurant. Diesmal ohne Aquarium.

Vierzig Jahre später bin ich immer noch sensibel; nicht *zu sensibel, um überlebensfähig zu sein* – aber trotzdem friedvoll und gleichzeitig leidenschaftlich sensibel.

Wir stehen beide noch unter Schock, als wir die Bestellung aufgeben. Pak Choi. Lotuswurzeln. Brokkoli mit Austernsoße. Ich beobachte, wie mein Bruder die Tränen zurückdrängt und versucht, seinen Atem zu beruhigen. Er würde am liebsten brüllen, sagt er zu mir, um sich schlagen, davonrennen. Abhauen. Ich antworte ihm, dass etwas tun zu wollen *nicht falsch ist.*

Nachdem ich gehört habe, dass unser Vater gestorben ist, werde ich erst etwas ruhiger, als ich die Hand meines Bruders zu fassen kriege, mit bebenden Lippen und bebendem Herzen. Wir, die zwei ältesten Kinder unserer Eltern, haben soeben erfahren, dass unser Vater seit einem halben Jahr tot ist.

Mein Beileid zum Tode Ihres Baba, sagte die Restaurantbesitzerin, als sie kam, um unsere Bestellung aufzunehmen. In dem Moment, als ihre Worte aus dem Mund waren, sah ich, wie sich ihre Gesichtszüge veränderten. Ihre Augen zuckten leicht, die Stirn legte sich in Falten. Hätte sie ihre Beileidsbekundung wieder einsaugen können, ich glaube, sie hätte es getan. Aber was einmal gesagt ist, kann nicht mehr ungesagt gemacht werden. Was einmal in der Welt ist, kann nicht mehr aus der Welt genommen werden. Mit einer Todesbotschaft ist eine grausame, alles durchdringende Gewissheit verbunden. Der Verlust ist in Stein gemeißelt.

Die Restaurantbesitzerin schlug die Augen nieder und keuchte hörbar. *Sie wussten das nicht?*

Nein, antwortete ich, unfähig, meine tosenden Gedanken zu beruhigen, das Gefühl von Entwurzelung.

Dann kommt das Essen, und vor meinem inneren Auge taucht mein Vater auf wie eine Montage, ein nicht zu greifendes Traumbild. Ich schiebe seine Präsenz gemeinsam mit meinem Teller beiseite. Und ersetze sie mit einer Umgestaltung meiner Herkunftsgeschichte. Das riesengroße Aquarium ist wieder da. Diesmal will ich ein anderes Ende. Meine Regeln. Ich will auf *meine Weise* begehren. Nicht auf die Weise, die mir befohlen, aufgezwungen oder verweigert wurde. Diesmal habe ich die Kontrolle über mein Begehren, es bewegt sich auf meinem Gelände, untersteht meinen Bedingungen.

Ich verweigere die Hand meines Vaters und schlendere alleine zu dem Aquarium. Ich lade die Fische zu Purzelbäumen, Kapriolen, Pirouetten ein. Keiner versteckt sich hinter einem Stein. Wir schwimmen nicht mehr gegen den Strom, sondern *mit* dem Wasser und *dafür*. Indem ich meinen Vater und seinen ekligen Sidekick von Kellner herausfordere, störe ich deren Versuche, mich zu erniedrigen und zu beschämen. Beide Männer beugen sich feixend zu mir runter – aber ich lasse mich von ihrer Gehässigkeit nicht kleinmachen, auch nicht von ihrer Angst. Angst überwältigt mich nicht mehr. Stattdessen wird Angst durch Begehren ersetzt: leidenschaftlich, hingebungsvoll, fasziniert, sinnlich. Ich erobere meinen Körper zurück, und mein Körper erhebt sich in seiner Kraft. Vom Objekt zum Subjekt;

vom Mädchen zur Frau; vom Verstecken zum Suchen. Außerdem will ich andere Kleidung als die, die er mir an jenem Tag zu tragen befahl. Und ein köstliches Gericht, das vor Kalorien nur so trieft. Mir ist egal, dass es *fett macht,* dass ich *gefräßig* bin. Gefräßigkeit oder Gier entsteht nur durch Entbehrung. Ich bestelle auch etwas für meine Mutter und für meine Brüder. Wir schlemmen wie die Königinnen und Könige.

Endlich bin ich, ja, sensibel. Hurra, ich bin sensibel. Danke, Baba, dafür, dass du mir immer wieder dieses Wort unter die Nase riebst, damit ich seinen betörenden Duft einatmen konnte. Es ist diese Sensibilität, die mein Wollen inspiriert und befeuert. Es wächst und gedeiht und schwillt an, bis ich vor Triumph, vor wonnevoller karmischer Erleichterung aufschluchze. Das Wollen in mir ist lebendig vor kreativer Energie. Ich werde auf *meine Weise* begehren.

Mir wird klar, dass ich mich und meine Klientinnen schreibend nach Hause begleite, um das *Ich will* in uns selbst einzufordern. Plötzlich ist eine neuere Stimme am Werk, drängt sich in mein Schreiben und meine Arbeit als Psychotherapeutin hinein. Sie ist noch klarer, unverblümt, übernimmt Verantwortung und steht für sich ein. Ich habe mich mit *What Women Want* von Anfang an auf die Befreiung und ein noch tieferes Verständnis des Begehrens zubewegt, und diese Reise ist nicht zu Ende. Sie geht immer noch weiter, nimmt immer noch größere Dimensionen an. Wir sind gemeinsam unterwegs, mit- und füreinander. Wir wissen, was wir wollen, und wir werden es bekommen. Und es wird reich sein, groß, kreativ und wirkmächtig.

Atmen.

Während wir wachsen, wachsen auch die Herausforderungen in unserem Leben. Anfang meiner Zwanziger begann ich meine therapeutische Reise als Klientin, auf der Couch, ohne die Gestalt zu kennen, die mein Begehren annehmen würde – oder ob es überhaupt Gestalt annehmen würde. In meinen Dreißigern dann begann ich mit der Ausbildung zur Therapeutin in der Hoffnung, anderen Menschen zu begegnen, die ihre Sehnsucht in sich spürten und ebenfalls von sich dachten, zu sensibel, zu verletzt, zu beschädigt, zu verloren oder zu fremd zu sein. Heute, als Psychotherapeutin mit fünfzehn Jahren Praxiserfahrung, betrachte ich die Kunst der Therapie als atemberaubendes und wunderschönes Unterfangen. Als Therapeutin kann ich gar nicht anders, als mich von meinen Klientinnen zutiefst bewegen und dadurch verändern zu lassen. Es ist ein ungeheures Privileg, einen anderen Menschen auf seinem Weg zu Wachstum und Veränderung zu begleiten. Mag sein, dass die ein oder andere Klientin glaubt, sie sei für mich lediglich von beruflichem Interesse oder schlicht Arbeit und hätte wenig persönlichen und emotionalen Einfluss auf mich als ihre Therapeutin, doch das stimmt nicht. Meine Klientinnen beeinflussen mich zutiefst.

Als ich anfing, *What Women Want* zu schreiben, hatte ich meine Abstammung im Hinterkopf. Als Tochter einer weißen, der Arbeiterklasse entstammenden Mutter und eines chinesischen, patriarchalen Vaters war ich zugleich Zeugin als auch Störfaktor einer besonderen Mischung von Unterdrückung. Wenn Begehren mein Motor ist, dann ist Neugier das Gaspedal und alle tyrannischen Formen von «Sollen» und «Müssen» die Bremsen. Wenn wir über Begehren nachdenken oder sprechen, glauben wir oft, der Moment des Wollens sei eine einzelne Erfahrung, doch es gibt immer auch Unterströmungen, Herkunftsgeschichten, Erfahrungen, Erzählungen und Bindungen, die von unseren Ahninnen und Vorvätern an uns weitergereicht wurden und ihren Einfluss auf uns ausüben – ob zum Guten oder zum Schlechten. Der Spruch «Kinder, die was wollen, kriegen eins auf den Bollen», von meiner Mutter an mich, von ihrer

Mutter an sie und womöglich auch von deren Mutter weitergegeben, muss begriffen und geheilt werden, um meinem Begehren gerecht werden zu können. Wir tragen diese Geschichten weiter in uns, und wenn wir davonrennen, nehmen wir sie mit. Indem ich meine Abstammung sowohl als Therapeutin wie auch als Klientin verstehen und respektieren lernte, versetzte ich mich in die Lage, jene Risiken einzugehen, die es brauchte, um mich in dem Versuch, meine Wahrheit zu verinnerlichen, meinem Begehren zu stellen.

Es versteht sich wohl von selbst, dass dies ein fortwährender Kampf bleibt. Die Sprache bleibt so lange dem Patriarchat verhaftet, wie wir ihr erlauben, Gefühle zu sehr zu vereinfachen. Wenn wir unser Begehren respektieren, unsere erotische Energie stärken wollen, müssen wir miteinander im Gespräch bleiben. Ich hoffe, dass es mir gelungen ist, mit *What Women Want* aufzuzeigen, dass die Zusammenarbeit zwischen Psychotherapeutin und Klientin in erster Linie eine Ansammlung von Augenblicken ist, in denen zwei Menschen durch ihre Verbindung verändert werden. Jede therapeutische Beziehung ist ein außergewöhnliches Privileg, in dem zwei Menschen versuchen, Verwirrung, Kampf, Trauer und ab und zu auch psychologische Erfolge auf mutige und intime Weise zuzulassen.

Die Frauen in diesem Buch haben alle etwas gemeinsam. Sie vereint die Neugier, die Segel zu setzen und sich auf eine Forschungsreise und ein Gespräch über das einzulassen, was sie wollen und begehren. Es gibt in den Geschichten und dem Leben von Terri, Kitty, Ruth, Marianna, Tia, Agatha und Beverly keine eindeutigen Schlussfolgerungen, keinen endgültigen Triumph über Kämpfe und Schwierigkeiten, kein Versprechen, dass sich ihr Leben nie wieder verfinstern wird. In der Psychotherapie geht es, wie ich zu zeigen versucht habe, darum, Wege zu klarerem Denken aufzuzeigen, für sich selbst ein tieferes

Verständnis zu erschließen und die Fähigkeit zu fördern, selbst nachzuforschen. Fertigkeiten, die, einmal erlernt, vielleicht noch lange nach Ende der Therapie von bleibendem Wert sein werden. Für Terri war es die Zurückeroberung ihrer Sexualität. Für Kitty die Sehnsucht, von ihrer Familie wirklich gesehen zu werden, nachdem sie viel zu jung ins Internat abgeschoben worden war. Heilung für ihren Körper und die Befreiung von Wut und Angst war, was Ruth sich am meisten wünschte. Und für Marianna war es das Erleben jener bedingungslosen Liebe, die mit Mutterschaft verbunden ist, eine Liebe wie keine andere, und der Mut, für sich selbst und ihre Sehnsucht einzustehen, auch ohne Mann. Für Tia war es ein Leben, das ihr in ihrem eigenen Körper einen Ruheort und ein Zuhause bot. Agatha wollte ihren Lebensabend mit dem einzigen Mann verbringen, den sie jemals liebte und der sie auf eine Weise berührte, von der sie nicht einmal zu träumen gewagt hatte. Und für Beverly schließlich war der größte Wunsch ein lebenswertes Leben nach dem Selbstmord ihres Sohnes.

What Women Want wurde von den großartigen Frauen und Mädchen inspiriert, mit denen ich während meiner Zeit als Psychotherapeutin arbeitete und die mir ihre Geschichten erzählten. Ihr alle seid einfühlsame, leidenschaftliche Frauen, mutig und entschlossen, ihr seid meine Heldinnen. Ich danke euch, ich lerne immer noch mehr, Tag für Tag.

Lasst uns einander die Hände reichen, wenn wir Angst haben, die Türschwelle zu unserer Sehnsucht zu überschreiten, denn wir werden einander brauchen, damit das Verlangen nicht an Schwung verliert. Wir müssen außerdem lernen, uns gegenseitig zu unterstützen und uns aufeinander zu verlassen, wenn die Erschöpfung kommt und wir an unserer Fähigkeit zu Wachstum und Veränderung zweifeln. Und wir brauchen alles an Liebe, Entschlossenheit, Widerstandsfähigkeit und Sensibilität, um dem kraftvollen, wunderschönen Wollen in uns selbst den Weg zu bereiten. Lang lebe unser Einsatz füreinander. Ein Hoch auf unser Verlangen, unsere Kraft, unsere Liebe und unser Wachstum. Und lang lebe unsere fortwährende Reise als begehrende Frauen, die wir unsere Herzen weit öffnen und voller Mut laut aussprechen:

Genau das wollen wir ...

Dank

Meine Dankbarkeit beginnt bei den sieben Frauen in diesem Buch, die mit großen, offenen Herzen und viel Engagement ihre Geschichten zur Veröffentlichung freigegeben haben. Falls irgendwelche Zweifel daran bestanden haben, dass die Arbeit von zwei Frauen, die in einem kleinen Zimmer sitzen, um gemeinsam die Allgemeingültigkeit unseres Begehrens zu erforschen, Früchte tragen könnte, dann keine Angst! Ihr alle zeugt vom Erfolg dieser Forschungsreise. Es ist mir eine Ehre, mit jeder Einzelnen von euch im Gespräch zu sein. Möge eure Suche noch lange währen. Vielen Dank Terri, Kitty, Ruth, Marianna, Tia, Agatha und Beverly; ich lerne immer noch dazu.

Dieses Buch entstand aus einem Gespräch mit meiner temperamentvollen Agentin Eugenie Furniss, eine glühende und großzügige Befürworterin von *What Women Want*, die aus ganzem Herzen daran glaubte, dass Gespräche über das Begehren stolz in den Regalen jener stehen würden, die sich voller Neugier mit Fragen rund um Begehren, Macht, Liebe und Wachstum auseinandersetzen. Meine Dankbarkeit gilt Venetia Butterfield, die schon in jenen ersten Seiten etwas erkannte, die das Risiko einging, sich meiner Stimme anzunehmen, und daran glaubte, dass die Frauen (und ich) sich bei Hutchinson Heinemann wohl- und zu Hause fühlen würden. Meine Lektorin Anna Argenio erfüllt mich mit Ehrfurcht und hat mich mit ihren wirkungsvollen Eingriffen und ihrer klugen Beratung entzückt und in Erstaunen versetzt und aus *What Women Want* ein wunderbares Gemeinschaftsprojekt gemacht. Danke, Anna, für deinen Zuspruch zu meinem wilden Wagemut und meinem Wachstum als Autorin. Ein Hurra an die Grafik-Abteilung, der erste Blick auf unseren klugen, intimen und wunderschönen Buchumschlag brachte mich zum Weinen, ein Lob außerdem an alle Korrektorinnen und Faktenprüferinnen. Und an alle bei Penguin, Random House, die dieses Buch Wirklichkeit werden ließen.

Außerdem danke ich Shoshi Asheri, der mein Naturschutzgebiet besuchte, all meine Zwischentöne willkommen hieß und mich herausforderte, die Schwelle zu überschreiten. Unsere gemeinsamen Momente sind über die Maßen expansiv. Und ich danke Dr. Lynne Layton für ihre Beratung und die tiefen Gespräche darüber, wie wir die Leidenschaft für den gesellschaftlichen Kontext entwickeln und nähren können, damit er neben Arbeit und Liebe den ihm gebührenden Platz im Sprechzimmer einnehmen kann.

Dank und Liebe auch an meine Familie, meinen Freundeskreis und alle meine Liebsten. Ihr seid für mich die reinste Freude. Dexter, Kirsty, Toni, Martyn, Mark, Chi-Chi, Anthea, Charlotte, Caz, Greg, Christine, Mister T. – ich liebe euch.

Und so endet es, wie es begonnen hat – mit Dank an die sieben Frauen: lebendig, selbstmächtig, immer noch wachsend. Ihren Weg zu wollen und zu begehren, ist ein schönes und furchterregendes Unterfangen gewesen. Ich danke euch dafür, dass ihr mich dazu eingeladen habt, euch zuzuhören, von euch zu lernen und gemeinsam mit euch zu wachsen. Euer Mut und eure Verletzlichkeit, euer Engagement und eure Sehnsucht, eure Siege und euer Versuchen sind absolut außergewöhnlich. Ich bin durch euch verändert.

Quellen